Découvrir le PC, Windows Vista et Internet

pour

LES NULS

Découvrir le PC, Windows Vista et Internet pour LES NULS

Dan Gookin, Andy Rathbone

EDITIONS FRANCE LOISIRS

Édition du Club France Loisirs, Paris
avec l'autorisation des Éditions First

Éditions France Loisirs
123, boulevard de Grenelle, Paris
www.franceloisirs.com

Pour les Nuls est une marque déposée de Wiley Publishing, Inc
For Dummies est une marque déposée de Wiley Publishing, Inc
Collection dirigée par Jean-Pierre Cano
Traduction : Bernard Jolivalt,
Édition : Pierre Chauvot
Maquette et illustration : Stéphane Angot

ISBN : 978-2-298-00707-7
N° éditeur : 49448
Dépôt légal : novembre 2007
Imprimé en France par PPO Graphic, novembre 2007

Sommaire

Introduction XV

Où commencer ? XV
Les conventions de cet ouvrage XVI
Ce que vous pouvez éviter de lire XVI
A qui s'adresse ce livre XVII
Les icônes utilisées dans ce livre XVII
A vous de jouer ! XVIII

Première partie : Présentation du PC 1

Chapitre 1 : Ordinateur ? PC ? C'est quoi ça ? 3

Un ordinateur, c'est tout bête 4
Entrées et sorties 4
Traitement 5
Stockage 6
Matériel et logiciel 6
Le système d'exploitation de l'ordinateur 7
Les autres logiciels 8
Ce que vous produisez 9
Le PC (pour les Nuls) 9
Un PC peut-il exploser ? 10

Chapitre 2 : Le tour de l'ordinateur 11

Variations sur le thème du PC 11
Le matériel de base 12
Les portables, une race un peu à part 15
Un coup d'œil à l'unité centrale 18
En façade de l'unité centrale 18
L'arrière de l'unité centrale 20
Le panneau E/S 21
Des symboles et des couleurs 24

Chapitre 3 : On branche tout 27

Le montage du PC 28
Le grand déballage 28
Installez d'abord l'unité centrale 28
Le guide de branchement pour utilisateurs branchés 29
Audio 30
Audio optique 31
Clavier et souris 31
FireWire 32
Imprimante 32
Modem 33
Moniteur 33
Réseau 34
S-Vidéo 34
Série 34
USB 34
Les connexions sans fil 35
On envoie le jus ! 36
L'indispensable barrette 36
La protection par un onduleur 39
L'utilisation d'un onduleur (petite scénette) 40

Chapitre 4 : Allumer, ouvrir une session, et éteindre 43

Parvenir dans le monde de Vista 43
Les comptes d'utilisateur 45
Protéger votre compte par un mot de passe 48
Fermer une session Vista 50

Chapitre 5 : Travailler avec le Bureau, le menu Démarrer, la Barre des tâches et le Volet Windows 53

Travailler sur le Bureau 53
Mettre de l'ordre sur un Bureau encombré 56
Égayer l'arrière-plan du Bureau 57
La Corbeille à papier virtuelle 58
La raison d'être du bouton Démarrer 60
Le domaine de prédilection du menu Démarrer 61

Lancer un programme à partir du menu Démarrer 63
Personnaliser le menu Démarrer 64
La Barre des tâches 65
Réduire des fenêtres dans la Barre des tâches et les récupérer 66
Les différentes zones de la Barre des tâches 67
Personnaliser la Barre des tâches 68
Les barres d'outils de la Barre des tâches 70
Le Volet Windows 72

Deuxième partie : Sous le capot du PC 73

Chapitre 6 : Anatomie d'un ordinateur 75

Sous le capot 76
Les tripes du PC 76
Ouvre-le si tu oses ! 77
Fermer le capot 78
La mère de toutes les cartes 78
Le microprocesseur 80
Appelez-le par son nom 81
Les performances d'un microprocesseur 82
Quel processeur choisir ? 82
Le processeur peut-il être mis à niveau ? 84
Connecteurs d'extension 84
Quelle heure est-il à votre PC ? 85
Mon horloge retarde 86
Régler l'horloge 86
L'heure Internet 87
Des précisions sur la pile du PC 87
Le BIOS 88
L'alimentation 88

Chapitre 7 : De port en port 91

Qu'est-ce qu'un port ? 91
Les ports d'ancienne génération 92
Souris et clavier 92
Le port Imprimante 93
Le port Série 94

Le roi USB ... 94
Connecter un périphérique USB ... 95
Où est l'alimentation ? ... 96
Débrancher un périphérique USB ... 96
L'expansion de l'univers USB ... 98
Le port FireWire ... 99

Chapitre 8 : La mémoire ... 101

Qu'est-ce que la mémoire ? ... 102
Utiliser de la mémoire ... 102
Les barrettes de mémoire ... 104
Mesure de la mémoire ... 105
Quiz sur la mémoire ... 107
«Combien de mémoire y a-t-il dans ce PC ?» ... 107
Le PC risque-t-il d'être à court de mémoire ? ... 108
Qu'est-ce que la mémoire virtuelle ? ... 108
Qu'est-ce que la mémoire vidéo ? ... 109
Ajouter de la mémoire dans votre PC ... 109

Chapitre 9 : Moniteurs et écrans ... 113

Les mots pour le dire ... 113
Moniteur plus carte graphique ... 114
Les deux types de moniteurs ... 115
Les cartes graphiques ... 117
Votre moniteur chéri ... 119
L'aspect physique ... 119
L'aspect technique ... 119
Régler l'affichage ... 120

Chapitre 10 : Au chapitre du clavier et de la souris ... 123

Evidemment que votre PC a besoin d'un clavier ! ... 123
Le clavier standard ... 124
Composition classique d'un clavier ... 124
Les touches particulières ... 126
Les touches de verrouillage ... 127
Les touches étranges venues d'ailleurs ... 128
Touches spéciales de claviers spéciaux ... 130

La bonne position pour travailler avec le clavier 131
Une souris sous la main 131
La souris est indispensable 132
La souris générique 132
Souris optique contre souris mécanique 133
La souris sans fil 134
Les autres espèces de souris 134
Manier la souris 136
Quand la souris se fait stylet 137

Chapitre 11 : I comme Imprimante 139

Bonjour, je suis l'imprimante, ton amie ! 140
Les catégories d'imprimantes 140
Le tour de l'imprimante 141
Le panneau de commande 143
Alimenter l'imprimante, Partie I : L'encre 145
Alimenter l'imprimante, Partie II : Le papier 147
Les types de papier 147
Installer l'imprimante 148

Troisième partie : Les bases de Vista 151

Chapitre 12 : Tout sur les fenêtres 153

Dissection d'une fenêtre typique 154
Tirer une fenêtre par sa Barre de titre 156
La Barre d'adresse de Windows 157
Activer la barre de menus cachée de Vista 159
Choisir le bon bouton 160
Raccourcis rapides avec le Volet de navigation 162
Le volet de détails 163
Se déplacer dans un dossier avec la barre de défilement 165
Bordures ménagères 166
Interagir avec les boîtes de dialogue 166
Cliquer sur le bon bouton de commande 166
Choisir parmi les boutons d'option 168
Taper dans une zone de texte 168
Choisir des options dans des zones de liste 169

Les zones de listes déroulantes 170
Les cases à cocher 171
Les glissières 172
Déplacer des fenêtres sur le Bureau 172
Placer une fenêtre au premier plan 172
Déplacer une fenêtre de ci de là 173
Ouvrir la fenêtre en plein écran 173
Fermer une fenêtre 173
Redimensionner une fenêtre 174
Disposer deux fenêtres côte à côte 174
Rouvrir une fenêtre à la même taille 175

Chapitre 13 : Fichiers, dossiers, disquettes, CD........ 177

Parcourir le classeur à tiroirs informatisé 178
Tout sur les dossiers, ou presque 180
Lorgner dans les lecteurs et les dossiers 184
Voir les fichiers d'un lecteur 184
Voir ce que contient un dossier 186
Créer un nouveau dossier 188
Renommer un fichier ou un dossier 190
Sélectionner des lots de fichiers ou de dossiers 192
Supprimer un fichier ou un dossier 193
Copier ou déplacer des fichiers et des dossiers 194
Obtenir plus d'informations sur les fichiers et les dossiers 196
Graver des CD et des DVD 201
Acheter des CD et DVD vierges pour la gravure 201
Copier des fichiers depuis ou vers un CD ou un DVD 203
Disquettes et cartes mémoire 207

Quatrième partie : Travailler avec les programmes et les fichiers 209

Chapitre 14 : Programmes et documents 211

Démarrer un programme 212
Ouvrir un document 214
Enregistrer un document 216
Choisir le programme qui ouvre un fichier 218

Mon fichier s'ouvre dans un autre programme ! 219
Aucun programme n'ouvre mon fichier ! 221
Prendre un raccourci 223
L'incontournable guide du Couper, Copier et Coller 224
Le couper-coller facile 225
Sélectionner les éléments à couper ou à copier 226
Couper ou coller une sélection 227
Coller les données 229
Les programmes livrés avec Vista 231
Écrire des lettres avec WordPad 231
Gérer les rendez-vous avec Calendrier 232
Insérer des symboles avec la Table des caractères 233

Chapitre 15 : Vite perdu, plus vite retrouvé 237

Retrouver les fenêtres égarées sur le Bureau 237
Localiser un programme, un courrier électronique, un morceau de musique, un document, etc 239
Retrouver un fichier manquant dans un dossier 241
Trier, regrouper et empiler des fichiers 244
Retrouver des photos égarées 246
Trouver d'autres ordinateurs sur un réseau 247
Trouver des informations sur l'Internet 248
Enregistrer les recherches 249
Demander à Vista de mieux chercher 249
Affiner les recherches de Vista 250
Ajouter des emplacement à l'index de Vista 250
Reconstruire l'index 252

Chapitre 16 : Faire bonne impression 253

Imprimer vos œuvres 253
Configurer la mise en page 255
Régler les paramètres d'impression 258
Annuler une impression 259
Imprimer une page Web 261
Installer de nouvelles polices 263
Résoudre les problèmes d'impression 265

Cinquième partie : Se connecter à l'Internet 267

Chapitre 17 : Surfer sur le Web 269

Qu'est l'Internet ? 270
Le FAI, fournisseur d'accès à l'Internet 271
Configurer Internet Explorer la première fois 273
Naviguer parmi les sites Internet avec Internet Explorer 279
De site en site, de page en page 280
Ouvrir Internet Explorer sur votre site favori 282
Revisiter vos pages favorites 284
Trouver sur l'Internet 285
La page Web exige un plug-in ! 287
Enregistrer les informations provenant de l'Internet 289
Enregistrer une page Web 289
Enregistrer du texte 291
Enregistrer une image 291
Télécharger un programme ou un fichier 293
Ça ne marche pas ! 295

Chapitre 18 : Envoyer et recevoir du courrier électronique 297

Utiliser Windows Mail 298
Configurer votre compte de messagerie 300
Écrire et envoyer du courrier électronique 305
Lire le courrier électronique reçu 308
Envoyer et recevoir des pièces jointes 311
Rechercher un courrier égaré 313
Gérer les contacts 315
Limiter les courriers indésirables 317

Chapitre 19 : L'informatique sûre 321

Ces agaçants messages de permissions 322
Le Centre de sécurité veille 323
Modifier les paramètres du pare-feu 326
Modifier les paramètres de mise à jour de Windows 328
Éviter les virus 330
Sortir couvert sur l'Internet 331
Éviter les modules complémentaires malfaisants et les détourneurs .. 332
Éviter l'hameçonnage 335

Éviter et supprimer les logiciels espions et les parasites avec Windows Defender 338
Utiliser le contrôle parental 339

Sixième partie : Personnaliser Vista et le mettre à jour 345

Chapitre 20 : Personnaliser Windows Vista avec le Panneau de configuration 347

Trouver la bonne option dans le Panneau de configuration 348
Système et maintenance 350
Comptes d'utilisateurs et protection des utilisateurs 350
Sécurité 351
Apparence et personnalisation 351
Changer l'arrière-plan du Bureau 352
Choisir un écran de veille 353
Modifier le thème de l'ordinateur 355
Modifier la résolution de l'écran 356
Modifier les connexions de réseau et Internet 359
Régler la date, l'heure, la langue et les options régionales 359
Matériel et audio 360
Régler le volume et le son 361
Installer ou configurer les enceintes 363
Ajouter une imprimante 364
Installer ou paramétrer d'autres éléments 367
Ajouter de nouveaux périphériques 369
Ajouter ou supprimer des programmes 370
Supprimer ou modifier des programmes 371
Ajouter un programme 372
Ajouter ou supprimer des éléments de Vista 374
Modifier Vista pour les handicapés 375
Les options pour ordinateurs portables 377
Les options supplémentaires 377

Chapitre 21 : Partager l'ordinateur en famille 379

Les bons comptes font les bons utilisateurs 380
Configurer ou modifier des comptes d'utilisateurs 382
Passer rapidement d'un utilisateur à un autre 384
Modifier l'image d'un compte d'utilisateur 386
Mot de passe et sécurité 388

Septième partie : Musique, films et souvenirs 391

Chapitre 22 : Écouter et copier de la musique avec le Lecteur Windows Media .. 393

La bibliothèque du Lecteur Windows Media 394
Parcourir les bibliothèques 398
Les commandes du Lecteur Windows Media 399
Lire des CD 401
Lire des DVD 403
Voir des vidéos et des émissions de télévision 405
Lire des fichiers MP3 et WMA 406
Écouter des stations de radio Internet 407
Créer, enregistrer et modifier des sélections 407
Copier des CD dans le PC 410
Graver des CD de musique 412
Copier des morceaux dans un lecteur mobile 413
Acheter de la musique et des films en ligne 415

Chapitre 23 : Photos et films 419

La boîte à chaussures numérique 420
Transférer les photos dans l'ordinateur 420
Visionner les photos dans la Galerie de photos Windows 423
Visionner un diaporama 427
Corriger les photos 429
Envoyer des photos par courrier électronique 435
Imprimer les photos 436
Créer, monter et visionner des films numériques et des diaporamas ... 438
Étape 1 : Importer la vidéo, les photos et la musique 440
Étape 2 : Monter le film 444
Étape 3 : Enregistrer le film ou le diaporama 448
Graver un film ou un diaporama avec DVD Maker 449

Huitième partie : Les dix commandements 453

Chapitre 24 : Dix erreurs de débutant 455

Ne pas quitter Windows correctement 456
Acheter trop de logiciels 456
Acheter des accessoires incompatibles 456

Ne pas acheter suffisamment de fournitures 457
Ne pas enregistrer votre travail 457
Ne pas sauvegarder les fichiers 457
Ouvrir ou supprimer des fichiers inconnus 458
Démarrer avec une disquette inconnue 458
Répondre aux e-mails indésirables ou spams 459
Ouvrir un programme joint à un e-mail 459

Chapitre 25 : Dix idées de cadeau pour votre PC 461

Un tapis de souris et un repose-poignets 461
Un filtre antireflet pour l'écran 462
Un protège-clavier 462
Davantage de mémoire 463
Un disque dur plus rapide et plus grand 463
Un clavier ergonomique 463
Un onduleur 464
Une carte d'extension USB 464
Un scanneur ou un appareil photo numérique 464
Un lecteur de musique 465

Index 467

Introduction

Ce livre révèle les bases d'un PC : comment il fonctionne, ce qu'il sait faire, avec en prime les réponses à toutes les questions auxquelles vous n'auriez jamais pensé. A vrai dire, un ordinateur n'est pas si difficile à utiliser ni à comprendre.

Cet ouvrage décrit l'utilisation d'un ordinateur sous Windows Vista en termes simples et souvent irrévérencieux. L'informatique n'a rien de sacré. Ce livre se concentre sur *vous* et *vos besoins*. Vous y découvrirez tout ce que vous aimeriez savoir sur votre ordinateur, mais sans le jargon indigeste qui accompagne souvent ce genre de littérature, et sans avoir besoin d'appartenir à la lignée des grands gourous docteurs ès informatique.

Où commencer ?

Ce livre est destiné à être utilisé comme un outil de référence : vous pouvez l'ouvrir à n'importe quelle page et commencer à lire. Il contient 25 chapitres. Ces chapitres sont tous autonomes, chacun s'attachant à un aspect particulier de votre ordinateur : mise en route, utilisation d'une imprimante, lancement de logiciels, etc. Chaque chapitre est divisé en entités indépendantes, centrées autour d'un thème principal. Voici quelques exemples de sections :

- Eteindre cet engin.
- Où se trouve le cordon d'alimentation ?
- L'arrêt d'urgence de l'imprimante.
- Tester le réseau.

Les conventions de cet ouvrage

Ce livre est un ouvrage de référence : commencez par le sujet qui vous intéresse le plus et reportez-vous à l'index ou au sommaire pour y trouver les numéros des pages qui sauront répondre à votre demande. Lisez les pages qui vous intéressent, puis fermez le livre et mettez-vous au travail. Bien entendu, si vous souhaitez un complément d'information, il vous est toujours loisible de continuer la lecture et de profiter des nombreuses références croisées mises à votre disposition.

Lorsqu'un message apparaît à l'écran, il est reproduit dans ce livre de la manière suivante :

```
Ceci est un message à l'écran
```

et le texte à taper est présenté ainsi :

Tapez ça

Vous pourrez saisir le texte **Tapez ça** comme indiqué, et appuyer ensuite sur la touche Entrée.

Les commandes Windows apparaissent de la façon suivante :

Choisissez Fichier/Quitter.

Vous devez sélectionner le menu Fichier, puis choisir la commande Quitter. Vous pouvez utiliser la souris pour cela ou appuyer sur la touche Alt et la lettre soulignée de la commande, F puis Q dans cet exemple.

Les combinaisons de touches apparaissent de la façon suivante :

Ctrl+S

Vous devez maintenir la touche Ctrl enfoncée, appuyer sur la touche S puis relâcher les deux touches en même temps.

Ce que vous pouvez éviter de lire

L'utilisation d'un ordinateur entraîne la consultation de nombreuses informations techniques. Pour mieux vous en prémunir, nous les avons isolées dans des encadrés clairement identifiés. Inutile de les lire si vous n'y tenez pas vraiment. Le plus souvent, il s'agit d'explications plus détaillées sur un sujet déjà traité dans le chapitre, qui ne sont pas indispensables à sa compréhension.

A qui s'adresse ce livre

Ce livre suppose que vous possédez – ou comptez acquérir – un ordinateur et que vous désirez l'utiliser au mieux. Ce livre est consacré à Windows Vista. Les versions précédentes ne sont pas abordées.

Dans ce livre, le bouton Démarrer est celui qui se trouve en bas à gauche de la fenêtre de Windows Vista.

Les icônes utilisées dans ce livre

Cette icône vous prévient que des informations techniques superflues vous attendent au tournant. Certaines sont très intéressantes, mais si vous n'êtes pas friand de jargon informatique, passez votre chemin, on ne vous en voudra pas.

Cette icône annonce des raccourcis et astuces utiles qui vous aideront à utiliser au mieux votre PC. Par exemple, lorsque vous renversez de l'acide sulfurique concentré fumant sur votre ordinateur, pensez à porter des gants et des lunettes de protection.

Cette icône est un pense-bête. Elle vous rappelle qu'il faut éteindre le gaz avant de quitter la maison ou vérifier votre fermeture Eclair avant de vous présenter devant un large public.

Cette icône prévient d'un danger et indique généralement ce qu'il ne faut *pas* faire.

Vous passez de Windows XP à Windows Vista ? Ce pictogramme signale les différences fondamentales entre les deux systèmes d'exploitation.

A vous de jouer !

Avec ce livre en main, vous êtes prêt à mater le PC le plus rétif. Vous pouvez commencer par consulter le sommaire ou l'index. Choisissez un sujet, allez à la page indiquée, et lancez-vous. N'hésitez pas à prendre des notes, à corner les pages et à faire tout ce qui ferait blêmir de rage un bibliothécaire. Bonne lecture...

Avertissement aux lecteurs

Les éditions First Interactive attirent l'attention de leurs lecteurs sur les risques encourus par le téléchargement illégal, sur Internet, ou la gravure de fichiers protégés par des droits d'auteur.

Les éditions First Interactive rappellent que la copie partielle ou totale, et, par voie de conséquence, le téléchargement d'œuvres littéraires, cinématographiques ou musicales sont strictement interdits sans autorisation expresse des ayants droit. En l'absence d'une telle autorisation, les utilisateurs d'Internet téléchargeant des œuvres protégées s'exposent aux peines prévues à l'article L. 335-4 du Code de la propriété intellectuelle.

Quel que soit leur pays, les lecteurs sont invités à prendre connaissance des lois locales portant sur la protection des œuvres intellectuelles.

Première partie

Présentation du PC

Dans cette partie...

N'importe qui sait à quoi un ordinateur ressemble. Même un chineur farfouillant dans une brocante en reconnaîtrait un (entre le moule à gaufre rouillé et la chaise à trois pieds rustique). Mais savez-vous vraiment ce qu'est un PC ?

Un ordinateur, c'est bien plus qu'un objet de consommation vite assemblé et qui fonctionne tout de suite. En dépit des progrès pour le rendre plus convivial, l'ordinateur reste un objet de haute technologie. Pour l'exploiter au mieux, vous devez vous familiariser avec la bête. C'est le but de cette partie du livre.

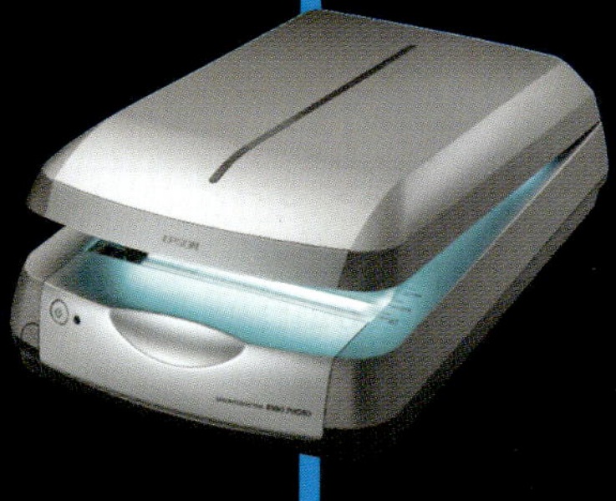

Chapitre 1

Ordinateur ? PC ? C'est quoi ça ?

Dans ce chapitre :

- Les bases d'un ordinateur.
- Les entrées/sorties.
- Matériel et logiciels.
- Le système d'exploitation.
- Un PC n'explose jamais.

Le vendeur s'est payé votre tête en vous affirmant qu'un ordinateur est facile à utiliser, que vous seriez connecté à l'Internet en un rien de temps. Il vous a roulé dans la farine en vous disant qu'un logiciel est si simple que vous n'aurez besoin ni de formation ni de livre spécialisé.

Pour séduire les consommateurs, les vendeurs d'informatique sont obligés de faire croire qu'un ordinateur n'est pas plus difficile à utiliser qu'un four à micro-ondes ou un téléphone mobile. Hélas ! les gens sont tout disposés à le croire. Il est certes possible de commencer à utiliser un ordinateur en n'y connaissant rien et en se formant sur le tas, mais ce n'est pas le moyen le plus efficace.

Ce chapitre présente les notions de base d'un PC, indispensables pour comprendre la machine que vous comptez acheter, que vous possédez depuis peu ou depuis fort longtemps. Vous découvrirez qu'il n'y a là rien de sorcier.

Un ordinateur, c'est tout bête

Les appareils sont généralement assez simples : un grille-pain grille du pain, un four à micro-ondes chauffe ce que l'on y enfourne, une voiture roule et le téléphone sert à communiquer à distance. L'usage de tout appareil se rapporte à sa description la plus élémentaire. Mais qu'en est-il de l'ordinateur ?

Un ordinateur n'est pas un outil extraordinaire. Il ne fait fondamentalement qu'une seule chose : acquérir des données en entrée, les traiter puis les restituer en sortie (voir Figure 1.1). C'est en réalité l'énorme potentiel de cette simple activité qui fait paraître l'ordinateur compliqué.

Figure 1.1 : L'activité fondamentale d'un ordinateur.

Trois notions permettent de comprendre le principe d'un ordinateur :

- Les entrées/sorties.
- Le traitement.
- Le stockage.

Examinons cela en détail.

Entrées et sorties

«Ne sois ni emprunteur ni prêteur.»

Hamlet, acte I, scène 3.

Les entrées/sorties, communément appelées E/S, sont les deux tâches dont un ordinateur s'acquitte au mieux. C'est même quasiment la seule chose qu'il sait faire. Quand vous aurez assimilé la notion d'E/S, vous aurez tout compris de l'ordinateur. Enfin, presque tout... ou presque...

- Les appareils – ou, plus exactement, les *périphériques* – reliés à l'ordinateur sont soit dévolus aux entrées, soit dévolus aux sorties. Il existe des périphériques d'entrée et des périphériques de sortie.
- Les *périphériques d'entrée* envoient des données vers l'ordinateur. Le clavier et la souris sont des périphériques d'entrée, de même qu'un scanneur ou un appareil photo numérique.
- Les *périphériques de sortie* sont les équipements que l'ordinateur utilise pour présenter les données, comme l'écran ou l'imprimante.
- Certains périphériques sont à la fois d'entrée et de sortie. C'est le cas des disques durs et des modems. L'ordinateur s'en sert pour recevoir des données et pour en envoyer.

- Si vous tenez à en savoir plus sur les disques durs et les modems, recherchez ces termes dans l'index. Sinon, poursuivez votre lecture, car il en sera question de-ci, de-là.

Traitement

Si un ordinateur ne savait pas traiter des données, ce ne serait qu'un tas de ferraille sans utilité. Le traitement transforme les données reçues.

- Le traitement est pris en charge par un composant électronique – une «puce» – appelé *microprocesseur* ou, plus simplement, *processeur.*
- A vrai dire, le processeur ne sait pas exactement que faire de toutes les entrées qui lui parviennent. C'est le *logiciel* qui lui indique ce qu'il doit en faire. Nous y reviendrons plus loin dans ce chapitre.
- Toutes les entrées sont *numériques*, c'est-à-dire constituées de 0 et de 1. C'est incroyable quand on y pense : l'image la plus spectaculaire, le poème le plus émouvant ou une symphonie se réduisent à une succession de 0 et de 1 traités par le processeur.

Stockage

Autre élément important de l'ordinateur, le stockage des données s'effectue dans une *mémoire.* Ce stockage est indispensable au niveau le plus élémentaire, car le processeur a besoin de place pour faire sa petite cuisine.

Sur un ordinateur moderne, il existe deux sortes de stockage : temporaire et à long terme.

Le stockage temporaire s'effectue dans la *mémoire vive*. C'est là que les programmes sont exécutés lorsque vous les utilisez. La mémoire vive est le lieu de travail du processeur.

Le disque dur se charge du stockage à long terme. L'information qui s'y trouve est réutilisable par la suite. Les données que le processeur n'utilise pas pour le moment sont stockées dans le disque dur, en attendant d'être lues.

- Tous les ordinateurs ont besoin d'une unité de stockage.
- La mémoire vive est parfois appelée RAM, acronyme de *Random Access Memory*, mémoire à accès aléatoire. Ou plus simplement, «la mémoire».
- La mémoire vive, ou RAM, est un stockage temporaire.
- Il existe différentes sortes de disques durs : internes et amovibles, et de différentes marques et capacités. Les disques durs sont aussi appelés *mémoire de masse.*
- Ne vous laissez pas impressionner par tous ces termes. Vous vous y ferez peu à peu, car nous n'avons pas fini d'en parler.

Matériel et logiciel

Un ordinateur est constitué de deux éléments : le matériel et le logiciel. A l'instar de Laurel et Hardy ou Roméo et Juliette, matériel et logiciel doivent aller de pair pour que l'ordinateur soit complet.

Le matériel est l'élément tangible de l'ordinateur : vous pouvez le voir et le toucher. Le boîtier, le moniteur, le clavier et la souris font partie du matériel.

Le logiciel est le cerveau de l'ordinateur. Il dicte au matériel ce qu'il doit faire.

D'une certaine manière, on peut considérer l'ordinateur comme un orchestre symphonique. Le matériel est constitué des musiciens et de leurs instruments. Le logiciel est la partition.

Sans logiciel, l'ordinateur est un objet inerte. Sans instruction, il ne saura rien faire, un peu comme un orchestre sans partition, de surcroît incapable de produire le moindre couac.

C'est le logiciel qui fait la «personnalité» de l'ordinateur.

- Ce qui peut se jeter par la fenêtre, c'est du matériel.
- Ce que vous pouvez jeter par la fenêtre mais qui rentre par la porte, c'est un chat.
- Le logiciel n'est rien qu'un ensemble d'instructions indiquant au matériel ce qu'il doit faire, comment il doit le faire, ou à quel moment il doit irrémédiablement perdre vos données.

N'OUBLIEZ PAS

- Le logiciel est plus important que le matériel. A l'instar du maître et de l'esclave, c'est le logiciel qui dicte sa loi au matériel. C'est un point important à prendre en compte au moment de l'achat d'un ordinateur, car la plupart des gens attachent plus d'importance à ce qu'ils voient qu'à ce qui régit en coulisses.
- Sans le logiciel adéquat, le matériel relié à l'ordinateur ne peut rien faire. Dans ce cas, le PC peut à la rigueur servir d'ancre, de lest ou de contrepoids.

Le système d'exploitation de l'ordinateur

Le système d'exploitation est le logiciel le plus important de l'ordinateur. Il remplit plusieurs fonctions :

- Contrôle du matériel.
- Gestion de tous les logiciels.
- Organisation des fichiers et de tout ce que vous créez avec l'ordinateur.
- Interface avec vous, l'humain.

Pour l'ordinateur, c'est une vaste tâche. Vous pouvez remercier les programmeurs d'avoir mis au point un logiciel qui orchestre tout ça. Un système d'exploitation, ça bosse fort (comme on dit du côté d'Istanbul).

Sur les PC, le système d'exploitation le plus répandu est Windows. Il en existe d'autres, comme Linux ou OS/2, mais c'est Windows qui domine le marché. Dans ce livre, nous présumons que c'est lui le système d'exploitation de votre PC.

Nous verrons ailleurs dans ce livre comment le système d'exploitation s'acquitte de ses différentes tâches.

N'OUBLIEZ PAS

- Le matériel ne commande rien. C'est le logiciel qui régit l'ordinateur. Et de tous les logiciels le plus important est le système d'exploitation.
- On ne le répétera jamais assez : c'est sur le système d'exploitation que repose le fonctionnement de l'ordinateur. C'est le seigneur et maître, le chef d'orchestre, la grosse légume...
- Dès que vous allumez l'ordinateur, le matériel se place entièrement sous le contrôle du système d'exploitation. Reportez-vous au Chapitre 4 pour savoir comment allumer et éteindre correctement un ordinateur.
- Le système d'exploitation est souvent déjà installé dans l'ordinateur que vous achetez. Vous n'aurez pas à l'installer, mais vous devrez de temps en temps procéder à sa mise à jour.
- Quand vous achetez un logiciel, vous achetez la version appropriée au système d'exploitation, et non à telle ou telle marque de PC. Plutôt que de demander un logiciel pour votre Dell ou votre IBM, demandez un logiciel tournant sous Windows.

Les autres logiciels

Le système d'exploitation n'est pas le seul logiciel de votre ordinateur. Un utilisateur «lambda» en aura installé des dizaines d'autres, voire des centaines, selon les activités qu'il effectue.

Les logiciels sont appelés sous différents noms. En plus du terme générique «logiciel», vous rencontrerez :

- **Application :** Cette catégorie de logiciels est utilisée pour des tâches productives ou pour créer des documents. Les applications sont des logiciels productifs.
- **Programme :** Ce sont des logiciels dont la finalité n'est pas de produire. Les jeux vidéo ou les lecteurs de CD sont des programmes.
- **Utilitaire** ou **outil :** Ces programmes contribuent au bon fonctionnement de l'ordinateur ou de ses équipements. Ils servent par exemple à optimiser les performances du disque dur ou à compresser des données.

Vous rencontrerez plus rarement le terme «progiciel». Il désigne des applications professionnelles : les logiciels de comptabilité, de gestion d'un cabinet médical sont des progiciels.

La quatrième partie de ce livre est consacrée aux logiciels.

Ce que vous produisez

Vous utilisez les logiciels pour contrôler le matériel informatique et obtenir un résultat. Ce dernier peut être un document écrit, de la musique, de la vidéo, un graphisme, etc. Cette production est stockée dans une entité appelée *fichier*.

C'est le système d'exploitation qui indique aux diverses applications et programmes où et sous quelle forme ils doivent enregistrer ce que vous créez, c'est-à-dire les fichiers. C'est lui qui se charge d'organiser le disque dur et qui impose les règles de nommage permettant de retrouver aisément tous ces fichiers.

Le PC (pour les Nuls)

L'ordinateur que vous possédez, ou que vous envisagez d'acheter, est un PC. Il existe beaucoup de types d'ordinateurs, des superordinateurs occupant l'étage entier d'un bâtiment aux ordinateurs de poche. Mais le plus courant est le PC.

PC sont les initiales de *Personal Computer*, ordinateur personnel, par référence à l'ancêtre de toute la lignée, le PC d'IBM apparu au milieu des années 1980. Un PC est un *micro-ordinateur*. De tous les micro-ordinateurs qui ont vu le jour, le PC est incontestablement le plus populaire.

Un PC est aujourd'hui tout ordinateur capable de tourner sous le système d'exploitation Windows. Il existe de subtiles différences entre les matériels, selon les fabricants, mais en règle générale un ordinateur équipé de Windows est forcément un PC (cela n'inclut pas les machines à coudre, trottinettes ou respirateurs artificiels susceptibles de tourner sous Windows).

- Qu'on se le dise : un PC n'est pas un Macintosh. Si vous avez un Mac, vous devrez lire l'un des nombreux *Pour les Nuls* consacrés aux Mac et à OS X, leur système d'exploitation.
- Si vous avez un PC portable, je vous recommande *PC portables pour les Nuls*, de mon ami Dan Gookin.

Un PC peut-il exploser ?

J'ai le plaisir de vous annoncer qu'un PC ne peut pas exploser. Enfin, pas dans les conditions de fonctionnement normales... En revanche, il peut vous faire tourner en bourrique.

N'OUBLIEZ PAS

Un ordinateur n'est pas le diable. Il n'héberge aucun mauvais esprit décidé à vous pourrir la vie. En fait, quand vous aurez compris ce qu'est un PC, il vous paraîtra plutôt bête.

Chapitre 2

Le tour de l'ordinateur

Dans ce chapitre :

- Les différents types de PC.
- L'équipement de base d'un PC.
- Ce qui se trouve sur le boîtier.
- Connecteurs, prises et orifices.
- Les symboles et les couleurs.

Vous pensez sans doute que vingt-cinq ans après le commencement de la révolution micro-informatique, la plupart des gens savent à quoi ressemble un ordinateur. Détrompez-vous. Pour beaucoup, l'écran est l'ordinateur. Mais vous, sauriez-vous distinguer l'ordinateur de ses périphériques ?

Des deux composants d'un ordinateur, le matériel et les logiciels, c'est le matériel qui intéresse le plus les gens, bien que les logiciels soient le plus important. Ce chapitre donne une vue d'ensemble sur ce qu'est un PC et ce que l'on y trouve.

Variations sur le thème du PC

Il n'existe pas plus de PC type qu'il n'existe de voiture type. Bien que l'on trouve des éléments communs sur tous les PC, et des éléments communs sur toutes les voitures, leur conception et leurs caractéristiques varient d'un fabricant à un autre. Voici un rapide aperçu des différents types de PC :

- **La mini-tour :** C'est la configuration la plus répandue. L'ordinateur se trouve dans un boîtier parallélépipédique en hauteur, posé sur ou sous le bureau.
- **L'ordinateur de bureau :** Semblable à la mini-tour, mais couché sur le côté, l'écran est posé dessus. Désigne aussi tout ordinateur utilisé en bureautique qui n'est pas un ordinateur portable.
- **La tour :** Boîtier dont la hauteur est souvent supérieure à 60 cm. Une tour contient suffisamment de place pour différents équipements. C'est la configuration de choix pour le matériel professionnel, notamment les serveurs de réseau. Les fanas d'informatique l'affectionnent aussi en raison de son évolutivité.
- **L'ordinateur portable :** Ordinateur compact, dans lequel l'écran est intégré. A quelques exceptions près, mentionnées dans ce livre, un ordinateur portable offre les mêmes fonctionnalités qu'un ordinateur de bureau.

Le choix du type d'ordinateur dépend de vos besoins. Ceux qui s'en servent intensivement apprécient l'évolutivité des tours, voire des mini-tours. Les utilisateurs nomades préfèrent les portables.

Le matériel de base

La Figure 2.1 montre un ordinateur type. Il est important d'appeler chaque chose par son nom (un chat est un chat).

Figure 2.1 : Un ordinateur de base mais complet.

Unité centrale : C'est le boîtier central, appelé aussi tout simplement «l'ordinateur», puisqu'il contient toute l'électronique de la bête, ainsi que divers boutons, voyants lumineux et prises en tous genres auxquelles vous branchez le restant de l'installation.

Moniteur : Périphérique de sortie arborant un bel écran. Appelé aussi tout simplement «écran».

Clavier : Périphérique d'entrée comportant une centaine de touches. C'est le principal moyen de communication avec l'ordinateur.

Souris : Ni mulot ni Marsupilami, la souris est un périphérique fort utile pour sélectionner ou actionner des éléments à l'écran ou pour dessiner.

Enceintes : Sans elles, le PC n'émettrait que de lamentables *bips*. Parfois intégrées à l'unité centrale ou au moniteur, les enceintes restituent un son digne de ce nom. En cassant votre tirelire, vous pourrez ajouter un caisson de basses qui fera trembler les fenêtres des voisins.

Imprimante : C'est grâce à elle que vous pouvez obtenir une «sortie imprimante» de vos textes et de vos images.

En plus de ces éléments de base, un ordinateur peut être équipé d'un scanneur, d'un disque dur externe, d'un modem à haut débit, d'une manette de jeu, ou communiquer avec un appareil photo numérique ou avec d'autres ordinateurs. Ce ne sont pas les options qui manquent !

Ce que ne montre pas la Figure 2.1, ni d'ailleurs les publicités, c'est la filasse qui s'étale à l'arrière d'un ordinateur. Un inextricable plat de nouilles !

N'OUBLIEZ PAS

- Sachez toujours où se trouvent les différents éléments d'un ordinateur. Si l'imprimante n'est pas à côté, elle est peut-être dans une autre pièce, reliée au réseau informatique.
- Incroyable mais vrai : des gens croient encore que l'écran est l'ordinateur (NdT : les possesseurs d'un iMac G5 sont excusés, car l'unité centrale et l'écran forment effectivement un ensemble).

- Les différents éléments de la Figure 2.1 sont décrits en détail dans la Deuxième partie du livre.
- Vous entendrez parfois le terme CPU. Ce sont les initiales de *Central Processing Unit*, unité de traitement centrale, autrement dit : microprocesseur. Ceux qui emploient ce terme à la place d'»unité centrale», en général pour frimer, se trompent.

La Figure 2.2 vous montre le top en matière de configuration pour les accrocs du jeu vidéo.

Figure 2.2 : Un ordinateur pour les fondus de jeu vidéo.

La Figure 2.3 montre un ordinateur portable avec sa housse de transport. Les portables d'aujourd'hui offrent une puissance quasiment équivalente à celle des machines de bureau et leurs ventes explosent d'année en année.

Figure 2.3 : Un ordinateur portable et sa housse.

Les portables, une race un peu à part

On distingue plusieurs catégories de portables, vous ferez votre choix au moment de l'achat en fonction de vos besoins spécifiques et bien entendu de votre budget.

Les ordinateurs transportables

Ces ordinateurs sont destinés à remplacer les ordinateurs de bureau en offrant des performances d'un niveau égal aux meilleurs modèles fixes. Ils possèdent des écrans d'une taille allant de 16 à 19 pouces souvent au format 16/9e. Ces ordinateurs possèdent une connectique digne d'un PC de bureau, sorties vidéo, multiples USB, port FireWire,etc. L'inconvénient de ce type de machine est un poids élévé et une autonomie restreinte due à l'emploi de composants très puissant mais très gourmands en énergie. La Figure 2.4 vous montre un transportable haut de gamme.

Figure 2.4 : Un ordinateur transportable.

Les ordinateurs portables standard

Cette catégorie est de loin la plus riche en gamme et en prix. Ces ordinateurs pèsent entre 2,5 et trois kilos et possèdent des écrans dont la taille varie entre 12 et 14 pouces. Ce sont les modèles les plus vendus et c'est dans cette gamme que l'on trouve le plus de différences entre les modèles. Ces ordinateurs possèdent des processeurs allant du Céléron d'Intel pour les modèles de base, jusqu'au processeur Intel Core Duo pour les modèles les plus honéreux. La Figure 2.5 montre un ordinateur portable standard.

Figure 2.5 : Un modèle de type portable standard.

Les ordinateurs ultra-portables

Ordinateurs possèdent des dimensions réduites et un poids qui permet de les transporter très facilement. Il disposent d'écrans dont la taille est comprise entre 10 et 13 pouce., Ils possèdent toutes les connexions de base mais n'offrent pas autant de possibilités que les modèles cités plus haut. Leurs poids varie entre 1,5 et 2k. Les modèles les plus évolués ont une autonomie élevée. Ces modèles peuvent être installés dans des station d'accueil au bureau afin de les connecter à des grands écrans et pour pouvoir utiliser un clavier standard pour la saisie. La Figure 2.6 montre un ordinateur de type ultra-portable et la Figure 2.7, un station d'accueil.

Figure 2.6 : Un ultra-portable, c'est encore plus petit.

Figure 2.7 : Un station d'accueil avec ses connecteurs.

Les Tablet PC

Ces ordinateurs sont une sorte de croisement entre un PDA et un ordinateur portable standard. Ils sont équipés d'un écran tactile pivotant et possèdent généralement un stylet pour faciliter la saisie à l'écran (saisie qui peut également s'opérer au clavier). Ce sont des machines chères et très gadget qui n'ont pas encore trouvé leur réel public en Europe. La Figure 2.8 montre le Portégé M400 de Toshiba. Cet ordinateur est animé par un microprocesseur Intel Cord Duo 2, il possède un écran de 12,2 pouces, 1 Go de mémoire vive, un disque dur de 120 Go et un combiné lecteur/graveur de CD/DVD.

Figure 2.8 : Le Portégé M400 associe les meilleures technologies dans un boîtier fin et léger de 2,1 kg.

Un coup d'œil à l'unité centrale

L'unité centrale, qui est en réalité l'ordinateur, n'est pas indépendante. C'est en effet à cet élément que vous branchez tout le fourbi qui constitue votre installation informatique. A cette fin, l'unité centrale est constellée d'un grand nombre de prises et de connecteurs, parfois cachés derrière une porte. Placé aussi en évidence que la cerise sur le gâteau, se trouve le bouton d'allumage et d'extinction. Voyons cela de plus près :

- Trouvez sur votre PC tous les éléments mentionnés dans cette section. Sachez où ils se trouvent et connaissez leur nom officiel (celui de la documentation).
- Toutes les unités centrales ne sont pas pareilles. Cette section n'est qu'un guide général.

En façade de l'unité centrale

Vous accédez à la façade de l'unité centrale pour interagir avec l'ordinateur en insérant ou retirant des CD ou des disquettes, en observant les témoins lumineux, en appuyant sur des boutons et en branchant parfois un accessoire plus ou moins particulier.

Référez-vous à la Figure 2.9 pour identifier les éléments suivants :

Lecteur de CD/DVD : A l'instar d'un lecteur de CD ou de DVD de salon, le PC est équipé en façade d'un tiroir coulissant servant à insérer et éjecter les disques compacts. Certains ordinateurs sont équipés de deux lecteurs (un lecteur et un lecteur/graveur), d'autres n'ont qu'un lecteur/graveur.

Baies d'extensions futures : Des caches en plastique masquent des orifices de la taille d'un lecteur de CD ou de disquettes. Ce sont des emplacements destinés à recevoir les périphériques que vous ajouterez peut-être.

Lecteur de disquettes : Vous y insérez les disquettes. Aujourd'hui, tous les ordinateurs n'en sont plus équipés (NdT : il est toutefois possible de brancher des lecteurs de disquettes externes USB).

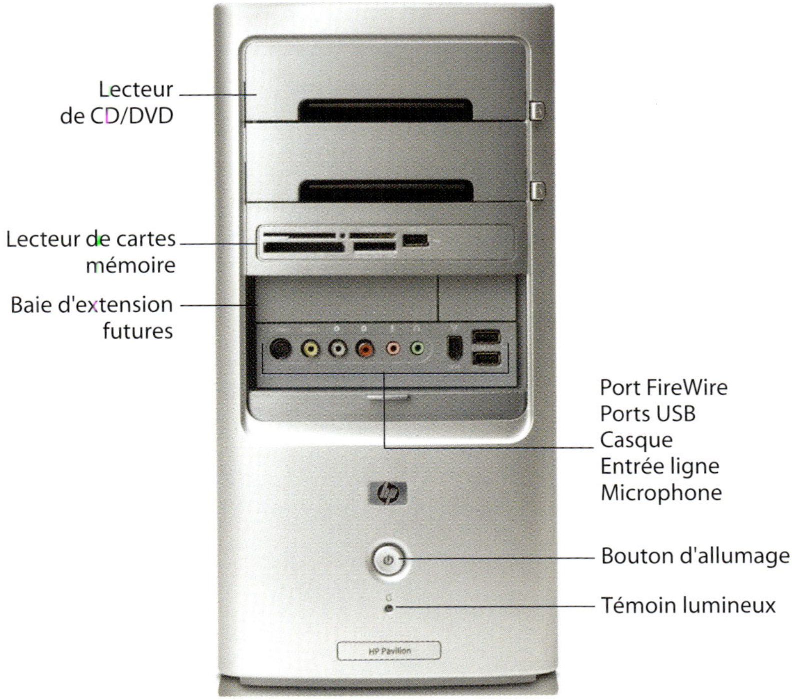

Figure 2.9 : La face avant de l'unité centrale.

Fanons d'aération : C'est par là qu'entre l'air qui contribue à refroidir l'ordinateur. Ne les bouchez pas avec des Post-It ou des livres placés tout contre.

Trappe des connecteurs : Des ordinateurs domestiques sont équipés d'une trappe qui masque les inesthétiques connecteurs. Vous y trouverez des prises pour la manette de jeu, le microphone, le casque et autres accessoires que vous utilisez de temps en temps.

Boutons et voyants : La plupart des boutons d'un ordinateur se trouvent sur le clavier. Les plus importants se trouvent cependant sur l'unité centrale, parfois agrémentés de voyants lumineux plus ou moins bizarroïdes. Ce sont notamment :

- **Le bouton Marche/Arrêt :** Il sert à allumer et à éteindre l'ordinateur, des opérations que vous découvrirez au Chapitre 4.
- **Le bouton de réinitialisation :** Devenu rare sur les modèles récents, ce bouton oblige l'ordinateur à redémarrer sans avoir à

utiliser le bouton Marche/Arrêt, ce qui évite de malmener l'alimentation. Si l'ordinateur est dépourvu de bouton de réinitialisation, appuyer cinq secondes sur le bouton Marche/Arrêt produit le même résultat.

- **Le bouton de mise en veille :** Ce bouton rarissime plonge l'ordinateur dans une profonde léthargie. Son activité est suspendue sans avoir à l'éteindre. Sur certains PC, ce bouton et le bouton Marche/Arrêt sont les mêmes.

- **Les témoins de disques :** Ils clignotent irrégulièrement selon l'activité du disque dur ou de la disquette, prouvant ainsi qu'il se passe quelque chose. Sur les lecteurs externes, le témoin indique que l'ordinateur lit ou écrit des données.

D'autres éléments peuvent orner la façade de l'ordinateur. La plupart sont spécifiques à telle ou telle marque d'ordinateur.

- Le logo du constructeur et parfois celui du fabricant du microprocesseur.

- Un autocollant arborant le numéro de série de Windows (NdT : recopiez-le dès à présent sur papier – pas dans un fichier informatique ! – pour le cas où il vous serait demandé par l'ordinateur, ce qui arrivera tôt ou tard).

- Pour en savoir plus sur les connecteurs planqués sous la trappe, reportez-vous à la section «Le panneau des E/S», plus loin dans ce chapitre.

- Ne bouchez pas les fanons d'aération car l'ordinateur chaufferait exagérément, au risque d'abîmer les composants internes.

Le témoin lumineux du disque dur peut être rouge, vert ou jaune. Il clignote lorsque le disque est utilisé et ne signale aucunement un dysfonctionnement. Au contraire, le clignotement prouve que le disque dur fait son travail.

L'arrière de l'unité centrale

L'arrière de l'unité centrale est bien pourvu. C'est là que se trouvent les divers connecteurs auxquels vous branchez la foultitude de vos périphériques : le moniteur, le clavier, la souris, les enceintes, bref, tout ce que vous avez extrait de l'emballage du PC.

Basez-vous sur la Figure 2.10 pour identifier les principaux éléments qui agrémentent l'arrière du PC. Notez que certains peuvent se présenter différemment, et que d'autres peuvent ne pas s'y trouver.

Figure 2.10 : Les principaux éléments à l'arrière de l'unité centrale.

Prise secteur : C'est là que vous branchez le cordon d'alimentation relié à la prise électrique.

Ventilateur : Il évacue l'air chaud de l'unité centrale et favorise l'aspiration d'air frais à travers les fanons d'aération.

Commutateur de voltage : Rare. S'il existe, veillez à ce qu'il affiche le voltage en vigueur là où vous utilisez l'ordinateur.

Baies d'extension : Donnent accès aux *cartes d'extension* que vous installerez éventuellement dans votre PC : carte vidéo, graphique, audio... Lorsqu'une baie n'est pas utilisée, elle est masquée par un opercule en fer.

Fanons d'aération : Entrées d'air favorisant le refroidissement de l'intérieur de l'unité centrale.

Panneau des entrées/sorties : Hormis le cordon d'alimentation et ce qui se branche aux cartes d'extension, c'est là que vous brancherez bon nombre de périphériques. Les détails sont fournis dans la prochaine section.

Le panneau E/S

Que ce soit pour réunir tous les connecteurs en un seul endroit ou seulement pour en rajouter à l'inextricable enchevêtrement de câbles, tout PC de bureau est équipé d'un panneau des entrées/sorties, généralement placé à l'arrière du boîtier. C'est là que vous branchez le matériel que montre la Figure 2.1.

La Figure 2.11 montre un panneau type, tous ne sont pas représentés car tout dépend de votre configuration et du matériel installé sur votre machine. Les connecteurs sont parfois identifiés par du texte ou par l'un des symboles du Tableau 2.1.

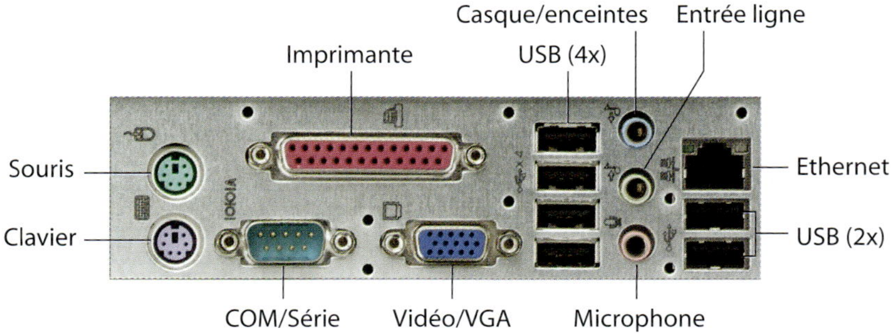

Figure 2.11 : Les connecteurs standards du panneau des entrées/sorties.

Connecteur du clavier : C'est dans cette prise au format mini-DIN que vous branchez le clavier.

Connecteur pour la souris : Il est identique au connecteur du clavier. Généralement, une icône en forme de clavier ou de souris différencie les deux prises (NdT : il existe un moyen mnémotechnique pour reconnaître le connecteur de la souris. Il est vert, comme dans la comptine «Une souris verte...»).

Ports USB : Cette prise rectangulaire reçoit les périphériques USB (*Universal Serial Bus*, bus série universel). Ce standard est décrit au Chapitre 7.

Ports Série ou COM : Un PC a au moins un de ces ports, nommé COM1. Il peut en exister d'autres, numérotés COM1, COM2, etc.

Connecteur Vidéo/VGA : Vous branchez le cordon vidéo du moniteur dans cette prise à 15 broches. Une seconde prise vidéo peut se trouver juste à côté, réservée aux écrans plats numériques. Le plus souvent, ces connecteurs se trouvent sur la carte d'extension vidéo, et non sur le panneau E/S.

Entrée et sortie SPDIF : Ces connecteurs reçoivent le câble à fibre optique utilisé pour l'audio numérique. Le son arrive dans la prise parfois marquée In, et sort par la prise parfois marquée Out.

Jack du microphone : Vous branchez là le microphone utilisé pour enregistrer du son, ou pour la téléphonie sur l'Internet (pour un *chat* sauvage, par exemple).

Jack de l'entrée Ligne : Vous y branchez une chaîne stéréo ou un magnétoscope afin de récupérer leur son.

Jack de la sortie audio : C'est là que vous branchez le casque audio ou les enceintes sonores. Il se trouve parfois sous la trappe située en façade.

Modem téléphonique : Vous insérez dans cette prise au format RJ-11 le câble qui est branché, à l'autre extrémité, dans la prise du téléphone. Parfois, une seconde prise RJ-11 est prévue. C'est un dédoublement permettant d'y brancher le téléphone. Il n'est cependant pas possible d'utiliser à la fois le combiné et le modem. La prise RJ-11 ne sert pas à brancher un modem ADSL ou câble.

Connecteur Ethernet : Cette prise au format RJ-45, un peu plus grande que celle du téléphone, sert aux connexions avec un réseau local. C'est là aussi que vous branchez un modem à haut débit. Tous les ordinateurs ne sont pas équipés d'une prise RJ-45.

Port imprimante : Vous branchez l'imprimante sur ce gros connecteur.

Les ports FireWire : Comparable au port USB, le port FireWire est destiné aux connexions avec un disque dur externe, un appareil photo ou un caméscope numérique, etc. L'étiquette IEEE qui l'identifie parfois fait allusion à son standard : IEEE 1396. Il existe deux types de connecteur : FireWire à 6 broches et i-Link à 4 broches, utilisé pour la vidéo numérique.

Les connecteurs suivants, non représentés Figure 2.11, sont présents sur divers PC :

S-Vidéo Out : Si le PC est équipé d'un lecteur de DVD, ce connecteur de sortie permet de le relier à un téléviseur.

Port Joystick : Ce connecteur à 15 broches a longtemps servi à brancher une manette de jeu (certains PC en possédaient même deux). Toutes les manettes ayant opté pour le port USB, ce connecteur est devenu obsolète.

Le point positif ? Vous branchez tout cet attirail une fois pour toutes.

ATTENTION

- Les connecteurs du clavier et de la souris ne sont pas interchangeables ! Branchés au mauvais endroit, ils ne fonctionneront pas. Pour la couleur du connecteur, souvenez-vous de la souris verte de la chanson.
- Reportez-vous au Chapitre 7 pour en savoir plus sur ces prises et sur ce que l'on y branche.

Des symboles et des couleurs

Bien que les divers connecteurs des PC soient très différents les uns des autres, les fabricants se sont mis d'accord sur les symboles et les couleurs à utiliser, que présente le Tableau 2.1.

Tableau 2.1 : Symboles et couleurs des connecteurs.

Nom	*Connecteur*	*Symbole*	*Couleur*
COM/Série			Cyan
Vidéo numérique		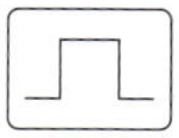	Blanc
Ethernet/RJ-45		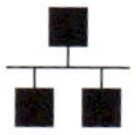	-
FireWire			-
FireWire mini			-
Infrarouge			-
Joystick			Moutarde

Clavier		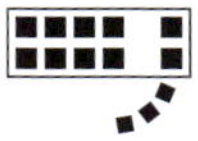	Pourpre
Entrée ligne audio		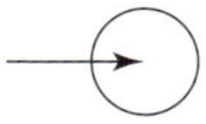	Gris
Microphone			Rose
RJ-11/modem			-
Moniteur (écran)	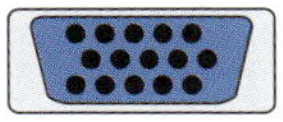		Bleu
Souris		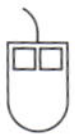	Vert
Secteur			Jaune
Imprimante			Violet
SPDIF In		IN	Rose/blanc
SPDIF Out		OUT	Noir
Casque/enceintes			Citron
S-Vidéo			Jaune
USB			-

Chapitre 3

On branche tout

Dans ce chapitre :

- Assembler les éléments de l'ordinateur.
- S'en sortir dans la filasse.
- Brancher tout le fourbi.
- Utiliser une barrette d'alimentation.
- Utiliser un onduleur.

Assembler tous les éléments d'un ordinateur n'est pas bien compliqué. Un enfant y parviendrait. Enfin, un enfant un peu doué…

Ce chapitre explique comment monter l'ordinateur, c'est-à-dire comment brancher tout ce qui est fourni avec. Ce n'est pas plus difficile que de brancher A dans B, à condition de savoir qui est A et où se trouve B.

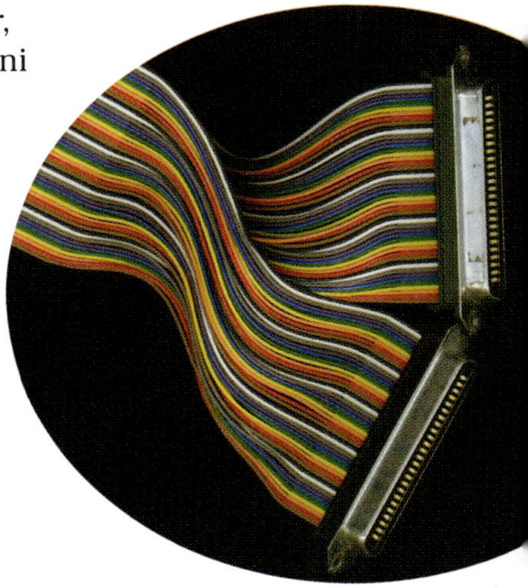

- Ce chapitre est consacré à l'assemblage des éléments de base de l'ordinateur. La mise en marche de la bête est expliquée au Chapitre 4.
- Reportez-vous au Chapitre 7 pour les détails sur les ports USB, FireWire et autres possibilités d'extension de votre PC.

Le montage du PC

Vous allez être emballé : un PC fonctionne mieux quand il est déballé.

Le grand déballage

Un ordinateur est livré dans un ou plusieurs cartons. Avec un peu de chance, tout est dans la même boîte. Sinon, commencez par ouvrir celle contenant l'unité centrale.

Assurez-vous d'avoir bien tout extrait de la boîte. Certains fabricants cachent des éléments importants sous la mousse de calage du fond, ou entre les cales. Regardez soigneusement partout.

Ouvrez toutes les boîtes qui se trouvent dans le carton et assurez-vous d'avoir toutes les pièces nécessaires. Reportez-vous au Chapitre 2 ou, mieux, à la documentation de l'ordinateur pour connaître ces pièces. Si l'une manque, appelez immédiatement le magasin.

N'OUBLIEZ PAS

- Conservez le bon de commande, le bon de livraison, la garantie et autres documents importants.
- Ne remplissez pas le bon de garantie avant que l'ordinateur ait été installé et essayé. Car si vous devez le rapporter au magasin, il est préférable que la carte de garantie soit vierge.

TRUC

- Conservez l'emballage et les cales en mousse, pour le cas où vous devriez rapporter l'ordinateur. Le carton d'origine est le moyen le plus sûr de transporter le matériel.
- Si votre ordinateur est livré avec un schéma et des instructions de montage, basez-vous sur ce document et ne considérez les informations qui suivent que comme des suggestions.

Installez d'abord l'unité centrale

L'unité centrale étant, comme son nom l'indique, au cœur de votre installation, placez-la près de l'endroit qui lui est destiné.

Arrangez-vous pour que la face arrière soit accessible, car vous devrez y connecter bon nombre d'éléments. Prévoyez de la place entre l'ordinateur et le mur afin de ne pas coincer les câbles.

- L'unité centrale doit être ventilée. Ne la placez pas dans un endroit confiné, ou dans une armoire où l'air ne circule pas.
- N'exposez pas l'unité centrale au soleil. Un ordinateur supporte mal une forte chaleur ou le grand froid.
- Placé près d'une fenêtre d'un rez-de-chaussée, un ordinateur peut tenter un voleur.

C'est un PC, pas un four ou un réfrigérateur

Un PC apprécie les climats tempérés. Il est étudié pour fonctionner entre 4 et 27 °C. En cas de canicule, l'ordinateur se comporte bizarrement : son processeur ralentit, d'où des lenteurs d'exécution, ou encore il redémarre spontanément. Si la température est très faible, le PC peut refuser de démarrer.

Le PC déteste l'humidité. J'ai entendu parler d'ordinateurs qui moisissaient sous les tropiques. Si vous habitez dans une région humide, installez le PC dans une pièce climatisée.

Le guide de branchement pour utilisateurs branchés

Les principaux éléments de l'ordinateur se branchent directement à l'unité centrale. Mais auparavant il faut déballer tout cet attirail.

Pour le moment, ne branchez strictement rien à la prise électrique. Tout au long de l'installation de votre équipement, l'interrupteur doit être sur Arrêt, ou alors le cordon d'alimentation doit être débranché.

Sauf indication contraire, la plupart des équipements peuvent être connectés à l'ordinateur pendant qu'il est allumé (NdT : c'est ce que l'on appelle un «branchement à chaud»). Mais il y a des exceptions à cette règle. C'est pourquoi vous devez lire attentivement cette section.

TRUC

Connaître les câbles

Sauf si votre ordinateur contient des équipements sans fil, les périphériques sont reliés à l'unité centrale par des câbles. Un câble se branche dans un connecteur appelé *port*, et la longueur du câble est variable. Par exemple, il existe des câbles USB pour port USB de diverses longueurs.

Les extrémités d'un câble sont conçues pour éviter toute erreur de branchement. Généralement, l'extrémité qui se branche à l'unité centrale a une forme donnée, et celle qui se branche au périphérique a une autre forme. Certains câbles peuvent cependant être branchés dans le sens que vous voulez.

Certains câbles, comme celui de la souris ou du clavier, sont fixés à demeure au périphérique. D'autres, comme celui de l'imprimante, peuvent être ôtés.

Des câbles supplémentaires peuvent être achetés. Pour estimer la longueur d'un câble, mesurez la distance qui sépare les deux prises et doublez-la. Par exemple, si un microphone est utilisé à 60 cm de l'unité centrale, achetez un câble de 1,20 m.

Audio

Le connecteur audio des PC est généralement un jack stéréo de 3,5 mm utilisable avec la plupart des enceintes et microphones légers. Un adaptateur peut être acheté si le jack d'un équipement est trop grand.

- Les enceintes du PC se connectent à la prise Sortie ligne, Haut-parleur ou Casque de l'unité centrale.
- Le microphone se connecte à la prise prévue à cet effet.
- Le connecteur Entrée ligne sert à connecter des sources audio non amplifiées : chaîne stéréo, magnétoscope, platine tourne-disque, moulin à café ou autre engin bruyant.
- Eh oui ! la différence entre Entrée ligne et Microphone est que le périphérique branché à l'entrée ligne n'est pas amplifié.

TRUC

- Voyez s'il n'existe pas une prise Microphone à l'avant de l'unité centrale. Cet emplacement est plus commode qu'à l'arrière.
- Si le PC est équipé d'un lecteur de DVD, branchez les enceintes à la prise de ce lecteur, plutôt qu'à la sortie audio du panneau E/S.

Audio optique

Les nouveaux connecteurs SPDIF permettent d'utiliser des périphériques audio numériques. Ils doivent être équipés de connecteurs SPDIF et vous devez utiliser un câble optique assez onéreux.

ATTENTION

- Branchez l'entrée audio optique au connecteur SPDIF In de l'ordinateur. Pour utiliser la sortie audio optique de l'ordinateur, branchez le câble au connecteur SPDIF Out.
- Veillez à ne pas toucher, cogner ou rayer l'extrémité en verre de la fibre optique. Les câbles de bonne qualité sont livrés avec un capuchon protecteur que vous laissez en place lorsqu'ils ne sont pas branchés.
- L'audio optique est facultatif.
- SPDIF signifie *Sony/Philips Digital Interconnect Format* (format d'interconnexion numérique Sony/Philips). Il est parfois écrit sous la forme S/PDIF ou S/P-DIF.

Clavier et souris

Le clavier se branche à l'arrière de l'unité centrale, de même que la souris. Remarquez que les deux ports sont du même type (mini-DIN à 6 broches), mais de couleur différente. Ne les confondez pas, car le matériel ne fonctionnerait pas.

- Si vous utilisez un clavier ou une souris USB, branchez-le à un port USB.
- Certains claviers ou souris USB sont livrés avec adaptateur pour les brancher au connecteur mini-DIN. Utilisez-le, car vous libérerez ainsi un port USB pour d'autres usages.

- Ne branchez jamais un clavier ou une souris dans le port mini-DIN pendant que l'ordinateur est allumé, car vous risqueriez d'endommager l'ordinateur, le clavier ou la souris. Cette mise en garde ne concerne pas le port USB.

FireWire

Sur un PC, le port FireWire sert principalement à connecter des périphériques audiovisuels, le caméscope numérique étant le plus connu. Des disques durs externes et des scanneurs peuvent eux aussi être branchés à ce port.

Beaucoup de PC n'étant pas équipés d'un port FireWire, c'est le port USB qui est alors utilisé. Mais si un port FireWire est indispensable, sachez qu'il est possible d'ajouter une carte d'extension qui en est équipée.

Un périphérique FireWire peut être branché à l'ordinateur à n'importe quel moment, même si ce dernier est allumé. Vérifiez cependant dans la documentation du périphérique que cette règle est respectée.

- Il existe deux types de connecteurs FireWire : à 4 broches et à 6 broches. Le premier, appelé aussi i-Link, principalement utilisé pour la vidéo numérique, est souvent étiqueté DV (*Digital Video*). Vérifiez ce point en soulevant éventuellement la trappe à l'avant du PC, s'il en a une.
- Les périphériques FireWire exigent un câble FireWire, qui n'est pas toujours livré avec l'appareil.
- Reportez-vous au Chapitre 7 pour en savoir plus sur le standard FireWire.

Imprimante

Sauf si elle est de type USB, auquel cas elle se branche sur un port USB, une imprimante se branche au port Imprimante de l'unité centrale. Les extrémités du câble sont très différentes, ce qui évite de se tromper.

- Si une imprimante offre à la fois une connexion Imprimante et une connexion USB, privilégiez l'option USB.

- NdT : Le port Imprimante est plus communément appelé «port parallèle», ou encore Centronics, du nom de la société qui l'a mis au point.
- Assurez-vous que le câble de l'imprimante est bidirectionnel. C'est souvent indispensable pour que le logiciel d'impression fonctionne correctement.
- L'accès à l'imprimante peut s'effectuer au travers d'un réseau. Reportez-vous à la troisième partie pour en savoir plus sur la mise en réseau.

Modem

Un modem téléphonique se connecte au réseau téléphonique par un cordon de téléphone standard (très certainement livré avec la PC) branché à demeure à la prise de type RJ-11. Le modem «raccroche» à la fin d'une connexion, comme un téléphone classique.

Si le PC est équipé d'une seconde prise RJ-11, branchez-y votre téléphone. Vous pourrez ainsi l'utiliser sans voir à débrancher le câble du modem de la prise murale. Les modems externes sont équipés d'un interrupteur marche-arrêt.

- Les modems à haut débit – ADSL, câble ou satellite – se branchent dans la prise Réseau. Reportez-vous à la section «Réseau», un peu plus loin dans ce chapitre.
- Vous ne risquez pas de confondre la prise téléphonique RJ-11 avec la prise de réseau RJ-45, car cette dernière est nettement plus grande.

Moniteur

Communément appelé «écran», le moniteur se branche à la prise VGA de la carte graphique, à l'arrière de l'unité centrale. Si le moniteur est numérique, branchez-le au connecteur numérique (ou DVI), s'il en existe un. Certains moniteurs sont équipés de connexions VGA et DVI, ou d'un adaptateur DVI-VGA.

Si l'unité centrale est équipée de deux connecteurs VGA, utilisez celui de la carte graphique plutôt que celui du panneau E/S.

Réseau

Branchez le câble de réseau – souvent de type Cat-5 (catégorie 5) – dans la prise RJ-45 à l'arrière de l'unité centrale. Elle sert aussi à connecter un modem à haut débit.

La mise en réseau d'ordinateurs est décrite dans la troisième partie du livre.

S-Vidéo

Le connecteur S-Vidéo sert à envoyer un signal vidéo de l'ordinateur vers un téléviseur ou vers n'importe quel appareil équipé d'une entrée S-Vidéo. Vous pourrez ainsi connecter l'ordinateur à un écran de télé grand format pour jouer à un jeu vidéo. C'est plus spectaculaire que sur un écran informatique.

- La connexion S-Vidéo ne transmet que l'image, pas le son.

Série

Le port Série, ou COM, n'est plus aussi populaire qu'autrefois. Vous trouverez cependant des modems téléphoniques et des souris qui s'y branchent.

NOTE TECHNIQUE

- COM est l'abréviation de *communication.*
- Si plusieurs ports COM sont présents, ils sont numérotés COM1, COM2, etc.
- Le port Série est aussi appelé «port RS-232C», du nom de sa norme.

USB

Un périphérique USB se branche à l'un des ports USB de l'unité centrale ou, si l'ordinateur en manque, à un réplicateur USB autoalimenté ou alimenté par un transformateur.

Un câble USB possède deux extrémités distinctes, A et B. Le connecteur de type A, plat, se branche à l'ordinateur, tandis que le connecteur de type B, trapézoïdal, se branche au périphérique. La plupart des câbles sont de type A-B, mais il existe des rallonges A-A. Ne les confondez pas.

- C'est probablement par un câble USB que vous connecterez votre appareil photo numérique ou votre scanneur à l'ordinateur.
- Bon nombre de périphériques USB sont équipés d'un réplicateur de ports USB, ce qui permet de brancher encore plus d'équipements.
- Les câbles USB existent en diverses longueurs, mais jamais plus de 3 ou 4 mètres. Au-delà, le signal n'est plus assez puissant.
- Les ports USB au standard 2.0 High Speed sont plus de quarante fois plus rapides que les ports USB 1.0 et 1.1. Gare à l'arnaque avec le standard 2.0 Full Speed, qui n'est pas plus rapide que l'USB 1.1 ! La plupart des PC sont dotés de plusieurs ports USB 2.0 High Speed. Si ce n'est pas le cas du vôtre, vous pouvez en ajouter grâce à une carte d'extension.
- Des périphériques USB peuvent être branchés ou débranchés «à chaud», c'est-à-dire pendant que l'ordinateur est allumé. Il reconnaît aussitôt le périphérique, qui est immédiatement utilisable.
- Certains périphériques USB ne doivent pas être débranchés avant que l'ordinateur ait fini de les utiliser. Reportez-vous au Chapitre 7 pour en savoir plus à ce sujet.

Les connexions sans fil

Le «sans fil» ne signifie pas qu'il n'y a plus de fil. Un clavier ou une souris sans fil n'ont certes plus de fil à la patte, mais le transmetteur, lui, est relié à l'unité centrale par un câble USB, FireWire ou réseau. Mais, en fin de compte, il y a quand même moins de filasse.

C'est pareil pour le réseau sans fil, qui est plus ou moins sans fil. L'adaptateur installé sur l'unité centrale possède une petite antenne, mais ailleurs sur le réseau, une liaison filaire sera nécessaire.

On envoie le jus !

Après avoir branché tous les équipements à l'unité centrale, il ne reste plus qu'à brancher l'ordinateur à la prise de courant. Car il lui faut de l'énergie pour fonctionner.

L'indispensable barrette

Vous remarquerez sans doute que vous avez plus d'équipements à brancher que vous n'avez de prises électriques au mur. Pas de problème, car c'est bien pour cela que les barrettes multiprises ont été inventées ! Il suffit de tout brancher dessus et de brancher la barrette au mur, comme l'illustre la Figure 3.1.

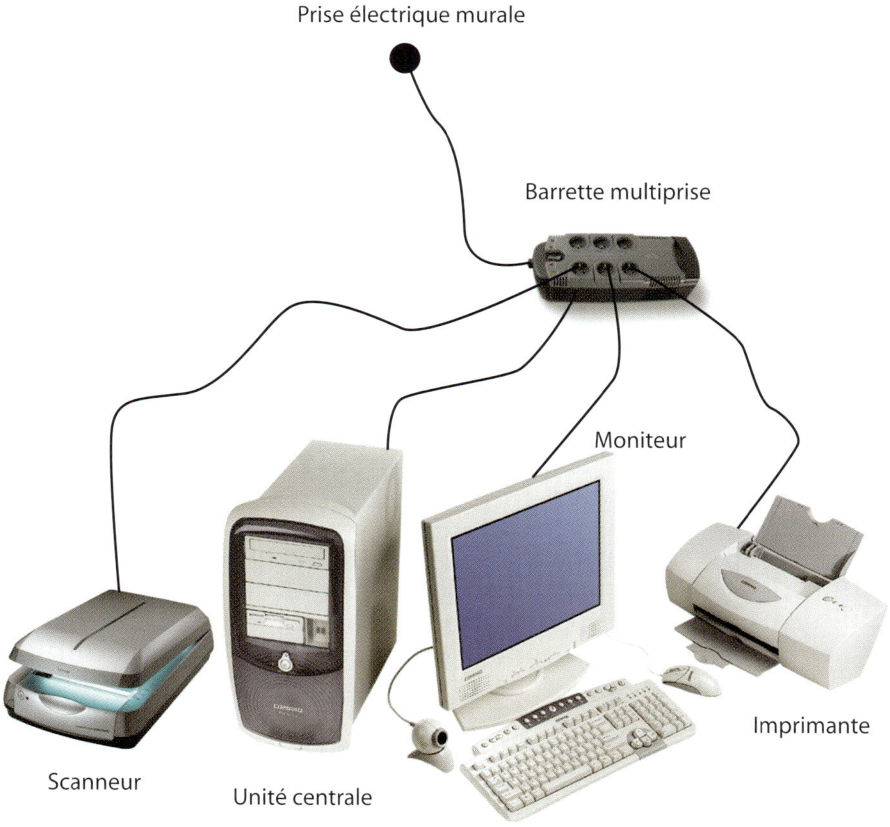

Figure 3.1 : Branchez tout comme ceci.

Procédez comme suit :

1. **Assurez-vous que l'interrupteur de chaque équipement est en position Arrêt.**

2. **Vérifiez que l'interrupteur de la barrette est en position Arrêt.**

3. **Branchez tout à la barrette multiprise.**

4. **Mettez l'interrupteur de chacun des équipements en position Marche.**

Vous êtes maintenant prêt à allumer l'ordinateur en appuyant sur l'interrupteur de la barrette multiprise. Mais ne le faites pas ! La procédure préconisée se trouve au Chapitre 4. Avant d'en prendre connaissance, je vous recommande vivement de terminer la lecture de ce chapitre.

- La plupart des barrettes multiprises ont cinq ou six prises, ce qui est suffisant pour la plupart des ordinateurs. Au besoin, prévoyez une seconde barrette que vous brancherez à une autre prise murale.
- Essayez de trouver une barrette équipée d'un filtrage des parasites électriques ou, mieux, d'une barrette parasurtenseur. Elle est parfaite pour le matériel électronique.
- Je recommande la barrette Kensington SmartSocket. Contrairement aux barrettes bon marché, les prises sont bien espacées, ce qui facilite l'utilisation des transformateurs un peu encombrants.
- Ne chaînez pas les barrettes. C'est électriquement peu sûr (risque d'incendie).
- Ne branchez pas une imprimante laser sur une barrette multiprise. Ce matériel consomme beaucoup de courant, ce qui réduit la sécurité d'un tel branchement. Une imprimante laser doit être branchée directement à une prise murale (c'est du moins ce que préconise le manuel de la mienne).

ATTENTION

Surtension, pics et foudre

Le courant que fournissent vos prises électriques n'est pas aussi pur que de l'eau de roche. Il est en proie à différentes variations qui, de temps en temps, peuvent mettre le matériel en danger.

Chute de tension : Abaissement plus ou moins brusque de la tension. Les lumières faiblissent et les moteurs électriques ralentissent.

Coupure de courant : Interruption de l'alimentation électrique provenant d'une panne généralisée. Quand elle frappe toute une ville la nuit, comme à New York en 1965, l'effet sur la démographie se révèle neuf mois plus tard.

Parasites : Interférences affectant le réseau électrique. Visibles sous forme de «neige», sur l'écran de la télé, lorsque le voisin se rase avec sa vieille tondeuse.

Pic : Hausse brutale de la tension, produite entre autres par la foudre dans le voisinage (le coup de foudre, c'est autre chose).

Surtension : Hausse progressive de la tension.

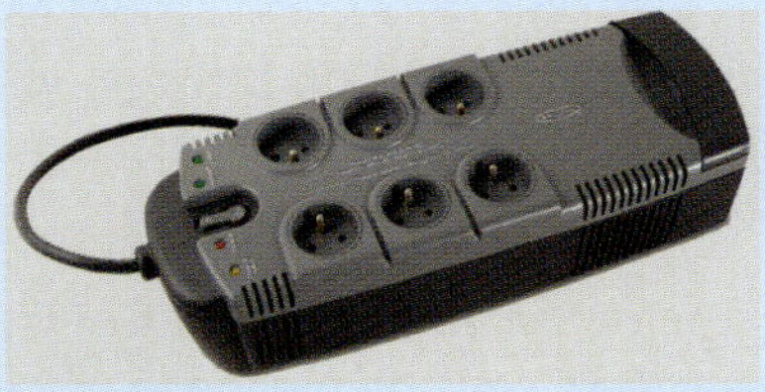

Une bonne barrette de protection contre les surtensions n'est pas donnée, mais elle en vaut la peine. Essayez de trouver une barrette équipée d'un régulateur de tension et qui protège aussi des parasites.

La protection la plus onéreuse est celle contre les pics de tension. La barrette doit être capable de réagir presque instantanément à une brusque surtension, avant qu'elle n'abîme le matériel.

Notez que les surtensions peuvent affecter non seulement le réseau électrique, mais aussi le réseau téléphonique. Si vous habitez dans une région où la foudre est fréquente, achetez une barrette qui protège aussi le modem, qu'il soit téléphonique ou à haut débit.

La protection par un onduleur

Un *onduleur* est essentiellement une barrette multiprise associée à une batterie qui continue d'alimenter l'ordinateur en cas de coupure de courant.

Il ne s'agit pas de continuer à travailler malgré la coupure de courant, comme si de rien n'était, mais de disposer de suffisamment de temps pour sauvegarder le travail et arrêter l'ordinateur comme il se doit. Vous ne risquez pas ainsi de perdre des données.

La Figure 3.2 montre l'emplacement de l'onduleur dans l'installation informatique. Sachez que des modèles d'onduleur sont équipés de prises qui ne sont pas alimentées par la batterie de secours, ce qui permet de brancher tout le matériel, même celui qui ne doit pas être protégé des coupures de courant. Dans ce cas, vous devez veiller que l'unité centrale et l'écran soient branchés à des prises alimentées par la batterie.

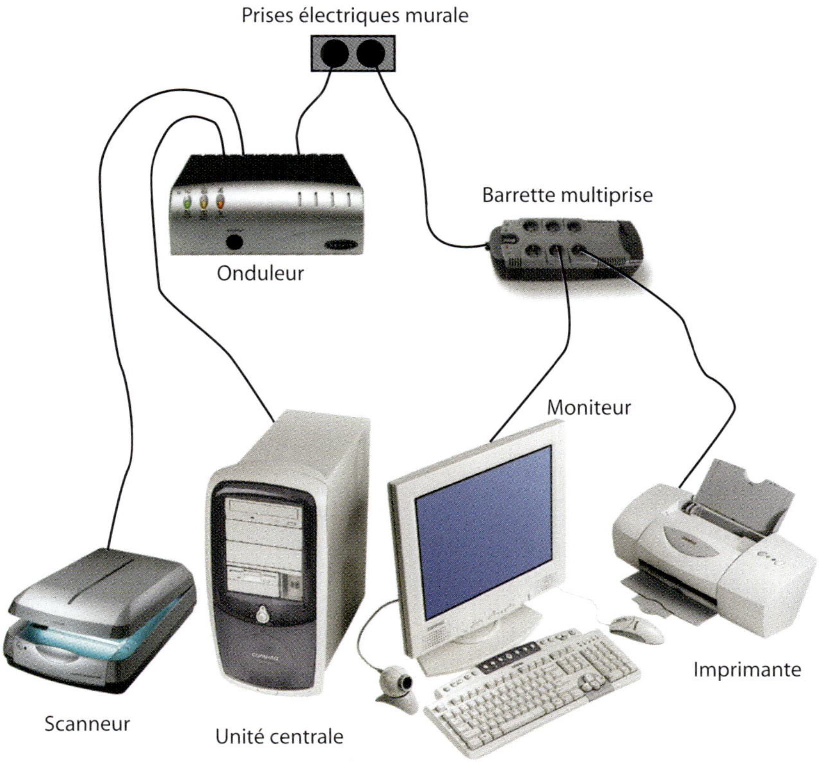

Figure 3.2 : Les branchements à un onduleur.

- Ne vous fiez pas au manuel. Un onduleur vous accorde peut-être cinq minutes pour finir votre travail. Dépêchez-vous d'enregistrer vos fichiers, quittez Windows, puis éteignez l'ordinateur dans les règles de l'art. Vous imprimerez, numériserez ou utiliserez le modem quand le courant sera revenu.
- Laissez l'onduleur branché en permanence. Ne l'éteignez que quand il n'y a plus de courant et que l'ordinateur a été correctement éteint.
- En plus d'une alimentation en urgence, l'onduleur protège efficacement votre équipement contre les surtensions et les instabilités électriques.

L'utilisation d'un onduleur (petite scénette)

Un grondement lointain retentit. La lumière vacille puis s'éteint. Roger est dans le noir, mais l'ordinateur est toujours allumé. L'onduleur couine toutes les x *secondes. Félicia se précipite dans la pièce.*

Félicia : Il n'y a plus de courant ! Le soufflé que j'avais au four est foutu ! Et la photo urgente que tu retouchais dans Photoshop est sans doute perdue !

Roger : Mais non, chérie, je travaille encore dessus. L'onduleur a empêché l'unité centrale et l'écran de s'éteindre pendant la panne.

Félicia : C'est donc ça, les *bips* ?

Roger : Oui, l'onduleur bipe quand il n'y a plus de courant. C'est juste pour le cas où la coupure passerait inaperçue, en plein jour.

Félicia : Eh bien, dépêche-toi d'imprimer la photo !

Roger : Ce n'est pas possible, car l'imprimante n'est pas alimentée par l'onduleur. Pour le moment, elle est en rade, comme ton four.

Félicia : Dépêche-toi, la batterie de l'onduleur ne va pas durer éternellement.

Roger : Cool, calme, zen ! Je fais un Ctrl+S pour enregistrer le travail sur le disque dur puis je ferme l'ordinateur.

Roger quitte Windows et éteint l'ordinateur. Il coupe l'onduleur qui cesse de couiner.

Roger : Eh bien voilà ! il ne reste plus qu'à attendre que l'orage passe.

Félicia : Je suis soufflée par ton savoir-faire.

Roger : C'est grâce au livre de Dan Gookin *Le PC pour les Nuls*, publié par les éditions First, le numéro 1 des collections informatiques.

Félicia : Quelle flagornerie ! Eh bien, prouve-moi maintenant en quoi tu es le numéro 1, parce qu'à mon avis le courant ne reviendra pas de sitôt et la télé n'est pas sur onduleur !

Roger se rappelle qu'il est né quelques mois après la grande panne de courant de 1965. C'était autre chose qu'une panne de micro...

Chapitre 4

Allumer, ouvrir une session, et éteindre

Dans ce chapitre :

- Démarrer Windows Vista.
- Ouvrir une session Windows Vista.
- Éteindre l'ordinateur.

Dans ce chapitre vous apprendrez à allumer l'ordinateur, à démarrer Windows Vista, à entrer un mot de passe et quitter une session.

Parvenir dans le monde de Vista

Démarrer Vista se réduit à allumer l'ordinateur : Vista apparaît peu après avec son beau *look* futuriste. Mais, avant de pouvoir travailler, Windows Vista vous présentera peut-être un écran intermédiaire (voir Figure 4.1) où vous serez invité à cliquer sur votre nom.

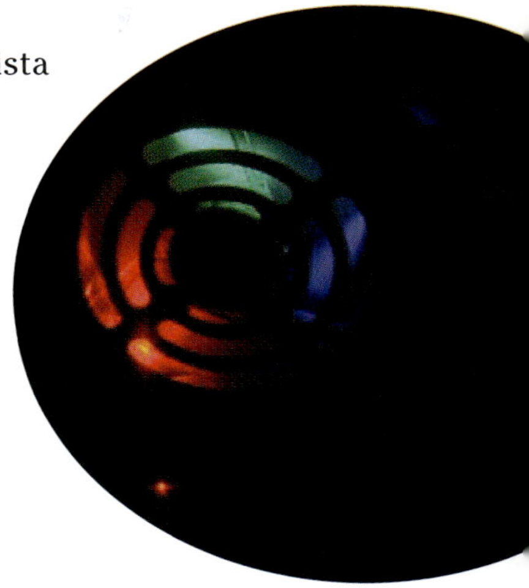

Figure 4.1 : Windows Vista demande à chaque utilisateur d'ouvrir une session afin qu'il sache toujours qui est en train de se servir de l'ordinateur.

J'ai personnalisé mon écran d'accueil ; le vôtre sera un peu différent. Si aucun nom d'utilisateur n'est affiché, vous disposez de trois options :

- **Si vous venez d'acheter l'ordinateur, utilisez le compte nommé Administrateur.** Conçu pour octroyer les pleins pouvoirs sur l'ordinateur, l'utilisateur du compte Administrateur peut configurer de nouveaux comptes pour de nouveaux utilisateurs, installer des logiciels, graver des CD, ouvrir une connexion à l'Internet et accéder à tous les fichiers de l'ordinateur, même ceux des autres utilisateurs. Windows Vista exige qu'une personne au moins soit administrateur, même si l'ordinateur n'est pas relié à d'autres.

- **Utilisez le compte Invité.** Conçu pour ceux que vous hébergez dans la maisonnée, ce compte permet aux visiteurs – la baby-sitter, des amis... – d'utiliser temporairement l'ordinateur. Cette fonctionnalité est activée ou désactivée dans la zone Ajouter ou supprimer des comptes d'utilisateur.

- **Il n'y a ni compte Visiteur ni compte d'utilisateur ?** Il ne vous reste plus qu'à demander au propriétaire de l'ordinateur de bien vouloir créer un compte d'utilisateur à votre nom.

Vous ne voulez pas ouvrir de session *via* l'écran d'accueil ? Ces quelques boutons sur l'écran d'accueil régissent aussi d'autres options :

- Le petit bouton bleu, dans le coin inférieur gauche de l'écran, visible à la Figure 4.1, permet de configurer Windows Vista pour les malvoyants, les malentendants et ceux qui éprouvent des difficultés motrices. Si vous avez cliqué sur ce bouton par mégarde, cliquez sur Annuler afin de quitter le menu d'options sans rien modifier.
- Pour éteindre le PC à partir de l'austère écran d'accueil, cliquez sur le petit bouton rouge en bas à droite (il est visible dans la Figure 4.1). Pas de panique si vous avez cliqué dessus par mégarde : appuyez brièvement sur le bouton de mise en marche du PC, et l'écran réapparaît.
- Cliquez sur la petite flèche à droite du bouton rouge, et Vista met fin à la session, soit en se mettant en veille, soit en éteignant le PC, soit en redémarrant. Ces options sont expliquées à la fin de ce chapitre.

Windows Vista revient à cet écran d'accueil chaque fois que vous n'avez rien fait sur le PC pendant dix minutes. Pour mettre fin à ce comportement agaçant, cliquez du bouton droit sur le Bureau et choisissez Personnaliser. Choisissez Écran de veille puis décochez la case de l'option À la reprise, afficher l'écran d'ouverture. Vous n'aurez ainsi à ouvrir la session qu'une seule fois au démarrage, et non à tout bout de champ.

Les comptes d'utilisateur

Windows Vista permet à plusieurs personnes d'utiliser l'ordinateur, mais sans que les fichiers des uns se mêlent à ceux des autres. Pour cela, il doit savoir qui est en train d'utiliser l'ordinateur. Quand vous ouvrez une session – vous vous annoncez – en cliquant sur votre nom d'utilisateur, comme à la Figure 4.1, Windows Vista ouvre votre Bureau personnalisé, où vous pourrez semer votre pagaille personnalisée.

Le travail terminé, ou si vous désirez faire une pause, fermez la session comme nous l'expliquons à la fin de ce chapitre, afin que quelqu'un d'autre puisse utiliser l'ordinateur. Plus tard, quand vous serez de retour, votre Bureau en pagaille vous attendra.

La pagaille que vous semez sur votre Bureau, c'est votre pagaille. Vous retrouvez tout comme vous l'avez laissé. Si vous ne retrouvez plus la lettre urgente, ce n'est certainement pas Eric qui l'a supprimée accidentellement en jouant au Démineur ou au Solitaire. De même, le Bureau de Rose contient toujours les liens vers ses sites Web préférés et tous les morceaux MP3 de Mylène Farmer sont toujours dans son dossier Musique personnalisé.

La question qui vous brûle les lèvres est bien sûr : comment personnaliser l'icône du nom d'utilisateur, en y plaçant une photo comme à la Figure 4.1 ? Après avoir ouvert la session, déployez le menu Démarrer et cliquez sur la petite image tout en haut. Windows ouvre fort opportunément un menu dans lequel vous choisirez Modifier votre photo. Cliquez sur Rechercher d'autres images, puis passez en revue les photos stockées dans le dossier Images.

Démarrer Windows Vista pour la première fois

Si vous avez déjà installé Windows Vista ou si vous allumez votre ordinateur pour la première fois, vous avez déjà été gratifié de quelques gâteries supplémentaires. L'Accueil Windows contient les boutons suivants, personnalisés en fonction de votre PC :

- **Afficher les détails de l'ordinateur :** L'Accueil Windows commence à cette page. Elle liste des détails techniques sur le PC : la version de Vista, le processeur, la mémoire vive, la carte vidéo et autres babioles.
- **Transférer des fichiers et des paramètres :** Vous venez d'allumer votre tout nouveau PC sous Vista ? Cette zone fort utile permet de tranférer tous les fichiers de l'ancien PC vers le nouveau.
- **Ajouter de nouveaux utilisateurs :** Ignorez cette option à moins que d'autres personnes utilisent votre PC. Si c'est le cas, cliquez dessus afin de déclarer ces personnes auprès de Windows. C'est dans cette zone aussi que vous indiquez ce que vos enfants – ou votre conjoint, colocataire... – ont le droit de faire avec le PC.

- **Connexion à Internet :** Prêt à surfer sur le Web et à relever le courrier électronique ? Cette fonction communique les paramètres de connexion à Vista, un processus expliqué au Chapitre 8.
- **Extras pour Windows Édition Intégrale :** Les possesseurs de Vista Édition Intégrale trouveront ici des logiciels complémentaires à télécharger.
- **Mise à niveau permanente de Windows :** Les possesseurs d'autres versions de Vista peuvent cliquer ici pour migrer vers une version plus puissante.
- **Quelles sont les nouveautés dans Windows Vista :** Commode pour ceux qui ont effectué une mise à jour depuis Windows XP, ce bouton présente les nouvelles fonctionnalités de votre version particulière de Vista.
- **Personaliser Windows :** Choisissez cette option pour choisir un nouvel arrière-plan pour votre Bureau, changer les couleurs de Vista ou peaufiner l'affichage.
- **Enregistrer Windows en ligne :** Vous devez passer par là si vous ne voulez pas que Vista cesse de fonctionner à brève échéance.
- **Windows Media Center :** Ce bouton fait monter le Windows Media Center en puissance afin de pouvoir enregistrer des émissions de télévision.
- **Fonctions de base de Windows :** Conçu pour les débutants qui viennent de s'offrir leur premier PC, ce didacticiel explique comment utiliser la souris et le clavier, et gérer les fichiers et les dossiers.
- **Centre Options d'ergonomie :** Les handicapés apprécieront la diversité des outils d'accessibilité.
- **Centre de sauvegarde et de restauration :** La sauvegarde des fichiers est expliquée plus loin dans ce livre.
- **Démonstration de Windows Vista :** Ces courtes séquences du programme d'aide de Vista vous familiarisent avec différentes tâches de Vista.
- **Panneau de configuration :** Centre nerveux du PC, le Panneau de configuration permet de paramétrer les interactions entre Vista et votre PC.

Vista ne montre initialement que quelques boutons. Pour les voir tous, cliquez sur le bouton Afficher tous les 14 éléments.

Protéger votre compte par un mot de passe

Comme Windows Vista permet à plusieurs personnes d'utiliser un même ordinateur, comment empêcher Roméo de lire la lettre d'amour de Juliette à Gréco ? Ou encore, comment empêcher que Luc efface la bande-annonce de *La Guerre des Étoiles* que Leila avait téléchargée ? Le mot de passe (facultatif) résout ce genre de problèmes.

En tapant un mot de passe lors de l'ouverture d'une session, comme à la Figure 4.2, vous demandez à l'ordinateur de ne reconnaître que vous, et personne d'autre. Nul ne pourra accéder à vos fichiers, excepté l'administrateur, qui a un droit de regard sur tous les fichiers et peut même supprimer votre compte d'utilisateur.

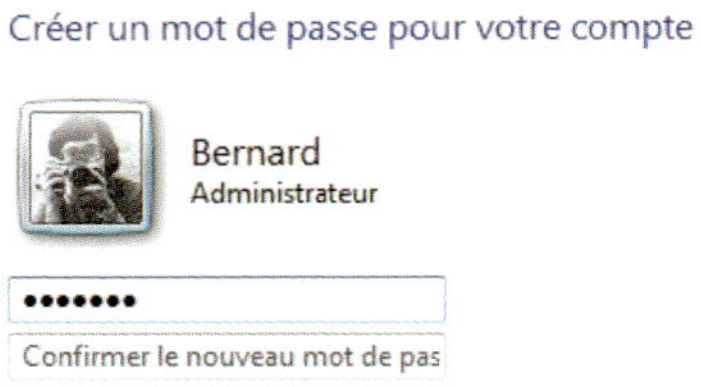

Figure 4.2 : En configurant un mot de passe, personne d'autre ne peut accéder à vos fichiers.

Procédez comme suit pour configurer ou modifier le mot de passe :

1. **Cliquez sur le bouton Démarrer, puis sur Panneau de configuration, puis sur Comptes d'utilisateurs et protection des utilisateurs. Choisissez ensuite Modifier votre mot de passe Windows.**

   Si le Panneau de configuration affiche la présentation classique, cliquez sur l'icône Comptes d'utilisateur et choisissez Créer un mot de passe pour votre compte.

2. **Choisissez Créer un mot de passe pour votre compte, ou Modifier votre mot de passe.**

   La formulation change selon que vous créez un nouveau mot de passe ou que vous en modifiez un.

3. **Tapez un mot de passe facile à retenir par vous, mais pas par les autres.**

   Le mot de passe doit être court et simple : votre légume préféré par exemple, ou votre marque de fil dentaire.

4. **Dans le dernier champ tapez un pense-bête qui vous rappellera le mot de passe à vous, mais pas aux autres.**

5. **Cliquez sur le bouton Créer un mot de passe.**

6. **De retour à l'écran des comptes d'utilisateurs, choisissez Créer un disque de réinitialisation de mot de passe, à gauche de l'écran.**

   Vista vous conduit dans le processus de création d'un disque de réinitialisation de mot de passe à partir d'une disquette, d'un CD, d'un DVD, d'une carte mémoire ou d'une clé USB.

Windows Vista demande désormais le mot de passe chaque fois que vous voulez ouvrir une session.

- Un mot de passe fait la différence entre les majuscules et les minuscules : *Caviar* et *caviar* sont considérés comme deux mots de passe différents.

- Vous avez déjà oublié votre mot de passe ? Lorsque celui que vous avez tapé est refusé par Vista, le pense-bête permettant de s'en rappeler est aussitôt affiché. Attention : comme tout le monde peut le lire, il ne faut pas qu'il soit trop explicite. En dernier recours, insérez le disque de réinitialisation de mot de passe.

Que Windows ne me demande plus le mot de passe !

Windows ne demande le nom et le mot passe que s'il doit savoir qui est installé devant l'ordinateur. Cette information lui est indispensable pour n'importe laquelle de ces trois raisons :

- Votre ordinateur fait partie d'un réseau. L'identité sert à déterminer les droits et accès autorisés.

- Le propriétaire de l'ordinateur tient à limiter les actions possibles.

- L'ordinateur est partagé entre plusieurs personnes, et vous ne tenez pas à ce que les autres puissent ouvrir une session sous votre nom et modifier vos fichiers et vos paramètres.

Si tout cela ne s'applique pas à vous, purgez le mot de passe en exécutant les deux premières étapes de la section «Protéger votre compte par un mot de passe», et choisissez Supprimer le mot de passe au lieu de Modifier le mot de passe.

Sans mot de passe, n'importe qui peut ouvrir une session avec votre compte d'utilisateur et examiner – voire supprimer – vos fichiers. Si l'ordinateur se trouve sur un lieu de travail, cela peut être une source de sérieux problèmes. Si un mot de passe vous a été communiqué, il vaut mieux le conserver.

Fermer une session Vista

Le meilleur moment de la journée pourrait bien être celui où vous quittez Vista. Vous procédez pour cela comme vous aviez commencé, à partir du bouton Démarrer (eh oui...). Si ce bouton est caché, maintenez la touche Ctrl enfoncée et appuyez sur Échap pour le faire sortir de sa tanière. L'un de ces boutons se trouve en bas du menu Démarrer :

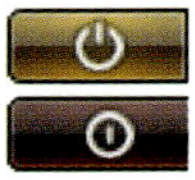

- **Veille/Alimentation :** Le mode Veille (icône du haut, dans la marge) est commode lorsque vous ne comptez pas utiliser l'ordinateur pendant quelques heures mais que vous désirez reprendre une tâche où vous l'avez laissée. Conçue pour les utilisateurs pressés, cette option mémorise les fenêtres ouvertes puis éteint le PC. Quand vous le rallumez, les programmes et les documents réapparaissent sur le Bureau comme vous les aviez laissés. Sur les ordinateurs portables, cette option est un bouton Arrêt (en bas dans la marge) qui éteint simplement le PC.

- **Verrouiller :** Prévue pour un rapide pèlerinage à la machine à café, cette option verrouille le PC et affiche l'image de votre compte d'utilisateur. De retour, tapez votre mot de passe et Vista réaffiche aussitôt le Bureau tel qu'il était avant. Cette option est disponible sur les ordinateurs de bureau et portables.

Windows Vista offre plusieurs autres moyens de clore une session. Remarquez la flèche à droite du bouton Verrouiller. Cliquez dessus pour voir jusqu'à sept options (Figure 4.3).

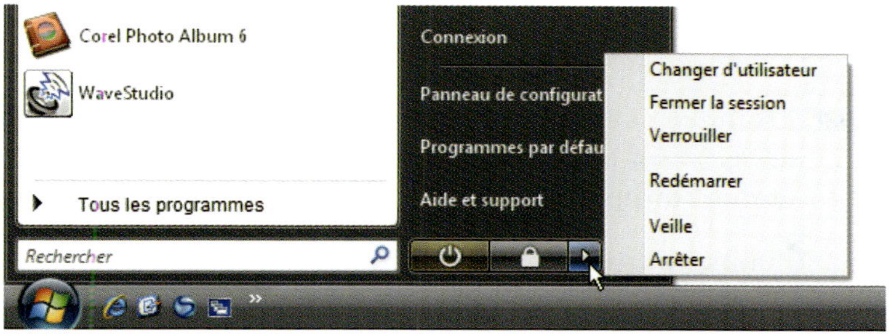

Figure 4.3 : Cliquez sur la petite flèche pour accéder à d'autres options de fermeture de session.

- **Changer d'utilisateur :** Choisissez cette option si quelqu'un veut vous emprunter l'ordinateur pour quelques minutes. L'écran d'accueil apparaît, mais Windows laisse vos programmes ouverts en arrière-plan. Quand vous récupérez l'ordinateur, vous retrouvez tout à la même place.

- **Fermer la session :** Choisissez cette option quand vous avez fini de travailler sur le PC et que quelqu'un d'autre veut l'utiliser. Windows enregistre votre travail et votre configuration et retourne à l'écran d'accueil, prêt à recevoir un autre utilisateur.

- **Verrouiller :** Pour quelque raison que la raison ignore, Microsoft propose de nouveau l'option Verrouiller décrite précédemment.

- **Redémarrer :** Ne choisissez cette option que si Vista a fait des siennes : blocage de programme(s), comportement bizarre... Windows Vista s'arrête puis il est rechargé, en espérant que tout soit entre-temps rentré dans l'ordre...

- **Veille :** Nouveauté de Vista, cette option enregistre une copie de votre travail dans la mémoire du PC, mais aussi sur le disque dur, puis elle passe à un état de moindre consommation électrique. Quand vous réveillez le PC, Vista affiche de nouveau le Bureau comme si de rien n'était. Sur un ordinateur portable, Veille n'enregistre le travail qu'en mémoire vive. Si le niveau de la batterie est dangereusement faible, le contenu de la mémoire est transféré sur le disque dur et l'ordinateur est éteint.

- **Veille prolongée :** Présente sur certains ordinateurs portables, cette option copie votre travail sur le disque dur puis éteint la machine. Ce processus consomme plus de courant que le mode Veille.

- **Eteindre :** Choisissez cette option si personne d'autre n'utilisera le PC avant un bon moment. Windows Vista enregistre tout et éteint l'ordinateur.

Quand vous informez Vista que vous voulez quitter, il vérifie dans toutes les fenêtres ouvertes que les tâches ont bien été enregistrées. Si vous avez oublié de le faire, il vous le signale et propose d'enregistrer en cliquant sur OK. Vous l'avez échappé belle...

Vous n'êtes pas obligé de quitter Vista. En fait, des utilisateurs laissent l'ordinateur allumé tout le temps sous prétexte que c'est mieux pour sa longévité. D'autres l'éteignent tous les jours pour la même raison. D'autres encore affirment que la nouvelle fonction Veille de Vista est un bon compromis entre les deux attitudes. Mais tout le monde est d'accord pour reconnaître que le moniteur doit être éteint lorsqu'on ne l'utilise pas, car cela permet de le laisser refroidir, ce qui est assurément une bonne chose.

N'éteignez jamais l'ordinateur sauvagement, en coupant le courant. Veillez toujours à ce que Vista ait appliqué l'une des procédures officielles : Veille, Veille prolongée ou Éteindre. Autrement, Windows Vista ne pourrait pas préparer l'ordinateur au prochain démarrage, ce qui pourrait provoquer de désastreux dysfonctionnements.

Chapitre 5

Travailler avec le Bureau, le menu Démarrer, la Barre des tâches et le Volet Windows

Dans ce chapitre :

- Travailler sur le Bureau.
- le bouton Démarrer.
- Les Barres d'outils.
- Le Volet Windows.

Ce chapitre propose un tour d'horizon de tout ce qui se passe sur le Bureau de Vista. Vous consacrerez quelques moments à regarder d'un œil bovin les différents éléments de Vista : le Bureau, la Barre des tâches, le menu Démarrer et la Corbeille (dans laquelle on ne jette ni peaux de bananes ni pots de yaourt vides).

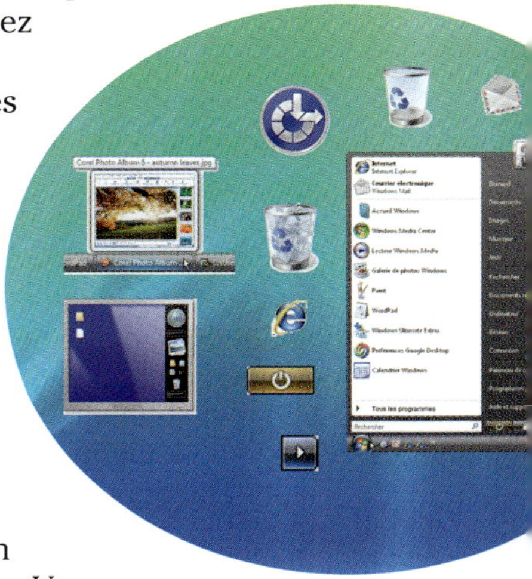

Travailler sur le Bureau

Un bureau est généralement horizontal, pas incliné ou vertical. Autrement, tout glisserait et roulerait, ce qui serait bien ennuyeux. Mais dans Windows Vista, le Bureau est représenté sur l'écran de l'ordinateur. C'est là que vous placez vos affaires. Vous pouvez créer des fichiers et des dossiers directement à partir de votre nouveau Bureau électronique, et les disposer sur l'écran.

Chaque programme s'exécute dans sa propre fenêtre, placée sur le Bureau.

Windows Vista démarre sur un Bureau bien net, quasiment vide. Au gré de votre travail, il s'emplit d'icônes, c'est-à-dire de boutons qui ouvrent des fichiers ou démarrent des programmes lorsque vous double-cliquez dessus. Certaines personnes accumulent les icônes sur le Bureau afin d'y accéder rapidement. D'autres préfèrent les organiser : lorsqu'ils terminent un travail, ils placent les icônes dans des dossiers.

Le Bureau est composé de quatre éléments, comme le montre la Figure 5.1 :

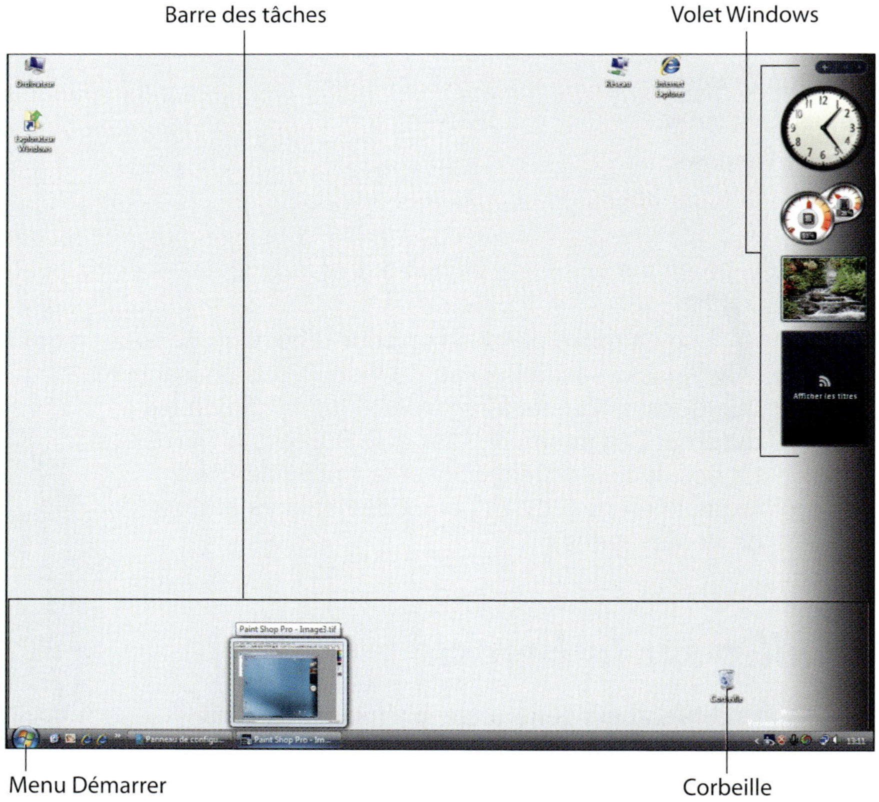

Figure 5.1 : Le Bureau de Windows Vista s'étend sur la totalité de l'écran. Il est composé de quatre parties : le bouton Démarrer, la Barre des tâches, la Corbeille et le Volet Windows facultatif.

La Barre des tâches : S'étirant voluptueusement le long du bord inférieur du Bureau, la Barre des tâches contient tous les fichiers et programmes actuellement ouverts. Placez le pointeur de la souris sur l'un d'eux pour voir, le nom, une miniature le représentant, comme vous le remarquez à la Figure 5.1.

Le menu Démarrer : Situé à gauche sur la Barre des tâches, le menu Démarrer déploie un choix de programmes à exécuter.

Le Volet Windows : Nouveauté de Vista, le Volet Windows est arrimé au bord droit où il offre une variété de gadgets personnalisés, comme les prévisions météorologiques, un indicateur d'utilisation du processeur et de la mémoire, un jeu Puzzle graphique (ou taquin), etc.

La Corbeille : C'est sur cette icône en forme de panier que vous déposez les fichiers à supprimer (qui restent cependant facilement récupérables).

- Vous pouvez démarrer de nouveaux projets directement à partir du Bureau : cliquez du bouton droit sur le Bureau, choisissez Nouveau puis sélectionnez le projet de vos rêves dans le menu, qu'il s'agisse de l'ajout d'un nouveau contact ou du démarrage de votre logiciel favori. Le menu contient la liste de la plupart des programmes, permettant d'y accéder rapidement.

- Un objet vous intrigue au plus haut point ? Risquez-vous à immobiliser le pointeur de la souris dessus, et Windows affichera une petite bulle expliquant de quoi il s'agit. Cliquez du bouton droit sur l'objet, et dans sa grande mansuétude, Windows Vista déroulera un menu listant presque tout ce que cet objet permet de faire. Cette astuce fonctionne avec la plupart des icônes du Bureau et de vos logiciels.

- Toutes les icônes du Bureau peuvent soudainement disparaître, laissant un écran vide. Il se peut que Vista les ait cachées en croyant bien faire. Pour les rétablir, cliquez du bouton droit dans le Bureau vide et, dans le menu, choisissez Affichage. Enfin, assurez-vous que l'option Afficher les icônes du Bureau est cochée afin que tout reste visible.

Mettre de l'ordre sur un Bureau encombré

Lorsque le Bureau est aussi encombré d'icônes qu'une pelouse de feuilles mortes en automne, Vista propose plusieurs moyens d'y mettre un peu d'ordre. Si vous voulez seulement que le Bureau paraisse plus organisé, cliquez dessus du bouton droit, choisissez Trier par puis sélectionnez l'une de ces options :

- **Nom :** Dispose toutes icônes en colonnes, par ordre alphabétique.
- **Taille :** Dispose les icônes selon la taille en octets, les plus petites en haut des colonnes.
- **Type :** Tous les fichiers Word, par exemple, sont groupés, de même que toutes les icônes de liens vers des sites Web.
- **Date de modification :** Les fichiers sont disposés selon la date de leur création ou de leur dernière modification.

Cliquer du bouton droit sur le Bureau et choisir l'option Affichage permet de régler les dimensions des icônes et sélectionner d'autres options de disposition :

- **Réorganisation automatique :** Dispose automatiquement toutes les icônes en colonnes, mêmes celles qui viennent d'être repositionnées.
- **Aligner sur la grille :** Cette option dispose régulièrement les icônes sur une grille invisible.
- **Afficher les icônes du Bureau :** Cette option doit être active en permanence. Autrement, Windows masque toutes les icônes. Si le Bureau est subitement vidé de toutes les icônes, pensez à vérifier cette option.

La plupart des options d'affichage se trouvent dans le menu Affichages des dossiers.

Égayer l'arrière-plan du Bureau

Pour rendre le Bureau plus attrayant, Windows Vista est accompagné de jolies images à placer à l'arrière-plan. Certaines personnes appellent ces images des «papiers peints».

Si vous ne trouvez pas votre bonheur parmi les images de Vista, vous pouvez choisir une de vos photos comme arrière-plan.

1. **Cliquez du bouton droit dans une partie vide du Bureau. Choisissez Personnaliser puis l'option Arrière-plan du Bureau.**

2. **Cliquez sur l'une des images visibles dans la Figure 5.2. Vista l'affiche aussitôt à l'arrière-plan du Bureau.**

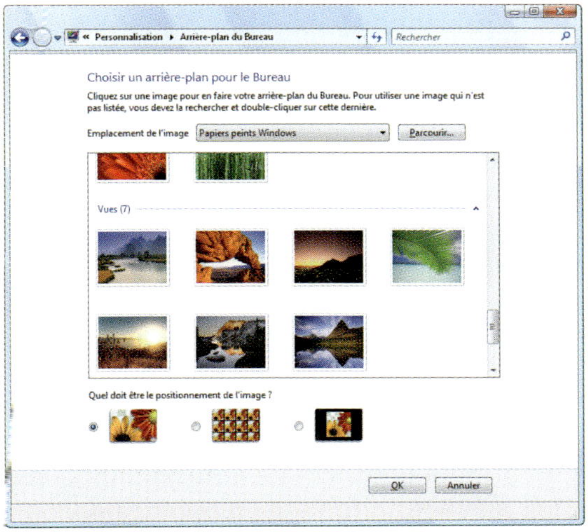

Figure 5.2 : Essayez les différents arrière-plans en cliquant dessus. Cliquez sur le bouton Parcourir pour accéder à des photos stockées dans d'autres dossiers.

Vous avez trouvé ? Cliquez sur le bouton Enregistrer pour la garder sur le Bureau. Si vous cherchez encore, passez à l'étape suivante.

3. **Cliquez sur le bouton Parcourir et rechercher un fichier d'image dans le dossier Images.**

   C'est dans ce dossier que la plupart des gens stockent leurs photos.

4. **Vous avez trouvé une photo qui vous plaît ?**

   Quittez le programme : la photo choisie reste sur le Bureau, en tant qu'arrière-plan.

Voici quelques astuces pour agrémenter votre Bureau :

- NdT : Par défaut, Vista recherche des arrière-plans dans le dossier `C:\Windows`. Or, les plus beaux – la Figure 5.2 en donne un aperçu – se trouvent dans le dossier `C:\Windows\Web\Wallpaper`.
- Lorsque vous parcourez des images, Windows Vista détermine automatiquement si l'image doit être répétée à l'écran, centrée ou étirée afin de remplir tout l'espace. Pour supplanter ces choix automatiques, choisissez, en bas de la fenêtre, l'option à appliquer dans la rubrique Quelle doit être le positionnement de l'image ? Essayez chaque effet.
- Vous pouvez facilement «emprunter» une image sur l'Internet pour en faire un arrière-plan. Cliquez dessus du bouton droit et sélectionnez Choisir comme image d'arrière-plan. L'image est subrepticement copiée comme arrière-plan, dans le Bureau. Vous pouvez en faire autant avec les photos du dossier Images, en cliquant dessus du bouton droit et en choisissant la même option.
- Pour modifier complètement l'apparence de Windows Vista, cliquez du bouton droit sur le Bureau, choisissez Personnaliser puis Thèmes. Destiné à ceux qui ne sont jamais content de ce qu'ils ont, les différents thèmes changent les couleurs des boutons, bordures et champs.

La Corbeille à papier virtuelle

La Corbeille visible dans un coin du Bureau a le même usage que la vraie, au pied de votre véritable bureau. Elle permet de se débarrasser – croit-on ! – d'un document compromettant.

Un fichier, un dossier, ou tout autre élément peut être placé dans la Corbeille de deux manières :

- En cliquant dessus du bouton droit et en choisissant Supprimer, dans le menu. Windows demande prudemment si vous êtes bien sûr de vouloir vous débarrasser de cet élément. Cliquez sur Oui, et il se retrouve aussitôt dans la Corbeille.
- Pour supprimer instantanément un élément, cliquez dessus et appuyez sur la touche Suppr.

Vous voulez récupérer un élément supprimé ? Double-cliquez sur l'icône Corbeille pour accéder à son contenu, cliquez du bouton droit sur l'élément désiré et choisissez Restaurer. Il est aussitôt renvoyé là où il avait été supprimé. Vous pouvez aussi récupérer un élément en le faisant glisser jusque sur le Bureau ou jusque dans un dossier.

La Corbeille peut être plus que bourrée d'éléments supprimés. Si vous recherchez un fichier récemment supprimé, effectuez un tri par date de son contenu. Pour cela, cliquez sur l'en-tête Date de suppression, en haut de la Corbeille (si les en-têtes ne sont pas visibles, cliquez sur la petite flèche de l'icône Affichages et, dans la liste, sélectionnez Détails).

Pour supprimer définitivement un élément, supprimez-le à l'intérieur de la Corbeille : cliquez dessus et appuyez sur la touche Suppr. Pour supprimer tout ce qui se trouve dans la Corbeille, cliquez dedans du bouton droit et choisissez Vider la Corbeille.

Pour supprimer définitivement un élément sans qu'il transite par la Corbeille, maintenez la touche Majuscule enfoncée tout en appuyant sur Suppr, et l'objet disparaît sans aucune possibilité de le récupérer. Une astuce précieuse pour se débarrasser de données sensibles, comme un numéro de carte bancaire.

- Lorsque la Corbeille contient au moins un élément, l'icône de corbeille à papier vide est remplacée par une icône de corbeille pleine.
- Pendant combien de temps les éléments supprimés subsistent-ils dans la Corbeille ? Jusqu'à ce qu'elle occupe 10% environ du disque dur. Ensuite, les éléments les plus anciens sont purgés pour laisser de la place aux plus récents. Si vous manquez de place sur le disque dur, réduisez la part allouée aux éléments supprimés en cliquant du bouton droit sur la Corbeille et en choisissant Propriétés. Réduisez la valeur de Taille personnalisée

afin que les fichiers les plus anciens soient plus rapidement éliminés. En revanche, si vous augmentez la taille de la Corbeille, les éléments supprimés perdureront un peu plus longtemps.

- La Corbeille ne conserve que les éléments supprimés provenant du disque dur de votre ordinateur. Les fichiers effacés sur une disquette, une carte mémoire, un lecteur MP3, une clé USB ou un caméscope numérique le sont définitivement.

- Si vous supprimez un élément sur un ordinateur distant, au travers d'un réseau informatique, cet élément sera irrécupérable. La Corbeille ne conserve que ceux effacés sur votre propre ordinateur, pas sur celui d'autrui. Et pour quelque obscure raison, l'élément effacé ne se retrouve pas dans la Corbeille de l'ordinateur distant. Affreux affreux affreux.

La raison d'être du bouton Démarrer

Le bouton Démarrer bleu clair se trouve dans le coin inférieur gauche du Bureau, où il est accessible en permanence. Cliquer sur le bouton Démarrer permet de démarrer des programmes, régler les paramètres de Vista, trouver de l'aide en cas de pépin ou – ce qui est appréciable – quitter Vista, éteindre le PC et vérifier ainsi qu'il y a une vie après l'ordinateur.

Cliquez une seule fois sur le bouton Démarrer, et une première couche de menus apparaît, comme le révèle la Figure 5.3.

Le contenu du menu Démarrer évoluera au fur et à mesure que vous installerez des logiciels. C'est pourquoi le menu Démarrer de l'ordinateur d'un ami sera sans doute quelque peu différent du vôtre.

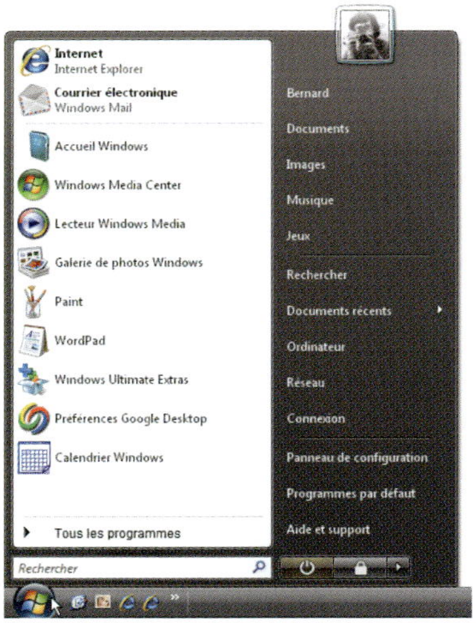

Figure 5.3 : Le bouton Démarrer de Windows Vista contient de nombreux menus permettant de démarrer les programmes.

N'OUBLIEZ PAS

- Vos dossiers Documents, Images et Musique sont toujours à un clic du menu Démarrer. Ces dossiers ont été conçus en fonction de leur contenu. C'est ainsi que le dossier Images, par exemple, affiche une miniature de vos photos numériques. Quel est le plus gros avantage de ces dossiers ? Placer vos fichiers dedans permet de les retrouver plus facilement.
- Windows place fort opportunément vos programmes les plus utilisés dans la colonne de gauche du menu Démarrer, où ils sont rapidement accessibles.
- Vous avez vu l'indication Tous les programmes, en bas à gauche du menu Démarrer ? Cliquez dessus et un autre menu propose d'autres options (comme il recouvre le premier menu, cliquez sur Précédent pour revenir au précédent).

TRUC

- Un élément du menu Démarrer ne vous paraît pas clair ? Immobilisez le pointeur de la souris sur l'intrigante icône et Windows vous renseignera par un message explicite.
- Bizarrement, vous devez cliquer sur le bouton Démarrer pour arrêter Windows. Vous sélectionnez ensuite l'option Arrêter, une manipulation expliquée à la fin de ce chapitre.

Le domaine de prédilection du menu Démarrer

Le menu Démarrer affiche toujours, de haut en bas, les éléments de la liste qui suit. Vous les utiliserez constamment dans Windows. C'est pourquoi, même si la section consacrée au bouton Démarrer vous ennuie, faites au moins semblant de vous intéresser à ces explications.

TRUC

Si le menu Démarrer vous emballe, vous adorerez la section «Personnaliser le menu Démarrer», un peu plus loin, qui explique comment le réarranger entièrement.

Internet : Cette option permet de surfer sur l'Internet.

Courrier électronique : Choisissez cette commande pour envoyer ou relever le courrier avec le nouveau programme Windows Mail.

Les programmes récemment utilisés : La colonne de gauche du menu Démarrer est constamment mise à jour avec les programmes que vous utilisez le plus souvent, afin que vous puissiez les démarrer rapidement.

Le champ Rechercher : Judicieusement placé au-dessus du menu démarrer, il permet de retrouver un fichier en tapant quelques bribes de son contenu : quelques mots d'un courrier électronique, d'un document, le nom d'un groupe de musiciens, une date de création de fichier ou quoi que soit... Appuyez sur la touche Entrée, et Vista trouve rapidement.

Le nom d'utilisateur : Le nom de votre compte d'utilisateur apparaît en haut à droite du menu Démarrer. Cliquez dessus pour voir un dossier contenant tous vos fichiers, ainsi que les dossiers Documents, Images et Musique.

Images : Stockez vos photos numériques dans ce dossier. L'icône de chaque photo est en réalité une miniature de son contenu.

Musique : Stockez vos morceaux ici afin que le Lecteur Windows Media puisse les trouver et les jouer plus facilement.

Jeux : Windows offre plusieurs nouveaux jeux, dont un jeu d'échec digne de ce nom. Ce n'est pas trop tôt !

Rechercher : La commande Rechercher, dans la liste du menu Démarrer, permet de retrouver un ou plusieurs fichiers d'après des critères précis. Ce serait le cas, par exemple, de tous les fichiers contenant le mot «huîtres» créés ces deux derniers mois. Mais si vous effectuez une recherche plus générale, tenez-vous-en au champ Rechercher, en bas du menu Démarrer.

Documents récents : Vous avez ouvert un fichier au cours des quelques dernières heures ? Il figure très probablement ici, ce qui permet d'y revenir rapidement.

Ordinateur : Cette option fournit des informations sur les zones de stockage de l'ordinateur : dossiers, disques durs, lecteurs de CD, appareil photo numérique et autres équipements.

Réseau : Si votre ordinateur est en réseau, cliquez ici pour accéder aux autres ordinateurs.

Connexion : Cette zone permet de se connecter à différents réseaux. Elle offre aux possesseurs d'ordinateurs portables un moyen rapide de se connecter à un réseau sans fil ou, pour ceux qui utilisent une connexion téléphonique à bas débit, de se connecter à l'Internet d'un seul clic.

Panneau de configuration : Cette zone permet de paramétrer les innombrables éléments de l'ordinateur.

Programmes par défaut : Cliquez ici pour définir le programme qui doit être démarré lorsque vous ouvrez un fichier. Par exemple, c'est là que vous demandez à Windows de jouer un morceau avec iTunes plutôt qu'avec le Lecteur Windows Media.

Aide et support : Embrouillé et déconcerté ? Cliquez ici pour obtenir une réponse.

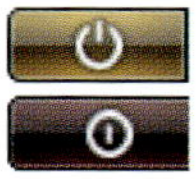

Veille/Arrêt : Cliquer ici met le PC en veille ou l'éteint. Ces options sont expliquées à la dernière section de ce chapitre.

Verrouillage : Cette commande verrouille votre compte d'utilisateur, permettant à d'autres personnes d'ouvrir une session sans accéder à vos fichiers.

Lancer un programme à partir du menu Démarrer

Rien n'est plus facile. Cliquez sur le bouton Démarrer et le menu Démarrer se déploie. Si vous y trouvez l'icône du programme – ou logiciel – désiré, cliquez dessus et Windows le charge.

Si le programme ne figure pas dans la liste, cliquez sur Tous les programmes, en bas du menu Démarrer. Un autre menu apparaît, qui contient une liste de programmes et de dossiers pleins de programmes. Vous avez trouvé celui que vous cherchez ? Cliquez sur son nom et Windows l'affiche à l'écran.

Si vous ne trouvez décidément pas le programme, pointez le curseur sur les petits dossiers du menu Tous les programmes. Un sous-menu mentionne leur contenu. Toujours rien ? Essayez avec un autre dossier.

Quand vous aurez enfin trouvé le programme, cliquez sur son nom, et il s'ouvre sur le Bureau, prêt à travailler.

- Il existe un autre moyen de charger un programme, au travers d'un fichier qui a été créé ou modifié par lui. Par exemple, si vous avez écrit des lettres au fisc avec Microsoft Word, double-cliquez sur l'un de ces courriers pour démarrer Word.
- Si vous ne parvenez pas à localiser un programme dans la liste, tapez son nom dans le champ Rechercher du menu Démarrer. Tapez par exemple **Windows Mail** et appuyez sur Entrée. Le programme Mail s'ouvre aussitôt, prêt à envoyer du courrier électronique.

Personnaliser le menu Démarrer

Le menu Démarrer de Windows Vista est génial, du moins tant que vous ne butez pas sur un élément qui n'y figure pas, ou tant qu'un élément rarement utilisé n'y est pas indûment présent.

- **Pour ajouter l'icône de votre programme favori dans le menu Démarrer,** cliquez du bouton droit sur l'icône du programme et, dans le menu, choisissez Ajouter au menu Démarrer. Windows copie l'icône dans la colonne de gauche du menu Démarrer. De là, vous pouvez la faire glisser dans la zone Tous les programmes, si vous le désirez.
- **Pour ôter une icône indésirable de la colonne de gauche du menu Démarrer,** cliquez dessus du bouton droit et choisissez l'option Supprimer de cette liste. Notez qu'ôter une icône du menu Démarrer ne supprime pas le programme lui-même de l'ordinateur ; seul le raccourci qu'est l'icône en question est supprimé.

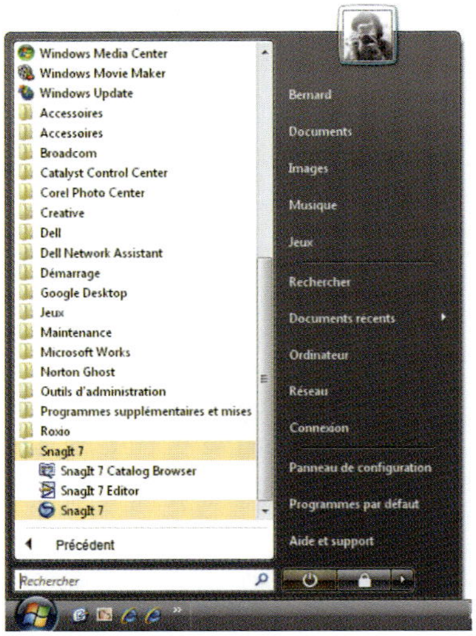

Figure 5.4 : Le programme SnagIt 7 qui vient d'être installé signale sa présence récente par un fond coloré ocre.

Quand vous installez un programme, il est presque toujours automatiquement ajouté au menu Démarrer. Il annonce ensuite sa présence de manière voyante en arborant son nom sur un fond coloré ocre, comme le révèle la Figure 5.4.

La Barre des tâches

Cette section présente l'une des fonctionnalités les plus appréciables de Windows Vista. Chaque fois que vous ouvrez plus d'une fenêtre sur le Bureau, l'une a tendance à recouvrir l'autre, ce qui n'est guère agréable. Lorsqu'elles sont nombreuses, retrouver une fenêtre est parfois fastidieux.

La Barre des tâches résout élégamment ce problème. Il s'agit d'une zone qui conserve une trace de tous les programmes ouverts. Comme le montre la Figure 5.5, elle se trouve en bas de l'écran, mais vous pouvez l'ancrer contre n'importe quel bord (un conseil : déplacez la Barre des tâches de bord en bord. Si elle refuse de bouger, cliquez dessus du bouton droit et voyez si l'option Verrouiller la Barre des tâches n'est pas cochée).

Figure 5.5 : Les boutons dans la Barre des tâches correspondent aux programmes actuellement en cours.

Immobilisez le pointeur de la souris sur un programme affiché dans la Barre des tâches pour voir une miniature qui le représente, comme à la Figure 5.5. Elle est visible même si la fenêtre du programme est actuellement recouverte par une autre, à l'écran (cet affichage ne fonctionne que si les capacités graphiques de l'ordinateur sont suffisantes).

Vous avez remarqué qu'à la Figure 5.5 le bouton Galerie de la tâche photos Windows est plus sombre que les autres ? C'est parce que la fenêtre de ce logiciel est actuellement la *fenêtre active,* sur le Bureau. Autrement dit, c'est celle en cours d'utilisation. Dans la Barre des tâches, un des boutons est toujours plus sombre, sauf si vous avez réduit toutes les fenêtres.

Plusieurs actions peuvent être appliquées aux fenêtres ouvertes, à partir de la Barre des tâches :

- Pour activer un programme présent dans la Barre des tâches, cliquez sur son nom. Sa fenêtre s'affiche au premier plan et y reste, à l'instar de n'importe quelle autre fenêtre ouverte, prête à recevoir vos actions.
- Pour fermer une fenêtre figurant dans la Barre des tâches, cliquez du bouton droit sur son nom et choisissez Fermer, dans le menu. Le programme disparaît comme si vous aviez choisi la commande Quitter, dans son menu Fichier. Si votre travail n'a pas été enregistré, un message vous demande s'il faut le faire.
- Si la Barre des tâches a disparu sous le bord inférieur de l'écran, approchez le pointeur de la souris du bord et la barre refait surface. Cliquez ensuite dessus du bouton droit, choisissez Propriétés et décochez la case Masquer automatiquement la Barre des tâches.

Réduire des fenêtres dans la Barre des tâches et les récupérer

Windows multiplie les fenêtres. Vous en ouvrez une pour écrire une lettre élogieuse au théâtre municipal, puis vous en ouvrez une autre pour vérifier son adresse sur le Minitel, et une autre encore montrant son site Web afin de réserver des places pour le prochain spectacle. En un rien de temps, plusieurs fenêtres s'empilent sur le Bureau.

Windows Vista propose un moyen commode pour éviter l'encombrement : placer une fenêtre dans la Barre des tâches en cliquant sur un minuscule bouton carré Réduire. La fenêtre réduite dans la Barre des tâches disparaît instantanément du Bureau.

Pour qu'un programme réduit dans la Barre des tâches réapparaisse dans sa fenêtre, il suffit de cliquer sur son nom, dans la barre. On ne fait pas plus simple.

- Chaque bouton de la Barre des tâches mentionne le nom du programme qu'il représente. Immobiliser le pointeur de la souris dessus affiche une miniature de ce programme (si les capacités graphiques du PC sont insuffisantes, Vista se contente d'afficher le nom du programme dans une bulle).
- Quand vous réduisez une fenêtre, vous ne supprimez pas son contenu et ne fermez pas le programme. Quand vous la réaffichez en cliquant sur son nom, dans la Barre des tâches, elle réapparaît exactement telle qu'elle était auparavant, avec le même contenu.
- N'OUBLIEZ PAS : Chaque fois que vous chargez un programme, son nom apparaît sur la Barre des tâches. Si une fenêtre n'est plus visible sur le Bureau, cherchez-la dans la Barre des tâches et cliquez dessus pour l'afficher au premier plan.

Les différentes zones de la Barre des tâches

La Barre des tâches a plus d'un tour dans sa besace. Voici par exemple un aperçu des icônes qui occupent sa partie droite – appelée Zone de notification –, que montre la Figure 5.6.

Figure 5.6 : Ces icônes exécutent des tâches spécifiques.

- **L'horloge :** Immobilisez le pointeur de la souris sur l'horloge, et Vista affiche le jour de la semaine et la date. Cliquez sur l'horloge pour accéder à un calendrier mensuel très pratique. Pour modifier l'heure, la date, voire ajouter un second fuseau horaire, cliquez sur l'horloge et choisissez Modifier les paramètres de la date et de l'heure.
- **La flèche :** Parfois, la Barre des tâches masque des éléments. Cliquez sur la petite flèche à l'extrême gauche (voir Figure 2.8) pour dévoiler éventuellement quelques icônes supplémentaires. Reportez-vous à la section «Personnaliser la Barre des tâches», plus loin dans ce chapitre, pour en savoir plus sur ces icônes.

- **Le haut-parleur :** Cliquez sur le petit haut-parleur pour régler le volume de la carte audio, comme le montre la Figure 5.7. Ou alors, cliquez sur le mot Mélangeur pour afficher une table de mixage. Elle permet de régler le volume sonore de chaque programme et faire en sorte que le Lecteur Windows Media joue plus fort que les ennuyeux bips d'alerte des autres logiciels.

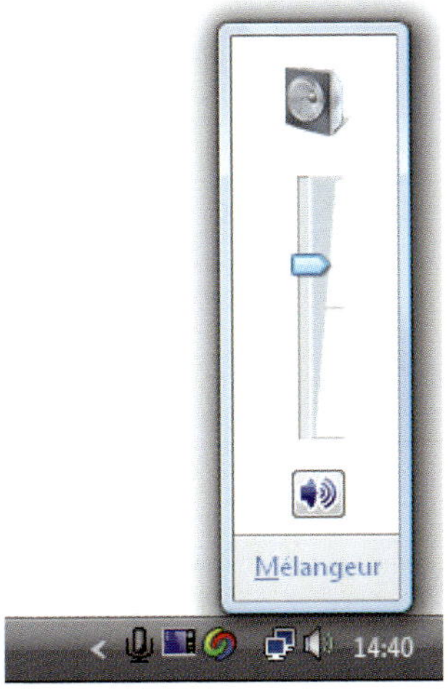

Figure 5.7 : Actionnez le curseur pour régler le volume.

- **Les autres icônes :** Elles apparaissent souvent près de l'horloge. Par exemple, lorsque vous imprimez, une petite icône en forme d'imprimante apparaît. Les ordinateurs portables affichent souvent le niveau de la batterie, et des icônes indiquent si vous êtes connecté à l'Internet ou à un réseau local. À l'instar des autres icônes, double-cliquer dessus affiche des informations concernant l'imprimante, la batterie ou les connexions.

TRUC

- **La partie vide :** La zone non occupée de la Barre des tâches contient un menu. Vous voulez réduire en un clin d'œil toutes les fenêtres ouvertes sur le Bureau ? Cliquez du bouton droit dans une zone vide de la Barre des tâches et, dans le menu, choisissez Afficher le Bureau.

Pour organiser les fenêtres ouvertes, cliquez du bouton droit dans une partie vide de la Barre des tâches et choisissez l'une des commandes de réarrangement. Vista fait le ménage parmi les fenêtres ouvertes en les disposant régulièrement à l'écran.

Personnaliser la Barre des tâches

Windows Vista a introduit une foule de nouvelles options pour la Barre des tâches. Cliquez du bouton droit sur le bouton Démarrer, choisissez Propriétés puis cliquez sur l'onglet Barre des tâches. Le Tableau 5.1 explique les diverses options proposées, avec en prime quelques recommandations personnelles. Notez que vous devrez décocher l'option Verrouiller la Barre des tâches pour que certaines des options fonctionnent.

Tableau 5.1 : Personnaliser la Barre des tâches.

Option	*Recommandations*
Verrouiller la Barre des tâches	Cliquer sur cette option empêche de modifier l'apparence de la Barre des tâches. Il sera par exemple impossible de l'élargir en tirant le bord supérieur vers le haut. Ne verrouillez la Barre des tâches qu'après l'avoir configurée à votre gré.
Masquer automatiquement la Barre des tâches	Lorsque cette option est active, la Barre des tâches disparaît automatiquement en bas de l'écran lorsque le pointeur de la souris n'est pas dessus (approchez-le pour la faire réapparaître). Je laisse cette option inactive afin de toujours voir la Barre des tâches.
Conserver la Barre des tâches au-dessus des autres fenêtres	Cette option affiche la Barre des tâches en permanence, au premier plan. Je conserve cette option.
Grouper les boutons similaires de la barre des tâches	Quand vous ouvrez de nombreux programmes et fenêtres, Windows met en peu d'ordre en regroupant les fenêtres similaires – tous les documents Word, par exemple – sur un seul bouton. Cette option évitant l'encombrement de la Barre des tâches, laissez-la cochée.
Afficher la zone de Lancement rapide	Cette option ajoute la barre d'outils Lancement rapide à la Barre des tâches. Elle contient plusieurs icônes fort commodes décrites plus loin dans ce chapitre.
Afficher les aperçus de la fenêtre (miniatures)	Cette option affiche une miniature, en fait une petite photo de la fenêtre, dont le bouton est survolé par le pointeur de la souris, dans la Barre des tâches. Conservez cette option afin de localiser plus facilement une fenêtre difficile à trouver (cette option n'est accessible que si la puissance graphique du PC est suffisante).

Configurez la Barre des tâches à votre convenance (vous ne risquez absolument rien). Ceci fait, cochez l'option Verrouiller la Barre des tâches décrite au début du Tableau 5.1.

Les barres d'outils de la Barre des tâches

Microsoft permet de configurer plus encore la Barre des tâches, jusqu'à la rendre méconnaissable. Beaucoup d'utilisateurs apprécient la profusion des barres d'outils, la possibilité d'ajouter des barres et boutons supplémentaires à la Barre des tâches. D'autres activent une barre d'outils par mégarde et ne savent pas comment se débarrasser de cette satanée chose.

Pour activer ou désactiver une barre d'outils, cliquez sur une partie vide de la Barre des tâches (voire sur l'horloge) puis choisissez Barres d'outils, dans le menu. Le menu en question contient les options suivantes :

- **Adresse :** Si vous choisissez cette option, une partie de la Barre des tâches est occupée par un champ de saisie des adresses de pages Web que vous désirez visiter. C'est pratique, mais Internet Explorer permet d'en faire autant.
- **Lecteur Windows Media :** Lorsque cette option est activée, comme à la Figure 5.8, la barre affiche des commandes permettant de contrôler le Lecteur Windows Media lorsqu'il est réduit.

Figure 5.8 : La barre d'outils du Lecteur Windows Media.

- **Liens :** Cette barre d'outils ajoute un accès rapide à vos sites Web favoris. Utilisez-la pour visiter n'importe lequel des sites répertoriés dans les Favoris d'Internet Explorer.
- **Bureau :** Ceux qui trouvent le menu Démarrer un peu lourdingue lui préfèrent cette barre d'outils pour accéder rapidement aux ressources de leur PC. Elle permet de parcourir les fichiers, les favoris de réseau et les menus du Panneau de configuration.

- **Lancement rapide :** Seule barre d'outils que Vista affiche dès son installation à côté du bouton Démarrer, elle offre plusieurs icônes fort utiles, comme le montre, plus haut, la Figure 5.4. L'icône Bureau réduit tout ce qui se trouve sur le Bureau de Vista tandis que l'icône de l'effet 3D aide à retrouver une fenêtre égarée. Vous pouvez ajouter vos propres icônes à la barre d'outils Lancement rapide en les faisant glisser dessus.

- **Nouvelle barre d'outils :** Cliquez dessus afin de choisir un dossier – Documents, par exemple – et en faire une barre d'outils. Le contenu de ce dossier sera ainsi rapidement accessible.

Certaines personnes apprécient les barres d'outils car elles leur font gagner du temps, d'autres trouvent qu'elles occupent trop de place et n'en valent pas la peine. De plus, des barres d'outils comme le Panneau de saisie du PC Tablet ne fonctionnent que si vous avez branché un coûteux panneau tactile au PC. À vous de savoir ce que vous désirez ou non.

Les deux extrémités de la Barre des tâches

Deux groupes d'icônes se partagent chaque extrémité de la Barre des tâches : à gauche se trouve la barre d'outils Lancement rapide, à droite la Zone de notification. En quoi diffèrent-elles ?

La barre d'outils Lancement rapide n'est qu'un ensemble d'icônes des programmes les plus fréquemment utilisés. Elles ne diffèrent en rien des raccourcis présents sur le Bureau ou dans des dossiers. Elles ne représentent pas des programmes en cours, mais sont des boutons qui les démarrent.

La Zone de notification, elle, contient des programmes actuellement en cours qui ne sont pas exécutés dans des fenêtres conventionnelles. Vous remarquerez entre autres l'icône de Windows Defender, qui fonctionne en permanence en tâche de fond, à l'affût des espiogiciels. Une autre contrôle les sons de Vista, une autre encore peut afficher l'état de la connexion Internet ou de l'imprimante. Vous pouvez même y trouver l'icône d'Apple iTunes ou de logiciels tiers.

Et alors ? Eh bien, disons que dans la mesure où les icônes de la Zone de notification représentent des programmes en cours, l'ordinateur risque de ralentir si elles sont trop nombreuses. Si vous repérez une icône inutile dans cette zone, vous accélérerez quelque peu le PC en ouvrant le Panneau de configuration et en désinstallant ce programme inutile. Pour fermer rapidement et temporairement un programme présent dans la Zone de notification, cliquez sur son icône du bouton droit et choisissez Quitter.

À condition de ne pas être verrouillées, les barres d'outils peuvent être déplacées en cliquant sur la petite barre verticale à pointillés, à gauche, et en les faisant glisser. Elles peuvent aussi être étirées et contractées en tirant la poignée.

Le Volet Windows

Les utilisateurs équipés d'un écran de grande taille apprécient le nouveau Volet Windows de Vista et ses gadgets. En revanche, les possesseurs de petits écrans le trouvent envahissant.

Si le Volet Windows (Figure 5.9) n'orne pas votre écran, obligez-le à se montrer en cliquant sur la petite icône Volet Windows, dans la Zone de notification.

Pour découvrir la collection de *gadgets* livrés avec Vista (des petits programmes que l'on peut afficher ou non du panneau) cliquez sur le signe «plus» en haut du Volet Windows. La fenêtre qui s'ouvre propose, entre autres, un calendrier et un lecteur de flux RSS.

Cliquez sur Télécharger d'autres gadgets pour découvrir un véritable gisement de petits programmes : un site Web débordant de gadgets prêts à être téléchargés.

Figure 5.9 : Le Volet Windows contient des gadgets, c'est-à-dire des petits programmes qui peuvent y être placés ou ôtés.

- Vous préférez placer le Puzzle graphique tout en haut ? Tirez-le jusqu'à cet emplacement. Vous pouvez même tirer les gadgets hors du Volet Windows et les disposer sur le Bureau, à condition d'avoir beaucoup de place.
- Pour modifier les paramètres d'un gadget – sélectionner les photos devant figurer dans le diaporama, par exemple – amenez le pointeur de la souris dessus puis cliquez sur la minuscule icône qui apparaît. Pour supprimer un gadget, cliquez sur le petit «X».

Deuxième partie

Sous le capot du PC

"Je vois... Le mouton d'éjection est resté coincé. Ce sera réparé en un tour de bain."

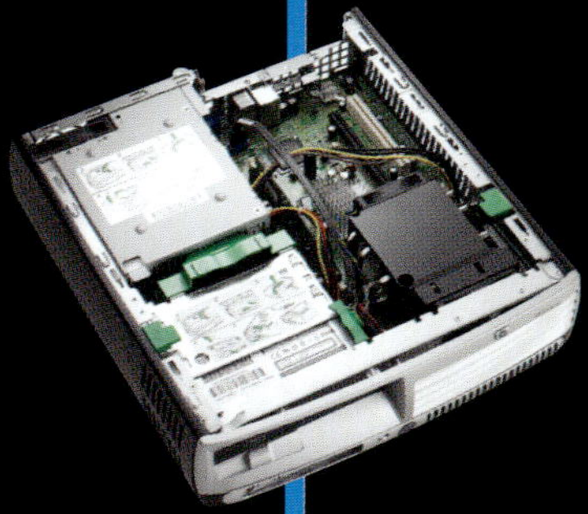

Dans cette partie...

Un ordinateur, ce n'est pas qu'un engin équipé d'un clavier, d'une souris et d'un écran, auquel une imprimante est éventuellement branchée. Pour bien le connaître, vous devez savoir ce qu'il y a sur et sous le capot, connaître le nom de différents éléments, savoir à quoi ils servent. Dans cette partie du livre, vous mettrez enfin un nom sur tous ces trucs et ces machins qui vous intriguent.

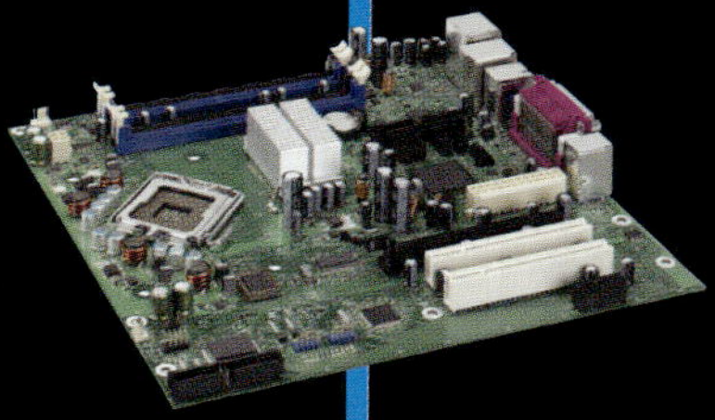

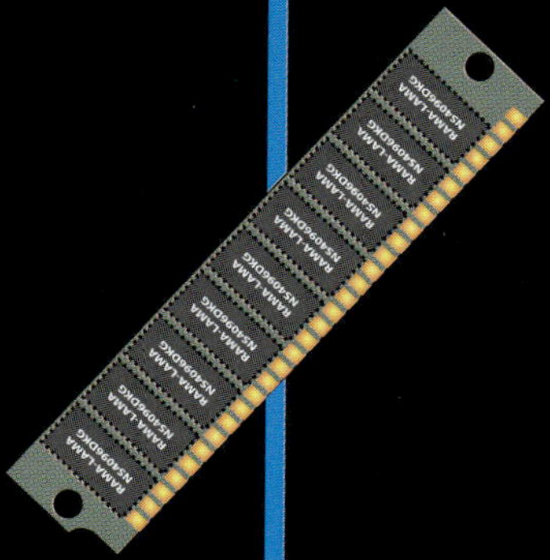

Chapitre 6

Anatomie d'un ordinateur

Dans ce chapitre :

- Un coup d'œil dans l'unité centrale.
- La carte mère.
- Le microprocesseur.
- Ajouter des cartes d'extension.
- Régler l'heure.
- Comprendre le programme d'initialisation (BIOS).
- L'alimentation électrique.

L'unité centrale de votre PC est probablement une élégante boîte aux lignes fluides, mais elle cache un vilain bric-à-brac électronique. C'est un souk rempli de circuits imprimés, de composants électroniques, de filasses et de prises électriques parfois branchées à rien. Affreusement compliqué ? Pas tant que ça, même si le spectacle n'est guère engageant.

En dépit de sa complexité apparente, l'unité centrale n'est pas une cité interdite. La plupart sont faciles à ouvrir et ce pour une raison toute simple : il faudra parfois ajouter du nouveau matériel. Ce chapitre vous explique comment procéder sans peine et sans prendre de châtaigne.

Sous le capot

Vous n'aurez pas forcément à ouvrir le capot de l'unité centrale, car il existe plein d'autres manières d'étendre les capacités de l'ordinateur sans bidouiller dedans. Je vous conseille cependant vivement de vous familiariser avec sa configuration interne, ne serait-ce que pour savoir qui est quoi et comment *ça* s'appelle.

Les tripes du PC

La Figure 6.1 montre les éléments les plus importants de l'unité centrale. Le schéma montre une tour vue de côté, l'avant se trouvant à gauche, l'arrière à droite.

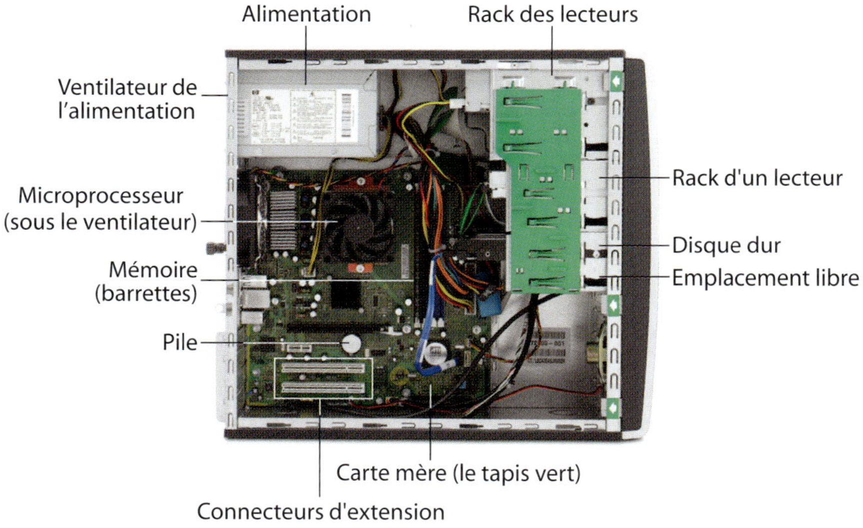

Figure 6.1 : L'intérieur d'une unité centrale.

Est absent, Figure 6.1, l'enchevêtrement de câbles qui forment les boyaux de la bête. Selon le type du boîtier et ses dimensions, l'unité centrale est plus ou moins bourrée de matériel. Si vous possédez le PC depuis un moment, ajoutez une bonne couche de poussière, voire des poils de chat.

Les trois éléments principaux d'une unité centrale sont :

- Le rack des lecteurs.
- L'alimentation.
- La carte mère.

Le *rack des lecteurs* est un logement où prennent place le lecteur de disquette, de CD-ROM, de DVD, le disque dur et parfois un lecteur de disquettes. Des emplacements libres permettent d'ajouter des lecteurs supplémentaires. Ils se trouvent généralement juste derrière la façade.

L'alimentation nourrit la bête de cet ingrédient indispensable appelé «électricité». Vous en apprendrez plus à la section «L'alimentation», à la fin de ce chapitre.

Enfin, la *carte mère* est le principal circuit électronique de l'ordinateur. Etant donné son importance, une section entière lui sera consacrée d'ici peu.

Tout, dans un PC, est modulaire. Les éléments peuvent être remplacés aussi facilement que dans un jeu de construction. C'est cette modularité qui assure le succès durable du PC.

Ouvre-le si tu oses !

Rien ne vous oblige à visiter l'intérieur d'une unité centrale. Vous pouvez la confier à un technicien ou à quelqu'un qui s'y connaît. Mais, si vous êtes un tant soit peu adroit de vos mains, vous constaterez qu'il est très facile d'intervenir sous le capot et de remplacer des éléments.

Voici les étapes que je conseille pour ouvrir une unité centrale :

1. **Eteignez l'ordinateur.**

   Reportez-vous au Chapitre 4.

2. **Retirez le cordon d'alimentation de l'unité centrale.**

   Eteindre l'unité centrale n'est pas suffisant. Il faut aussi enlever le cordon. Sauf si vous devez déplacer l'unité centrale, débrancher les autres câbles est inutile.

3. **Eloignez l'unité centrale du mur. Placez-là à un endroit où vous avez de la place.**

4. **Otez le capot de l'unité centrale.**

   La procédure dépend du boîtier. Pour certains, vous aurez besoin d'un tournevis cruciforme. D'autres peuvent être ouverts à main nue.

Vous voici prêt à plonger vos mains dans les boyaux du monstre. Reportez-vous à la Figure 6.1 pour vous y retrouver. Que de câbles ! Un véritable cauchemar filandreux !

- Ne rebranchez jamais l'unité centrale pendant qu'elle est ouverte. Si vous devez tester un élément, refermez-la d'abord.
- Vous ouvrez classiquement l'unité centrale pour trois bonnes raisons : ajouter de la mémoire, ajouter une carte d'extension ou remplacer la petite pile.
- Pendant que vous intervenez dans l'unité centrale, arrangez-vous pour qu'une main touche toujours le châssis. Vous évacuerez ainsi l'électricité statique qui pourrait endommager l'ordinateur.

Fermer le capot

Votre intervention terminée, fermez aussitôt l'unité centrale. Assurez-vous que tous les câbles ont été rebranchés et qu'aucun outil n'a été oublié dans le boîtier.

Replacez le couvercle ou le capot puis rebranchez l'unité centrale. Allumez l'ordinateur en espérant que tout fonctionnera bien.

- Ne remettez pas les vis tant que vous n'êtes pas certain que tout s'est bien passé.

La mère de toutes les cartes

La *carte mère* est la pièce maîtresse des circuits internes de votre ordinateur (Figure 6.2). C'est sur elle que sont greffés les éléments les plus importants du PC.

Figure 6.2 : Une carte mère de PC.

- Le microprocesseur.
- Les jeux de composants électroniques.
- La mémoire vive.
- La pile.
- Les connecteurs d'extension.
- Les connecteurs d'entrées/sorties.
- Les pièces électroniques.

Des sections particulières sont réservées au microprocesseur, aux jeux de composants, à la pile et aux cartes d'extension. La mémoire, qui est un vaste sujet, est étudiée exclusivement au Chapitre 9.

Les *connecteurs d'entrées/sorties* sont de simples emplacements sur la carte mère où sont enfichés les panneaux E/S. Un connecteur est réservé au câble du disque dur, et d'autres connecteurs reçoivent l'électricité fournie par l'alimentation. Les pièces électroniques sont les condensateurs, résistances, diodes, etc., parsemés sur les circuits imprimés.

- La carte mère est le principal circuit électronique du PC.
- Plusieurs composants peuvent se trouver sur la carte mère. Le plus important est le *microprocesseur*. La carte mère est toujours conçue en fonction de lui.

Le microprocesseur

Au cœur de tout ordinateur bat le *microprocesseur*. C'est la puce principale de l'ordinateur.

Notez que le microprocesseur n'est pas le cerveau du PC. La matière grise de l'ordinateur, ce sont les logiciels. Le microprocesseur n'est que du matériel : il fait ce que lui commandent les programmes. La Figure 6.3 montre un microprocesseur de type Pentium 4.

Figure 6.3 : Un microprocesseur de type Pentium 4.

Le microprocesseur traite avec des éléments externes de l'ordinateur. Ces éléments fournissent soit des *entrées*, soit des *sorties* (ou *E/S*, pour *entrées/sorties*). Les *entrées* sont des données à traiter acheminées au microprocesseur. Les *sorties* sont les résultats que le microprocesseur génère et recrache.

Toute l'activité de l'ordinateur tourne en fait autour de ces entrées et sorties.

- La puce principale de l'ordinateur est le *microprocesseur*, qui est essentiellement une calculatrice dont le coût est inversement proportionnel à la taille.
- Le microprocesseur est également appelé *CPU* (*Central Processing Unit*, unité centrale de traitement). Les accros du franglais informatique utilisent ce terme pour frimer.
- Pour économiser votre salive, vous pouvez simplement dire *processeur*.
- Les microprocesseurs des PC modernes chauffent énormément. Pour dissiper la chaleur, ils sont équipés de petits ventilateurs.

Appelez-le par son nom

Les premiers microprocesseurs portaient des numéros : 8088, 8086, 80286, 80386, 80486. Aujourd'hui, ils ont de vrais noms. Pour célébrer leur puissance, on aurait pu choisir Papillon ou Libellule, mais non. Leurs noms évoquent plutôt la pharmacie ou des héros de science-fiction. En voici quelques-uns :

Intel Core 2 : Toute dernière génération de processeurs Intel à double coeur, c'est-à-dire biprocesseur. Sa consommation d'énérgie est très basse, ce qui lui permet d'être intégré dans les nouveaux portables.

Pentium : Processeur domestique haut de gamme développé par Intel, le leader en ce domaine.

Celeron : Version économique du Pentium destinée aux ordinateurs d'entrée de gamme.

Athlon : Concurrent du Pentium développé par AMD, le rival d'Intel. L'Athlon est aussi bon que le Pentium, mais moins cher.

Duron : Fabriqué par AMD, c'est l'équivalent du Celeron.

Il existe d'autres modèles de processeurs. Peu importe leur suffixe, car l'industrie informatique évolue trop vite pour que nous nous y attachions. Hormis son prix, le seul élément d'évaluation important d'un processeur est sa vitesse, ce que nous verrons dans la prochaine section.

- Le processeur Pentium actuellement le plus vendu est le Pentium 4.
- Le Pentium est décliné en deux versions haut de gamme destinés aux serveurs : Itanium et Xeon.
- Intel reste le leader du marché des microprocesseurs. Cette firme a créé le 8088 qui équipait le premier PC IBM.
- Les processeurs se différencient aussi par leur brochage, qui impose tel ou tel socle, ou *socket*. Cette information n'est primordiale que pour ceux qui construisent eux-mêmes leur PC.

- La différence est ténue entre un processeur Intel et un processeur non Intel. Au niveau de vos logiciels, peu importe quel est son fabricant. Sachez toutefois que les joueurs préfèrent généralement ceux d'AMD, et que certaines applications haut de gamme exigent en revanche un Pentium.

Les performances d'un microprocesseur

Les microprocesseurs sont jugés sur deux éléments : leur puissance de calcul et leur cadence, improprement appelée «vitesse».

La puissance du microprocesseur se mesure au nombre de bits qu'il est capable de traiter. Tous les Pentium travaillent sur des données de 32 bits et, plus rarement, de 64 bits. On peut comparer le nombre de bits aux couloirs d'une autoroute : plus ils sont nombreux, plus le trafic peut être élevé et fluide.

La montée en puissance des processeurs s'évalue actuellement en *gigahertz*, c'est-à-dire en milliards de cycles par seconde. Plus cette valeur est élevée, plus le microprocesseur est rapide. Les PC sont actuellement cadencés à plus de 4 GHz.

La puissance et la vitesse d'un PC ne se ramènent pas qu'à la cadence du microprocesseur. Tous les composants de l'ordinateur participent aux performances, y compris la mémoire et le disque dur. C'est pourquoi deux PC cadencés à la même vitesse ne sont pas forcément aussi rapides l'un que l'autre.

Quel processeur choisir ?

Comment savoir quel microprocesseur anime votre PC ? Comme il est caché sous un ventilateur, lui-même posé sur un dissipateur thermique en contact avec le processeur par le truchement d'un enduit conducteur, rien ne sert d'ouvrir l'unité centrale. La méthode la plus simple consiste à cliquer sur le bouton Démarrer et de cliquer avec le bouton droit de la souris sur Ordinateur dans le sous-menu qui s'affiche à droite. Cette action affiche un menu contextuel.

Choisissez la dernière option, Propriétés, pour faire apparaître la boîte Propriétés système, qui ressemble beaucoup à celle de la Figure 6.4.

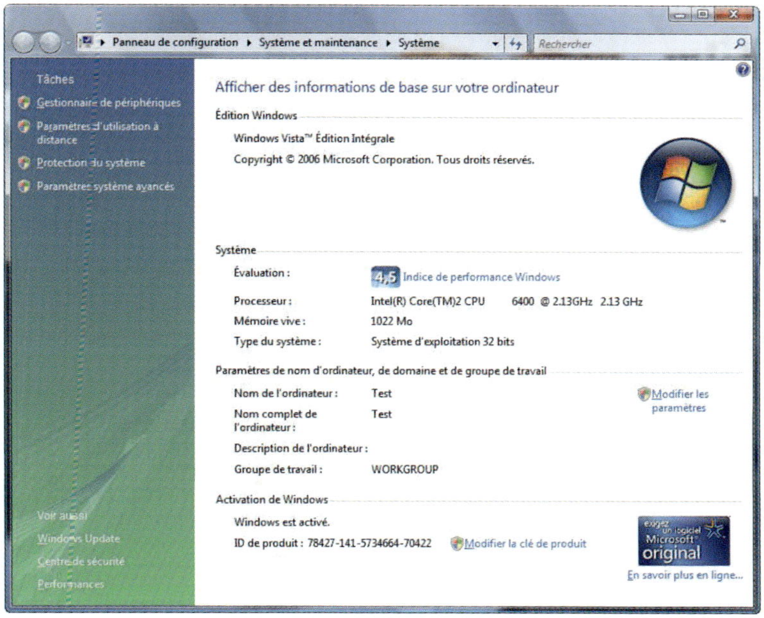

Figure 6.4 : La boîte de dialogue Propriétés système.

Cette boîte de dialogue peut aussi être affichée en appuyant sur les touches Win+Pause.

La Figure 6.4 révèle que le PC est équipé d'un microprocesseur Intel Core 2 4 cadencé à 2,13 GHz. La mémoire vive est de 1022 Mo. Cette boîte de dialogue n'est pas aussi explicite sur tous les PC.

- Toutes les boîtes de dialogue Propriétés système ne sont pas aussi précises que celle de la Figure 6.2. Parfois, seul un vague `x86 Family` est mentionné.
- Un de mes programmes préférés pour examiner le microprocesseur est CPU-Z. Vous pouvez le télécharger sur ce site :

```
http://www.cpuid.org/cpuz.php
```

- Reportez-vous au Chapitre 9 pour en savoir plus sur la mémoire vive ou RAM.

Le processeur peut-il être mis à niveau ?

Certaines publicités laissent entendre que vous pouvez procéder à une mise à niveau ultérieure pour bénéficier d'un processeur plus rapide. C'est vrai : sur la plupart des PC, il peut être remplacé par un nouveau, mais je ne conseille pas de le faire.

Pour exploiter pleinement une nouvelle technologie, il faut plus qu'un nouveau processeur. Il faut aussi changer de carte mère, de mémoire et, tant qu'à faire, de lecteurs. Sinon, les avantages du nouveau processeur seraient neutralisés par l'ancienne circuiterie.

Un autre point est le coût : acheté à l'unité, un nouveau microprocesseur est onéreux, surtout si le modèle vient de sortir. Il est souvent plus rentable d'acheter une nouvelle unité centrale.

Connecteurs d'extension

Pour ajouter des fonctionnalités à votre PC, la carte mère propose des connecteurs d'extension que l'on appelle aussi *slots d'extension*. Ils sont destinés à recevoir des *cartes d'extension* qui augmentent les possibilités de votre machine.

Le nombre de connecteurs d'extension varie en fonction du modèle de votre carte mère. Certains systèmes, notamment les ordinateurs portables, n'ont pas de connecteurs supplémentaires comme les PC de bureau.

Les connecteurs d'extension sont déclinés en plusieurs types :

ISA. Le plus ancien des connecteurs d'extension. ISA est l'acronyme de *Industry Standard Architecture.* Aujourd'hui, ce connecteur n'accepte que les très vieilles cartes d'extension à cette norme. En effet, l'avènement du PCI et des périphériques USB et Firewire a marqué la fin de l'ISA qui assurait un transfert relativement lent des données à traiter.

PCI. Le connecteur PCI (*Peripheral Component Interconnect*) est le plus répandu des connecteurs de nos PC modernes. Votre carte mère ne dispose plus d'aucun connecteur ISA, mais de un à six connecteurs PCI. Très rapides, ils permettent d'étendre efficacement les possibilités de votre PC.

PCI-E. Destiné à succéder au standard PCI et à concurrencer le port AGP décrit ci après, le connecteur PCI-Express offre une meilleure bande passante, donc des performances accrues.

AGP. AGP est l'acronyme de *Accelerated Graphics Port.* Ce type particulier de connecteur est uniquement destiné aux cartes graphiques. La plupart des PC n'ont qu'un seul connecteur de ce type.

Un côté d'une carte ISA, PCI ou PCI-E est plaqué contre la fente à l'arrière de l'unité centrale, obturée par une lamelle métallique lorsqu'elle n'est pas utilisée.

Ajouter des cartes d'extension est une bonne chose, mais pas forcément indispensable. Beaucoup de périphériques peuvent désormais être connectés à l'ordinateur par le port USB ou FireWire.

- Ne vous faites pas refiler une vieille carte ISA. Vous ne pourriez sans doute rien en faire.
- Les PC compacts contiennent peu de connecteurs d'extension. Les boîtiers «tour» en ont le plus.
- Les cartes d'extension sont parfois appelées «cartes filles». Et pourquoi pas «cartes cousines germaines» ou «cartes parents éloignés» ?
- Certaines cartes d'extension sont livrées avec des câbles. Elles contribuent à faire ressembler le PC à un plat de nouilles. Certains câbles s'enfoncent dans les tréfonds de la machine, d'autres pendouillent de-ci, de-là... Bref, ils ne facilitent pas l'évolutivité de l'ordinateur.

Quelle heure est-il à votre PC ?

Tous les ordinateurs sont équipés d'une horloge interne. Elle possède sa propre petite pile bouton qui lui permet de fonctionner en permanence, que le PC soit branché ou non.

L'horloge interne sert non seulement à afficher l'heure, mais aussi à dater les fichiers et vos courriers électroniques, et à gérer vos rendez-vous si vous possédez un logiciel de gestion du temps.

Pour connaître l'heure, jetez un œil à la petite horloge située à l'extrémité droite de la barre des tâches.

- L'heure est affichée dans la zone de notification (reportez-vous au Chapitre 5). Immobiliser la souris sur l'heure fait apparaître une info-bulle indiquant la date.
- Le format de la date et de l'heure dépend de la configuration de votre PC. Windows affiche un format basé sur les sélections de la boîte de dialogue Options régionales et linguistiques accessible via Démarrer/Panneau de configuration.

Mon horloge retarde

Les ordinateurs sont d'excellents outils à usages multiples, mais de bien piètres horloges. Après une semaine ou deux, il n'est pas rare que l'horloge interne se dérègle, à cause des nombreuses activités qui se produisent dans l'ordinateur. La mise en veille (voir Chapitre 4) a souvent pour effet de fausser complètement l'heure.

En revanche, l'horloge tient compte du changement d'heure d'été et d'hiver. Windows retarde ou avance automatiquement l'heure.

Que faire si l'heure n'est pas exacte ? Eh bien, vous le saurez dans une minute.

Régler l'horloge

Pour définir ou modifier la date et l'heure de votre PC, cliquez sur l'horloge dans la barre des tâches en bas à droite et cliquez sur Modifier les paramètres de la date et de l'heure. La boîte de dialogue Date et heure apparaît, comme à la Figure 6.5.

Pour modifier les valeurs, cliquez sur les différentes options.

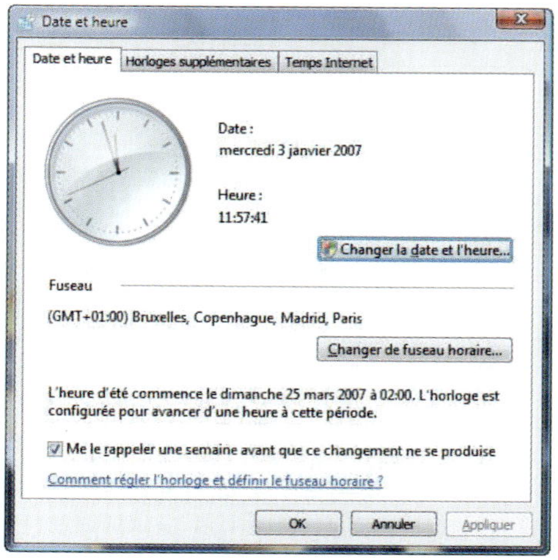

Figure 6.5 : La boîte de dialogue Date et heure.

L'heure Internet

Pour régler l'heure à la seconde près, utilisez la fonction de réglage automatique. Elle synchronise l'horloge du PC avec l'un des nombreux serveurs de temps disséminés dans le monde. Un *serveur de temps* est un ordinateur dont la seule fonction est de distribuer l'heure calculée par une horloge atomique.

Pour régler l'heure du PC, il suffit de cliquer sur l'onglet Temps Internet, dans la fenêtre Date et heure. Cliquez sur Modifier les paramètres et faites vos choix. Votre PC est alors réglé correctement sans plus de manipulation.

Des précisions sur la pile du PC

Tous les ordinateurs possèdent une pile interne. Elle fait partie intégrante de la carte mère.

La pile assure le bon fonctionnement de l'horloge, même quand l'ordinateur est éteint.

La pile bouton dure environ six ans. Lorsqu'elle est vide, l'horloge commence à faire des siennes ; le BIOS du PC perd ses paramètres et demande l'heure et la date à chaque allumage. Dans le meilleur des cas, un message vous informe qu'il faut changer la pile. Vous en trouverez une n'importe où.

- Eh oui, vous devez ouvrir le capot de l'unité centrale pour accéder à la pile. Elle n'est pas toujours facile à localiser.
- La pile sert aussi à mémoriser des paramètres système comme le nombre et le type de disques durs, la configuration de la mémoire et autres données dont l'ordinateur ne saurait se passer.
- La pile de la carte mère s'ajoute à une éventuelle batterie, celle d'un portable par exemple, qui est la source d'alimentation principale de ce type d'ordinateur.

Le BIOS

Il ne suffit pas à l'ordinateur d'avoir un microprocesseur et de la mémoire, il lui faut également des instructions pour savoir ce qu'il doit faire. Ces instructions sont inscrites sur une mémoire spéciale appelée *BIOS* (*Basic Input/Ouput System*, système d'entrée/sortie de base).

La fonction principale du BIOS est la communication. Il permet au microprocesseur de contrôler les différents éléments de votre ordinateur (l'écran, l'imprimante, le clavier, etc.) et de dialoguer avec eux. Ces instructions ont été écrites par les fabricants de votre ordinateur et sont gravées de façon définitive sur le composant BIOS soudé à même la carte mère.

NOTE TECHNIQUE

- Le BIOS fait démarrer votre ordinateur. En fait, vous voyez probablement un message le concernant chaque fois que vous allumez votre PC. Il existe différents modèles, fabriqués par différentes sociétés.
- En plus du BIOS principal, votre ordinateur en possède peut-être d'autres : le BIOS vidéo et le BIOS du disque dur, par exemple, qui contrôlent l'un votre affichage graphique, l'autre votre disque dur. Votre interface réseau peut également posséder son propre BIOS. En règle générale, lorsque le terme BIOS est employé sans autre attribut, il s'agit du BIOS principal de votre PC.

L'alimentation

Pour que l'ordinateur et les cartes d'extension fonctionnent, le PC doit être alimenté électriquement. C'est le rôle de l'*alimentation*.

- L'électricité provient du «secteur» (c'est-à-dire une prise murale de votre appartement). Le courant alternatif 220 volts est transformé par le bloc d'alimentation en courant continu de 12 et 5 volts.
- L'électricité alimente la carte mère qui elle-même alimente tous les autres circuits dont les slots d'extension AGP, PCI ou PCI-E.
- L'alimentation fournit l'électricité aux disques durs.

- Des ventilateurs rafraîchissent l'intérieur de l'unité centrale.
- L'alimentation est le premier élément à se mettre en marche quand vous appuyez sur le bouton Marche/Arrêt, ou de mise sous tension, de votre ordinateur.

L'alimentation est prévue pour encaisser tous les dommages lors d'une surtension, et se sacrifier pour que le restant de l'ordinateur soit sauf. Comme elle est facile à remplacer, c'est sans regret.

- L'alimentation est aussi la partie la plus bruyante de l'ordinateur.
- La puissance des alimentations est exprimée en *watts*. Plus vous installez d'accessoires, de lecteurs, de barrettes de mémoire, de cartes d'extension, etc., plus l'alimentation doit être puissante. Celle d'un PC est classiquementt de 150 à 200 watts. Des systèmes plus puissants ont besoin d'une alimentation plus forte, supérieure à 300 watts.
- TRUC : Une manière de protéger votre alimentation – et l'ordinateur – est d'investir dans une protection antisurtension (parasurtenseur). Reportez-vous au Chapitre 3 pour en savoir plus.

Chapitre 7

De port en port

Dans ce chapitre :

- Tout sur le port.
- Les ports anciens.
- Le port USB.
- Brancher des périphériques USB.
- Débrancher des périphériques USB.
- Ajouter de nouveaux ports USB.
- Le port FireWire.

Le PC doit son succès, depuis plus d'un quart de siècle, à ses possibilités d'extension. Il est non seulement possible d'ajouter des éléments dans l'unité centrale, grâce aux connecteurs d'extension, mais aussi tout autour grâce à une kyrielle de prises spéciales appelées «ports».

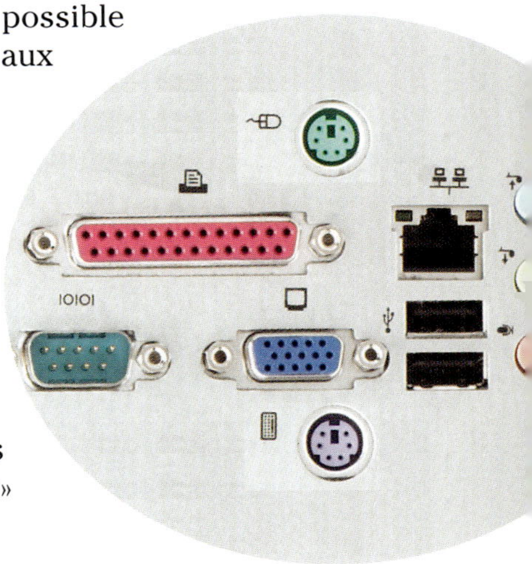

Qu'est-ce qu'un port ?

En jargon informatique, un «port» est l'endroit où des données parviennent à l'ordinateur ou en sortent. Pour être exact, il faudrait parler de «ports d'entrée/sortie», mais, cochon qui s'en dédit, «port» fait aussi bien l'affaire.

Pour des raisons tant techniques qu'historiques, un PC comporte une impressionnante diversité de ports. Certains sont spécifiques, comme celui de l'imprimante, de la souris ou du clavier. D'autres sont généralistes, comme les ports USB ou FireWire.

- Reportez-vous au Chapitre 3 pour savoir comment brancher tout votre attirail aux différents ports.

Les ports d'ancienne génération

Lorsque le PC a été conçu, les éléments externes étaient connectés à l'unité centrale au travers de ports dûment nommés : il y avait des ports clavier, souris et imprimante.

Ces ports dédiés, d'ancienne génération, ont été peu à peu supplantés par le port USB, qui est généraliste et sur lequel on peut brancher indifféremment un clavier, une souris, une imprimante ou tout autre périphérique. Les anciens ports ont cependant perdurés, de sorte que l'on retrouve sur des PC ces héritages des tout premiers *Personal Computer* d'IBM.

Souris et clavier

Les ports clavier et souris ont été conçus à une seule fin : communiquer avec le clavier et la souris. Bien que les connecteurs soient identiques, l'un de ces périphériques ne peut pas être branché à la place de l'autre.

Des claviers et des souris sans fil utilisent encore ces ports traditionnels (NdT : bien qu'en réalité le clavier ait été naguère branché à une prise DIN 5 broches et la souris sur un port Série), car c'est là que vous branchez l'émetteur-récepteur.

Le remarquable commutateur KVM

KVM sont les initiales de *Keyboard, Video* et *Mouse* (clavier, vidéo et souris). Un commutateur KVM sert à utiliser ces périphériques avec plusieurs ordinateurs en même temps. Il est ainsi possible, d'un même poste de travail, d'accéder aisément à différents types d'ordinateurs.

Il n'existe hélas ! pas de dispositif inverse, permettant de relier à un ordinateur deux claviers, deux moniteurs ou deux souris. C'est possible avec les systèmes d'exploitation Linux et Unix, mais pas avec Windows.

Le port Imprimante

Il va de soi qu'une imprimante puisse être connectée à un port Imprimante. Peut-être ignorez-vous qu'il était, à l'origine, appelé port LPT, abréviation inventée par IBM pour *Line Printer*, imprimante ligne par ligne. Il est aussi parfois appelé PRN (NdT : ou encore «port Parallèle» ou «port Centronics» ; ce n'est plus un port, c'est un troupeau !).

Je recommande vivement l'utilisation du port USB, décrit plus loin dans ce chapitre, plutôt que le recours au vieux port Imprimante, qui a fait son temps.

Autrefois, le port Imprimante – ou «parallèle» – servait aussi à communiquer avec d'autres périphériques comme un scanneur ou un lecteur de disques Zip Iomega. Ces appareils pouvaient être chaînés, comme l'illustre la Figure 7.1. Cette technique n'est plus nécessaire ; il est beaucoup plus facile de tout brancher à un port USB.

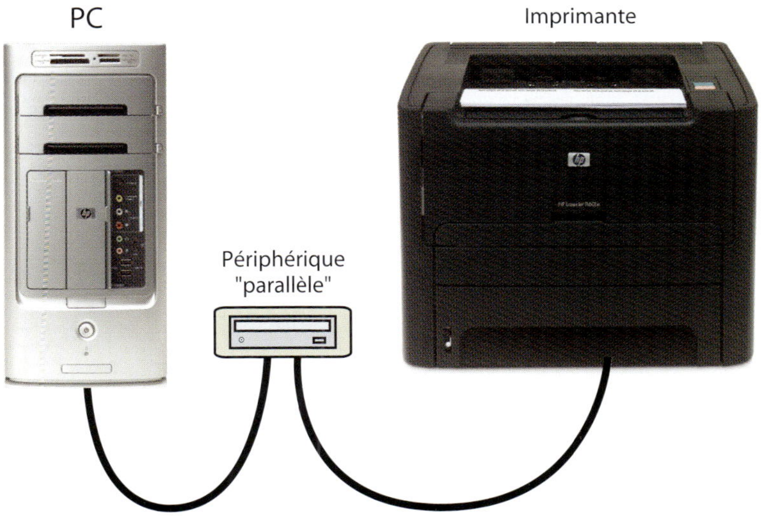

Figure 7.1 : Un chaînage de périphériques à un ancien port Imprimante.

Ceux qui travaillent avec deux ordinateurs utilisent souvent un commutateur mécanique pour basculer l'imprimante de l'un à l'autre. Cette solution archaïque est peu à peu abandonnée au profit de la mise en réseau des ordinateurs et de l'imprimante, plus commode et avec en prime le partage de la connexion Internet.

Le port Série

Après le port USB, le port Série est le plus polyvalent des connecteurs. Contrairement aux autres ports d'ancienne génération, il peut accueillir divers appareils : souris, scanneur, modem téléphonique... Ce qui n'a rien à voir avec son nom : si le port Série s'appelle ainsi, c'est parce que les données se suivent au lieu d'être acheminées simultanément sur plusieurs brins à la fois, comme c'est le cas avec le port parallèle ou Imprimante. La plupart des PC sont équipés de deux ports Série.

- Le port Série est aussi appelé COM ou encore RS-232C, du nom de son standard.
- Les ports Série modernes utilisent un connecteur à 9 broches. Autrefois, ce connecteur avait 25 broches. Il existe des adaptateurs de conversion dans un sens ou dans l'autre.
- Un port Série est parfois appelé *port modem* ou port RS-232, du nom de son standard.
- Le port Série servait aussi à brancher les modems téléphoniques. Les modems à haut débit – ADSL, câble et satellite – se branchent sur la prise Réseau ou parfois sur une prise USB. Nous en reparlerons dans la troisième partie de ce livre.

Le roi USB

Le port USB est la prise polyvalente par excellence, puisque le U signifie Universel. Les appareils les plus divers peuvent y être branchés : moniteur, enceintes, manette de jeu, scanneur, imprimante, appareil photo et caméscope numériques, webcam, lecteur de disquettes, lecteur de CD et DVD, disque dur externe, lecteur de mémoire photo, périphériques de réseau, petits ventilateurs, éclairage de clavier, machine à remonter le temps... La liste ne cesse de grossir. Des périphériques USB apparaissent tous les jours.

Le plus fabuleux est qu'il suffit souvent de brancher ce matériel, et c'est tout.

- USB signifie *Universal Serial Bus*, bus série universel.
- A l'instar d'un port USB, une prise US arbore le symbole visible dans la marge.
- Reportez-vous au Chapitre 2 pour savoir où trouver le ou les ports USB sur votre unité centrale.
- Si le nombre de ports USB de votre PC est insuffisant, vous pouvez en ajouter grâce à une carte d'extension. Vérifiez soigneusement que les ports sont de type USB 2.0 High Speed (voir encadré «Les versions du port USB»).

Les versions du port USB

Il existe deux versions du port USB : l'actuelle, l'USB 2.0 High Speed, qui est la plus rapide avec un débit de 480 mégabits par seconde, et l'ancienne, l'USB 1.1, dont le débit n'est que de 12 mégabits par seconde. Les PC récents sont tous équipés de ports USB 2.0, mais sont capables d'utiliser des périphériques au standard 1.1. Evidemment, ces appareils ne seront pas pour autant plus rapides. Pour bénéficier d'un taux de transfert élevé, ordinateur et périphériques doivent tous deux être au standard 2.0.

En revanche, un ordinateur ancien équipé de ports USB 1.1 ne pourra pas utiliser de périphériques prévus pour l'USB 2.0. Un message d'erreur vous en informera.

NdT : Attention aussi à l'appellation USB 2.0 qui recouvre une arnaque de première magnitude. Beaucoup de périphériques, des clés USB et des magnétophones numériques sont estampillés USB 2.0 Full Speed, qui n'est rien de plus que de l'USB 1.1, donc 40 fois plus lent : un transfert qui s'effectue en 10 secondes en High Speed exige plus de 7 minutes en Full Speed. Conclusion : n'achetez que du matériel certifié USB 2.0 High Speed. Et si ce n'est pas précisé sur l'emballage ? Dans ce cas, la méfiance s'impose.

Connecter un périphérique USB

Contrairement aux autres ports du PC, le port USB est intelligent. Quand on y branche un périphérique, Windows le reconnaît instantanément et établit la procédure d'installation.

Dans certains cas, vous devrez toutefois installer d'abord un logiciel avant de brancher le périphérique USB. Mais ensuite vous pourrez le brancher et le débrancher à votre guise. La seule exception concerne les unités de stockage, comme nous le verrons à la section «Débrancher un périphérique USB».

Où est l'alimentation ?

L'autre avantage de l'USB réside dans le fait que bon nombre de périphériques n'ont pas besoin d'une alimentation externe. Ils sont alimentés par le courant électrique fourni par le port USB. C'est ce que l'on appelle un *périphérique autoalimenté*, bien que le terme soit inadéquat.

Certains utilisateurs n'apprécient pas l'absence de bouton Marche/Arrêt. Mais à quoi servirait-il ? Si vous n'avez plus besoin de l'appareil, retirez son câble du port USB.

- Les périphériques USB exigeant une puissante alimentation sont alimentés par leur propre transformateur branché sur le secteur.
- Certains périphériques doivent être branchés directement au port USB de l'ordinateur. S'ils le sont par le truchement d'un réplicateur de ports, ce dernier doit être alimenté par un transformateur externe pour fournir le courant nécessaire. Reportez-vous à la section «L'expansion de l'univers USB», plus loin dans ce chapitre, pour en savoir plus sur les réplicateurs alimentés et ceux qui ne le sont pas.

Débrancher un périphérique USB

Ça a l'air tout bête : pour ôter un périphérique USB, débranchez-le. Oui, mais seulement si le périphérique n'est pas un disque externe, une clé USB ou un autre truc de ce genre. Car, dans ce cas, vous devez impérativement le *démonter* avant de le débrancher.

Pourquoi s'ennuyer à le faire ? Parce qu'un programme peut être en train de lire ou d'écrire des données. Si vous débranchez sauvagement le disque pendant que des données y sont écrites, vous perdrez non seulement le fichier concerné, mais peut-être aussi d'autres données. C'est pourquoi vous devez démonter le lecteur dans les règles.

1. **Ouvrez l'icône Poste de travail, sur le Bureau.**

   Ou affichez la fenêtre Poste de travail d'une manière ou d'une autre.

2. **Localisez le périphérique, sans doute nommé Disque amovible.**

   Dans le menu, choisissez Affichage/Réorganiser les icônes par/Afficher par groupe, si vous avez du mal à localiser le disque amovible.

3. **Cliquez sur l'icône du disque amovible afin de le sélectionner.**

   Bien souvent, une icône générique est associée au disque, bien que certains équipements USB possèdent une icône particulière.

4. **Dans le menu, choisissez Fichier/Ejecter.**

Notez que l'icône peut ne pas disparaître de la fenêtre Poste de travail tant que le périphérique n'est pas détaché.

Un message d'erreur signale que le disque est occupé ou en cours d'utilisation. Vous devrez patienter puis recommencer. Si l'erreur persiste, éteignez l'ordinateur. Détachez le périphérique. Redémarrez l'ordinateur.

Une technique plus rapide pour démonter un disque USB consiste à trouver, dans la zone de notification, l'icône Retirer le périphérique en toute sécurité. Cliquer dessus affiche une liste de disques amovibles. Choisissez celui que vous désirez démonter et Windows s'occupe du reste. Une info-bulle vous prévient dès que vous pouvez ôter le périphérique.

N'OUBLIEZ PAS

- Retirez toujours un disque USB dans les règles.
- Par «disque USB», il faut aussi comprendre «clé USB» et «carte mémoire d'appareil photo».

TRUC

- Je conseille de brancher un disque dur externe directement à l'onduleur. Cela évitera à Windows de mal réagir si, le courant étant coupé, un lecteur est soudainement indisponible.

L'expansion de l'univers USB

Vous n'aurez jamais assez de ports USB. Fort heureusement, il reste la possibilité de recourir à un réplicateur de ports, parfois appelé *hub*.

Un réplicateur, ou hub USB, est parfait pour étendre les possibilités de branchement USB. Comme le montre la Figure 7.2, il se branche à l'un des ports USB du PC afin de le démultiplier.

Figure 7.2 : Démultipliez un port USB grâce à un réplicateur.

- Si un réplicateur ne suffit pas, ajoutez-en un autre ! Ils peuvent être chaînés.
- Les réplicateurs permettent de brancher du matériel jusqu'à concurrence de 127 périphériques. Vous manquerez de place sur la table avant d'y arriver.
- Notez que certains périphériques doivent de préférence être branchés directement au port USB de l'unité centrale. Leur manuel signale cette exigence.
- Certains périphériques ne peuvent être branchés que sur un réplicateur alimenté par un transformateur.
- Un clavier USB ou une souris USB sont des exemples types de périphériques autoalimentés.
- Le premier réplicateur, qui n'est autre que le PC lui-même, est appelé «réplicateur racine» ou *hub* racine.

Le port FireWire

Le second type de port polyvalent est le port FireWire. Il est comparable au port USB 2.0 High Speed et, comme lui, contribue à étendre les possibilités de connexions à l'ordinateur. Lui aussi peut servir à brancher un disque dur externe, un scanneur ou du matériel audiovisuel. Comme l'USB, le branchement et le débranchement peuvent s'effectuer à chaud, sans devoir éteindre le PC.

Le port FireWire est le port de prédilection de la vidéo numérique. Si vous possédez un caméscope numérique, le transfert des séquences s'effectue sans doute par une connexion FireWire.

Comme bon nombre de PC ne sont pas encore pourvus de port FireWire, vous pourrez y remédier en installant une carte d'extension.

- Les ports FireWire sont identifiés par le symbole ci-contre.
- Apple a successivement développé deux standards : le FireWire 400 (prise à 6 broches) et le FireWire 800 (prise à 9 broches), encore peu répandu. Les chiffres sont ceux des taux de transfert, respectivement 400 et 800 mégabits par seconde.
- Développé par Sony, le port i-Link est au standard FireWire mais ne comporte que 4 broches.
- Les câbles FireWire sont différents des câbles USB.
- Il existe aussi des réplicateurs (*hubs*) FireWire.
- Si un disque dur externe comporte deux ports FireWire, vous pouvez utiliser n'importe lequel. L'autre servira à chaîner un autre périphérique FireWire.
- Vous pouvez chaîner jusqu'à 64 périphériques FireWire (contre 127 en USB).

Chapitre 8

La mémoire

Dans ce chapitre :

- Qu'est-ce que la mémoire ?
- Chips et dis (et SIMM et DIMM).
- Kilo-octets et mégaoctets.
- De combien de mémoire dispose votre PC ?
- La mémoire virtuelle.
- Ajouter de la mémoire à votre ordinateur.

À l'instar du disque dur, la mémoire vive ou RAM (*Random Access Memory*, mémoire à accès aléatoire) est un ensemble de composants où l'ordinateur stocke des informations. Mais, à l'inverse du disque dur, c'est là que le véritable travail s'accomplit. Pour bien comprendre, imaginez la RAM comme étant la surface d'un bureau et le disque dur ses rangements (tiroirs, dossiers, fichiers, etc.). Plus vous avez de place pour sortir et étaler votre matériel de travail (vos programmes), plus vous travaillez rapidement. Et ce n'est pas tout : plus vous disposez de mémoire, plus l'ordinateur est capable d'exécuter de lourdes tâches comme le traitement des images, des animations, du son et de la musique.

Qu'est-ce que la mémoire ?

Tous les ordinateurs ont besoin de mémoire. C'est là que le travail se fait.

Tout se fait au niveau du logiciel. Le microprocesseur n'est qu'une calculatrice qui ne se souvient de rien. Il a certes une mémoire, mais très modeste.

C'est pourquoi l'ordinateur contient de la mémoire. Elle offre un vaste espace pour les données en cours de traitement. Elles sont transférées dans la mémoire vive, ou RAM, où le microprocesseur peut les manipuler.

- Tous les ordinateurs ont besoin de mémoire.
- La mémoire informatique est à l'ordinateur ce que le bloc-notes est à l'être humain : c'est là qu'il couche les informations et les garde pour plus tard.
- Plus l'ordinateur a de mémoire, mieux vous travaillez. Une capacité mémoire importante permet de travailler sur de grands documents ou de vastes feuilles de calcul, et de profiter des applications qui utilisent des images et du son.
- Le terme RAM est souvent utilisé pour parler de la mémoire vive. C'est la même chose. RAM est l'acronyme de Random Access Memory, c'est-à-dire *mémoire à accès aléatoire*.

Utiliser de la mémoire

La *mémoire* est un espace de stockage temporaire. En d'autres termes, les applications s'y chargent, Windows par exemple, et elles y placent les données à traiter. Comme la mémoire est très rapide, le traitement effectué par le CPU est d'autant plus efficace.

Par exemple, lorsque vous créez un document à l'aide de votre traitement de texte, chaque caractère que vous tapez est enregistré dans un endroit spécifique de la mémoire. Lorsque vous avez terminé, vous devez sauvegarder le document entier sur disque de façon permanente. Ensuite, vous pouvez le recharger sur la mémoire pour que le microprocesseur le traite de nouveau.

Le seul petit problème avec la mémoire est qu'elle constitue un lieu de rangement volatil. Chaque fois que vous éteignez l'ordinateur, le contenu de sa mémoire se vide (comme si la femme de ménage jetait tout ce qui traîne sur votre bureau). Tout va bien si vous avez préalablement enregistré vos documents sur disque (rangé vos affaires dans les tiroirs du bureau) ; autrement, tout est perdu.

- Lorsque vous quittez Windows et éteignez votre ordinateur, le *contenu* de la mémoire disparaît.
- La mémoire vive est rapide. Le microprocesseur analyse des millions d'octets de mémoire – l'équivalent des œuvres complètes de Molière ou de Victor Hugo – en une fraction de seconde.
- Le disque dur est une unité de stockage à long terme dont les fonctions ne sont pas volatiles. Vous y inscrivez physiquement vos données tandis qu'elles sont temporairement chargées dans la RAM. Si vous éteignez votre ordinateur, les données du disque dur ne sont pas effacées. Vous les retrouvez donc à chaque redémarrage de votre PC.
- Tous les ordinateurs ont une quantité limitée de mémoire, ce qui veut dire qu'un jour ou l'autre vous en viendrez à bout. Le cas échéant, vous verrez un message apparaître sur votre écran, du style : «Mémoire insuffisante.» Si cela vous arrive, ne paniquez pas, l'ordinateur peut s'en sortir. Il suffit de libérer un peu de mémoire.

N'OUBLIEZ PAS

- Lorsque vous ouvrez un document préalablement enregistré, l'ordinateur récupère ces informations sur le disque et les copie dans la mémoire, unique endroit où elles pourront être examinées et modifiées. Lorsque vous enregistrez de nouveau ces données, l'ordinateur les retire de la mémoire pour les copier sur le disque.
- Enregistrez systématiquement et fréquemment votre travail sur le disque dur. Ce n'est qu'à ce moment que vous êtes sûr de ne pas le perdre.

Les barrettes de mémoire

La mémoire de votre PC se trouve sur la carte mère, près du microprocesseur. Elle se présente sous la forme d'une ou plusieurs barrettes sur lesquelles sont disposés des composants électroniques. Une longue rangée de broches plaquées or assure le contact avec le connecteur. Cette mémoire est appelée *DRAM*. Selon leur format, ces barrettes sont de type SIMM ou de type DIMM.

La Figure 8.1 montre une barrette de mémoire. En réalité, elle est un peu plus petite et les broches beaucoup plus nombreuses. Une barrette comportant des composants de mémoire de chaque côté est appelée *Dual Inline Modular Memory*, module de mémoire double en ligne. Si elle n'en a que d'un seul côté, c'est une mémoire SIMM (*Single Inline Memory Module*, module de mémoire simple en ligne).

Figure 8.1 : Une barrette DIMM presque grandeur nature.

Chaque barrette DIMM contient 64, 128, 256, 512 Mo ou 1, 2 voire 4 Go de mémoire.

Ces barrettes sont enfichées dans des emplacements adéquats sur la carte mère. Ces emplacements sont prévus pour recevoir un type particulier de barrette, par exemple quatre barrettes de mémoire DIMM.

- DRAM signifie *Dynamic Random-Access Memory*, mémoire à accès aléatoire dynamique. C'est le type de mémoire le plus répandu.
- Il existe d'autres types de mémoire, comme la mémoire EDO (désormais obsolète) ou RAMBUS, chère, rapide et que quasiment plus aucune carte mère ne reconnaît.

Mesure de la mémoire

La mémoire est mesurée en *octets*. Un *octet* peut être comparé à un caractère, une lettre d'un mot. Par exemple, le mot «spatule» serait composé de sept octets.

Une demi-page de texte contient à peu près 1 000 octets. Pour que ce nombre soit plus facile à mémoriser, les accros de la micro remplacent *mille* par *kilo*, ce qui donne 1 *kilo-octet* ou 1K, ou encore 1 Ko.

Un mégaoctet correspond à 1 024 Ko, soit environ un million d'octets. Le M de Mo signifie *méga*. De ce fait, 128 Mo signifie cent vingt-huit mégaoctets de mémoire.

Alors que la mémoire des micro-ordinateurs expérimentaux des années 1970 n'avaient que 256 à 1 000 octets, c'est par centaines de millions d'octets que se mesure celle des ordinateurs récents. Mais trêve de chiffres abscons ; reportez-vous au Tableau 8.1 pour connaître les unités de mémoire.

Tableau 8.1 : Les unités de mesure de la mémoire informatique.

Terme	*Abréviation*	*Environ*	*Exactement*
Octet		1 octet	8 bits
Kilo-octet	Ko	1 000 octets	1 024 octets
Mégaoctet	Mo	1 000 000 d'octets	1 048 576 octets
Gigaoctet	Go	1 000 000 000 d'octets	1 073 741 824 octets
Téraoctet	To	1 000 000 000 000 octets	1 099 511 627 776 octets

Au-dessus du mégaoctet se trouve le *gigaoctet*. Comme vous pouvez le deviner, ce terme désigne un milliard d'octets, ou à peu près 1 000 mégaoctets. Le téraoctet correspond à un million de mégaoctets, ou 10 puissance 12 octets.

Bavardage supplémentaire à propos de la mémoire :

- Le terme *giga* vient du grec *gigas* qui signifie *géant*.
- Le terme *tera* vient également du grec et signifie *monstre*.
- Un emplacement spécifique dans la mémoire de votre ordinateur est appelé *adresse*.

- La quantité de stockage d'un disque dur se mesure également en octets.
- Un PC fonctionnant sous Windows Vista nécessite au moins 512 Mo de mémoire pour fonctionner décemment.
- Les disques durs proposent en général 60 à 250 *gigaoctets* d'espace libre. Des disques durs de 1 téraoctet commencent à voir le jour. Impressionnant ? Autant que l'était le disque dur de 1 Go il y a moins d'une dizaine d'années.
- Les octets sont composés de huit bits. Le mot *bit* est une contraction de *binary digit*, chiffre binaire. Un chiffre binaire est un nombre exprimé en base 2, un système de numération basé uniquement sur 0 et 1. Le système traditionnel est décimal (base 10). Les ordinateurs comptent en binaire ; les bits sont rassemblés par groupes de huit pour une digestion plus simple par l'ordinateur.

Détails techniques sur la RAM, la ROM et la mémoire Flash

RAM signifie *random-access memory*, mémoire à accès aléatoire. C'est dans cette mémoire que le microprocesseur peut traiter les informations provenant de vos logiciels. Tout ce que vous créez prend place dans la mémoire RAM, lieu temporaire de traitement des données.

ROM signifie *read-only memory*, mémoire en lecture seule. Le microprocesseur se contente de lire les informations de la ROM, mais il ne peut ni y écrire des données, ni modifier celles qu'elle contient. La ROM est permanente. Cette mémoire contient généralement des instructions destinées à l'ordinateur. Par exemple, le BIOS est dans la ROM. Comme cette information est stockée dans une puce de type ROM, le microprocesseur peut y accéder. Les instructions y sont inscrites, car on ne peut pas, et surtout on ne doit pas, les effacer.

La mémoire Flash est un type particulier de mémoire qui fonctionne comme la RAM et la ROM. Les informations qui y sont contenues peuvent être *flashées*, c'est-à-dire mises à jour par un programme spécial. Aussi comprenez-vous que, comme la RAM, on peut y accéder et en modifier les données, et, comme la ROM, les informations y sont conservées quand vous éteignez l'ordinateur. Cette notion de mise à jour de la mémoire a été étendue aux cartes mémoire des appareils photo numériques et aux clés USB. Les images stockées dans ces cartes sont conservées même quand vous éteignez l'appareil photo ou retirez la clé USB du PC. La mémoire Flash est hélas ! beaucoup plus lente que la RAM conventionnelle.

NOTE TECHNIQUE

Que sont ces puissances de 2 ?

Des chiffres reviennent fréquemment en informatique. Ce sont :

1, 2, 4, 8, 16, 32, 64, 128, 256, 512, 1 024, 2 048, 4 096, etc.

Chacun est une puissance de 2, une notion que vous avez sans doute apprise au collège : $2^0 = 1$, $2^1 = 2$, $2^2 = 4$, $2^3 = 8$, et ainsi de suite jusqu'à l'infini, ce qui est bien loin...

Ces valeurs sont utilisées parce que l'ordinateur repose sur un système binaire à base de 0 et de 1. Il lui est donc beaucoup plus facile de calculer selon des puissances de 2.

Jusqu'à 512, personne ne se trompe. Par la suite, lorsqu'il est question de kilo, de giga, de méga et de téra, il faut faire la différence entre, par exemple, le kilo conventionnel, qui vaut 1 000, et le kilo binaire, qui vaut 1 024. Cette subtilité apparaît dans le Tableau 9.1.

Quiz sur la mémoire

A priori, votre cerveau dispose de la mémoire suffisante à toute votre vie. Même si nous nous souvenons de moins en moins de choses à mesure que nous avançons en âge, les scientifiques assurent que notre mémoire reste intacte. Des expériences réalisées sous hypnose ont permis d'arriver à une telle conclusion.

Votre ordinateur a vraiment des trous de mémoire. Chaque programme ouvert s'accapare un morceau de la RAM. Des données y sont traitées avec soin, mais dès que l'ordinateur est éteint ou que vous fermez un programme sans enregistrer votre travail, tout est perdu.

«Combien de mémoire y a-t-il dans ce PC ?»

Cette information peut être un mystère pour vous, mais pas pour votre PC. La réponse se trouve dans la boîte de dialogue Propriétés Système. Avec le bouton droit de la souris, cliquez sur l'icône du Poste de travail. Dans le menu contextuel, choisissez Propriétés. Vous accédez à la boîte de dialogue représentée, au Chapitre 6, à la Figure 6.4.

La quantité de mémoire s'affiche sous le type du microprocesseur. Dans la Figure 6.4, il apparaissait que l'ordinateur dispose de 1024 Mo de RAM, ce qui est suffisant, sans plus. Cliquez sur OK pour quitter la boîte de dialogue.

Le PC risque-t-il d'être à court de mémoire ?

Pas du tout. Contrairement au disque dur qui risque un jour d'être saturé, la mémoire d'un PC ne peut pas l'être. Il fut un temps où le message «Mémoire pleine» s'affichait fréquemment, mais ce n'est aujourd'hui plus le cas grâce à la *mémoire virtuelle.*

Qu'est-ce que la mémoire virtuelle ?

Windows a recours à une astuce intelligente pour empêcher la saturation de la mémoire vive : il crée de la mémoire virtuelle.

La mémoire virtuelle est une feinte : elle laisse croire à l'ordinateur qu'il dispose de plus de mémoire que la RAM physique. Pour cela, il accapare de vastes blocs de mémoire sur le disque dur. Comme Windows gère à la fois la RAM et la mémoire, il sait toujours où il en est en permutant sans cesse les blocs de données. Voilà pourquoi le redouté message «Mémoire insuffisante», plus de mémoire, est tombé aux oubliettes.

Cette mémoire est définie automatiquement. Ne vous en préoccupez pas. Vous remarquerez cependant un ralentissement général des performances de votre PC quand un ou plusieurs programmes utilisent la mémoire virtuelle.

- Pour éviter le recours à la mémoire virtuelle et ses inconvénients, ajoutez de la mémoire dans votre PC.
- Les ordinateurs qui travaillent avec des applications graphiques ont besoin de plus de mémoire que les autres. Les stations graphiques disposent au moins de 512 Mo de RAM.
- Windows affichera rarement «Mémoire insuffisante». La mémoire virtuelle entre en jeu. Regardez le témoin d'activité de votre disque dur clignoter à outrance pour vous en convaincre.

TRUC

- La mémoire virtuelle est contrôlée par la boîte de dialogue Propriétés système. Vous n'avez cependant aucune raison de la modifier, car Windows Vista la gère parfaitement.

Qu'est-ce que la mémoire vidéo ?

La mémoire utilisée par le système vidéo de votre PC est appelée *mémoire vidéo*. On parle ici des puces qui se trouvent sur la carte graphique de votre ordinateur. Cette mémoire permet d'afficher plus de couleurs, des résolutions impressionnantes, des graphismes en 3D et, surtout, de faire tourner des jeux impressionnants.

Il est parfois possible d'augmenter la mémoire vidéo de votre PC. Bien souvent, cette augmentation se traduit par le changement pur et simple de votre carte graphique pour un modèle supérieur.

La *mémoire vidéo partagée* est une solution économique sur les ordinateurs d'entrée de gamme. L'ordinateur est pourvu de peu de mémoire vidéo – radins, va ! – et, s'il lui en faut davantage, il l'emprunte à la mémoire principale. C'est acceptable pour de la bureautique, mais pas du tout pour les jeux vidéo ou les logiciels de retouche photo.

Ajouter de la mémoire dans votre PC

Il n'existe aucun dopant pour redonner un peu d'ardeur à votre PC. En revanche, vous pouvez «gonfler» sa mémoire et le rendre plus rapide en lui ajoutant des barrettes de RAM.

Ajouter de la mémoire à un ordinateur est aussi simple que d'assembler des Lego. La seule différence est qu'un jeu de RAM coûte plus cher.

Augmenter la mémoire d'un ordinateur implique cinq étapes complexes et rébarbatives :

1. **Définissez la quantité de RAM que vous devez ajouter.**

   Par exemple, votre ordinateur est équipé de 512 Mo de RAM, ce qui est suffisant pour utiliser Windows Vista. Mais si vous utilisez des applications gourmandes en mémoire ou créez des projets nécessitant l'utilisation simultanée de plusieurs logiciels, il faudra investir dans 1 Go de RAM, voire beaucoup plus.

2. **Définissez la quantité de RAM qui peut être installée.**

   Cette deuxième étape est technique. Vous devez savoir s'il reste des emplacements libres, pour quel type de barrettes, de quelle capacité, et jusqu'à quelle capacité totale maximale. Après, c'est relativement simple. S'il n'y a pas d'emplacement libre, voyez avec votre revendeur informatique ou votre gourou préféré, car cela risque d'être cher et compliqué.

3. **Achetez.**

   Ne chipotez pas sur la qualité des barrettes. Une mémoire bon marché n'est pas une bonne mémoire.

4. **Confiez le travail à quelqu'un qui s'y connaît.**

   Vous pouvez le faire vous-même, mais à votre place je m'adresserais à quelqu'un d'expérimenté.

5. **Réjouissez-vous.**

Dès que la mémoire supplémentaire est installée, vous pouvez vous en vanter auprès de vos amis. Autrefois, pour impressionner votre entourage, il vous fallait 640 Ko de RAM. Ensuite, pour ne pas perdre la face, il fallait au moins 4 Mo sur un 386. Aujourd'hui, il faut au moins 256 Mo rien que pour garder l'estime de vos proches.

Vous pensez peut-être que pour augmenter votre système de 256 Mo de RAM à 512 Mo il vous suffit d'installer une barrette de 256 Mo ? Eh bien non ! Il est probable que vous soyez obligé d'acheter la totalité des 512 Mo. Cela dépend des emplacements de mémoire disponibles dans votre PC et des capacités acceptées, comme l'illustre la Figure 8.2.

Supposons que votre PC soit équipé de quatre emplacements pour la mémoire et que chacun ne contienne qu'une barrette DIMM de 128 Mo. Pour augmenter la mémoire, vous devrez ôter toutes ces barrettes et les remplacer soit par quatre barrettes DIMM de 256 Mo, ce qui est l'option économique, soit par une seule barrette DIMM de 1 Go. C'est l'option la plus chère, mais la plus rationnelle pour une évolution future.

N'OUBLIEZ PAS

- Avant d'acheter de la mémoire, vérifiez la configuration des barrettes telle qu'elle se présente sur la carte mère. Oter les mémoires et noter leurs références exactes sont une sage précaution.
- Si vous tenez absolument à installer la mémoire vous-même, ne vous gênez pas. De nombreux livres et articles de magazines informatiques grand public expliquent les procédures à suivre de manière claire et assez simple. Mais je vous recommande toutefois de faire appel à quelqu'un qui s'y connaît.

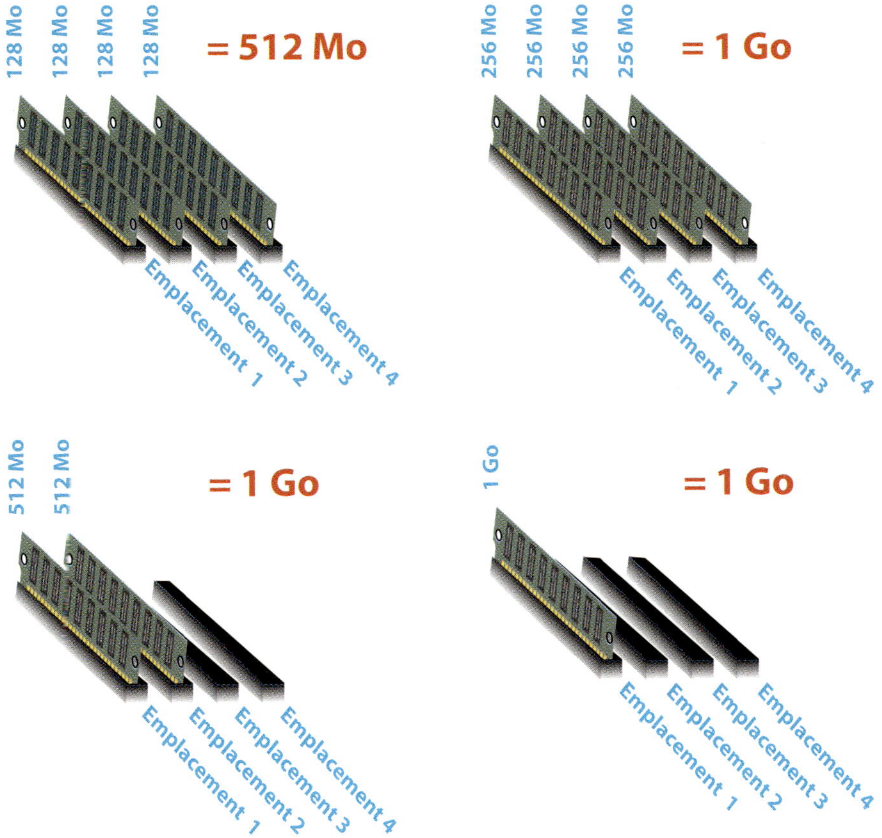

Figure 8.2 : Différentes manières d'augmenter la mémoire vive.

Chapitre 9

Moniteurs et écrans

Dans ce chapitre :

- Le guide de base des moniteurs et cartes graphiques.
- A la découverte de votre moniteur.
- La carte graphique.

Le moniteur d'un PC est la première des choses que vous remarquez. Si votre PC était un être vivant, le moniteur lui tiendrait lieu de visage. Ce chapitre parle du visage de votre ordinateur, et des talents de maquilleur exercés par Windows pour le rendre séduisant.

Les mots pour le dire

Est-ce un moniteur ? Est-ce un écran ? C'est en tout cas cet appareil posé à côté ou au-dessus de l'ordinateur et qui ressemble bigrement à un poste de télévision.

- Le *moniteur* est l'objet complet, avec le cadre et le support.
- L'*écran* est la dalle luminescente sur laquelle les données sont affichées.
- L'*affichage* est ce qui apparaît à l'écran.

Beaucoup de gens utilisent hélas ! ces termes à tort et à travers : le «pied de l'écran», la «résolution du moniteur», l'»affichage sombre...». Dans tous les cas, il est question de la même chose, mais pas avec les mots justes.

Moniteur plus carte graphique

Le moniteur attire sans doute toute l'attention, mais ce n'est que la partie visible de ce que l'on pourrait appeler le «système graphique de l'ordinateur». Celui-ci est composé de deux éléments :

- Le moniteur.
- La carte graphique.

Le moniteur est la partie passive : il se contente d'afficher les données. Il se trouve à part de l'unité centrale, qui contient la partie active du système : la carte graphique.

C'est la carte graphique qui indique au moniteur ce qu'il doit afficher et comment, avec combien de couleurs et dans quelle résolution. C'est de lui que dépendent les capacités graphiques de votre ordinateur.

La Figure 9.1 illustre les rapports entre moniteur et carte graphique. Cette carte peut être une carte d'extension, comme dans la figure, ou un composant intégré à la carte mère. Bien entendu, le moniteur est alimenté par un cordon branché à une prise électrique.

- Vous avez besoin à la fois du moniteur et de la carte graphique.
- La carte graphique est parfois appelée *carte vidéo*.
- Si votre PC a plusieurs moniteurs (oui, c'est possible), il doit avoir aussi plusieurs cartes graphiques, une pour chaque moniteur, ou alors une carte graphique spéciale prévue pour deux moniteurs.

Figure 9.1 : Le moniteur et la carte graphique.

NOTE TECHNIQUE

Ne devrait-il pas exister des moniteurs USB ?

L'une des fonctionnalités de l'USB autorise le branchement d'un moniteur à l'ordinateur, sans passer par la carte graphique. Bien que ce soit théoriquement possible, cette solution n'a pas été exploitée en raison de la lenteur du standard USB.

Il existe un accessoire qui, branché au port USB d'un PC portable, permet d'y connecter un moniteur externe. Mais il ne remplace pas un moniteur. Il sert simplement à utiliser deux moniteurs ou un vidéoprojecteur avec un portable.

Les deux types de moniteurs

Deux types de moniteurs se partagent actuellement le marché :

- Le classique moniteur à tube cathodique, qui ressemble à un téléviseur.
- Le moniteur à cristaux liquides.

Des deux, le moniteur à cristaux liquides accapare une part grandissante du marché. Son prix ne cesse de baisser, et il offre l'avantage de la compacité et d'un poids très réduit. Bien que bradés, les pesants moniteurs à tube cathodique ne séduisent plus guère la clientèle. La Figure 9.2 montre un écran de type LCD.

Figure 9.2 : Un écran LCD.

L'écran cathodique surclasse toutefois l'écran plat dans deux domaines : l'infographie, car il affiche de meilleures couleurs que les diodes des écrans plats, et les jeux vidéo, car l'écran cathodique est quasiment dépourvu de rémanence. Mais ceci tend à changer rapidement. La Figure 9.3 montre un écran de type Cathodique (CRT).

Figure 9.3 : Un écran cathodique.

- L'appellation CRT, parfois utilisée, signifie *Cathode Ray Tube*, tube à rayons cathodiques.
- LCD signifie *Liquid Crystal Display*, affichage à cristaux liquides.
- Il existe des moniteurs à tube cathodique plat. La dalle frontale est plane, ce qui procure une vision plus agréable que sur un écran bombé, mais ce n'est pas pour autant un écran à cristaux liquides. Ne vous y trompez pas.
- Tous les écrans à cristaux liquides sont plats.

Les cartes graphiques

La carte graphique est la partie cachée du système d'affichage de votre PC. C'est une carte d'extension qui se trouve sur la carte mère de votre unité centrale. Elle permet d'afficher à l'écran les textes et les images de votre ordinateur.

Il existe toute une gamme de cartes graphiques destinées aux professionnels du graphisme, aux fanas de jeux vidéo ou à vous et moi. Trois caractéristiques méritent votre attention :

- La quantité de mémoire.
- L'existence d'un processeur graphique.
- Le type d'adaptateur.

Sur un PC, le graphisme exige une mémoire distincte de la mémoire principale. Cette mémoire est appelée *mémoire vidéo* ou encore VRAM. Plus elle est élevée, plus les couleurs sont riches et la résolution élevée, avec en prime des effets spéciaux (transparences, lueurs, reflets...) du plus bel effet.

La mémoire d'une carte graphique s'étend de 0 Mo (aucune mémoire) à 512 Mo et plus. Dans le domaine des cartes graphiques, plus n'est pas forcément égal à mieux. Ce n'est que si l'application l'exige, ou sais exploiter la mémoire supplémentaire, que cela en vaut la peine. Autrement, une carte dotée de 16 à 128 Mo de mémoire vidéo convient très bien.

Les cartes graphiques dépourvues de mémoire vidéo empruntent de la mémoire à la RAM. Pour un amateur de jeux vidéo, ce n'est pas un bon plan.

L'autre élément digne d'intérêt est la présence d'un microprocesseur spécifique ou GPU (*Graphic Processing Unit*, processeur graphique). Conçu pour prendre en charge les opérations graphiques, il libère le microprocesseur central tout en améliorant considérablement la qualité et la vitesse des graphismes. Ça bouge à l'écran !

Enfin, il faut tenir compte de la *connectique*, c'est-à-dire de la manière dont la carte graphique communique dans la carte mère. Jusqu'à présent, le port AGP, qui procure un accès direct au microprocesseur et à la mémoire, était la voie royale. Il est aujourd'hui sérieusement concurrencé par le connecteur PCI-Express.

Voici en gros ce qu'il faut retenir :

- L'élément essentiel est la mémoire vidéo. Plus elle est élevée, plus l'écran pourra afficher de couleurs et plus la résolution pourra être élevée.
- Deux processeurs graphiques sont très répandus : Radeon et GeForce. Ils se valent à peu près au niveau des performances.
- Certaines cartes graphiques sont prévues pour un affichage 3D. Cela n'est utile que lorsque votre programme est lui aussi prévu pour s'afficher en 3D.
- Si votre ordinateur est équipé d'un lecteur de DVD, la carte graphique doit être capable d'afficher les images du DVD. Ces cartes disposent de sorties S-Vidéo permettant d'afficher les images du DVD sur un téléviseur et de regarder un film sur un écran grand format.

- Autrefois, les cartes graphiques étaient connues sous des acronymes plus ou moins hermétiques. Le plus populaire fut la carte VGA (*Video Gate Array*). Il en a existé d'autres, qui ont disparu.

Votre moniteur chéri

Le moniteur d'un PC est un véritable périphérique. Vous pouvez acheter d'une part l'unité centrale, et d'autre part le moniteur qui vous convient. Il existe de nombreux modèles, présentant des caractéristiques différentes selon la marque, mais ils ont tous la même fonction : afficher les informations générées par l'ordinateur.

L'aspect physique

Le moniteur est doublement branché. D'un côté, il est relié à la prise murale pour l'alimentation électrique ; de l'autre, il est relié par un câble vidéo au connecteur de la carte graphique à l'arrière de l'unité centrale. Ce connecteur est aussi appelé *port VGA*.

Le bouton Marche/Arrêt du moniteur est le plus souvent sur la façade avant, du côté droit. (Encore une manifestation de la vaste conspiration antigauchers.)

La façade du moniteur comporte d'autres boutons servant à contrôler l'affichage. Nous les verrons en détail un peu plus loin dans ce chapitre.

Certains moniteurs affichent des messages lorsque vous les allumez avant l'unité centrale (le moniteur ne reçoit pas de signal de la part du PC). Le message peut être `Invalid Sync` ou `No Signal`, ou Vérifiez la connexion. Pas de problème, le moniteur s'allume dès que l'unité centrale démarre.

L'aspect technique

On utilise souvent un jargon absurde pour décrire les caractéristiques du moniteur. Pourtant, quelques notions seulement sont réellement indispensables :

- **Taille de l'écran :** C'est la dimension de la diagonale de l'image sur votre écran coin à coin. Plus les écrans sont grands, plus ils sont onéreux. Les tailles standards sont 15, 17, 19 et 21 pouces. Les plus en vogue sont les 17 pouces.
- **Taille du pas de masque :** C'est l'écart entre deux points ou *pixels* sur l'écran. Cette distance est mesurée de centre à centre.

Plus les points sont rapprochés, meilleure est la qualité de l'image. Un pas de masque, ou *pitch*, de 0,28 mm, c'est bien ; un pitch de 0,26 ou 0,25 mm, c'est encore mieux.

- **Entrelacé/non entrelacé :** Sur un moniteur *non entrelacé*, une image est affichée en une seule passe. Cela évite le scintillement au détriment d'une image moins précise, mais pour le plus grand confort de vos yeux. Quand l'image est entrelacée, elle est affichée en deux passes : les lignes impaires d'abord, les lignes paires ensuite (ou inversement).

Les autres aspects de l'affichage, comme la résolution, le nombre de couleurs et la mémoire vidéo, concernent la carte graphique, pas le moniteur. Ces termes sont étudiés ailleurs dans ce chapitre.

D'autres termes, parfois abscons ou ronflants, sont utilisés pour décrire un moniteur. La plupart sont des inventions du marketing qui ne s'appliquent pas forcément à votre écran.

Régler l'affichage

Sur les premiers PC, votre moniteur disposait, si vous étiez chanceux, d'un réglage du contraste et de la luminosité. Aujourd'hui, vous disposez d'une infinité de réglages. Parfois, ils s'opèrent par de simples boutons placés sur la façade du moniteur, parfois en appuyant un certain nombre de fois sur tel ou tel bouton comme pour régler votre radioréveil.

Figure 9.4 : Les commandes de réglage d'un moniteur CRT.

Si votre moniteur est pourvu d'une rangée de boutons, chacun d'eux règle un aspect de l'affichage (Figure 9.4). Souvent, deux boutons à part, plus (+) et moins

(-), servent au réglage sélectionné. Par exemple, pour régler le contraste, on presse le bouton contraste, puis le bouton «plus» ou «moins». Et vous observez ce qui se passe à l'écran. La Figure 9.5 montre un panneau de réglage d'un moniteur LCD.

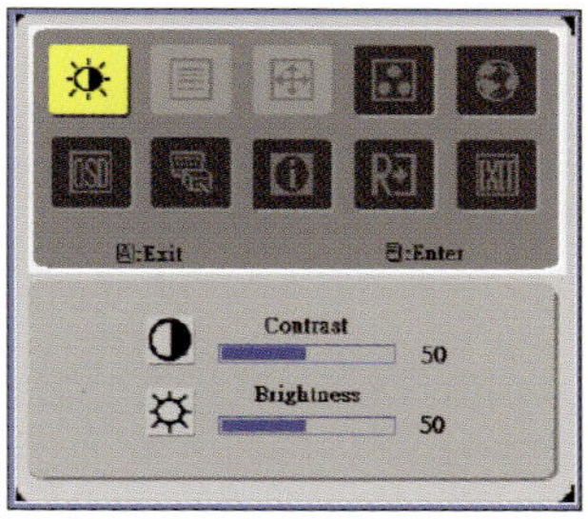

Figure 9.5 : Les commandes de réglage d'un moniteur LCD.

Certains moniteurs ont très peu de boutons et affichent les fonctions de réglage à l'écran, comme le montre la Figure 9.6. Remarquez les icônes décrivant les différents réglages.

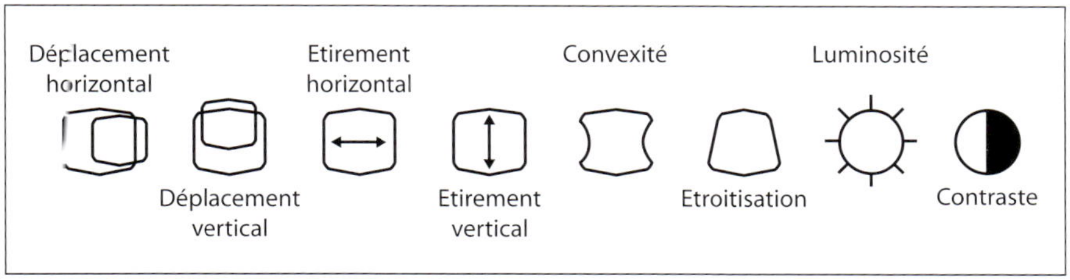

Figure 9.6 : Un exemple de réglages à l'écran.

TRUC

- Il serait temps de normaliser ces réglages.
- Le réglage à l'écran vient se superposer à l'image en cours d'affichage, sans la modifier.
- C'est l'utilisation conjointe de ces réglages qui permet de centrer l'image et de l'étaler sur toute la surface d'affichage.
- Les moniteurs peuvent aussi afficher des informations sur les fréquences verticale et horizontale, par exemple 31 KHz/60 Hz, au moment où le mode d'affichage change. C'est le cas lorsque vous lancez certains jeux.
- Certains moniteurs sont capables de mémoriser vos réglages préférés, sans aucune intervention de votre part.

Chapitre 10

Au chapitre du clavier et de la souris

Dans ce chapitre :

- Le clavier.
- Les touches importantes.
- Les touches Windows.
- Taper sans se faire mal.
- Travailler avec la souris dans Windows.

Rien ne vaut un clavier dont les touches s'enfoncent délicatement sous une légère pression des doigts, peut-être même en renvoyant quelques «clapatap-tap-tap» d'accompagnement. Un clavier qui émet des cliquetis lorsque vous tapotez conforte l'impression de beaucoup travailler. Si seulement les souris pouvaient être plus bruyantes !

Evidemment que votre PC a besoin d'un clavier !

Votre clavier est la voie de communication directe entre vous et l'ordinateur. Un PC n'a pas d'oreilles. Vous pouvez toujours essayer de crier, d'agiter les bras, il ne voit ni n'entend rien. Pour communiquer avec lui, vous devez taper ce que vous voulez lui dire.

- ✓ Le clavier est le périphérique de saisie standard de l'ordinateur. Reportez-vous au Chapitre 1 pour en savoir plus sur la notion d'entrée des données.

Le clavier standard

La Figure 10.1 montre un clavier PC type de 105 touches. Vous pouvez vérifier, si vous avez du temps à perdre.

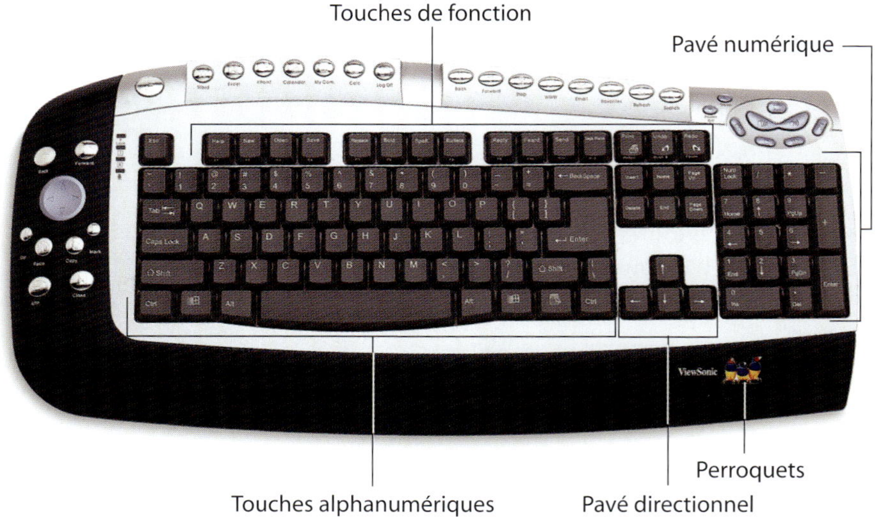

Figure 10.1 : Les touches importantes du clavier.

Composition classique d'un clavier

Un clavier peut être divisé en quatre parties principales, visibles à la Figure 10.1 :

Les touches de fonction : Elles se trouvent au-dessus du clavier alphanumérique et sont identifiées par la lettre F suivie d'un nombre : F1, F2, F3, jusqu'à F12.

Les touches alphanumériques : Ce sont les mêmes touches que sur les machines à écrire. Elles comprennent les lettres, les nombres et les signes de ponctuation.

Les touches de déplacement du curseur (pavé directionnel) : Elles sont divisées en deux parties : les «flèches», qui permettent de déplacer le curseur sur l'écran dans le sens de la flèche, et les touches Inser, Suppr, Pge Préc., Pge Suiv., Origine et Fin, qui sont regroupées au-dessus de ces quatre touches.

Le pavé numérique : Il ressemble à celui d'une calculatrice. Vous pouvez le verrouiller pour qu'il n'affiche que des chiffres. Sinon, il se comporte également comme le pavé directionnel.

Figure 10.2 : Un clavier de compétition pour gagner.

Le clavier de la Figure 10.1 n'est pas très sexy. Il en existe heureusement d'autres, plus séduisants et surtout ergonomiques Figures 10.2 et Figure 10.3). D'autres sont truffés de boutons supplémentaires. Nous y reviendrons dans les sections suivantes.

Figure 10.3 : Celui-ci mérite le prix du design.

- Le *pointeur* est la flèche qui, à l'écran, indique où se trouve la souris.
- Le *curseur* est une marque qui indique où, dans le document, vous allez taper du texte. Il est aussi appelé *barre d'insertion*.
- Reportez-vous à la section «Les touches de verrouillage», plus loin dans ce chapitre, pour en savoir plus sur certaines subtilités du clavier.

TRUC

«Dois-je apprendre à taper pour utiliser un ordinateur ?»

Personne ne doit apprendre à taper à la machine pour utiliser un ordinateur. Sachez que la plupart des programmeurs tapent très mal ou très lentement. Le fait de posséder un ordinateur est l'occasion d'apprendre à taper à votre rythme et en fonction de votre dextérité.

Il existe des logiciels de dactylographie qui vous apprennent à taper sans regarder vos doigts, et surtout en les utilisant tous.

Les touches particulières

Quatre touches du clavier sont des *touches modificatrices.* Elles sont utilisées avec d'autres touches pour produire un effet particulier. Il s'agit de :

- Maj (majuscule)
- Ctrl (contrôle)
- Alt (alternante)
- Win (Windows)

Vous utilisez ces touches en les maintenant enfoncées et en appuyant sur une autre touche. L'effet qui en résulte dépend de la combinaison de touches et de la manière dont le logiciel les interprète.

- La touche Maj sert à mettre les lettres en majuscules, à écrire les chiffres à partir du clavier alphanumérique, et à utiliser une partie des signes de ponctuation et des signes spéciaux.
- Les touches Ctrl et Alt sont utilisées conjointement avec d'autres touches, notamment pour exécuter des commandes. Par exemple, lorsque vous maintenez la touche Ctrl enfoncée et que vous appuyez sur S, vous activez la commande Enregistrer. La combinaison de touches Alt+F4, elle, ferme la fenêtre active.

  NdT : La touche Alt Gr, à droite de la barre Espace, joue un rôle important. Elle sert en effet à sélectionner les caractères supplémentaires, dans la rangée supérieure des touches alphabétiques. Par exemple, pour insérer l'indispensable arobase dans une adresse Internet, vous devrez taper Alt Gr+à : `trucmuche@machin.fr`.
- Appuyer sur la touche Windows déploie le menu Démarrer. Elle est utilisable avec d'autres touches. Par exemple, Win+E affiche l'Explorateur Windows, et Win+D affiche le Bureau (répétez cette séquence pour retrouver les fenêtres).
- N'OUBLIEZ PAS Bien que dans ce livre les combinaisons de touches soient écrites en majuscules, comme Ctrl+S, cela ne signifie pas qu'il faille appuyer aussi sur la touche Maj. C'est simplement un choix typographique, plus esthétique que Maj+s. En revanche,

l'appui sur Maj est obligatoire pour Ctrl+1, à moins de recourir au pavé numérique.

- Ne soyez pas surpris de découvrir parfois des combinaisons à trois touches, comme Ctrl+Alt+Suppr. Dans ce cas, enfoncez-les les unes après les autres puis relâchez-les toutes.

NdT : A ces touches particulières s'en ajoute une autre fort utile : l'accent circonflexe/tréma. Cette touche, à droite du P, est une touche morte appuyer dessus ne produit rien. Il faut ensuite taper une voyelle pour que cette dernière apparaisse avec l'accent circonflexe ou, si la touche Maj était enfoncée, un tréma. Notez que ces signes sont utilisable avec des majuscules : Maj+¨ suivi de Maj+E donne Ë, comme dans NOËL.

N'OUBLIEZ PAS

Quelques caractères à ne pas confondre

Sur une machine à écrire, la lettre majuscule I et le chiffre 1 sont souvent identiques. Pas sur les ordinateurs. Si vous voulez saisir 1 001, par exemple, ne saisissez pas I 00I par erreur (vous voyez la différence ?), en particulier si vous travaillez avec un tableur.

Il en va de même pour la lettre O majuscule et le chiffre 0 ; ce sont deux caractères différents : n'écrivez pas 1OO1 pour 1001. Utilisez un zéro pour les chiffres et un gros O pour toute autre histoire d'O.

Ne pas confondre ces lettres n'est pas qu'une affaire d'esthétique : si vous devez procéder à un tri, ces fautes de frappe fausseront le résultat. Pis : dans un tableur, les chiffres seront considérés comme du texte, au risque de produire d'énormes erreurs de calcul.

Les touches de verrouillage

Trois touches modifient le fonctionnement général du clavier :

Verr Maj : Cette touche a la même fonction que Maj, si ce n'est qu'elle évite les crampes de votre petit doigt. Une fois verrouillée, tout ce que vous tapez apparaît en lettres capitales, et les chiffres sont tapés directement. Pour revenir aux minuscules, appuyez de nouveau sur cette touche.

Verr Num : Appuyez sur cette touche et le pavé numérique à droite du clavier produira exclusivement des chiffres. Pressez de nouveau dessus et il permute en touches de déplacement du curseur, pour déplacer le point d'insertion à l'écran, par exemple.

Arrêt Défil : Cette touche n'a aucune raison d'être. J'ai vu autrefois des tableurs sous DOS l'utiliser, mais plus aucun programme ne s'en sert aujourd'hui. Qu'elle repose en paix !

Le verrouillage des touches Maj, Num et Défil est signalé par un voyant lumineux.

- La touche Verr Maj affecte la totalité du clavier alphanumérique.
- Si vous appuyez sur la touche Maj quand les majuscules sont verrouillées, les lettres retrouvent leur état initial de minuscules.
- Si vous saisissez **Ce Texte Ressemble A Une Note De Service** et que s'affiche cE tEXTE, rESSEMBLE, a, uNE, nOTE, dE, sERVICE, c'est que la touche Caps Lock est active. Appuyez dessus pour revenir à la normale.

Les touches étranges venues d'ailleurs

Nous avons vu les touches particulières, voici à présent une description des touches qui intriguent la plupart de ceux qui découvrent un clavier informatique :

- Gag ! La «n'importe quelle touche» n'existe pas ! Le vieux message «Appuyez sur n'importe quelle touche pour continuer» a semé le trouble chez beaucoup de débutants qui la recherchaient désespérément sur le clavier.

  Si jamais vous rencontrez ce message, appuyez sur la touche Entrée ou Espace. Ou sur n'importe quelle touche pour continuer.

- La touche Attn (Attention), ou Break sur certains claviers, ne sert plus à grand-chose, à tel point que parfois elle n'est même plus mentionnée.

  La touche Attn est la même que la touche Pause. C'est en fait l'équivalent de Alt+Pause.

- La touche Entrée est la plus connue du clavier. Dans un traitement de texte, elle produit un retour à la ligne. Dans une boîte de dialogue, elle équivaut à cliquer sur OK.

  Une autre touche Entrée se trouve en bas à droite du pavé numérique. Elle facilite les saisies comptables.

- La touche Echap permet d'échapper à une situation bloquée. C'est l'équivalent d'un clic sur un bouton Annuler, ou un moyen de mettre fin à une action, et parfois à un programme (comme une présentation PowerPoint).

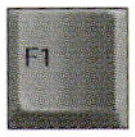

- Chaque fois que vous avez besoin d'aide, appuyez sur la touche F1. Dans la plupart des logiciels, et aussi dans Windows, elle affiche l'aide en ligne.

- Dans Windows, la touche Pause ne sert à rien. En revanche, la combinaison Win+Pause affiche la boîte de dialogue Propriétés système.

- La barre inclinée est utilisée comme séparateur (comme dans 19/12/2005) ou comme opérateur arithmétique pour la division, dans un tableur.

- La barre inverse est utilisée dans les noms des chemins (exemple : `C:\WINDOWS\system32`). Ce domaine complexe n'est pas abordé ici.

- La touche Syst (Système) ne sert à rien. Elle aussi a disparu des claviers récents.

- Cette touche contextuelle affiche le menu contextuel associé à l'élément actuellement sélectionné. C'est l'équivalent du clic du bouton droit sur cet élément. Autant dire que cette touche sert peu.

Utilisez la touche Tab (tabulation) plutôt que la touche Entrée lorsque vous remplissez un formulaire dans un logiciel ou sur l'Internet. Dans une boîte de dialogue, elle fait aller d'une option à une autre. Vous passerez ainsi d'un champ à un autre, sans en oublier aucun.

- La touche Tab est souvent signalée par deux flèches superposées pointant chacune en sens inverse, en haut à gauche du clavier.

- Dans un formulaire ou dans une boîte de dialogue, la combinaison de touches Maj+Tab fait reculer d'un champ ou d'une option.
- Pour l'ordinateur, une tabulation est un seul caractère et non une succession d'espaces. Lorsque vous en effacez une avec la touche Suppr, vous l'ôtez d'un coup, non pas espace après espace.

NOTE TECHNIQUE

Pour matheux seulement

En cherchant bien autour du pavé numérique, vous trouverez les touches /, *, - et +. Elles sont utilisées par l'ordinateur pour diviser, multiplier, soustraire et additionner.

- + sert à additionner.
- - à soustraire.
- * à multiplier.
- / à diviser.

Maintenant que vous le savez, n'essayez plus d'utiliser la lettre «x» pour effectuer une multiplication sur votre tableur. De plus, n'essayez pas de trouver un signe ÷ sur le clavier puisque la division s'effectue avec la barre oblique /.

Touches spéciales de claviers spéciaux

Si les 105 touches d'un clavier ne vous suffisent pas, achetez un clavier disposant de touches spéciales. Mais peut-être que l'ordinateur que vous venez d'acquérir est livré avec un tel clavier ? Généralement, ces touches se trouvent au-dessus des touches de fonction. Elles exécutent des tâches particulières qui permettent, par exemple, de se connecter à l'Internet, de régler le volume sonore du PC, de copier et coller, d'aller d'une application ouverte à une autre, etc.

N'OUBLIEZ PAS

Ces boutons ne sont pas standards. Cela signifie qu'on ne les trouve pas sur tous les claviers et qu'ils diffèrent d'un clavier spécial à un autre. Les boutons sont programmables pour lancer les applications que vous utilisez régulièrement.

La bonne position pour travailler avec le clavier

La posture face à un ordinateur, et notamment face au clavier, est importante pour éviter une fatigue excessive susceptible d'entraîner des problèmes de santé, comme le bien connu syndrome du canal carpien, qui se manifeste par des douleurs importantes au niveau du poignet.

Voici quelques conseils pour éviter ces problèmes :

Utilisez un clavier ergonomique. Même si vos poignets sont souples comme une liane, envisagez l'achat d'un clavier ergonomique pour prévenir tout incident.

Utilisez un repose-poignets. Le repose-poignets place vos mains et vos poignets à la bonne hauteur de saisie et de maîtrise de tous les aspects d'un clavier.

Réglez votre chaise. Asseyez-vous de manière que vos coudes soient au même niveau que vos poignets.

Réglez votre moniteur. Votre tête ne doit pas s'incliner de haut en bas quand vous regardez l'écran. Elle doit rester droite, sans tension néfaste au niveau du cou.

- Les claviers ergonomiques sont un peu plus chers que les claviers standards, mais ils assurent, à qui sait bien les utiliser, un confort de travail sans équivalent.
- Certains tapis de souris ont un repose-poignets surélevé. Ils sont destinés à ceux qui manipulent intensivement le petit rongeur.
- La plupart des claviers sont équipés de pattes de surélévation permettant d'incliner le clavier pour faciliter la frappe.

Une souris sous la main

Si la souris s'appelle ainsi, c'est sans doute en raison de sa forme ramassée et de sa longue queue, et de sa propension à fureter dans tous les coins du tapis où elle est confinée. Peut-être même qu'elle pourrait couiner, si elle avait des rouages en métal susceptibles de s'encrasser. Hélas ! la bête est électronique et silencieuse. Et c'est tant mieux pour le confort de travail.

NdT : Le «mulot», terme que vous rencontrerez de temps en temps, est le nom qu'utilisa le président Jacques Chirac lors de l'inauguration de la Bibliothèque nationale de France en décembre 1996. Popularisé par les Guignols de l'Info, il connaît depuis un succès grandissant. Ne tentez cependant pas de vous singulariser en appelant une souris «Mickey». Car en informatique un «mickey» est une unité de déplacement du mulot équivalant à 1/200 de pouce, soit environ 0,13 mm. Tout ceci laisse rongeur...

La souris est indispensable

La souris de l'ordinateur est un *périphérique d'entrée*, et celle qui visite le garde-manger est un *muridé*. Bien que le clavier – un autre périphérique d'entrée – puisse quasiment tout faire, la souris est indispensable pour exécuter des actions graphiques (dessin, retouche...), et surtout pour utiliser au mieux une interface graphique comme Windows.

Votre ordinateur a été livré avec une souris, mais rien ne vous empêche de la remplacer par une autre de votre choix.

La souris générique

La Figure 10.4 montre une souris type, mais il en existe beaucoup d'autres, de diverses formes. Mais fondamentalement, leur anatomie est identique.

Le corps de la souris : Il est de la taille d'une savonnette et se niche au creux de la main, les doigts reposant sur les boutons.

Les deux boutons standards : Une souris pour PC possède au moins deux boutons. Celui de gauche tombe pile sous l'index.

Figure 10.4 : Une souris classique.

C'est le bouton *principal* et c'est lui qui exécute l'action de *cliquer*. Lorsqu'il faut appuyer sur l'autre bouton, on parle de «clic du bouton droit» ou de *clic-droit*.

La molette : Elle se trouve entre les deux boutons précités et remplit deux fonctions : faire défiler le contenu d'une application, comme les pages dans un traitement de texte ou un navigateur Web. Ensuite, elle fait office de troisième bouton dont vous pouvez programmer l'action quand vous appuyez dessus au lieu de la faire tourner. La molette de certains modèles de souris est capable de déplacer une page horizontalement en la poussant de côté.

La souris est généralement placée à droite du clavier (encore un coup des droitiers !). Il lui faut un peu d'espace pour évoluer, l'équivalent de la surface de ce livre.

Souris optique contre souris mécanique

Vous actionnez la souris en la déplaçant sur votre bureau (le vrai, tangible). Son déplacement est détecté soit mécaniquement, soit optiquement.

La *souris mécanique* traditionnelle contient une boule qui roule selon le mouvement que vous lui imprimez. Deux rouleaux perpendiculaires, en contact avec la boule, transmettent le mouvement à des disques ajourés. Des cellules photoélectriques internes détectent la rotation des disques et la convertissent en données que l'ordinateur interprète.

La *souris optique* n'a aucune partie mobile. Des diodes électroluminescentes détectent le déplacement sur la surface où elle repose.

Des deux procédés, celui fondé sur la détection optique est le meilleur. La longévité de la souris optique est meilleure, et elle est plus facile à nettoyer. De plus, elle n'a pas besoin de tapis, indispensable en revanche avec une souris mécanique afin que sa boule puisse rouler. Une souris optique fonctionne sur n'importe quelle surface non réfléchissante.

TRUC

Bien que la majorité des joueurs préfèrent la manette de jeu, ou joystick (voir Figure 10.5), quelques-uns sont des fans de la souris. Pour eux, la souris mécanique est bien meilleure que l'optique, car elle réagit plus rapidement.

Figure 10.5 : L'instrument indispensable des fondus de jeux vidéo.

La souris sans fil

La mode étant au «sans fil», la souris ne pouvait échapper à cette tendance. Elle y a perdu sa queue. Deux types de souris sans fil rôdent près de nos claviers :

La souris sans fil à infrarouge (IR) : Ce type de souris fonctionne si et seulement si aucun obstacle ne vient perturber la liaison entre sa cellule photoélectrique et celle du module branché à l'ordinateur. C'est le même principe que la télécommande de votre téléviseur. Si les batteries sont à plat ou si un obstacle coupe le rayon, la petite bête ne répond plus !

La souris sans fil à fréquence radio (RF) : Contrairement à la souris infrarouge, la souris radio se rit des obstacles, l'essentiel étant que la distance entre l'émetteur et le récepteur ne soit pas trop importante. Pour plus de discrétion, ce dernier peut être caché derrière l'unité centrale.

Les souris sans fil ont besoin d'une alimentation externe, par des piles.

Les autres espèces de souris

De tous les périphériques informatiques, la souris est sans toute le plus polymorphe. Il y en a de toutes sortes.

L'alternative la plus courante à la souris standard est un modèle comportant plus de boutons, susceptibles d'être programmés pour surfer sur l'Internet ou tourner les pages lors de la lecture d'un document. Combien de boutons ? La plupart des mulots évolués en ont cinq, mais le record que j'ai vu est 57 boutons. Une vraie poussée d'urticaire ! La Figure 10.6 montre une souris de compétition !

Figure 10.6 : Une souris optique sophistiquée avec sa base de recharge.

Le *trackball*, ou boule de pointage, n'est rien d'autre qu'une souris renversée. Au lieu de le déplacer pour faire rouler la boule, vous l'actionnez directement avec le pouce ou l'index. L'engin lui-même reste en place, de sorte qu'il ne faut pas beaucoup d'espace pour l'utiliser, et son fil n'est pas gênant. Le trackball est l'outil de pointage préféré des infographistes, car il est souvent plus précis que la «savonnette au bout d'un fil». La Figure 10.7 montre un trackball.

Figure 10.7 : Un trackball avec sa boule caractéristique.

Autre mutation plaisante du rongeur : le stylet utilisé avec une tablette graphique. Les modèles les plus perfectionnés sont sensibles à la pression, à l'inclinaison et même à la rotation, ce qui en fait les outils idéals avec les logiciels de peinture artistique.

Et pour finir il existe des souris 3D sans fil, que l'on pointe vers l'écran comme une télécommande. Terrifiant…

Manier la souris

La souris d'un PC commande un pointeur (aussi appelé *curseur*) à l'écran. Lorsque vous déplacez la souris en la faisant rouler sur votre bureau, le pointeur se déplace de la même manière à l'écran. Si vous la dirigez vers la droite, le pointeur se dirigera vers la droite. Si vous la faites tourner en rond, le pointeur fera de même. Faites tomber la souris et vous entendrez un «Aïe !» en provenance du PC (non, je plaisante !).

Voici les actions de base que vous effectuez avec une souris :

Pointer : Rien à voir avec la pétanque. Si l'on vous demande de «pointer» à l'aide de la souris sur un objet précis, cela signifie que vous devez déplacer la souris sur votre bureau pour positionner le curseur à l'écran de sorte qu'il pointe sur cet objet.

Cliquer : Ce terme est employé par la plupart des programmes. Il signifie pointer sur un objet de l'écran et appuyer sur le bouton de la souris. Cette action produit un léger déclic. Cliquer sert à enfoncer un bouton virtuel, à positionner le curseur ou à sélectionner un élément.

Cliquer du bouton droit : Dans Windows, cette action déroule souvent un menu contextuel. L'effet réellement obtenu peut varier considérablement d'un logiciel à un autre.

Double-cliquer : Cela signifie qu'il faut appuyer sur le bouton de la souris deux fois de suite, au même endroit et à intervalle très réduit (sinon, vous effectuez deux clics successifs, dont l'effet est très différent). Sous Windows, vous double-cliquez pour ouvrir un élément.

Faire glisser la souris : Il s'agit de déplacer la souris tout en maintenant enfoncé le bouton gauche pour sélectionner des objets ou les déplacer (cela dépend du programme).

TRUC

N'OUBLIEZ PAS

- La meilleure méthode pour utiliser une souris est de jouer à un jeu de cartes livré avec Windows comme le Solitaire ou FreeCell.
- Inutile de vous crisper sur la souris... elle ne va pas se sauver !
- Pour cliquer, appuyez sur le bouton et, surtout, relâchez-le aussitôt.
- Si vous avez double-cliqué et qu'il ne se passe rien, vous n'avez peut-être pas double-cliqué assez vite. Reportez-vous à la section «Le double clic ne fonctionne pas !», plus loin dans ce chapitre.

Quand la souris se fait stylet

Pour terminer ce chapitre, je vais parler d'un périphérique qui fait un peu bande à part : la tablette graphique.

Elle permet de dessiner à l'aide d'un stylet, restituant à l'utilisateur toutes les sensations qu'il peut avoir en maniant un crayon, un pinceau, un feutre ou un aérographe. L'essayer, c'est l'adopter.

Une tablette graphique pour professionnel est onéreuse, mais il existe des modèles grand public d'excellente qualité, comme la Graphire de Wacom (`www.wacom-europe.com/fr`).

Les infographistes utilisent des tablettes de grande dimension dont le prix dépasse allègrement plusieurs centaines d'euros. Le modèle de la Figure 10.8 est doté d'une zone active d'environ 15 x 20 cm. Il existe un modèle plus petit, dont la surface active est d'environ 10 x 13 cm, largement suffisant pour un travail sporadique. La tablette Graphire est livrée avec un stylet et une souris sans fil, ce qui permet de passer rapidement de l'un à l'autre de ces périphériques.

Pour les graphistes profesionnels, l»utilisation de deux écrans en plus d'une tablette graphique permet d'afficher sur l'un des écrans les menus et palettes du logiciel et sur l'autre l'image ou l'illustration sur laquelle ils travaillent (Figure 10.9)

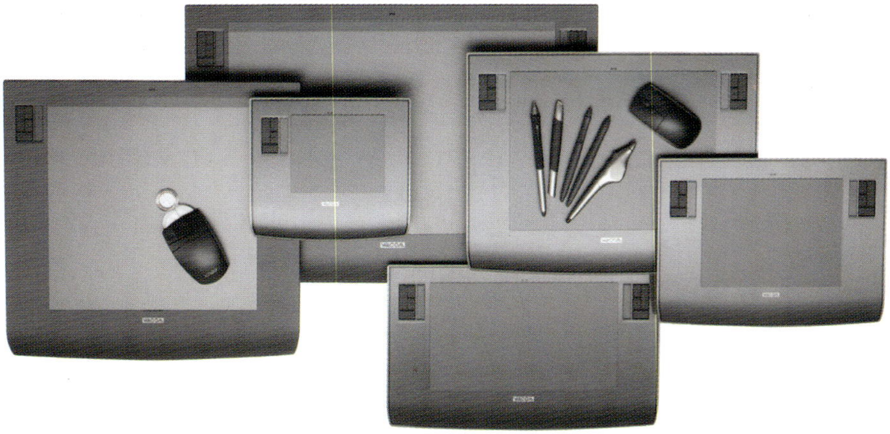

Figure 10.8 : Les retouches compliquées sont beaucoup plus faciles à réaliser avec une tablette graphique comme la Graphire de Wacom.

Figure 10.9 : Avec deux écrans c'est encore mieux.

Chapitre 11

I comme Imprimante

Dans ce chapitre :

- Les imprimantes sur PC.
- Jets d'encre contre laser.
- Mettre l'imprimante hors ligne.
- Ejecter une page.
- Sélectionner un papier pour imprimer.
- Installer une nouvelle imprimante.

L'imprimante est un périphérique très ancien, qui a connu divers avatars : imprimante à chaîne et à turbine des années 1970, aussi bruyante qu'un avion au décollage, imprimante à marguerite, imprimante matricielle sur papier thermique, puis sur du papier normal, à jets d'encre, laser, à sublimation... Les techniques n'ont cessé de progresser.

Aujourd'hui, les imprimantes font plus qu'imprimer. La grande mode est aux imprimantes multifonctions faisant aussi office de scanneur, photocopieur, télécopieur – indépendant ou empruntant le modem de l'ordinateur – et même lecteur de cartes d'appareils photo. En dépit de ces talents multiples, la fonction première d'une imprimante reste l'impression, qui est le sujet de ce chapitre.

Bonjour, je suis l'imprimante, ton amie !

Une imprimante, disions-nous, sert avant tout à imprimer, c'est-à-dire à coucher un pigment sur du papier. Tout le reste n'est que littérature (imprimée).

Les catégories d'imprimantes

Il existe différentes catégories d'imprimantes, qui se distinguent les unes des autres par la technique d'impression utilisée. En voici une brève liste :

- Les imprimantes à jets d'encre.
- Les imprimantes laser.
- Les imprimantes photo.
- Les imprimantes multifonctions, ou tout-en-un.
- Les imprimantes matricielles.

Les imprimantes à jets d'encre, photo et multifonctions reposent toutes sur le même principe d'impression : la projection sur le papier de microscopiques gouttelettes d'encre. Elles n'ont pas besoin de ruban ni de cartouches de pigments, car l'encre est directement projetée sur le papier, d'où le nom du procédé.

Les imprimantes laser se trouvent plutôt dans les entreprises, où on leur confie beaucoup de travail. Leur principe est celui des photocopieurs. La seule différence est que le contenu de la page est tracé par un rayon laser et non par la barrette lumineuse que vous voyez se déplacer lorsque vous photocopiez un document.

Les imprimantes à marguerite et matricielles sont tombées en désuétude. Elles utilisaient un ruban encreur qu'elles plaquaient contre le papier, et étaient beaucoup plus lentes que le matériel d'aujourd'hui. Comme elles fonctionnent par impacts, on en trouve cependant encore dans certaines entreprises, car elles sont capables d'imprimer des factures et des bons de commande par liasse.

- Les imprimantes à jets d'encre ne posent aucun problème. L'encre est déjà sèche lorsque le papier sort de la machine.
- Il existe des imprimantes laser en couleurs.
- Les imprimantes à jets d'encre d'entrée de gamme sont bon marché parce qu'elles sont rudimentaires. Elles ne contiennent pas l'électronique interne qui prend en charge la création des graphismes. De ce fait, c'est à l'ordinateur de s'en acquitter, ce qui ralentit la tâche.
- Les imprimantes haut de gamme produisent une meilleure impression, plus rapidement, et leur électronique est plus performante.

Le tour de l'imprimante

Accordez-vous un moment pour examiner l'imprimante et découvrir ses principaux éléments (voir Figure 11.1). La Figure 11.2 montre une imprimante laser, la Figure11.3 une imprimante multifonctions, et enfin la Figure 11.4 montre une imprimante photo.

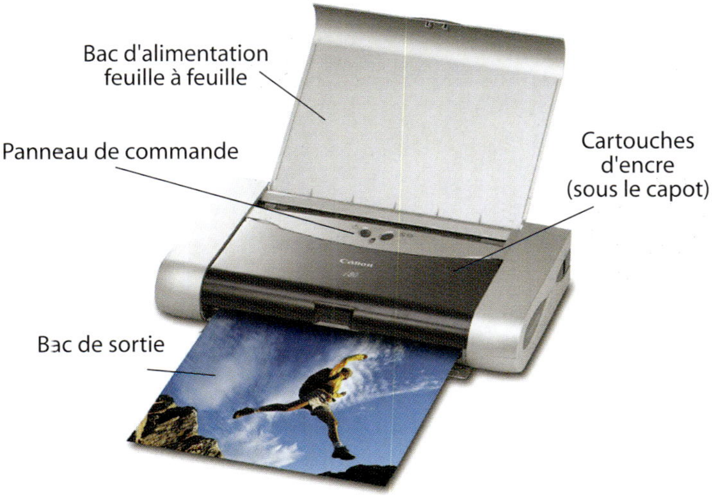

Figure 11.1 : Une imprimante à jets d'encre.

Figure 11.2 : Une imprimante laser.

Figure 11.3 : Une imprimante à tout faire.

Bac d'alimentation feuille à feuille : C'est à cet endroit que vous placez les feuilles de papier qui seront imprimées. Pour en savoir plus, reportez-vous à la section «Alimenter l'imprimante, Partie II : Le papier», plus loin dans ce chapitre.

Figure 11.4 : L'idéal pour imprimer vos photos.

Bac manuel, pour enveloppes : Des imprimantes ont un bac spécial, destiné à l'alimenter avec des papiers spéciaux ou avec des enveloppes. Il n'est pas toujours très visible et n'est pas sur la Figure 11.1.

Bac de sortie du papier : Le papier sort de l'imprimante et s'empile dans le bac de sortie. Si les feuilles se présentent face imprimée vers le haut, ne manquez pas de lire la section «Imprimer en ordre inverse», plus loin dans ce chapitre.

Panneau de commande : Reportez-vous à la prochaine section pour en savoir plus.

Remplacement des cartouches d'encre : Une imprimante finit par manquer d'encre. Vérifiez que vous savez ouvrir l'imprimante pour accéder aux cartouches. Voyez aussi la section «Alimenter l'imprimante, Partie I : L'encre», plus loin dans ce chapitre.

Le panneau de commande

Toute imprimante est équipée d'un panneau de commande. Les plus perfectionnées sont dotées d'un écran à cristaux liquides affichant des phrases comme `Bourrage de papier`, `Plus de papier` ou `Niveau d'encre insuffisant`. Les plus rudimentaires n'ont que quelques boutons dont :

- En ligne.
- Saut de page.

Le bouton En ligne indique si l'imprimante doit communiquer ou non avec l'ordinateur. Il peut parfois être utile de laisser l'imprimante allumée pour accéder à certaines de ses fonctionnalités ou pour réaliser des tâches impossibles à effectuer si une impression est en cours, comme un débourrage de papier.

Le bouton Saut de page sert à éjecter une feuille. Par exemple, si une feuille à moitié imprimée est restée dans l'imprimante, ce bouton la fera sortir.

- Une imprimante ne peut travailler que si elle communique avec l'ordinateur.
- Vous mettez l'imprimante hors ligne pour débourrer du papier ou éjecter une feuille. Parfois, un bourrage exige l'extinction de l'imprimante.
- Si l'imprimante est dépourvue de panneau de commande, c'est peut-être parce qu'elle est contrôlée par un logiciel dans Windows. Reportez-vous à son manuel pour en savoir plus.
- Les imprimantes équipées d'un afficheur à cristaux liquides sont souvent commandées par des menus.
- Les imprimantes multifonctions ont des boutons supplémentaires pour le scanneur et la photocopie, par exemple. Un logiciel permet de paramétrer ces fonctionnalités. Notez que ce logiciel est spécifique à l'imprimante ; il ne fait pas partie de Windows lui-même.
- Si vous optez pour une imprimante multifonction équipée d'une fonction Fax, vérifiez si elle possède son propre modem. Elle pourra ainsi envoyer des télécopies sans que l'ordinateur doive être allumé.
- Conservez le manuel de l'imprimante à portée de la main. Vous n'en aurez peut-être jamais besoin, mais si vous voyez s'afficher une `Erreur 34`, par exemple, vous aurez la chance de savoir de quoi il s'agit (c'est la voix de l'expérience qui parle ici).

Alimenter l'imprimante, Partie I : L'encre

On a beau être au XXIe siècle, l'humanité laborieuse imprime toujours comme les Chinois il y a des siècles de cela : avec de l'encre sur du papier. Le type d'encre et son stockage dépendent du modèle d'imprimante.

Les imprimantes à jets d'encre, dont font partie les imprimantes photo et multifonctions, utilisent des *cartouches d'encre*. Les imprimantes laser utilisent un pigment pulvérulent appelé *toner*, lui aussi présenté en cartouche. Les deux sont chers, surtout le toner.

Pour remplacer une cartouche, il faut d'abord ôter l'ancienne. Déballez soigneusement la nouvelle, ôtez les adhésifs qui s'y trouvent éventuellement. Insérez ensuite la cartouche dans le logement en respectant les instructions prodiguées par le manuel. Placez l'ancienne cartouche dans l'emballage vide ou, si le fabricant y a pensé, dans une enveloppe que vous posterez afin que la cartouche soit recyclée.

Les imprimantes laser utilisent du toner. Le toner est facile à mettre en place. Gardez-vous simplement de souffler dessus. Là aussi, des fabricants fournissent une enveloppe permettant de retourner l'ancienne cartouche afin de la recycler.

Toutes les imprimantes utilisent de l'encre ou du toner noir. Les imprimantes couleurs utilisent trois autres encres ou toner, de couleurs magenta, cyan et jaune. Pour assurer des résultats impeccables, les imprimantes photo utilisent plusieurs encres supplémentaires, voire plusieurs noirs supplémentaires.

Parfois, une imprimante n'est pas équipée de cartouche de noir. Il est produit par le mélange des trois couleurs primaires magenta, cyan et jaune ; le résultat, un brun noirâtre, n'est guère probant. Ou encore, les trois couleurs se trouvent dans une même cartouche : si une teinte vient à manquer, vous devez jeter la cartouche bien qu'elle contienne encore de l'encre des deux autres couleurs. Veillez toujours à acheter une imprimante avec des cartouches séparées pour chaque couleur.

TRUC

- Ayez toujours sous la main la référence de vos cartouches, pour pouvoir les remplacer au plus vite.
- Eh oui, les consommables – encres ou toner – finissent très vite par coûter plus cher que l'imprimante. C'est la bonne vieille

technique de marketing «donnez-leur le rasoir et vendez-leur les lames» qui marche à tous les coups.

- Il existe des kits de remplissage des cartouches. Ils permettent de réduire la facture si vous consommez beaucoup d'encre, mais leur utilisation n'est pas aussi simple qu'on veut bien le faire croire.
- En revanche, le rechargement d'une cartouche de toner est une solution économique et efficace.
- Suivez à la lettre les instructions concernant le remplacement des cartouches. Si l'encre d'une cartouche se répand, l'imprimante risque d'être endommagée. Au mieux, vous en aurez plein les doigts ! Prévoyez de l'essuie-tout et utilisez des gants de protection jetables.
- CMJN est l'abréviation de cyan, magenta, jaune et noir. Les trois premières sont les couleurs primaires dont le mélange est censé produire du noir. Mais, pour que le résultat soit plus probant (noir plus profond), une encre noire est utilisée.
- L'usage de la couleur n'est pas toujours nécessaire. En vous servant de l'impression à l'encre noire, vous ferez pas mal d'économie. La boîte de dialogue de l'imprimante permet de choisir entre noir et couleur.
- Si l'imprimante laser indique que le niveau de toner est faible, vous pourrez grappiller quelques pages en agitant doucement la cartouche. Secouez-la de manière à distribuer régulièrement la poudre sur toute la surface.
- Certaines imprimantes proposent un mode d'impression «économique». La quantité d'encre utilisée est alors réduite, la qualité du document est médiocre, mais ce mode peut être utilisé pour éditer un brouillon ou pour consulter un texte hors écran.
- Quelques modèles dits *haut de gamme* disposent d'une cartouche par couleur. Quand le bleu est vide, vous ne remplacez que la cartouche Cyan. L'économie est appréciable.
- Ne laissez jamais le contenu du toner atteindre un niveau trop faible ou les cartouches jets d'encre s'assécher. Je sais qu'il est toujours intéressant de tirer jusqu'à la dernière goutte, mais votre imprimante n'aime pas beaucoup cela.

Alimenter l'imprimante, Partie II : Le papier

Le papier est fort heureusement meilleur marché que l'encre. En gâcher un peu ne ponctionnera pas votre budget.

Le papier est placé soit dans un bac d'alimentation horizontal, soit dans un bac vertical incliné.

Les imprimantes laser se chargent avec une rame de papier de la même manière qu'un photocopieur. Veillez à ce qu'elle soit insérée bien à fond.

Assurez-vous que le papier a été placé dans le bon sens, la face à imprimer vers le haut ou vers le bas. L'insertion du papier dépend du type d'imprimante. Les icônes suivantes permettent de comprendre quelle face va être imprimée :

- Le papier se charge face imprimable retournée, le haut de la feuille placé vers le haut.

- Le papier se charge face imprimable retournée, le haut de la feuille placé vers le bas.

- Le papier se charge face imprimable visible, le haut de la feuille placé vers le haut.

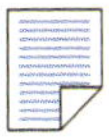

- Le papier se charge face imprimable visible, le haut de la feuille placé vers le bas.

- Assurez-vous d'avoir toujours suffisamment de papier. On n'en a jamais assez.

Les types de papier

Il n'y a pas de «papier standard». Il existe en effet divers formats, grammages (poids au mètre carré), couleurs, textures, styles, etc.

Le meilleur papier à tout faire est le papier pour photocopie. Mais si vous recherchez une impression soignée, le papier pour imprimante à jets d'encre, bien que plus cher, donnera un meilleur résultat. Les papiers pour imprimantes à jets d'encre de qualité supérieure sont parfaits pour imprimer la couleur, car ils sont traités pour absorber correctement l'encre.

Le très haut de gamme est constitué par les papiers spéciaux comme les papiers photo proposés en mat, satiné ou brillant, les feuilles pour les transparents et les feuilles pour les transferts sur les tee-shirts. C'est dans la boîte de dialogue accessible par Fichier/Mise en page que vous sélectionnez la taille du papier.

- Evitez les papiers traités au talc qui risquent de projeter de fines particules solides dans la mécanique de l'imprimante.
- Evitez les papiers épais – à fort grammage, au-dessus de 80 g/ m^2 – qui risquent de bourrer (ils plient très mal le long du tambour d'impression).
- Certaines imprimantes peuvent utiliser des papiers de grand format (A3, par exemple). Si c'est le cas, assurez-vous que la feuille est correctement positionnée et sélectionnez l'option adéquate dans Windows ou dans le logiciel d'impression.
- N'imprimez pas systématiquement sur du papier coûteux. Certaines images sortent très bien sur du papier couché plutôt que glacé.
- J'aime beaucoup le papier pour impression laser pour son aspect satiné et son toucher parcheminé.

Installer l'imprimante

L'imprimante fait aujourd'hui partie des périphériques les plus faciles à installer. Après l'avoir déballée et débarrassée des cales en mousse, localisez la prise pour le cordon secteur, puis celle du câble de liaison avec l'unité centrale.

Tiens, il n'y a pas de câble de liaison ? Eh non, vous devez en acheter un, qu'il s'agisse d'un câble USB ou d'un câble pour imprimante bidirectionnel. Reportez-vous au Chapitre 3 pour savoir comment tout cela se branche.

Vérifiez dans le manuel s'il ne faut pas commencer par installer les logiciels avant de brancher l'imprimante. Autrement, allumez-la. Une imprimante USB est automatiquement reconnue et configurée par Windows.

Les imprimantes reliées à l'aide du traditionnel câble d'imprimante – ou câble Parallèle – requièrent plus de travail, de même que les imprimantes de réseau. Reportez-vous à la section «Installer manuellement une imprimante», plus loin dans ce chapitre.

A l'instar des ordinateurs, la plupart des imprimantes peuvent rester allumées en permanence. Elles se mettent automatiquement en mode «économie d'énergie», c'est-à-dire en veille, lorsqu'elles ne sont pas utilisées. Mais si vous n'imprimez que de temps en temps, et non quotidiennement, éteindre l'imprimante est une bonne solution.

- Placez l'imprimante près de l'unité centrale, à portée de main.
- Certaines imprimantes USB doivent être directement connectées au port USB de l'ordinateur et pas via un répartiteur (*hub*) USB.
- Un ordinateur est capable de gérer plusieurs imprimantes.

Troisième partie

Les bases de Vista

"J'annonce B7 !"
"- Coulé !"

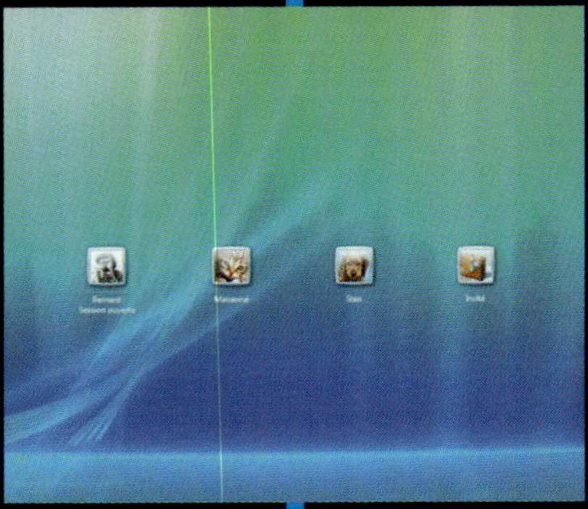

Dans cette partie...

Windows Vista est imposé à de nombreux utilisateurs sans qu'ils aient le choix, car ce système d'exploitation est installé dans leur nouvel ordinateur. Ou alors, leur entreprise a opté pour Vista, contraignant tout le monde à s'y mettre, sauf le patron, qui n'a pas d'ordinateur. Ou alors, vous avez été séduit par la publicité de Microsoft.

Quoi qu'il en soit, cette partie reprend les bases de Windows Vista et de ses concepts, comme le glisser-déposer, le couper-coller et le déplacement des barres d'outils.

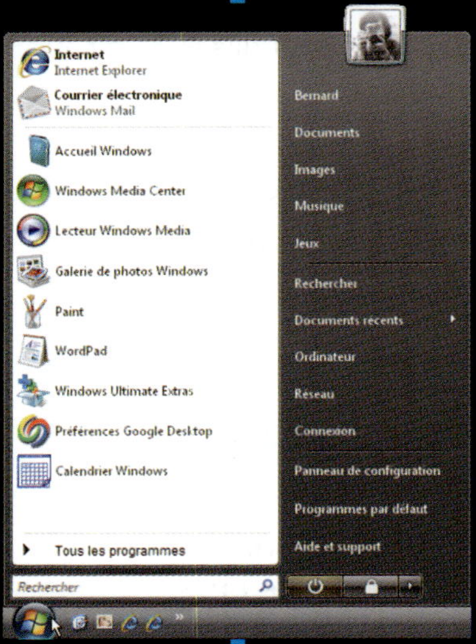

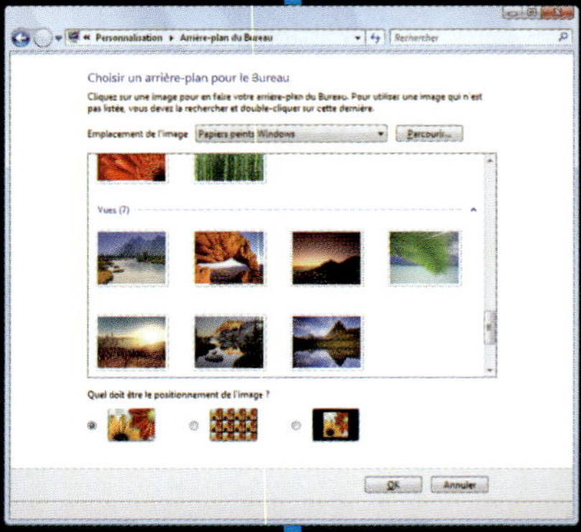

Chapitre 12

Tout sur les fenêtres

Dans ce chapitre :

- Les différentes parties d'une fenêtre.
- Se familiariser avec les boutons, barres et zone de texte.
- Trouver et utiliser les menus.
- Comprendre les nouveaux panneaux d'aperçu et la nouvelle navigation.
- Parcourir un document dans une fenêtre.
- Remplir des zone de texte.
- Déplacer et redimensionner des fenêtres.

Ce chapitre s'adresse à ceux qui veulent connaître Windows par le menu. Il s'adresse aussi à tous ceux qu'intriguent tous ces boutons, bordures et champs éparpillés dans Vista, et qui demandent ce qui se passe en cliquant dessus ou dedans.

Dans les pages qui suivent, nous dépiauterons une fenêtre ordinaire, celle du dossier Documents en l'occurrence. Chaque partie sera dûment analysée, expliquée et commentée.

Vous découvrirez aussi ce que sont les boutons, zones de texte, fenêtres, barres, listes et autres joyeusetés que vous rencontrerez chaque fois que vous tenterez de tirer quelque chose d'utile de Vista.

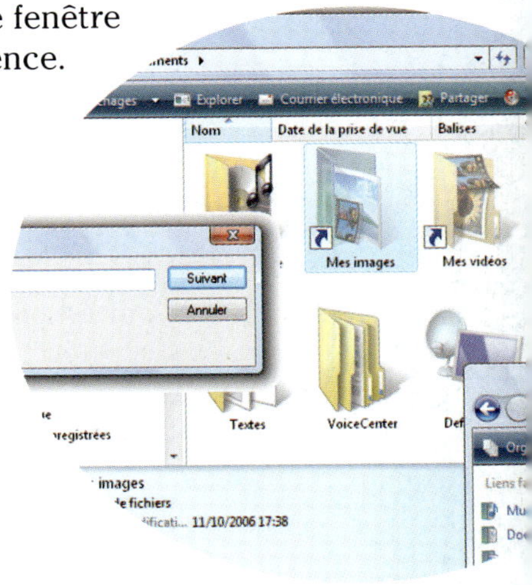

Dissection d'une fenêtre typique

La Figure 12.1 montre une fenêtre avec ses différentes parties. Vous aurez reconnu la fenêtre du dossier Documents où vous stockez la plus grande partie de votre travail.

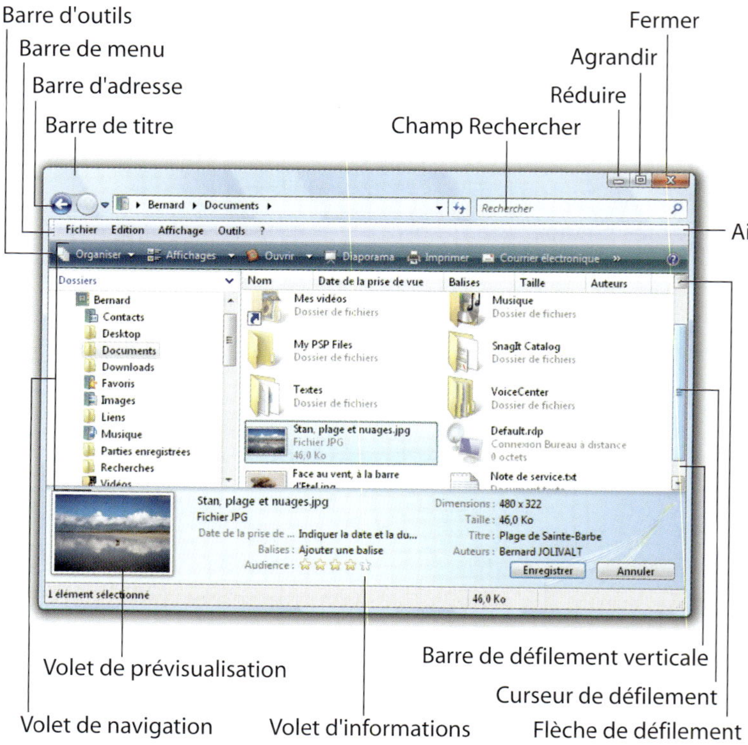

Figure 12.1 : Voici les éléments d'une fenêtre de Vista. Rien à voir avec les fenêtres à meneaux d'un château de la Loire.

Une fenêtre se comporte différemment selon l'endroit où l'on clique. Les quelques sections qui suivent décrivent les parties principales de la fenêtre du dossier Documents, expliquent comment cliquer dedans et comment Windows réagit à ces sollicitations.

- Ceux qui connaissent Windows XP se souviennent du dossier Mes documents où ils fourraient tous leurs fichiers. Dans Vista, l'adjectif possessif Mes a disparu pour ne laisser qu'un dossier Documents. Les dossiers Mes images et Ma musique ont subis le même sort.

- Windows Vista regorge de petits boutons aux formes bizarres, de bordures et de zones de texte. Vous n'êtes pas obligé de retenir le nom de chacun de ces éléments, bien que cela vous sera utile le jour où vous recourrez au système d'aide de Windows.
- Beaucoup d'actions, dans Windows, s'effectuent en cliquant, double-cliquant ou en cliquant du bouton droit, des choix expliqués dans l'encadré «Clic, double-clic et clic droit». Un conseil : dans le doute, commencez toujours par un clic du bouton droit.
- Après avoir cliqué de ci de là dans quelques fenêtres, vous vous rendrez compte combien il est facile de travailler avec. Le plus dur est de trouver la bonne commande la première fois (un peu comme pour les téléphones mobiles).

Clic, double-clic et clic droit

Le clic et le double-clic régissent presque tout dans Windows. Or, Microsoft lui-même semble bien en peine d'expliquer la différence entre les deux. Selon lui, le clic sert à sélectionner un élément tandis que le double-clic sert à le choisir. Limpide, n'est-ce pas ?

Vous sélectionnez un élément en le mettant en surbrillance (en langage clair : sur fond coloré). Par exemple, vous cliquez dans une zone de texte, dans une fenêtre ou sur un nom de fichier pour les sélectionner. Ce clic fait généralement apparaître l'élément sur un fond de couleur plus sombre, curieusement appelé «surbrillance» dans le jargon des informaticiens. L'élément sélectionné est alors prêt pour d'autres actions.

En revanche, choisir un élément est plus décisif : un double-clic sur un fichier invite Windows à l'ouvrir immédiatement.

Ces arguties microsoftiennes m'ennuient. C'est pourquoi j'opte toujours pour la troisième voie : le clic du bouton droit. Il déploie presque immanquablement un menu – appelé «menu contextuel», car son contenu varie d'un élément à un autre – qui liste toutes les actions possibles. Je choisis une option et Windows s'occupe du reste.

Conclusion : dans le doute, cliquez toujours du bouton droit.

Tirer une fenêtre par sa Barre de titre

Surmontant quasiment toutes les fenêtres, la Barre de titre affiche généralement le nom du fichier ouvert et celui du programme. La Figure 12.2 montre celle de WordPad (en haut) et du Bloc-notes (en bas). La Barre de titre de WordPad mentionne uniquement «Document» car son inavouable contenu n'a pas encore été enregistré.

Figure 12.2 : Une Barre de titre de WordPad (en haut) et du Bloc-notes (en bas).

Sous sa modeste apparence, la banale Barre de titre cache une puissance insoupçonnée, révélée dans les paragraphes qui suivent :

- Les barres de titre servent à déplacer commodément les fenêtres sur le Bureau. Cliquez sur une Barre de titre et, le bouton de la souris enfoncé, déplacez-la où bon vous semble. La fenêtre suit le mouvement. Vous avez trouvé où la déposer ? Relâchez le bouton de la souris et la fenêtre reste à son nouvel emplacement.
- Double-cliquez sur la Barre de titre, et la fenêtre occupe la totalité de l'écran. Double-cliquez de nouveau dessus, et la fenêtre se remet à la taille précédente.
- Dans Windows XP, toutes les barres de titre mentionnaient le titre de ce qui se trouvait dans la fenêtre. Mais Vista ne le fait plus, préférant afficher un bandeau vide à la place du nom du dossier (reportez-vous à la Figure 12.1). Bien que bon nombre de barres de titre de Vista n'affichent plus de titre, elles n'en fonctionnent pas moins comme telles. Vous pouvez donc les déplacer sur le Bureau exactement comme vous le faisiez sous Windows XP.
- Trois boutons carrés se trouvent à l'extrémité droite de la Barre de titre. Il s'agit, de gauche à droite, des boutons Réduire, Niveau inférieur (ou Agrandir) et Fermer. Ils sont décrits plus loin dans ce chapitre, dans la section «Manœuvrer les fenêtres sur le Bureau».

- Dans Windows XP, la fenêtre dans laquelle vous étiez en train de travailler arborait toujours une Barre de titre en surbrillance, ou plus exactement d'une couleur différente de celles des autres fenêtres ouvertes. Par contre, celles de Vista sont toutes de la même couleur. Pour savoir dans quelle fenêtre vous travaillez actuellement, jetez un coup d'œil sur le bouton rouge Fermer, à droite de la Barre de titre. C'est l'état de ce bouton qui différencie la fenêtre active – celle dans laquelle vous travaillez (en haut dans la Figure 12.2) – des autres (en bas dans la Figure).

Glisser, déposer et se carapater

Bien que le terme «glisser-déposer» évoque le patinage artistique – mais sans laisser choir sa partenaire –, c'est avant tout une action fréquemment utilisée partout dans Windows. Elle sert à déplacer un élément d'un endroit à un autre.

Pour faire glisser une icône, cliquez dessus avec le bouton gauche ou droit de la souris – je préfère le droit – et déplacez-la sur le Bureau tout en maintenant le bouton enfoncé. Arrivée à destination, relâchez le bouton : l'icône est déposée. Délicatement.

Effectuer le glisser-déposer avec le bouton droit fait apparaître un utile petit menu demandant si vous désirez copier ou seulement déplacer l'icône.

Vous avez commencé à déplacer un élément et vous vous rendez compte qu'il ne fallait pas le déplacer ? Ne relâchez pas le bouton de la souris, mais appuyez sur Échap pour annuler l'action. Ouf ! Mais si vous aviez relâché le bouton, rien n'était perdu : il aurait suffit de choisir Annuler dans le menu contextuel.

La Barre d'adresse de Windows

Sous la barre de titre d'un dossier se trouve une Barre d'adresse semblable à celle de la Figure 12.12. Elle rappelle quelque chose aux vieux de la vieille d'Internet : mais c'est bien sûr, elle vient tout droit d'Internet Explorer !

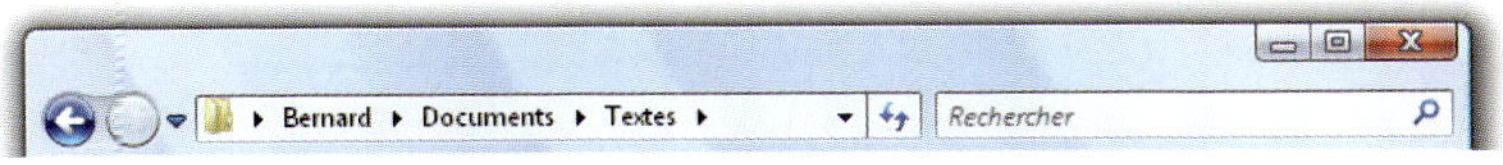

Figure 12.3 : Chaque dossier est doté d'une Barre d'adresse qui ressemble à celle d'Internet Explorer.

La Barre d'adresse est divisée en trois parties :

- Les boutons **Retour à** et **Avancer à :** Ces deux flèches conservent la trace de votre périple parmi les dossiers du PC. Le bouton Retour à vous fait revenir au dossier que vous venez de visiter. Le bouton Avancer à vous en ramène. Cliquez sur la minuscule flèche à droite de la flèche du bouton Avancer à pour afficher la liste des emplacements précédemment visités ; cliquez sur l'un d'eux pour y retourner.

- **La Barre d'adresse :** À l'instar de la barre d'adresse d'Internet Explorer qui affiche l'adresse du site Web que vous visitez, celle de Vista affiche l'adresse du dossier courant. Par exemple, à la Figure 12.3, la Barre d'adresse affiche *Bernard, Documents, Textes.* Cette formulation indique que vous travaillez dans le dossier Textes, qui se trouve dans le dossier Documents du compte d'utilisateur Bernard. Eh oui, cette notion d'adresse est suffisamment compliquée pour que tout un chapitre – le quatrième – lui soit consacré.

TRUC

Vous pouvez bien sûr taper une adresse Internet, comme `www.efirst.com`, dans la Barre d'adresse de n'importe quel dossier. Ceci entraînera le démarrage d'Internet Explorer, qui ouvrira le site Web indiqué.

- **Le champ Rechercher :** Autre apparentement avec Internet Explorer, tous les dossiers de Vista sont dotés d'un champ Rechercher. Sauf qu'au lieu de s'effectuer sur l'Internet, c'est dans le dossier en cours que la recherche est faite. Si vous tapez le mot **carotte** dans le champ (jeu de mot involontaire), Vista examine le contenu du dossier et signale chaque fichier contenant ce mot.

TRUC

Pour étendre la recherche au-delà du dossier en cours, cliquez sur la petite flèche à côté de la loupe, à gauche du champ. Un menu permet d'effectuer la recherche dans la totalité de l'ordinateur, voire sur l'Internet. La nouvelle fonction de recherche de Vista est décrite au Chapitre 15.

D'autres parties de la Barre d'adresse méritent d'être mentionnées :

- Vous avez remarqué les petites flèches entre les mots Bernard, Documents et Textes ? Elles procurent un accès rapide vers d'autres dossiers. Cliquez sur l'une d'elles, celle de Documents par exemple : un petit menu permet d'aller vers l'un des sous-dossiers qui s'y trouvent.
- Quand vous lancez une recherche sur l'Internet, le champ Rechercher utilise le moteur de recherche de Microsoft (cet arrangement permet à Microsoft de récolter un peu de sous par la publicité). Pour effectuer la recherche avec Google ou tout autre moteur, démarrez Internet Explorer, cliquez sur la petite flèche près de la loupe du champ Rechercher et sélectionnez Find More Providers, comme je l'explique en détails au Chapitre 17.

Activer la barre de menus cachée de Vista

Les menus de Windows Vista sont plus variés que ceux d'un restaurant chinois. Afin que les utilisateurs pensent plutôt à leur ordinateur qu'au canard laqué, Vista cache tous les éléments de menus dans une barre de menus (voir Figure 12.4).

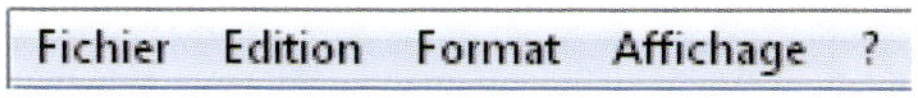

Figure 12.4 : La barre de menus.

Chaque entrée de la barre de menus contient des options. Pour les voir, cliquez sur un mot, comme Édition (Figure 12.5). Le menu qui apparaît présente toutes les options relatives à l'édition – la modification, si vous préférez – d'un fichier.

De même qu'un plat peut ne plus être disponible au restaurant, il arrive parfois que Windows ne puisse pas accéder à un élément du menu. Ces options indisponibles, comme Couper, Copier, Coller et Atteindre, dans la Figure 12.5, sont en grisé.

Si vous avez accidentellement cliqué sur le mauvais terme, dans une barre de menus, déployant ainsi un menu erroné, cliquez simplement sur le terme que vous désiriez. Windows ne vous en voudra pas et affichera aussitôt l'autre menu.

Pour quitter complètement un menu, cliquez ailleurs, n'importe où dans l'espace de travail de la fenêtre.

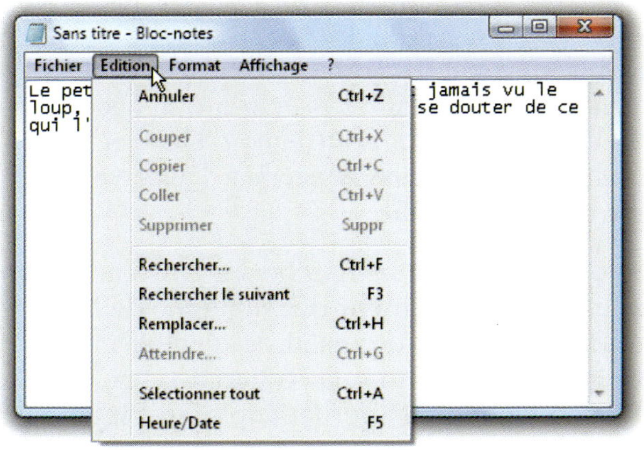

Figure 12.5 : Cliquez sur un menu pour accéder aux commandes qui sont associées.

Pour faciliter l'usage des raccourcis clavier, Vista souligne dans chaque menu le caractère à utiliser. Appuyez sur la touche Alt pour voir ces lettres. Pour déployer le Menu Fichier, vous appuierez sur les touches Alt+F (attention : Alt+F+X ferme la fenêtre).

Choisir le bon bouton

Les anciens de Windows XP conservent un souvenir ému du Volet des tâches de leurs dossiers, un panneau commodément placé à gauche qui contenait des boutons pour les tâches les plus communes. Il n'y en a plus dans Vista. Ces boutons et les tâches qu'ils représentent ont été relégués dans des petites barrettes appelées «barres d'outils». La Figure 12.6 montre celle du dossier Ordinateur.

Figure 12.6 : La barre d'outils du dossier Ordinateur.

Il est inutile d'en savoir long sur les barres d'outils car Vista place automatiquement les boutons appropriés sur le dossier qui en a besoin. Ouvrez le dossier Musique, et Vista affiche aussitôt un bouton Lire tout, permettant d'écouter tous les morceaux qui s'y trouvent. Ouvrez le dossier Images, et l'amicale barre d'outils propose un bouton Diaporama.

Si la signification d'un bouton vous échappe, immobilisez le pointeur de la souris dessus. Un petit message explique sa raison d'être. Voici à quoi servent certains d'entre eux :

- **Organiser :** Présent dans la barre d'outils de chaque dossier, ce bouton permet de modifier la présentation d'un dossier en choisissant l'un de ces panneaux d'information qui bordent la fenêtre. Vous pouvez activer ou désactiver le Volet de navigation, qui contient des raccourcis. Ou alors, vous pouvez désactiver le Volet d'informations qui fournit des informations sur le fichier sélectionné, en bas de chaque dossier.

- **Affichages :** Ce deuxième bouton présent en haut de chaque dossier est sans doute le plus utile, car il permet de varier l'affichage des fichiers. Maintenez le clic pour passer d'une taille d'icône à une autre, et arrêtez de cliquer pour conserver la taille qui vous plaît. Pour sélectionner un type d'affichage, cliquez sur la flèche à côté du bouton pour voir la liste des présentations disponibles. Choisissez Détails, par exemple, pour afficher un maximum d'informations sur les fichiers : sa taille, sa date de création et autres renseignements. Les photos gagnent à être présentées avec l'option Grandes icônes ou Très grandes icônes.

TRUC

Les icônes dans vos dossiers sont trop grandes ou trop petites ? La touche Ctrl enfoncée, actionnez la molette de votre souris dans un sens pour les agrandir, dans l'autre pour les réduire.

- **Partager :** Cliquez sur ce bouton pour partager le ou les fichiers sélectionnés avec quelqu'un sur un autre ordinateur, à condition toutefois qu'il ait un compte d'utilisateur et un mot de passe sur votre ordinateur. Cette fonctionnalité n'est visible et utile que si l'ordinateur est relié à un réseau informatique.

- **Graver :** Cliquez ici pour copier les éléments sélectionnés sur un CD ou sur un DVD. Si vous n'avez rien sélectionné dans le dossier, la totalité du dossier est gravée. Un moyen commode pour procéder à une sauvegarde rapide.

- **Aide :** Cliquez sur le point d'interrogation bleu, en haut à droite de chaque dossier, pour obtenir une aide sur chaque élément présentement affiché.

Raccourcis rapides avec le Volet de navigation

Examinez un véritable bureau et vous constaterez que les éléments les plus fréquemment utilisés se trouvent à portée de main : le bac à courrier, l'agrafeuse et peut-être quelques viennoiseries rapportées du snack-bar. Dans le même esprit, Vista recueille tous les éléments fréquemment utilisés, dans le PC, et les place dans le nouveau Volet de navigation que montre la Figure 12.7.

Situé à gauche de chaque dossier, le Volet de navigation est divisé en deux parties. Celle du haut, appelée Liens favoris, contient une liste d'éléments ; celle du bas, visible après avoir cliqué sur la barre Dossiers, affiche l'organisation des dossiers. Voici une description plus détaillée de ces deux parties du Volet de navigation :

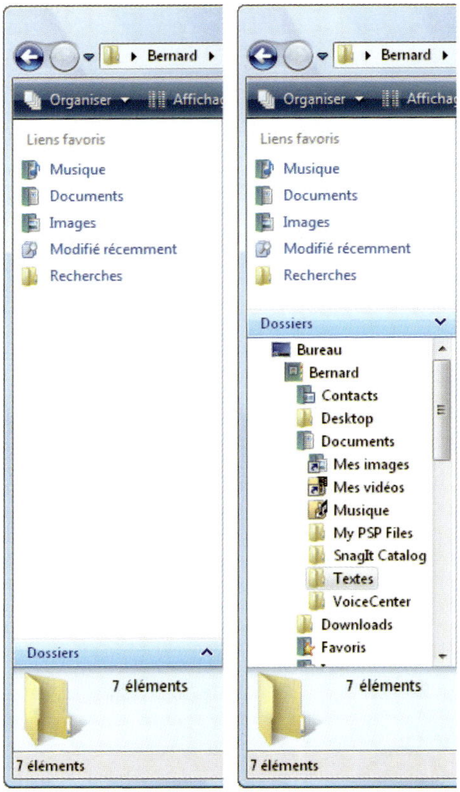

Figure 12.7 : Le Volet de navigation contient des raccourcis vers les dossiers fréquemment visités (à gauche). Cliquez sur le mot Dossiers pour afficher leur arborescence (à droite).

- **Liens favoris :** Ne les confondez pas avec les Favoris d'Internet Explorer (Chapitre 17). Les Liens favoris du Volet de navigation sont en effet des raccourcis qui renvoient aux dossiers fréquemment visités situés dans votre ordinateur.
  - **Documents :** Cliquez sur ce raccourci pour aller directement à la racine de tous vos dossiers, le dossier Documents.
  - **Modifiés récemment :** Vous l'avez deviné, cliquer sur ce raccourci liste tous les fichiers qui ont été modifiés au cours des 30 derniers jours. Ils sont classés par date, les plus récents en haut. C'est un moyen commode pour accéder rapidement à vos travaux en cours.

- **Images :** Ce raccourci ouvre le dossier Images, réceptacle de vos photos numériques.
- **Musique :** Eh oui, ce raccourci pointe vers le dossier Musique, où un seul double-clic suffit pour écouter un morceau de votre choix.
- **Recherches :** Cliquez sur ce raccourci pour accéder aux recherches que Vista a sauvegardées quand vous les aviez lancées. Plusieurs types de recherches fort utiles sont réunies là : tous les courriers électroniques reçus au cours des sept derniers jours par exemple, les morceaux récemment acquis et vos dernières photos numériques.

- **Dossiers :** Cliquer sur ce mot, en bas du panneau, donne accès à la deuxième partie du Volet de navigation. Elle affiche une arborescence des dossiers (nous y reviendrons au Chapitre 13). C'est un moyen commode d'accéder rapidement à n'importe quel dossier de l'ordinateur.

Les conseils qui suivent vous permettront d'exploiter plus efficacement le Volet de navigation :

- Ne vous privez pas de personnaliser le Volet de navigation en y glissant et déposant des dossiers ou des raccourcis. Vous les aurez ainsi toujours sous la main. Pour en supprimer un, cliquez dessus du bouton droit et choisissez Supprimer le lien.
- Si vous avez supprimé des liens favoris par mégarde, demandez à Vista de réparer votre erreur en cliquant n'importe où dans le Volet de navigation et en choisissant Restaurer les versions précédentes.

Le volet de détails

Le nouveau volet de détails que montre la Figure 12.8 se trouve au pied de chaque dossier. Comme l'indique son nom, ce petit bandeau divulgue des informations concernant le fichier actuellement affiché. Les fanas de technique en raffoleront.

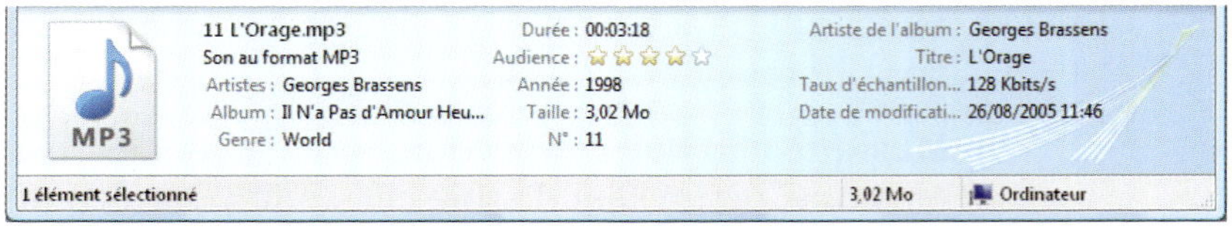

Figure 12.8 : Le volet de détails affiche des informations concernant le fichier sur lequel vous venez de cliquer.

Ouvrez un dossier, et le volet de détails indiquera le nombre de fichiers qu'il contient. Il précise même si ces fichiers sont dans votre ordinateur ou ailleurs sur un réseau.

La véritable information apparaît quand vous cliquez sur un fichier : sélectionnez un fichier de musique, et le volet de détails montre une vignette de son album, le titre du morceau, le nom de l'artiste, la durée et la taille du fichier et même la note que vous lui avez attribuée dans le Lecteur Windows Media. Cliquez sur le fichier d'une photo pour voir un aperçu, la date à laquelle vous l'avez prise et ses dimensions.

- Le volet de détails en sait plus qu'il n'en dit. Comme il est redimensionnable, tirez son bord supérieur légèrement vers le haut. L'agrandir ainsi révèle encore plus d'informations sur le fichier : sa taille, sa date de création, la date de la dernière modification et autres renseignements. Après les avoir lus, ramenez le bord du volet vers le bas.

- Si vous trouvez que le volet de détails occupe trop de place, tirez son bord supérieur vers le bas ou mieux, désactivez-le : cliquez sur le bouton Organiser, tout à fait à gauche dans le coin, cliquez sur Disposition dans le menu déroulant puis sur Volet des détails (refaites cette manipulation pour réafficher le volet de détails).

- Quand vous éditez les propriétés d'un fichier, vous pouvez ajouter un mot-clé vous permettant de le retrouver plus facilement. Les mots-clé sont expliqués au Chapitre 15.

Se déplacer dans un dossier avec la barre de défilement

La barre de défilement, qui évoque une cage d'ascenseur (voir Figure 12.9), se trouve à la bordure de toute fenêtre bien remplie. Dans la barre, un curseur de défilement – parfois surnommé «ascenseur» – monte et descend lorsque vous parcourez un document. La position du curseur dans la barre indique si vous êtes plutôt au début, au milieu ou à la fin du contenu de la fenêtre.

Figure 12.9 : Une barre de défilement.

Vous pouvez voir le curseur descendre et monter comme un ludion en appuyant sur les touches PageBas et PageHaut (on s'amuse follement avec Vista). Mais le déplacer avec la souris est encore plus drôle : cliquer de ci de là dans la barre fait aller directement à tel ou tel endroit dans le document.

Mais assez ri, passons aux choses sérieuses :

- Cliquer dans la barre au-dessus du curseur fait reculer d'une page, exactement comme si vous aviez appuyé sur la touche PageHaut. De même, cliquer sous le curseur équivaut à appuyer sur PageBas. Plus l'écran est grand, plus vous verrez des données sur chaque page.
- Pour décaler le contenu ligne par ligne, cliquez sur l'une des flèches de défilement en haut ou en bas de la barre de défilement.
- Une barre de défilement peut aussi se trouver en bas d'une fenêtre. Elle est commode pour parcourir une feuille de calcul ou tout autre document large. Le déplacement s'effectue horizontalement.
- La fenêtre est dépourvue de barre ? C'est parce que la totalité de son contenu est visible. A quoi bon des barres ?
- Pour aller très vite, prenez l'ascenseur. Autrement dit, faites glisser le curseur de défilement avec la souris. Le contenu de la fenêtre défile à toute vitesse. Arrivé à la bonne page, relâchez le bouton de la souris.

- Vous utilisez une souris à molette ? Actionnez-la et le contenu de la fenêtre défilera verticalement comme avec l'ascenseur (NdT : le défilement horizontal est possible avec certains modèles de souris, en appuyant latéralement sur la molette).

Bordures ménagères

La plupart des fenêtres sont entourées d'une bordure. Comparée à la barre de défilement, elle est vraiment mince.

Pour modifier les dimensions d'une fenêtre, tirez sa bordure dans un sens ou dans l'autre. Notez que tirer un coin est encore plus pratique.

Certaines fenêtres n'ont pas de bordure (dur, dur...). Elles ne peuvent donc pas être redimensionnées, même si leur taille ne vous convient pas.

Hormis pour le redimensionnement, vous n'utiliserez guère les bordures.

Interagir avec les boîtes de dialogue

Tôt ou tard, Windows Vista se mettra en mode «Rond-de-cuir tatillon», vous obligeant à remplir d'ennuyeux formulaires avant de répondre à votre demande. Pour cette paperasserie informatique, Vista utilise des boîtes de dialogue.

Une boîte de dialogue est une fenêtre affichant un petit formulaire ou une check-list. Elle peut comporter plusieurs parties, évoquées dans les sections qui suivent. Ne vous fatiguez pas à essayer de retenir le nom de chaque partie ; il est plus important de retenir à quoi elles servent.

Cliquer sur le bon bouton de commande

Un bouton de commande est sans doute l'élément le plus facile à identifier, car son usage est inscrit dessus. Vous êtes censé cliquer sur l'un d'eux après avoir rempli le formulaire. Selon le bouton sur lequel vous avez cliqué, Windows fait ce que vous lui avez demandé (s'il le veut bien) ou affiche un autre formulaire (souvent).

Le Tableau 12.1 montre les boutons auxquels vous serez confrontés un jour ou l'autre.

Tableau 12.1 : Les boutons de commande communs de Vista.

Bouton	*Description*
OK	Cliquer sur le bouton OK revient à dire : «J'ai fini de remplir le formulaire et je suis prêt à passer à autre chose». Vista prend connaissance de votre requête et la traite.
Annuler	Si vous avez un doute sur ce que vous avez saisi dans le formulaire, cliquez sur le bouton Annuler. Vista fait disparaître le formulaire, comme si de rien n'était. Ouf ! Notez que le petit bouton «X», en haut à droite de la fenêtre, agit comme le bouton Annuler.
Suivant >	Cliquez sur le bouton Suivant pour passer à la prochaine phase. Vous voulez plutôt revenir en arrière ? Cliquez sur le bouton Précédent.
Modifier...	Si vous rencontrez un bouton dont le nom est suivi de points de suspension, vous n'êtes pas sorti de l'auberge : cliquer dessus ouvre en effet un autre formulaire où vous devrez entrer d'autres choix, paramètres et options.
Par défaut	Pour changer un paramètre douteux, cliquez sans état d'âme sur le bouton Par défaut ou Restaurer. Vista rétablira les paramètres d'origine (ceux au moment de l'installation).

- La bordure du bouton OK est généralement plus sombre que celle des autres. Cela signifie qu'il est sélectionné (en «surbrillance», en jargon informatique). Il suffit alors d'appuyer sur la touche Entrée, ce qui vous évite l'incommensurable tâche de cliquer sur OK.

TRUC

- Si vous avez cliqué sur le mauvais bouton mais *que vous ne l'avez pas relâché,* n'en faites rien ! Car un bouton de commande n'agit pas tant que le bouton de la souris est enfoncé. Le doigt toujours appuyé, glissez-la afin que le pointeur quitte le bouton erroné, puis relâchez le doigt.

- Intrigué par les options obscures d'une boîte de dialogue ? Cliquez sur le point d'interrogation en haut à droite de la fenêtre puis cliquez sur la commande pour obtenir une explication. Parfois, immobiliser le pointeur de la souris sur une option est suffisant pour que Vista condescende à afficher une info-bulle explicative.

Choisir parmi les boutons d'option

Windows Vista oblige souvent à ne choisir qu'une seule option dans une liste. Par exemple, un jeu pourra être joué au niveau Débutant ou Intermédiaire. Comme il est impossible d'être les deux à la fois, Vista n'accepte qu'une de ces options.

Quand un seul choix est possible, Windows Vista a recours à des boutons d'option (voir Figure 12.10). Quand vous sélectionnez une option, puis une autre, la marque de validation disparaît de la première pour apparaître dans la deuxième. Vous en trouverez dans beaucoup de boîtes de dialogue.

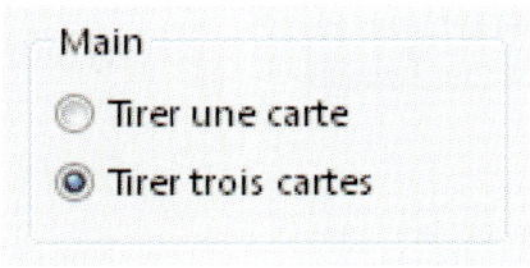

Figure 12.10 : Sélection d'une option.

Les boutons d'option sont souvent appelés «boutons radio» en raison de leur ressemblance avec les boutons concentriques des anciens postes de radio.

Taper dans une zone de texte

Une zone de texte ressemble aux zones vides d'un formulaire administratif que vous devez remplir. Elle peut recevoir n'importe quel type de données : des mots, des chiffres, un mot de passe ou des épithètes plus ou moins flatteurs. La Figure 12.11 montre la boîte de dialogue qui apparaît lorsque vous désirez rechercher un ou plusieurs mots dans un document. La zone de texte est l'endroit où vous les tapez.

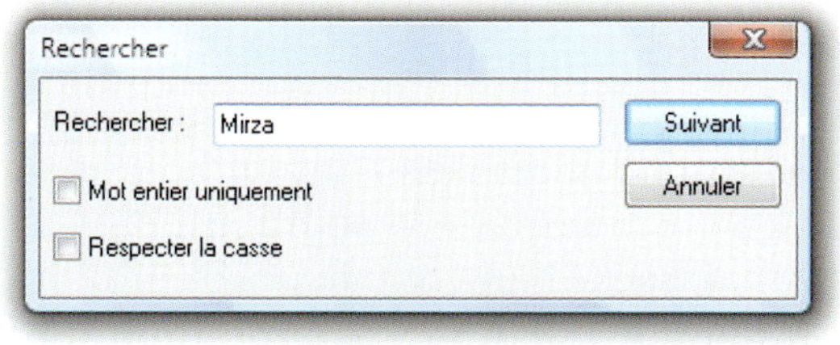

Figure 12.11 : Cette boîte de dialogue contient une zone de texte.

- Quand une zone de texte est active, c'est-à-dire prête à recevoir votre prose, elle est entourée d'une bordure spéciale indiquant qu'elle est sélectionnée, ou alors, une barre d'insertion clignote dedans.

- Si la zone de texte n'est pas sélectionnée et que rien ne clignote dedans, c'est qu'elle n'est pas prête à recevoir votre saisie. Pour annoncer votre intention, vous devez d'abord cliquer dedans.
- Pour utiliser une zone de texte qui contient déjà des mots, supprimez-les avant de commencer à taper. Ou alors et mieux : double-cliquez dans le texte existant, ce qui le sélectionne, et tapez directement votre prose ; elle remplacera l'ancien texte.
- Eh oui, une zone de texte obéit à beaucoup de règles.

Choisir des options dans des zones de liste

Certaines zones, opportunément appelées «zones de liste», n'acceptent aucune saisie. Elles se contentent d'afficher une liste d'éléments dans laquelle vous faites votre choix. C'est le cas de la liste des polices de caractères disponibles dans un traitement de texte, comme le montre la Figure 12.12.

Figure 12.12 : Sélection d'une police dans une zone de liste.

- Vous avez remarqué comment la police Comic Sans MS est en surbrillance dans la Figure 12.12 ? C'est parce qu'elle est actuellement sélectionnée dans la liste. Appuyez sur Entrée, ou cliquez sur le bouton OK, s'il est proposé, afin que le programme utilise désormais cette police.
- Vous avez remarqué la barre de défilement le long de la zone de liste ? Elle fonctionne comme toutes les autres : cliquez sur les flèches ou appuyez sur les touches fléchées Haut et Bas pour faire défiler les noms des polices.
- Certaines zones de listes sont surmontées d'une zone de texte. Quand vous choisissez un nom dans la liste, il apparaît dans la zone. Vous pourriez bien sûr taper vous-même le nom dans la zone de texte, mais ce serait bien moins drôle.
- Si une liste est interminable, tapez les premières lettres du nom que vous recherchez. Windows Vista se positionnera aussitôt au premier nom qui commence par ces caractères.

Les sélections multiples

En général, vous ne pouvez sélectionner qu'un seul élément dans une zone de liste. Mais d'autres listes, comme celle des fichiers dans l'Explorateur Windows, permettent de sélectionner plusieurs éléments à la fois. Voici comment procéder :

- Pour sélectionner plusieurs éléments, maintenez la touche Ctrl enfoncée tout en cliquant sur chacun d'eux.
- Pour sélectionner une plage d'éléments adjacents, cliquez sur le premier d'entre eux. Ensuite, touche Majuscule enfoncée, cliquez sur le dernier élément de la plage. Ces deux éléments ainsi que tous ceux qui se trouvent entre seront sélectionnés (si vous remarquez des éléments que vous ne désirez finalement pas retenir dans la sélection multiple, cliquez dessus, touche Ctrl enfoncée, et ils seront désélectionnés).
- Enfin, pour sélectionner un groupe d'éléments, il reste la solution du lasso : cliquez près d'un élément et, bouton de la souris enfoncé, tirez de façon à englober tous les éléments à sélectionner, puis relâchez le bouton. La sélection globale est faite.

Les zones de listes déroulantes

Les zones de liste sont certes pratiques, mais elles prennent de la place. C'est pourquoi Vista les réduit parfois, à l'instar des menus déroulants. Vous devez alors cliquer au bon endroit pour déployer la liste et la parcourir.

C'est où, le bon endroit ? Il est généralement indiqué par un petit bouton orné d'une flèche pointant vers le bas, semblable à celle qui se trouve à droite dans les boutons de la Figure 12.13 (le pointeur de la souris est prêt à cliquer dessus).

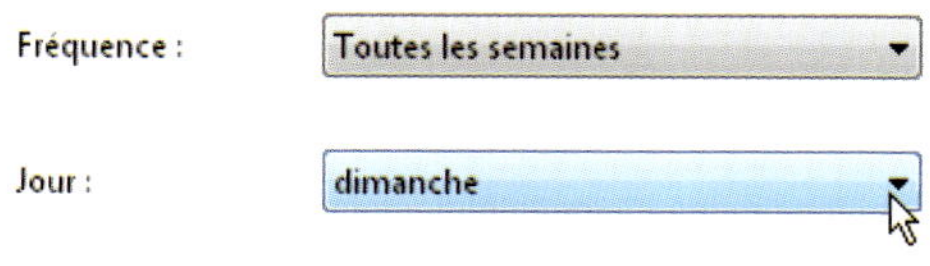

Figure 12.13 : Cliquez sur le petit bouton fléché pour dérouler une liste d'options d'alignement.

La Figure 12.14 montre la liste déployée, après le clic. Cliquez ensuite sur l'option désirée.

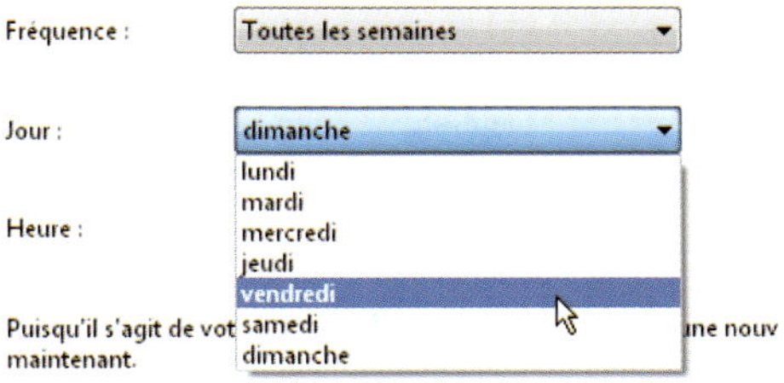

Figure 12.14 : La liste déroulante affiche les options d'alignement.

TRUC

- Pour parcourir rapidement une longue liste déroulante, appuyez sur la première lettre de l'élément recherché. Le premier élément correspondant sera immédiatement sélectionné. Utilisez les touches fléchées pour rechercher les mots situés un peu plus haut ou plus bas.
- Un autre moyen de parcourir rapidement une longue liste déroulante consiste à cliquer dans sa barre de défilement.
- Vous ne pouvez choisir qu'un seul élément dans une liste déroulante.

Les cases à cocher

Il est parfois possible de choisir plusieurs options, dans une boîte de dialogue, en cliquant dans des petites cases. Celles de la Figure 12.15 permettent de configurer les options du jeu FreeCell.

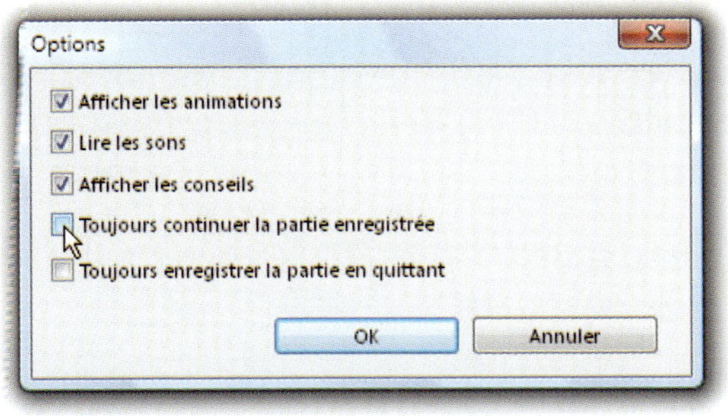

Figure 12.15 : Cliquez pour cocher ou décocher une case.

Cliquer dans une case vide sélectionne l'option correspondante. Si la case est déjà cochée, le clic ôte la coche, désélectionnant cette option.

Contrairement aux boutons d'options, vous pouvez cocher autant de cases que vous le désirez.

Les glissières

Inspirés des potentiomètres linéaires, les glissières de Vista servent à régler des paramètres sans solution de continuité.

Des glissières sont horizontales, d'autres verticales (mais il n'y en a pas en diagonale). Pour actionner une glissière dans Vista, comme celle du volume sonore que montre la Figure 12.16, cliquez sur le curseur et faites-le glisser.

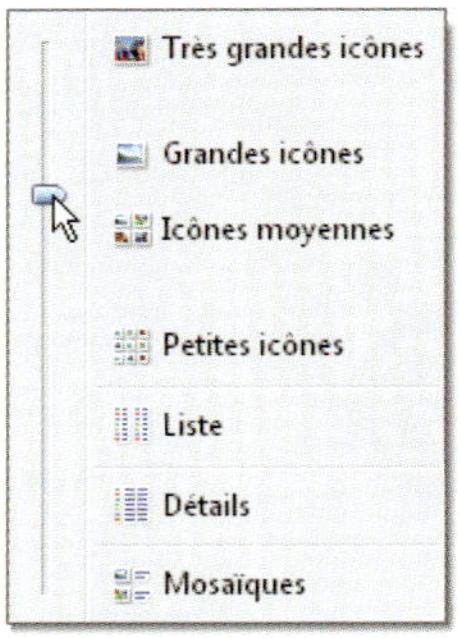

Figure 12.16 : Une glissière.

Déplacer des fenêtres sur le Bureau

Windows Vista n'est pas très doué pour ouvrir les fenêtres. Il les place un peu n'importe où sur le Bureau, où elle se chevauchent et empiètent les unes sur les autres. Cette section explique comment empiler toutes les fenêtres en ordre, en plaçant votre fenêtre préférée en haut de la pile. Ou encore à les étaler comme des mains de poker. En prime, vous pourrez changer leur taille et faire en sorte qu'elles s'ouvrent aux dimensions que vous aurez choisies.

Placer une fenêtre au premier plan

La fenêtre placée au premier plan, sur laquelle se porte l'attention, est appelée «fenêtre active». C'est celle qui est prête à recevoir ce que vous tapez au clavier.

Il existe deux manières de placer une fenêtre au premier plan afin de la rendre active :

- Si un petit bout de la fenêtre dépasse de la pile des autres fenêtres, il vous suffit de cliquer dessus. Aussitôt, Windows Vista l'active et la place au premier plan.
- Cliquez, dans la Barre des tâches, sur le bouton de la fenêtre à activer.

Si vous désirez placer deux fenêtres au premier plan, lisez la section «Disposer deux fenêtres côte à côte», un peu plus loin.

Déplacer une fenêtre de ci de là

Vous voudrez parfois placer une fenêtre ailleurs sur le Bureau, afin de mieux la centrer, pour la rapprocher d'une autre ou pour toute autre raison.

Pour déplacer une fenêtre, tirez-la par sa Barre de titre (si vous n'êtes pas à l'aise avec le glisser-déposer, reportez-vous à l'encadré «Glisser, déposer et se carapater», précédemment dans ce chapitre). Quand vous déposez la fenêtre, cette dernière est non seulement placée où vous le désirez, mais elle est aussi au premier plan.

Ouvrir la fenêtre en plein écran

Une fenêtre peut occuper la totalité de l'écran. Pour cela, double-cliquez sur sa Barre de titre. La fenêtre s'étend alors au maximum sur le Bureau, couvrant toutes les autres fenêtres.

Pour ramener la fenêtre à sa taille initiale, double-cliquez de nouveau dans la Barre de titre.

- Au lieu de double-cliquer dans la barre de titre, vous pouvez cliquer sur le bouton Agrandir. C'est celui du milieu, parmi les trois qui se trouvent à droite, dans la Barre de titre.

- Quand une fenêtre est en plein écran, le bouton Agrandir devient le bouton Niveau inférieur. Cliquez dessus et la fenêtre devient plus petite.

Fermer une fenêtre

Quand vous avez fini de travailler dans une fenêtre, fermez-la en cliquant sur le petit «X» en haut à droite.

Si vous tentez de fermer une fenêtre sans avoir enregistré préalablement votre travail, Windows ne manque jamais de demander s'il doit le faire. Cliquez sur Oui en n'oubliant pas, le cas échéant, de nommer le fichier afin que vous puissiez le retrouver rapidement par la suite.

Alt-Tab et Windows+Tab

Parfois, les fenêtres s'accumulent à tel point sur le Bureau qu'il devient difficile d'en retrouver une. Pour les parcourir, maintenez les touches Alt et Tab appuyées. Une petite barre, au milieu de l'écran, montre les icônes de toutes les fenêtres ouvertes. La touche Alt toujours enfoncée, appuyez plusieurs fois sur Tab jusqu'à ce que vous ayez sélectionné l'icône de la fenêtre recherchée. Relâchez alors les touches et Windows place la fenêtre au premier plan.

Redimensionner une fenêtre

Les fenêtres de Windows ont tendance à s'empiler pêle-mêle. Pour les disposer plus régulièrement, vous pouvez les redimensionner en tirant leur bordure vers l'intérieur ou vers l'extérieur. Voici la manipulation :

1. **Placez le pointeur de la souris sur un coin. Lorsqu'il se transforme en flèche à deux pointes, enfoncez le bouton de la souris et tirez afin de modifier les dimensions de la fenêtre.**

2. **Relâchez le bouton lorsque la taille de la fenêtre vous paraît correcte.**

Dans Windows, une petite fenêtre ne s'appelle pas une lucarne.

Disposer deux fenêtres côte à côte

Voir deux fenêtres à la fois est souvent très utile, surtout lorsque vous désirez copier d'un document pour coller dans un autre. Avec un peu de pratique, vous saurez redimensionner des fenêtres et les juxtaposer parfaitement.

Ou alors, cliquez dans une partie vide de la Barre des tâches (même dans l'horloge) et, dans le menu, choisissez Afficher les fenêtres côte à côte afin de disposer les fenêtres les unes à côté des autres, en colonnes. Choisissez Afficher les fenêtres empilées pour les superposer horizontalement. Si plus de trois fenêtres sont ouvertes, l'option Afficher les fenêtres empilées les dispose en mosaïque.

Quand plus de deux fenêtres sont ouvertes, minimisez celles qui ne doivent pas être affichées en mosaïque. Utilisez ensuite la commande Afficher les fenêtres côte à côte afin de juxtaposer les deux fenêtres restantes.

Rouvrir une fenêtre à la même taille

Parfois, une fenêtre s'ouvre en carré. Une autre fois, elle emplit tout l'écran. Mais c'est bien rarement qu'elle s'ouvre aux dimensions voulues, à moins de connaître ce petit truc : régler manuellement leur taille. Dans ce cas, Windows mémorise les dimensions et rouvre toujours la fenêtre à la même taille. Voici comment il faut procéder :

1. **Ouvrez une fenêtre.**

   Elle s'ouvre comme d'habitude, c'est-à-dire pas à la taille désirée.

2. **Dimensionnez la fenêtre à la taille désirée en la tirant par un coin. Repositionnez-la éventuellement.**

   Veillez à redimensionner la fenêtre manuellement en tirant l'un des bords ou un coin. Se contenter de cliquer sur le bouton Agrandir ne sert à rien.

3. **Fermez immédiatement la fenêtre.**

   Windows Mémorise la taille et l'emplacement de la fenêtre. Quand vous la rouvrirez, elle s'ouvrira à la taille où vous l'aviez laissée. Notez que cette manipulation ne compte que pour le programme auquel vous l'avez appliquée. Par exemple, un changement appliqué à la fenêtre d'Internet Explorer ne sera mémorisé que pour Internet Explorer, et non pour d'autres programmes.

La plupart des fenêtres obéissent à ces règles, mais celles de quelques programmes dissidents peuvent faire bande à part. Ne manquez pas de vous en plaindre auprès de leur auteur.

Chapitre 13

Fichiers, dossiers, disquettes, CD...

Dans ce chapitre :

- Comprendre le nouveau programme Ordinateur de Vista.
- Naviguer parmi les lecteurs et les dossiers.
- Créer et nommer des dossiers.
- Sélectionner et désélectionner des éléments.
- Copier et déplacer des fichiers et des dossiers.
- Enregistrer sur des CD, des cartes mémoire et des disquettes.

Ordinateur est le programme qui tire l'utilisateur de Windows de son doux rêve où Windows serait convivial, et le fait se jeter sous son oreiller pour échapper au cauchemar. Il avait eu la naïveté de croire que l'informatique ferait disparaître les papiers, chemises et dossiers entassés dans son vieux classeur à tiroirs.

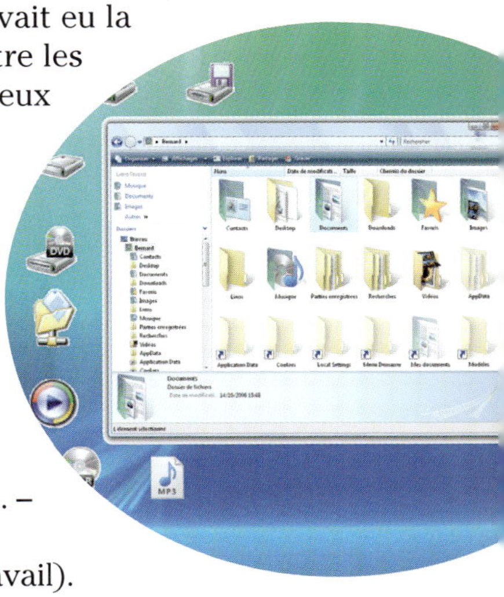

Qu'il clique sur l'icône Ordinateur, dans le menu Démarrer et explore son nouveau PC, et voilà que le classeur réapparaît, bourré de dossiers pleins de sous-dossiers, voire de sous-sous-dossiers. À moins d'adopter cette métaphore bureaucratique, vous risquez de ne pas retrouver rapidement vos données.

Ce chapitre explique par le menu – si l'on peut dire... – comment utiliser le programme d'archivage nommé Ordinateur (dans Windows XP, c'était le Poste de travail). Windows ressuscite certes le vieux classeur, mais au moins, les tiroirs ne coincent plus et les dossiers ne tombent plus derrière.

Parcourir le classeur à tiroirs informatisé

Afin que vos programmes et documents soient rationnellement rangés, Windows a gratifié la métaphore du classeur à tiroir de jolies petites icônes. Vous y accédez au travers du programme Ordinateur présent dans le menu Démarrer. C'est là que se trouvent les zones de stockage de votre ordinateur, où vous pourrez copier, déplacer, renommer ou supprimer des fichiers.

Pour ouvrir vos tiroirs virtuels, appelés «lecteur» ou «disque» en jargon informatique, cliquez sur le menu Démarrer puis sur le mot Ordinateur. Bien que la fenêtre Ordinateur différera sans doute quelque peu de celle de la Figure 13.1, les éléments de base – décrits dans les prochaines sections – sont les mêmes.

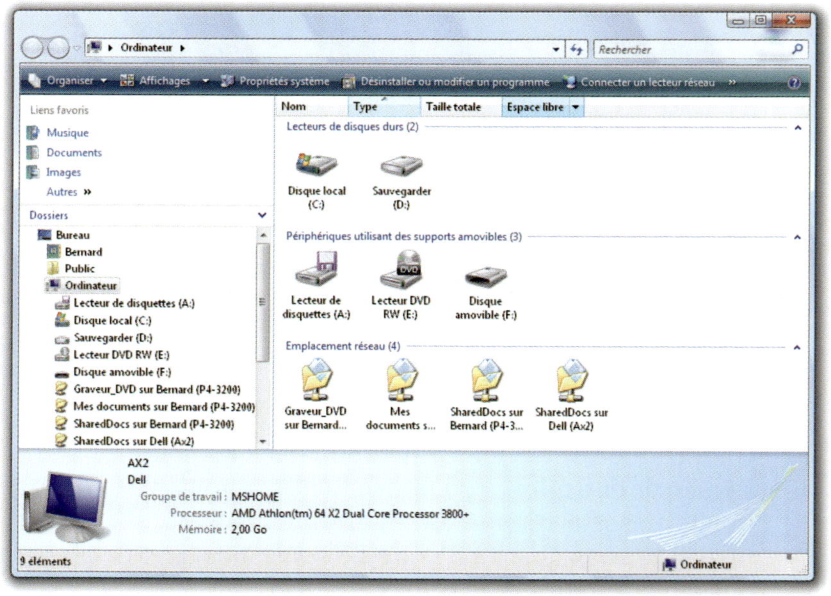

Figure 13.1 : La fenêtre Ordinateur affiche les zones de stockage contenant vos fichiers.

Windows peut afficher la fenêtre Ordinateur sous diverses formes. Pour obtenir la même présentation que dans la Figure 13.1, cliquez sur la petite flèche à droite du bouton Affichages, dans la barre de menus et, dans la liste, choisissez Mosaïques. Enfin, cliquez dans une partie vide de la fenêtre, puis choisissez Réorganiser les icônes par, puis sélectionnez Types.

Voici les éléments de base de la fenêtre Computer :

- **Le volet de navigation :** Situé à gauche de la plupart des fenêtres, l'appréciable volet de navigation contient la liste des dossiers contenant vos biens virtuels les plus précieux, nommés Documents, Images et Musique (ces dossiers sont décrits au Chapitre 12).

- **Lecteurs de disques durs :** Visible à la Figure 13.1, cette zone montre le ou les disques durs, c'est-à-dire les mémoires de masse les plus importantes de votre PC. Tout ordinateur en possède au moins un. Vous pouvez aussi y voir éventuellement une clé USB, cette minuscule mémoire amovible aujourd'hui très répandue. Double-cliquer sur l'icône d'un disque dur affiche ses dossiers et ses fichiers, mais vous trouverez rarement des informations utiles ; au lieu d'explorer le disque dur, ouvrez le menu démarrer et lancez des programmes.

  Vous avez remarqué le petit logo Windows sur l'icône d'un disque dur ? Il indique que Windows Vista est installé dans ce disque.

- **Périphériques utilisant des supports amovibles :** Cette zone montre tous les équipements amovibles connectés à votre ordinateur. Voici les plus courants :

  • **Lecteur de disquettes :** En voie d'obsolescence, ces périphériques équipent encore les PC anciens. Comme seuls des fichiers de petite taille peuvent être stockés sur ce matériel vieux de plus de 20 ans, la plupart des utilisateurs leur préfèrent les CD et les DVD.

  • **CD et DVD :** Comme le révèle la Figure 13.1, Vista indique si un lecteur ne peut que lire, ou lire et écrire sur des supports. Par exemple, si un graveur de DVD porte la mention DVD-RW, cela signifie qu'il peut à la fois lire (*Read* en anglais) et écrire (*Write*). Un lecteur qui ne peut que graver des CD porte la mention CD-RW.

  • **Lecteur de cartes mémoire :** Il possède une ou plusieurs fentes permettant d'introduire des cartes mémoire d'appareil photo numérique, de lecteur MP3 ou autres machins du même genre. L'icône montre une fente vide, même si une carte est présente dans le lecteur.

- **Lecteurs MP3 :** Bien que Vista affiche une jolie icône pour quelques lecteurs MP3, il arbore une icône de carte USB générique ou de disque dur pour le populaire iPod.

- **Appareils photo :** Dans la fenêtre Ordinateur, un appareil photo numérique apparaît généralement sous la forme d'une icône. Assurez-vous qu'il est allumé et en mode Visionnage plutôt que Prise de vue. Pour récupérer les photos, double-cliquez sur l'icône de l'appareil. Après avoir procédé au transfert, Vista place les photos dans le dossier Images.

- **Emplacement réseau :** Cette icône, visible seulement sur les PC reliés à un réseau informatique, représente un dossier relié à un câble de connexion.

TRUC

Quand vous connectez un caméscope numérique, un téléphone mobile ou tout autre périphérique à votre PC, la fenêtre Ordinateur s'orne d'une nouvelle icône le représentant. Double-cliquez dessus pour voir le contenu du périphérique ; cliquez dessus du bouton droit pour savoir ce que Vista vous permet de faire. Pas d'icône ? Peut-être devez-vous installer un pilote pour votre périphérique.

TRUC

Cliquez sur quasiment n'importe quelle icône, dans la fenêtre Ordinateur. Un volet d'informations, en bas, affiche des informations la concernant : taille, date de création, place disponible dans un dossier ou dans un lecteur... Pour obtenir encore plus d'informations, agrandissez le volet d'informations en tirant son coin supérieur vers le haut. Plus vous l'étendez, plus vous aurez d'informations.

Tout sur les dossiers, ou presque

Ce sujet est un peu aride, mais si vous le sautez, vous risquez d'être aussi perdu que vos fichiers.

Un dossier est une zone de stockage sur le disque dur. On peut le comparer à un véritable dossier en carton. Windows Vista divise le ou les disques durs de votre ordinateur en autant de dossiers thématiques que vous le désirez. Par exemple, les morceaux de musique sont stockés dans le dossier Musique, et les photos dans le dossier Images. Vous et vos programmes les retrouvez ainsi facilement.

Tout type de lecteur peut être divisé en dossiers, mais c'est surtout sur le disque dur que cette organisation s'impose, car il contient des milliers de fichiers.

Le programme Ordinateur de Windows permet de visiter divers dossiers et d'examiner les fichiers qui s'y trouvent. Pour découvrir les dossiers que Vista a créés à votre intention, cliquez sur le nom du compte d'utilisateur, en haut du menu Démarrer. Les dossiers suivants, visibles dans la Figure 13.2, apparaissent :

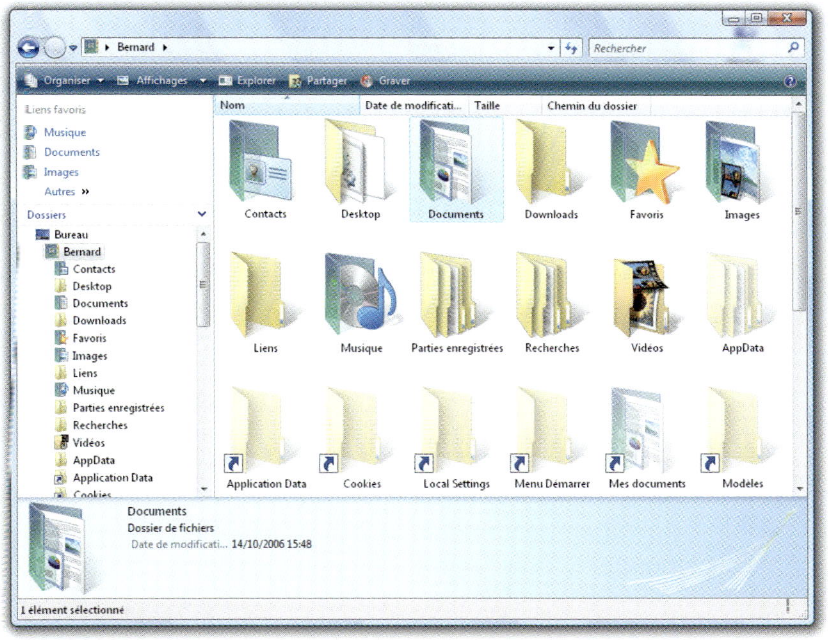

Figure 13.2 : Vista fournit ces mêmes dossiers à tout le monde, mais sans mélanger ceux des uns avec ceux des autres.

- **Votre nom de compte :** Un clic sur votre nom de compte d'utilisateur, en haut du menu Démarrer, ouvre votre dossier d'utilisateur, comme le montre la Figure 13.2. Point d'entrée dans vos archives, ce dossier contient tous les fichiers que vous créez, répartis dans plusieurs importants dossiers.

  MISE À JOUR

  Dans Windows XP, le dossier Mes documents contenait tout ce qui appartenait à votre compte d'utilisateur, y compris les dossiers Ma musique et Mes images. En revanche, dans Vista, votre dossier Compte d'utilisateur – celui qui apparaît quand vous cliquez sur votre nom, dans le menu Démarrer – contient non seulement tous vos dossiers, y compris Documents, Musique et Images, mais aussi ceux-ci, qui sont nouveaux :

- **Contacts :** Vous avez envoyé un courrier électronique avec le programme Mail intégré à Vista ? Vista place automatiquement le nom de cette personne dans le dossier Contacts, répertorié sur une petite carte de visite qui s'ouvre d'un double-clic. Cliquez du bouton droit sur le nom d'un contact, choisissez Action puis sélectionnez Envoyer un message pour ouvrir un panneau pré-adressé où vous taperez votre texte. Le clic du bouton droit est souvent un moyen plus rapide d'envoyer un courrier que d'ouvrir Mail et risquer d'être submergé par le contenu de la boîte Réception.

- **Bureau :** Pour Vista, le Bureau est un dossier. Tout ce que vous y placez se trouve dans un dossier Bureau. Comme le Bureau est plus commode pour pointer et cliquer, vous n'utiliserez probablement pas le dossier lui-même, bien caché dans votre ordinateur.

- **Documents :** Pour diverses raisons, je vous invite à placer tout votre travail dans ce dossier. En conservant tous vos fichiers à un seul endroit, vous les retrouverez plus facilement. De plus, vous seul avez accès à ce dossier ; les autres utilisateurs de l'ordinateur ne peuvent pas y farfouiller. En revanche, vous pouvez y créer autant de sous-dossiers que vous le désirez.

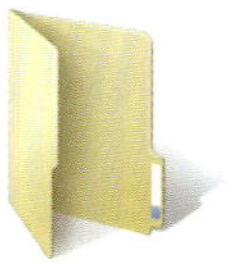

- **Downloads :** Vous avez téléchargé quelque chose depuis l'Internet ? C'est dans ce dossier – qui aurait mieux fait de s'appeler «Téléchargements» – qu'Internet Explorer engrange ce que vous récoltez sur le Web, ce qui vous permet de les retrouver plus facilement que jamais dans votre disque dur.

- **Favoris :** Dans Internet Explorer, vous conservez l'adresse de vos sites préférés dans des favoris, qui sont bien sûr stockés dans le menu Favoris, où elles sont utilisables d'un seul clic. Ces favoris apparaissent aussi dans ce dossier, où un double-clic sur l'icône d'un site Web démarre Internet Explorer et ouvre le site en question.

- **Liens :** Ce dossier répertorie tous les emplacements listés dans le Volet de navigation qui se trouve à gauche de la plupart des dossiers. Déposer des icônes à cet endroit les ajoute au Volet de navigation.

- **Musique :** C'est là que se retrouvent les morceaux que vous extrayez d'un CD audio avec le Lecteur Windows Media. Ils sont placés dans un sous-dossier portant le nom du CD.

- **Images :** Stockez toutes vos images ici, qu'il s'agisse de photos provenant de votre appareil numérique, d'images numérisées avec un scanner ou de graphismes piqués sur un site Web. Le dossier Images affiche une miniature de vos photos, permet de transférer les photos d'un appareil connecté au PC, de créer des diaporamas et de tirer encore plus de plaisir de vos photos.

- **Parties enregistrées :** Vous avez enregistré un jeu d'échecs, de FreeCell ou de tout autre jeu livré avec Vista ? C'est là qu'ils nichent, attendant que votre directeur quitte le bureau. Vous y trouverez aussi les jeux d'autres éditeurs.

- **Recherches :** Toutes vos recherches apparaissent ici. Vous les trouverez aussi en cliquant sur le mot Rechercher, dans le Volet de navigation. Les recherches sont expliquées au Chapitre 15.

- **Vidéos :** Les vidéos transférées d'un caméscope ou téléchargées depuis l'Internet résident dans ce dossier. C'est l'endroit où des programmes vidéo comme Movie Maker stockent leurs fichiers.

Souvenez-vous de tous ces dossiers lorsque vous cherchez des fichiers dans Vista.

MISE À JOUR

- Vous pouvez ignorer les dossiers et placer tous vos fichiers sur le Bureau de Vista. Mais c'est comme tout entasser sur le siège arrière de la voiture et se demander, un mois après, où peut bien se cacher le petit sachet de mouchoirs en papier. On s'y retrouve mieux avec un peu d'organisation.

- Si vous êtes pressé de créer un ou deux dossiers – ce qui est très facile –, reportez-vous à la section «Créer un nouveau dossier», plus loin dans ce chapitre.

- Les dossiers d'un ordinateur sont organisés en arborescence dont la racine se trouve au niveau du disque dur, comme le montre la Figure 13.3. Elle se divise en branches qui sont autant de dossiers et de sous-dossiers.

- Les dossiers sont parfois appelés «répertoires», réminiscence de l'époque avant Windows où le terme dossier était peu utilisé. C'est surtout dans la littérature technique, notamment la programmation, que vous rencontrerez ce mot.

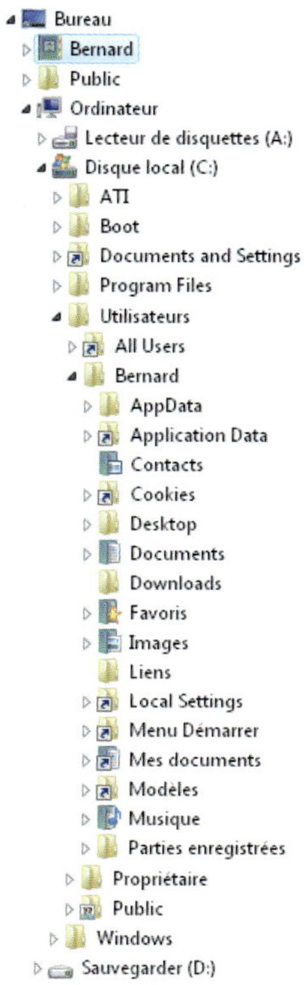

Figure 13.3 : Les dossiers de Windows sont organisés en arborescence, le dossier principal se divisant en sous-dossiers.

Lorgner dans les lecteurs et les dossiers

Savoir ce que sont les lecteurs et les dossiers, c'est bien pour impressionner les filles ou les garçons, mais c'est surtout utile pour trouver un fichier (reportez-vous à la section précédente pour savoir quel dossier contient quoi). Coiffez votre casque de chantier, empoignez la lourde clé à molette de 500 mm et parcourez les lecteurs et les dossiers de votre ordinateur en vous servant de cette section comme guide.

Voir les fichiers d'un lecteur

À l'instar de presque tout dans Windows Vista, les lecteurs de disque sont représentés par des boutons, ou icônes. L'icône Ordinateur affiche aussi des informations sur d'autres zones, comme un lecteur MP3, un appareil photo numérique ou un scanner (ces icônes ont été expliquées à la section «Parcourir le classeur à tiroirs informatisé», précédemment dans ce chapitre.

Ouvrir ces icônes donne généralement accès à leur contenu et permet de gérer les fichiers, comme dans n'importe quel autre dossier de Vista.

Quand vous double-cliquez sur une icône dans Ordinateur, Vista devine ce que vous comptez faire avec et entreprend une action : double-cliquez sur un disque dur, par exemple, et Vista l'ouvre promptement afin de vous montrer ce qui s'y trouve.

En revanche, si vous double-cliquez sur l'icône d'un CD après avoir introduit un CD audio, Vista ne l'ouvre pas toujours pour montrer les pistes. A la place, il démarre généralement le Lecteur Windows Media et commence à jouer le premier morceau. Pour modifier l'action de Vista lorsque vous insérez un CD, un DVD ou une clé USB, cliquez sur son icône et, dans le menu, sélectionnez Exécution automatique. Vista répertorie tout ce que vous pouvez faire et vous demande de choisir l'action à entreprendre.

Le réglage Exécution automatique est particulièrement commode pour les clés USB. Si elle contient quelques morceaux, Vista démarrera le Lecteur Windows Media pour les jouer – effet garanti sur le lieu de travail –, ralentissant l'accès aux autres fichiers.

N'OUBLIEZ PAS

- Si vous ne savez pas à quoi sert une icône dans Ordinateur, cliquez dessus du bouton droit et Vista présente un menu de toutes les possibilités. Vous pourrez par exemple choisir Ouvrir pour voir tous les fichiers d'un CD que Vista peut lire avec le Lecteur Windows Media.
- Si vous cliquez sur l'icône d'un CD, d'un DVD ou d'une disquette alors que le lecteur est vide, Vista vous invite gentiment à insérer un disque avant de continuer.
- Vous avez remarqué l'icône sous l'en-tête de Emplacement réseau ? C'est une porte dérobée permettant de lorgner, le cas échéant, dans les autres ordinateurs du réseau.

C'est quoi ces histoires de chemin ?

Un chemin est tout bonnement l'adresse d'un fichier, similaire à une adresse postale. Quand vous envoyez une lettre, elle est acheminée vers le pays, le département, la ville, la rue, le numéro, voire le bâtiment, jusqu'à votre boîte aux lettres nominative. Il en va de même pour un chemin, dans l'ordinateur. Il est acheminé vers le lecteur, dans un dossier, puis un ou plusieurs sous-dossiers et se termine par le nom du fichier.

Prenons le cas du dossier Musique, à la Figure 13.3. Pour que Vista trouve un fichier qui y est stocké, il commence par le disque dur C:, franchit le dossier Utilisateurs, puis le dossier Bernard et va au dossier Musique.

Accrochez-vous au pinceau car la grammaire informatique n'a rien à envier à celle du français. Sur un chemin, le disque dur principal est appelé `C:\`. La lettre et le signe deux-points forment la première partie du chemin. Tous les dossiers et sous-dossiers qui suivent sont séparés par une barre inversée (\). Le nom du fichier, *La Soupe aux Choux,* par exemple, vient en dernier.

Tout cela peut sembler indigeste ; c'est pourquoi on en remet une louche : la lettre du lecteur arrive en premier, suivie par un deux-points et une barre inversée. Suivent ensuite tous les dossiers conduisant au fichier, séparés par des barres inversées. Le nom du fichier ferme le chemin.

Vista définit automatiquement le chemin approprié lorsque vous cliquez sur un dossier. Heureusement. Mais chaque fois que vous cliquez sur le bouton Parcourir pour atteindre un fichier, vous naviguez parmi des dossiers et parcourez le chemin qui mène à lui.

Voir ce que contient un dossier

Les dossiers étant en quelque sorte des chemises à documents, Windows Vista s'en tient à cette représentation.

Pour voir ce que contient un dossier, qu'il soit dans Ordinateur ou sur le Bureau, double-cliquez sur son icône en forme de chemise. Une nouvelle fenêtre surgit, montrant ce qu'il y a dedans. Un autre dossier se trouve dedans ? Double-cliquez sur ce sous-dossier pour découvrir ce qu'il recèle. Cliquez ainsi jusqu'à ce que vous trouviez le fichier désiré ou arriviez dans un cul-de-sac.

Vous êtes au fond du cul-de-sac ? Si vous avez malencontreusement cherché dans le mauvais dossier, revenez en arrière comme vous le feriez sur le Web : cliquez sur la flèche Précédent, en haut à gauche de la fenêtre. Vous reculez ainsi d'un dossier. En continuant à cliquer sur la flèche Précédent, vous finissez par revenir au point de départ.

La Barre d'adresse est un autre moyen d'aller rapidement en divers endroits du PC. Tandis que vous naviguez de dossier en dossier, la Barre d'adresse du dossier – la petite zone de texte en haut de la fenêtre – conserve scrupuleusement une trace de vos pérégrinations. La Figure 13.4 montre la Barre d'adresse lorsque vous parcourez le dossier Musique. Vous avez remarqué les petites flèches entre chaque mot, comme Bernard et Musique ?

Figure 13.4 : Les petites flèches entre les noms de dossiers permettent d'aller vers d'autres dossiers.

Ces petites flèches sont des raccourcis vers d'autres dossiers et fenêtres. Cliquez sur l'une d'elles : le menu qui apparaît propose des emplacements où aller depuis ce point. Par exemple, cliquez sur la flèche après Ordinateur, comme à la Figure 13.5, pour atteindre rapidement le lecteur de CD.

TRUC

Voici quelques astuces pour trouver votre chemin dans et hors des dossiers :

- Un dossier contient parfois trop de sous-dossiers et de fichiers pour tenir dans la fenêtre. Cliquez dans la barre de défilement pour voir les autres. Cette commande est expliquée au Chapitre 12.

- Quand vous farfouillez profondément dans vos dossiers, la flèche Pages récentes est un moyen de retourner rapidement dans n'importe quel dossier que vous venez de visiter : cliquez sur la petite flèche pointant vers le bas, à côté de la flèche Suivant en haut à gauche de la fenêtre. Le menu déroulant mémorise tous les dossiers que vous avez parcourus. Cliquez sur le nom de celui où vous désirez retourner.

- Impossible de retrouver un dossier ou un fichier ? Au lieu d'errer comme une âme en peine dans l'arborescence, utilisez la commande Rechercher, dans le menu Démarrer, décrite au Chapitre 15. Windows sait retrouver vos dossiers et vos fichiers égarés.

- Face à une interminable liste de fichiers triés alphabétiquement, cliquez n'importe où dans la liste puis tapez rapidement une ou deux lettres du début du nom de fichier. Windows se positionne aussitôt sur le premier nom de fichier commençant par cette ou ces lettres.

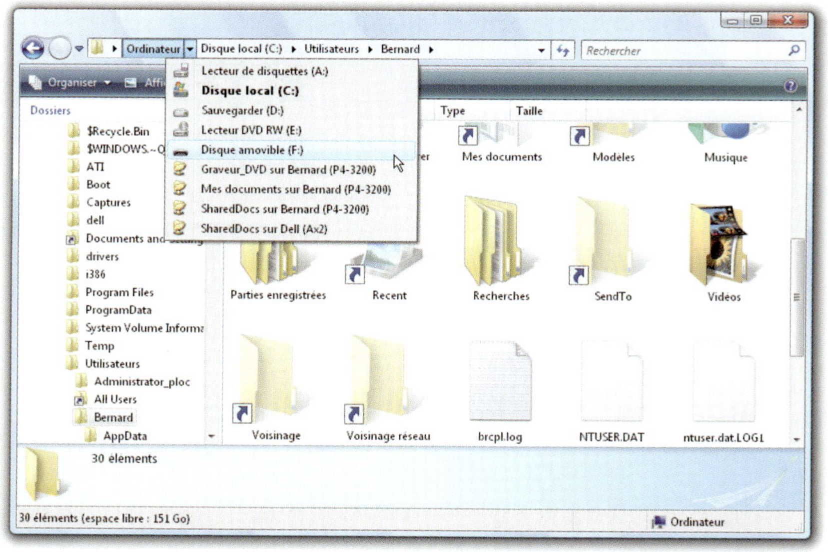

Figure 13.5 : Cliquez sur la flèche après Ordinateur pour aller vers n'importe quel emplacement du dossier Ordinateur.

Créer un nouveau dossier

Quand vous rangez un document dans un classeur à tiroirs, vous prenez une chemise en carton, vous écrivez un nom dessus puis vous y placez votre paperasserie. Pour stocker de nouvelles données dans Windows Vista – vos échanges de lettres acerbes avec un service de contentieux, par exemple – vous créez un nouveau dossier, pensez à un nom qui lui convient bien, et le remplissez avec les fichiers appropriés.

Pour créer rapidement un nouveau fichier, cliquez sur Organiser parmi les boutons de la barre d'outils du dossier et choisissez Nouveau dossier, dans le menu contextuel. Si la barre n'est pas visible, voici une technique sûre et éprouvée :

1. **Cliquez du bouton droit dans le dossier et choisissez Nouveau.**

   Le tout-puissant menu contextuel apparaît sur le côté.

2. **Sélectionnez Dossier.**

   Choisissez Dossier, comme le montre la Figure 13.6, et un sous-dossier apparaît dans le dossier où vous avez cliqué, prêt à être nommé.

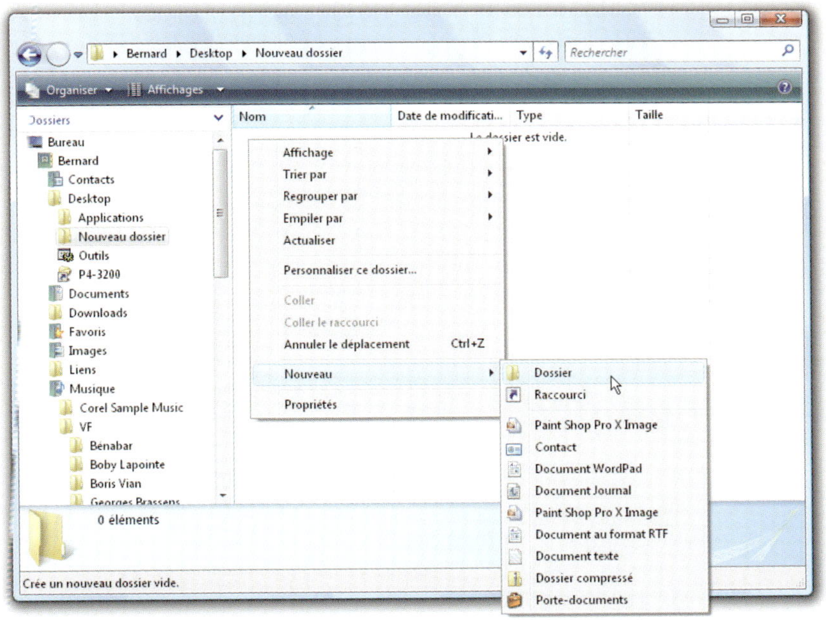

Figure 13.6 : Cliquez du bouton droit là où vous désirez créer un sous-dossier. Dans le menu, choisissez Nouveau, puis Dossier.

3. **Tapez le nom du nouveau dossier.**

Tout dossier venant d'être créé porte le nom peu attrayant de Nouveau dossier. Dès que vous tapez au clavier, Vista l'efface et le remplace par le nom que vous avez choisi. C'est fait ? Validez le nouveau nom, soit en appuyant sur Entrée, soit en cliquant ailleurs.

Si vous vous êtes fourvoyé et que vous désirez recommencer, cliquez du bouton droit sur le dossier, choisissez Renommer et recommencez.

- Certains caractères et symboles sont interdits. L'encadré «Les noms de dossiers et de fichiers admis» donne des détails. Vous n'aurez jamais de problème en vous en tenant aux bons vieux chiffres et lettres.

  TRUC

  Le lecteur perspicace aura remarqué, dans la Figure 13.6, que Windows propose bien d'autres options que la création d'un dossier, lorsque vous cliquez sur Nouveau. Cliquez du bouton droit dans un dossier pour créer un raccourci ou tout autre élément courant.

- L'observateur décontenancé le sera sans doute plus encore en constatant qu'en cliquant du bouton droit, son menu est différent de celui de la Figure 13.6. Rien d'étonnant à cela : des programmes installés par la suite ajoutent souvent leurs propres raccourcis aux menus contextuels, d'où leur différence d'un PC à un autre.

Renommer un fichier ou un dossier

Un nom de fichier ou de dossier ne convient plus ? Modifiez-le. Pour ce faire, cliquez du bouton droit sur l'icône incriminée puis, dans le menu, choisissez Renommer.

Windows sélectionne l'ancien nom du fichier, qui disparaît aussitôt que vous commencez à taper le nouveau. Appuyez sur Entrée ou cliquez dans le Bureau pour le valider.

Ou alors, vous pouvez cliquer sur le nom du fichier ou du dossier afin de le sélectionner, attendre une seconde puis cliquez de nouveau dans le nom afin de modifier tel ou tel caractère. Sélectionner le nom et appuyer sur la touche F2 est une autre technique de renommage.

- Quand vous renommez un fichier, seul son nom change. Le contenu reste le même, de même que sa taille et son emplacement.
- Pour renommer simultanément un ensemble de fichiers, sélectionnez-les tous, cliquez du bouton droit sur le premier et choisissez Renommer. Tapez ensuite le nouveau nom et appuyez sur Entrée : Vista renomme tous les fichiers en les numérotant : `chat`, `chat(2)`, `chat(3)`, `chat(4)` et ainsi de suite.
- Renommer des dossiers peut semer une redoutable pagaille dans Windows Vista, voire le déstabiliser ou le bloquer. Ne renommez jamais des fichiers comme Documents, Images ou Musique.
- Windows n'autorise pas le renommage de fichiers ou de dossiers actuellement utilisés par un programme. Fermer le programme dans lequel le fichier est ouvert résout généralement le problème. Si le problème perdure, le moyen le plus radical consiste à redémarrer l'ordinateur puis réessayer de renommer.

Les noms de dossiers et de fichiers admis

Windows est plus que pinailleur sur les caractères utilisables ou non pour des noms de fichier ou de dossier. Pas de problème si vous n'utilisez que des lettres et des chiffres. En revanche, les caractères que voici sont interdits :

: / \ * | < > ? «

Si vous tentez de les utiliser, Windows Vista affichera un message d'erreur et vous devrez changer le nom. Voici quelques noms de fichiers inutilisables :

`1/2 de mon travail`	`Travail : 2`
`UN>DEUX`	`Pas de «rejets» ici`

Ces noms sont admis :

`La moitié de mon boulot`	`Travail = OK`
`Deux est plus grand qu'un`	`#@$% de ! et j'en dis pas plus !`

Sélectionner des lots de fichiers ou de dossiers

La sélection d'un fichier, d'un dossier ou de tout autre élément peut sembler particulièrement ennuyeuse, mais c'est le point de passage obligé pour une foule d'autres actions : supprimer, renommer, déplacer, copier et bien d'autres bons plans que nous aborderons d'ici peu.

Pour sélectionner un seul élément, cliquez dessus. Pour sélectionner plusieurs fichiers et dossiers épars, maintenez la touche Ctrl enfoncée tout en cliquant sur les noms ou sur les icônes. Chacun reste en surbrillance.

Pour sélectionner une plage de fichiers ou de dossiers, cliquez sur le premier puis, la touche Majuscule enfoncée, cliquez sur le dernier. Ces deux éléments ainsi que tous ceux qui se trouvent entre sont sélectionnés (en surbrillance, dans le jargon informatique).

TRUC

Windows Vista permet aussi de sélectionner des fichiers et des dossiers avec le lasso. Cliquez à proximité d'un fichier ou d'un dossier à sélectionner puis, bouton de la souris enfoncé, tirez de manière à englober les fichiers et/ou dossiers à sélectionner. Un rectangle coloré montre l'aire de sélection. Relâchez le bouton de la souris. Le lasso disparaît, mais les fichiers englobés restent sélectionnés.

- Il est possible de glisser et déposer de gros ensembles de fichiers.
- Vous pouvez simultanément couper, copier ou coller ces gros ensembles à n'importe quel autre emplacement, par n'importe laquelle des techniques décrites dans la section «Copier ou déplacer des fichiers et des dossiers», plus loin dans ce chapitre.
- Ces gros ensembles de fichiers et de dossiers peuvent être supprimés d'un seul appui sur la touche Suppr.
- TRUC Pour sélectionner simultanément tous les fichiers et sous-dossiers, choisissez Sélectionner tout, dans le menu Édition du dossier. Pas de menu ? Appuyez sur Ctrl+A. Voici une autre manip sympa : pour tout sélectionner sauf quelques éléments, appuyez sur Ctrl+A puis, touche Ctrl enfoncée, cliquez sur les éléments à ne pas prendre en compte.

Supprimer un fichier ou un dossier

Tôt ou tard, vous vous débarrasserez de fichiers ou de dossiers – lettres d'amours défuntes ou photo embarrassante... – qui n'ont plus de raisons d'exister. Pour supprimer un fichier ou un dossier, cliquez sur leur nom du bouton droit et choisissez Supprimer, dans le menu contextuel. Cette manipulation des plus simples fonctionne pour presque n'importe quoi dans Windows : fichiers, dossiers, raccourcis...

Pour supprimer rapidement, cliquez sur l'élément condamné et appuyez sur la touche Suppr. Le glisser et le déposer dans la Corbeille produit le même effet.

L'option Supprimer supprime la totalité d'un dossier, y compris tous les fichiers et sous-dossiers qui s'y trouveraient. Assurez-vous d'avoir bien choisi le dossier à jeter avant d'appuyer sur Suppr.

- Après avoir choisi Supprimer, Windows demande confirmation. Si vous êtes sûr, cliquez sur Oui. Si vous êtes lassé de cette sempiternelle question, cliquez du bouton droit sur la Corbeille, choisissez Propriétés puis décochez la case Afficher la demande de confirmation de la suppression. Windows supprime désormais sans autre forme de procès.

- Assurez-vous plutôt deux fois qu'une de ce que vous faites lorsque vous supprimez une icône arborant une petite roue dentée. Ces fichiers sont généralement des fichiers techniques sensibles, cachés, que vous n'êtes pas censé bidouiller.

- Les icônes avec une petite flèche dans un coin sont des raccourcis, autrement dit des boutons qui se contentent de charger des fichiers. Les supprimer n'élimine donc que leur icône, mais en aucun cas le fichier ou le programme, qui ne sont en rien affectés.

Inutile de lire ça

Vous n'êtes pas le seul à créer des fichiers dans l'ordinateur. Les programmes stockent souvent des informations – la configuration de l'ordinateur, par exemple – dans un fichier de données. Pour éviter qu'un utilisateur les confonde avec des rebuts et les supprime, Windows les cache.

Mais si cela vous intéresse, vous pouvez afficher les dossiers et fichiers cachés en procédant ainsi :

1. **Ouvrez un dossier, cliquez sur le bouton Organiser et choisissez Options des dossiers et de recherche.**

   La boîte de dialogue Options de dossier apparaît.

2. **Choisissez l'onglet Affichage, en haut de la boîte de dialogue, trouvez la ligne Afficher les fichiers et dossiers cachés, dans la section Paramètres avancés, puis cliquez sur le bouton Afficher les fichiers et dossiers cachés.**

3. **Cliquez sur le bouton OK.**

Les fichiers cachés apparaissent maintenant parmi les autres. Veillez à ne pas les supprimer car le programme auquel ils appartiennent aurait un comportement inattendu, au risque d'endommager Windows lui-même. Je vous conseille vivement de désactiver le bouton Afficher les fichiers et les dossiers cachés puis de cliquer sur Appliquer pour revenir aux paramètres habituels.

Copier ou déplacer des fichiers et des dossiers

Pour copier ou déplacer des fichiers vers d'autres dossiers du disque dur, il est parfois plus facile d'effectuer un glisser-déposer avec la souris. Par exemple, voici comment déplacer le fichier Voyageur du dossier Maison vers le dossier Maroc.

1. **Positionnez le pointeur de la souris sur le fichier ou le dossier à déplacer.**

   Il s'agit en l'occurrence du fichier Voyageur.

2. **Le bouton droit de la souris enfoncé, déplacez l'élément jusqu'à ce qu'il se trouve sur le dossier de destination.**

   Comme le révèle la Figure 13.7, le fichier Voyageur est glissé du dossier Maison jusque dans le dossier Maroc (la juxtaposition des dossiers est expliquée au Chapitre 12).

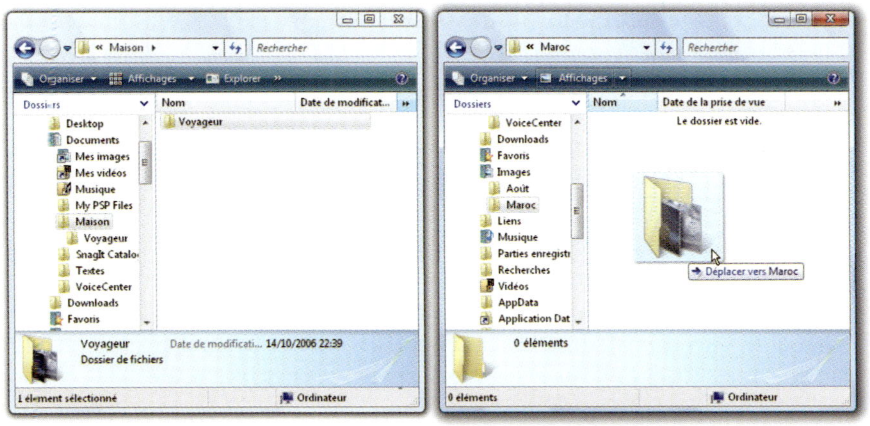

Figure 13.7 : Faites glisser un fichier ou un dossier d'une fenêtre à une autre.

   Le fichier suit le pointeur de la souris, tandis que Vista indique que vous déplacez un fichier (Figure 13.7). Veillez à ce que le bouton droit reste enfoncé pendant toute la manœuvre.

   Faites toujours glisser l'icône avec le bouton droit de la souris. Vista présentera ainsi un menu contextuel proposant des options lorsque vous positionnez l'icône, et vous pouvez choisir de copier, déplacer ou créer un raccourci. Lorsque vous utilisez le bouton gauche, Vista ne sait parfois pas si vous désirez copier ou déplacer.

3. **Relâchez le bouton de la souris et, dans le menu, choisissez Copier ici, Déplacer ici ou Créer les raccourcis ici.**

A vrai dire glisser et déposer un dossier est très facile. Le plus dur est d'afficher à la fois le dossier d'origine et le dossier de destination, notamment quand l'un d'eux est profondément enterré dans l'ordinateur.

Si le glisser-déposer prend trop de temps, Windows propose quelques autres manières de copier ou déplacer des fichiers. Certains des outils qui suivent seront plus ou moins appropriés selon l'arrangement de l'écran :

- **Les menus contextuels :** Cliquez du bouton droit sur un fichier ou sur un dossier et choisissez Couper ou Copier. Cliquez ensuite du bouton droit dans le dossier de destination et choisissez Coller. C'est simple, ça fonctionne à tous les coups et il n'est pas nécessaire d'afficher deux fenêtres à l'écran.
- **Les commandes de la barre de menus :** Cliquez sur le fichier et appuyez sur Alt pour révéler les menus cachés du dossier. Dans le menu, cliquez sur Édition et choisissez Copier dans un dossier ou Déplacer vers un dossier. Une nouvelle fenêtre apparaît, répertoriant tous les lecteurs de l'ordinateur. Cliquez dans un lecteur et dans ses dossiers pour atteindre le dossier de destination, et Windows se charge d'exécuter la commande Copier ou Déplacer. Un peu laborieuse, cette technique convient si vous connaissez l'emplacement exact du dossier de destination.
- **L'affichage des dossiers dans le Volet de navigation :** Décrit à la section «Le Volet de navigation», au Chapitre 12, le bouton Dossiers affiche la liste des dossiers dans le Volet de navigation, ce qui permet d'y déposer facilement des fichiers, sans la corvée de devoir ouvrir le dossier de destination.

Obtenir plus d'informations sur les fichiers et les dossiers

Chaque fois que vous créez un fichier ou un dossier, Vista révèle des informations le concernant : la date de création, sa taille, et autres renseignements plus banaux. Parfois, il vous permet même d'ajouter vos propres informations : des paroles ou une critique d'un morceau de musique, ou la miniature de chacune de vos photos.

Vous pouvez parfaitement ignorer toutes ces informations, mais parfois, elles vous permettront de résoudre un problème.

Pour les découvrir, cliquez du bouton droit sur un fichier ou un dossier et, dans le menu, choisissez Propriétés. Par exemple, les propriétés d'un morceau de Tri Yann révèlent une quantité d'informations, comme le montre la Figure 13.8. Voici la signification de chaque onglet :

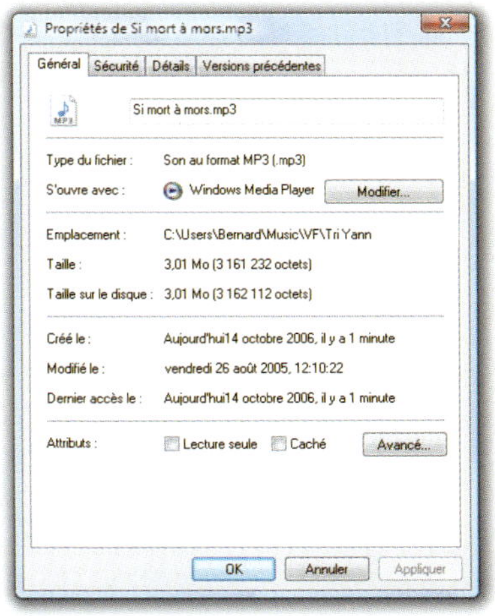

Figure 13.8 : Les propriétés d'un fichier indiquent le programme qui l'ouvre automatiquement, la taille du fichier ainsi que d'autres informations.

- **Général :** Ce premier onglet (à gauche dans la Figure 13.8) indique le type du fichier, un fichier MP3 du morceau *Si mort à mors* en l'occurrence, sa taille (3,1 Mo), le programme qui l'ouvre (le Lecteur Windows Media) et son emplacement.

  TRUC

  Le programme qui ouvre le fichier n'est pas le bon ? Cliquez du bouton droit sur le fichier, choisissez Propriétés et, sous l'onglet Général, cliquez sur le bouton Modifier. Sélectionnez ensuite votre programme préféré dans la liste.

- **Sécurité :** Sous cet onglet, vous contrôlez les permissions, c'est-à-dire qui a le droit d'accéder au fichier et ce qu'il peut faire avec, des détails qui ne deviennent une corvée que lorsque Vista empêche l'un de vos amis – ou même vous – d'ouvrir un fichier. Si ce problème s'avère ardu, copiez le dossier dans dossier Public. C'est un espace d'accès libre, où tout le monde peut accéder au fichier.

- **Détails :** Cet onglet révèle des informations supplémentaires concernant un fichier. Si c'est celui d'une photo numérique, cet onglet répertorie les données EXIF (*Exchangeable Image File Format,* format de fichier d'image échangeable) : marque et modèle de l'appareil photo, diaphragme, focale utilisée et autres valeurs que les photographes apprécient. Pour un morceau de musique, cet onglet affiche son identifiant ID3 (*Identify MP3*) : artiste, titre de l'album, année, numéro de la piste, genre, durée et autres informations.

- **Versions précédentes :** Collectionneur impénitent, Vista conserve toujours les versions précédentes de vos fichiers. Vous avez commis une bourde calamiteuse dans une feuille de calcul ? Pas de panique : allez ici et choisissez la copie de Hier de la feuille de calcul. La fonction Versions précédentes de Vista fonctionne de pair avec la Restauration du système qui a fait ses preuves dans Windows XP.

Normalement, tous ces détails restent cachés à moins de cliquer du bouton droit sur un fichier et de choisir Propriétés. Mais un dossier peut fournir simultanément des détails de la totalité des fichiers, ce qui est commode pour des recherches rapides. Pour choisir le type de détail – le nombre de mots dans un document Word, par exemple – cliquez du bouton droit sur n'importe quel terme figurant en haut d'une colonne, comme à la Figure 13.9. Cliquez sur Autres, en bas de la liste, pour découvrir d'autres détails, dont Nombre de mots.

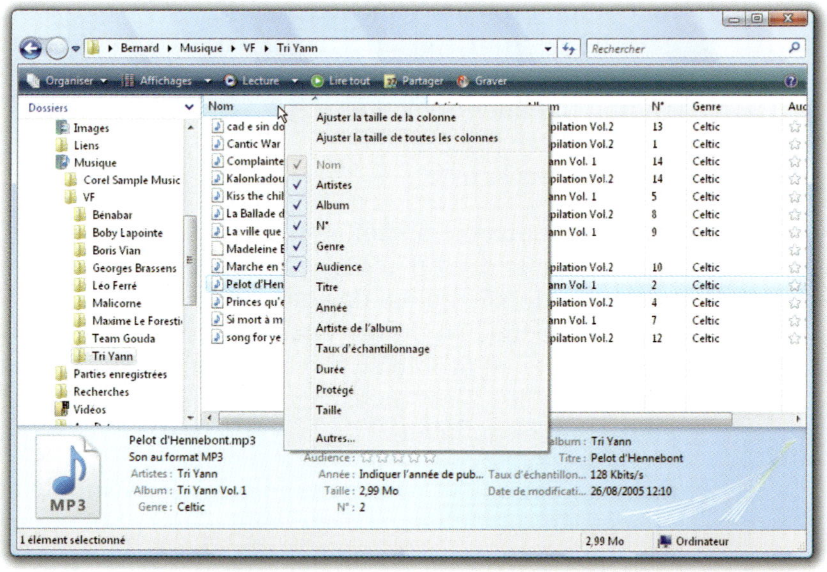

Figure 13.9 : Cliquez du bouton droit sur l'en-tête d'une colonne. Une fenêtre permet de sélectionner les détails des fichiers à faire apparaître dans le dossier.

- Pour changer l'affichage des fichiers dans un dossier, cliquez sur la flèche jouxtant le bouton Affichages, dans la barre d'outils. Le menu ainsi déployé propose sept manières de montrer les fichiers : Très grandes icônes, Grandes icônes, Icônes moyennes, Petites icônes, Liste, Détails et Mosaïques. Essayez-les et faites votre choix. Notez que Vista mémorise votre choix pour chaque dossier.

- Si vous ne vous souvenez plus de la fonction d'un bouton de la barre d'outils, immobilisez le pointeur de la souris dessus. Vista affiche alors une info-bulle expliquant succinctement à quoi il sert.

- Bien que les informations supplémentaires puissent être appréciables, elles occupent de la place au détriment du nombre de fichiers affichés dans la fenêtre. N'afficher que le nom des fichiers est souvent une meilleure option. C'est seulement lorsque vous voudrez en savoir plus sur un fichier ou un dossier que vous essayerez l'astuce qui suit.

- Dans un dossier, les fichiers sont habituellement triés alphabétiquement. Pour les trier différemment, cliquez dans une partie vide du dossier et choisissez Trier par. Un menu déroulant propose de trier par nom, taille, type, etc. Cliquer sur le bouton Autres, en bas du menu, vous étonnera, car 250 autres manières de trier des fichiers sont proposées.

- Si vous êtes lassé du menu Trier par, cliquez sur l'en-tête en haut de chaque colonne. Cliquez sur Taille, par exemple, pour placer rapidement les fichiers les plus volumineux en haut de la liste. Cliquez sur Date de modification pour trier les fichiers selon la date de modification la plus récente (NdT : cliquer une seconde fois inverse l'ordre de tri).

NOTE TECHNIQUE

Les attributs d'un fichier

Windows affecte à chaque fichier des sortes de commutateurs informatiques appelés «attributs». Il examine leur état avant d'ouvrir un fichier. Pour connaître les attributs d'un fichier, cliquez dessus du bouton droit et choisissez Propriétés. Voici ceux que vous découvrirez :

- **Lecture seule :** Lorsque cet attribut est actif, un fichier ne peut être que lu. Il ne peut être ni supprimé ni modifié de quelque manière que ce soit.
- **Fichier caché :** Activer cet attribut rend le fichier invisible lors des opérations normales.

Cliquer sur le bouton Avancé donne accès à d'autres commutateurs :

- **Le fichier est prêt à être archivé :** Certains logiciels de sauvegarde examinent cet attribut pour savoir si ce fichier a déjà été sauvegardé. Si c'est le cas, l'attribut est inactif.
- **Autoriser l'indexation de ce fichier pour la recherche rapide :** Normalement actif, ce paramètre indique à Windows qu'il peut autoriser son service d'indexation à prendre note du fichier et de son contenu.
- **Compresser le contenu pour minimiser l'espace disque nécessaire :** Disponible sur la plupart des ordinateurs récents, ce paramètre autorise Windows à comprimer les fichiers afin de gagner de la place. Attention toutefois, car la décompression ralentit parfois le chargement du fichier.
- **Crypter le contenu pour sécuriser les données :** Ce commutateur active un moyen beaucoup trop compliqué de protection du fichier par un mot de passe. Ignorez-le.

La boîte de dialogue Propriétés facilite – peut-être trop – la modification de ces attributs. La plupart du temps, vous devez éviter d'y toucher. Je ne les mentionne ici qu'à titre informatif, pour que vous sachiez de quoi il s'agit lorsqu'un spécialiste vous annonce que l'attribut d'un fichier introuvable a sûrement été mis sur «caché».

Graver des CD et des DVD

La plupart des ordinateurs actuels savent graver des CD ou des DVD. Pour savoir si votre lecteur de CD et aussi un graveur de CD, ôtez tout disque se trouvant dans le tiroir, puis ouvrez Ordinateur à partir du menu Démarrer et examinez l'icône de votre lecteur de CD ou de DVD. Elle doit comporter les lettres RW.

DVD/CD-RW

Si le lecteur porte la mention `DVD/CD-RW`, comme sur l'icône en marge, cela signifie qu'il est capable de lire et de graver des CD, mais seulement de lire – et non graver – des DVD.

DVD-RW

Si le lecteur porte la mention `Lecteur DVD-RW`, il peut lire et graver des CD et aussi des DVD.

Vista est la première version de Windows capable de graver des DVD, une tâche que Windows XP était incapable d'exécuter sans l'aide de programmes tiers.

Si votre PC est équipé de deux lecteurs, un de CD et l'autre de DVD, indiquez à Vista lequel sera utilisé pour la gravure. Pour ce faire, cliquez du bouton droit sur le lecteur, choisissez Propriété puis cliquez sur l'onglet Enregistrement. Choisissez ensuite votre lecteur favori à la partie supérieure.

Acheter des CD et DVD vierges pour la gravure

Il existe deux types de CD : les CD-R (comme *Recordable,* «enregistrable», en anglais) et CD-RW (comme *ReWritable,* «réinscriptible»). Voici la différence :

- **CD-R :** La plupart des gens achètent des CD-R car ils sont bon marché et sont parfaits pour stocker de la musique ou des fichiers. Vous pouvez graver les données jusqu'à ce qu'ils soient pleins, mais c'est tout. Il est impossible de modifier le contenu. Ce n'est pas un problème car ceux qui utilisent ce support ne veulent pas que leurs CD risquent d'être effacés. Ils sont aussi utilisés pour les sauvegardes.

- **CD-RW :** Les CD réinscriptibles servent notamment à faire des sauvegardes temporaires. Vous pouvez les graver tout comme un CD-R, à la différence près que le CD-RW peut être entièrement effacé – l'effacement partiel est impossible – et réutilisé. Ce type de CD est cependant plus onéreux.

À l'instar des CD, les DVD existent eux aussi en versions enregistrable et réinscriptible. Hormis cela, c'est la pagaille : les fabricants multiplient les formats, semant la confusion parmi les consommateurs. Avant d'acheter des DVD vierges, vérifiez les formats acceptés par votre lecteur : DVD-R, DVD-RW, DVD+R, DVD+RW et/ou DVD-RAM. La plupart des lecteurs récents reconnaissent les quatre premiers formats, ce qui facilite votre choix.

- La vitesse de rotation du disque, indiquée par l'opérateur × (comme dans 8×, 40×...) indique la rapidité de la gravure : un CD 40× est gravé cinq plus rapidement qu'un CD 8×. Achetez des CD dont la vitesse maximale est compatible avec celle de votre graveur.

- Le format et la vitesse de votre lecteur de CD ou de DVD figurent souvent sur sa façade. Si ce n'est pas le cas, vérifiez la documentation, voire la facture détaillée, de votre ordinateur. Si vous ne trouvez toujours pas d'indice, achetez des disques moyennement rapides. Un graveur lent parvient toujours à graver sur des disques rapides, mais pas avec la célérité d'un graveur plus rapide.

- Les CD vierges sont bon marché. Pour un essai, demandez-en un à un ami : si la gravure s'effectue sans problème, achetez-en d'autres du même type. En revanche, les DVD vierges étant plus chers, il vous sera plus difficile d'en obtenir un pour un test.

- Bien que Vista gère parfaitement les tâches de gravure de CD simples, il est extraordinairement compliqué lorsqu'il s'agit de copier des CD audio. La plupart des utilisateurs renoncent rapidement et préfèrent s'en remettre à des logiciels de gravure tiers, comme ceux édités par Roxio ou Nero.

- La copie des CD audio et des DVD est soumise aux lois du droit d'auteur.

Copier des fichiers depuis ou vers un CD ou un DVD

Il fut un temps où CD et DVD étaient à l'image de la simplicité : il suffisait de les introduire dans un lecteur de salon pour les lire. Mais, dès lors que ces disques ont investi les ordinateurs, tout se compliqua. A présent, lorsque vous gravez un CD ou DVD, vous devez indiquer au PC ce que vous copiez et comment vous comptez le lire : sur un lecteur de CD audio ? Sur un lecteur de DVD ? Ou ne s'agit-il que de fichiers informatiques ? Si vous avez mal choisi, le disque ne sera pas lisible.

Voici les règles régissant la création d'un disque :

- **Musique :** Vous utiliserez le Lecteur Windows Media.
- **Films et diaporamas :** Vous utiliserez le nouveau programme DVD Maker.

Mais il en va différemment si vous désirez seulement copier des fichiers informatiques sur un CD ou un DVD, à des fins de sauvegarde ou pour les envoyer à quelqu'un.

Suivez ces étapes pour graver des fichiers sur un CD ou un DVD vierge (si vous ajoutez les données à un disque qui en contient déjà, passez à l'Étape 4).

Remarque : Si vous avez installé un logiciel de gravure tiers dans votre PC, il risque de démarrer automatiquement dès l'insertion du CD, outrepassant toutes les étapes. Vous devrez le désactiver si vous désirer graver avec Vista ou tout autre programme. Cliquez ensuite sur l'icône du lecteur et choisissez Ouvrir la lecture automatique. Vous pourrez ainsi indiquer à Vista comment il doit réagir à l'insertion d'un CD vierge.

1. **Insérez le disque vierge dans le graveur et choisissez Graver les fichiers sur un disque.**

   Vista réagit différemment selon que vous avez inséré un CD ou un DVD, comme le montre la Figure 13.10.

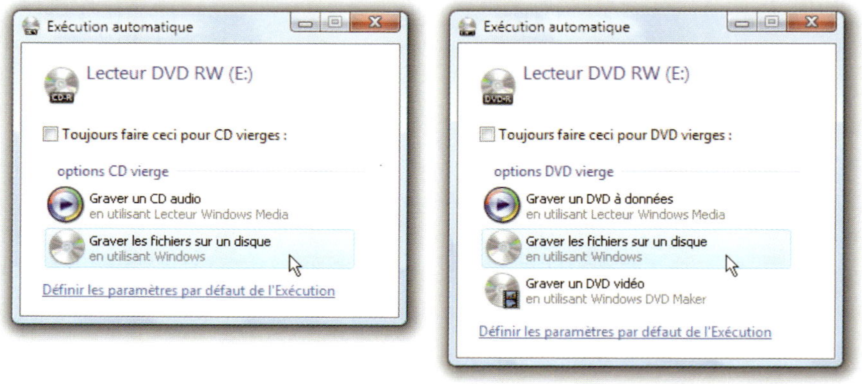

Figure 13.10 : L'insertion d'un CD (à gauche) ou d'un DVD (à droite) affiche la boîte de dialogue appropriée. Choisissez Graver un CD pour copier les fichiers sur le disque.

CD : Vista propose deux options :

- **Graver un CD audio :** Cette option demande au Lecteur Windows Media de créer un CD audio lisible par la plupart des lecteurs de CD.
- **Graver les fichiers sur un disque :** Choisissez cette option pour copier des fichiers sur un CD.

DVD : Vista offre trois options :

- **Graver un DVD à données :** Choisir cette option demande au Lecteur Windows Media de sélectionner des fichiers de musique dans votre bibliothèque afin de les copier sur un DVD à des fins de sauvegarde. Si votre lecteur de DVD de salon supporte les fichiers MP3 ou WMA, il pourra *peut-être* le lire.
- **Graver les fichiers sur un disque :** Choisissez cette option pour copier des fichiers informatiques sur le DVD.
- **Graver un DVD vidéo :** Cette option démarre le programme DVD Maker. Il sert à créer des films ou des diaporamas.

2. **Saisissez un nom pour le disque puis cliquez sur Suivant.**

   Après avoir inséré le disque et choisi Graver les fichiers sur un disque, à l'Étape 1, Vista affiche la boîte de dialogue Graver un disque et vous demande de trouver un titre pour le disque.

Hélas, Vista limite la longueur des titres des CD et DVD à 16 caractères. Au lieu de taper **Pique-nique familial à Trifouilly-les-Oies en 2006**, vous devrez vous limiter à **Trifouilly 2006**. Ou vous contenter de cliquer sur Suivant et accepter le nom par défaut imposé par Vista : la date d'aujourd'hui.

Les esprits curieux auront remarqué l'option Afficher les options de formatage, dans la boîte de dialogue Graver un disque. Si vous l'activez, vous constaterez que Vista offre deux possibilités de stockage des données sur le disque : Live File System ou Mastered. Tenez-vous-en à la première, Live File System, excepté dans deux circonstances : lorsque vous utilisez un CD ou un DVD, ou lorsque vous vous inquiétez de la compatibilité avec les PC anciens et les ordinateurs Apple. Dans ces cas, optez pour Mastered.

Après avoir entré un nom, Vista se prépare à recevoir les fichiers qu'il devra graver. Pour le moment, la fenêtre du disque est vide.

3. Indiquez à Vista les fichiers qu'il doit graver.

Le disque étant prêt à recevoir des données, il doit indiquer à Vista où il les trouvera. Vous pouvez le faire de diverses manières :

- Cliquez du bouton droit sur l'élément à copier, qu'il s'agisse d'un seul fichier, d'un dossier, ou d'un ensemble de fichiers et de dossiers sélectionnés. Dans le menu contextuel qui apparaît, choisissez Envoyer vers puis sélectionnez le graveur.
- Faites glisser les fichiers et/ou les dossiers et déposez-les sur la fenêtre du graveur, ou sur l'icône du graveur, dans la fenêtre Ordinateur.

- Choisissez le bouton Graver, dans la barre d'outils de n'importe quel dossier du dossier Musique. Tous les dossiers de musique – ou les fichiers audio sélectionnés – seront copiés sur le disque en tant que fichiers informatiques, lisibles par les chaînes stéréo et autoradio capables de lire des fichiers WMA ou MP3.

- Choisissez le bouton Graver, dans la barre d'outils de n'importe quel dossier du dossier Images. Toutes les photos du dossier Images – ou celles que vous avez sélectionnées – seront copiées sur le disque, à des fins de sauvegarde ou pour les diffuser autour de vous.

- Choisissez le bouton Graver, dans la barre d'outils, de n'importe quel dossier du dossier Documents. Les fichiers qui s'y trouvent seront copiés sur le disque.
- Demandez au logiciel que vous utilisez actuellement d'enregistrer le fichier sur le disque compact plutôt que sur le disque dur.

Quelle que soit la technique choisie, Vista examine scrupuleusement les données puis les grave sur le disque.

4. **Fermez la session de gravure en éjectant le disque.**

Quand vous avez fini de copier des fichiers sur un disque, indiquez-le à Vista en fermant la fenêtre Ordinateur : double-cliquez sur le petit «X» dans le coin supérieur droit de la fenêtre.

Appuyez ensuite sur le bouton d'éjection du disque, ou cliquez du bouton droit sur l'icône du lecteur, dans Ordinateur, et choisissez Ejecter. Vista ferme la session en veillant à ce que le disque soit lisible par d'autres PC.

Par la suite, vous pouvez graver d'autres fichiers sur le même disque jusqu'à ce que Windows vous informe qu'il est plein. Vous devrez alors mettre fin à la gravure, comme à l'Étape 4 précédemment, insérer un disque vierge puis tout recommencer à partir de l'Étape 1.

Si vous tentez de copier un ensemble de fichiers plus volumineux que ce que peut héberger le disque, Vista le signalera aussitôt. Réduisez le nombre de fichiers à copier sur un disque en les répartissant sur plusieurs.

La plupart des programmes permettent d'enregistrer directement sur un CD. Choisissez Fichier, puis Enregistrer, et sélectionnez le graveur. Insérez un disque dans le lecteur – de préférence pas trop plein – pour démarrer le processus.

Dupliquer un CD ou un DVD

Windows Vista ne possède pas de commande de duplication de disque compact. Il n'est pas même capable de copier un CD audio, ce qui explique pourquoi beaucoup de gens achètent des logiciels de gravure.

Il est cependant possible de copier tous les fichiers d'un CD ou d'un DVD dans un disque vierge en procédant en deux étapes :

1. **Copiez les fichiers et dossiers du CD ou du DVD dans un dossier de votre PC.**
2. **Copiez le contenu de ce dossier sur un CD ou un DVD vierge.**

Vous obtenez ainsi une copie du CD ou du DVD, commode lorsque vous tenez à conserver deux sauvegardes essentielles.

Ce procédé ne fonctionne pas avec un CD audio ou un film sur DVD (j'ai essayé). Seuls les disques contenant des programmes ou des données informatiques peuvent être dupliqués.

Disquettes et cartes mémoire

Les possesseurs d'appareil photo numérique sont sans doute familiarisés avec les cartes mémoire, ces petites plaquettes en plastique qui remplacent la pellicule. Vista est capable de lire les photos numériques directement sur l'appareil, pour peu qu'il soit connecté au PC. Mais Vista est aussi capable de lire les cartes mémoire, une technique prisée par tous ceux qui n'ont pas envie d'utiliser le câble de connexion.

Mais pour cela, le PC doit être équipé d'un lecteur de cartes mémoire, dans lequel vous insérez la carte bourrée de photos. Pour le PC, c'est un dossier comme un autre.

Les boutiques d'informatique vendent des lecteurs de cartes mémoire externes acceptant les formats les plus répandus : Compact Flash, Secure Digital, Mini-Secure Digital, Memory Stick, et d'autres encore.

Un lecteur de cartes mémoire est d'une agréable convivialité : après avoir inséré la carte, vous pouvez ouvrir son dossier dans le PC et voir les miniatures des photos qui s'y trouvent. Toutes les opérations de glisser-déposer, copier-coller et autre manipulations décrites précédemment dans ce chapitre sont applicables. Vous déplacez et organisez vos photos intuitivement.

- Formater une carte mémoire efface irrémédiablement toutes les photos et autres données qui s'y trouvent. Ne formatez jamais une carte mémoire sans avoir préalablement vérifié ce qu'elle contient.

- La procédure, maintenant : si Windows se plaint de ce qu'une carte nouvellement insérée n'est pas formatée – un problème qui affecte surtout les cartes ou disquettes endommagées –, cliquez du bouton droit sur son lecteur et choisissez Formater. Parfois, le formatage permet d'utiliser la carte avec un autre appareil que celui pour lequel vous l'aviez achetée : un lecteur MP3 acceptera par exemple celle que l'appareil photo refuse.

- Les lecteurs de disquette n'équipent plus que les PC les plus anciens (NdT : ils sont parfois proposés en option et il existe aussi des lecteurs de disquette externes). Ils fonctionnent comme les lecteurs de cartes mémoire : insérez la disquette puis double-cliquez sur son icône, dans Ordinateur, pour accéder aux fichiers.

- Appuyez sur la touche F5 chaque fois que vous insérez une nouvelle disquette dans le lecteur, afin que Windows Vista mette la fenêtre à jour. Autrement, elle afficherait toujours les fichiers de la disquette précédente (cette formalité n'est obligatoire que pour les disquettes).

Quatrième partie

Travailler avec les programmes et les fichiers

Dans cette partie...

Vous venez de faire connaissance avec Vista et d'apprendre les bases de son utilisation, notamment cliquer çà et là.

Dans cette partie du livre, vous serez enfin productif. C'est ici que vous apprendrez à démarrer des programmes, à ouvrir des fichiers, à créer et enregistrer les vôtres, et imprimer vos œuvres. Vous saurez aussi tout sur les incontournables commandes Couper, Copier et Coller.

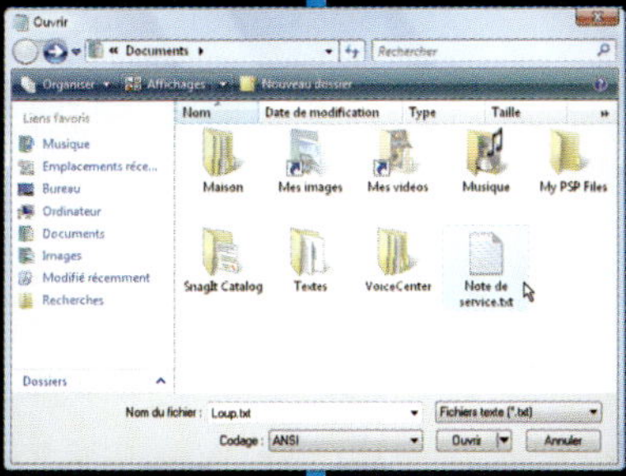

Et si des fichiers prennent soudainement la clé des champs – c'est dans leur nature –, le Chapitre 15 vous expliquera comment lancer une recherche à leurs trousses et les ramener au bercail.

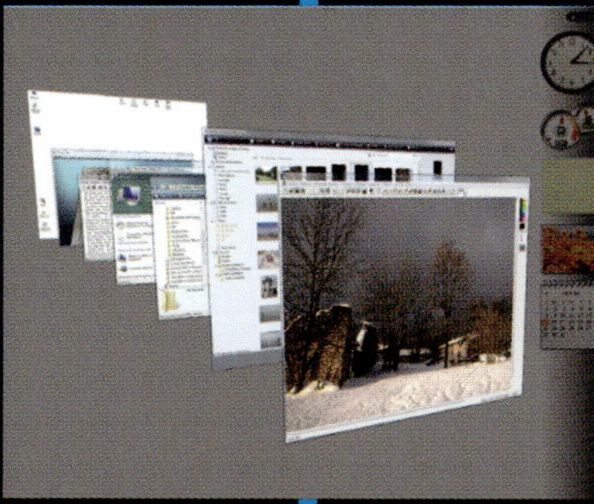

Chapitre 14

Programmes et documents

Dans ce chapitre :

- Ouvrir un programme ou un document.
- Changer le programme qui ouvre un document.
- Créer un raccourci.
- Couper ou copier, et coller.
- Utiliser les programmes livrés avec Vista.

Dans Windows, le programmes – ou logiciels – sont vos outils. Ils vous permettent de calculer, d'écrire et d'abattre des vaisseaux spatiaux. En revanche, les documents sont ce que vous créez à l'aide d'un programme : une feuille de calcul révélant que vous vivez au-dessus de vos moyens, une lettre à l'eau de rose, les scores de vos jeux.

Ce chapitre commence par les bases : ouvrir des programmes, créer des raccourcis, couper et coller des données entre des documents... J'en profiterai pour vous montrer quelques trucs, comme l'ajout d'un signe © (copyright) dans le document, par exemple. Enfin, nous ferons le tour des programmes livrés avec Windows Vista, vous apprendrez à créer une lettre que vous agrémenterez de caractères spéciaux ou de symboles.

Démarrer un programme

Cliquer sur le bouton Démarrer déploie le menu Démarrer, qui est la rampe de lancement de vos programmes. Le menu Démarrer est remarquablement intuitif. Par exemple, si Vista s'aperçoit que vous gravez beaucoup de DVD, le menu Démarrer place l'icône du programme DVD Maker en bonne place dans la liste, comme l'illustre la Figure 14.1.

Figure 14.1 : Cliquez sur le bouton Démarrer puis sur le programme à ouvrir.

Votre programme favori n'est pas visible dans le menu Démarrer ? Cliquez sur Tous les programmes, en bas du menu. Il propose une liste exhaustive de tous les programmes installés dans l'ordinateur, dûment répertoriés. Le programme n'est toujours pas visible ? Il se trouve sans aucun doute dans l'un des dossiers de Tous les programmes. Cliquez sur l'un ou l'autre de ces dossiers pour le découvrir (NdT : Ces dossiers portent souvent le nom de l'éditeur du programme).

Après avoir repéré le programme, cliquez sur son nom. Il s'ouvre sur le Bureau, prêt à servir.

Si le programme ne figure pas dans le menu Démarrer, Windows Vista propose plusieurs moyens de l'ouvrir, dont ceux-ci :

- Ouvrez le dossier Documents, dans le menu Démarrer, et double-cliquez sur le fichier sur lequel vous comptez travailler. Le programme approprié démarre et ouvre le fichier en question.

- Double-cliquez sur un raccourci du programme. Les raccourcis, souvent placés sur le Bureau, sont des boutons très commodes pour démarrer des programmes ou ouvrir des fichiers. Ils sont décrits en détails à la section «Prendre un raccourci», plus loin dans ce chapitre.

- Si l'icône du programme se trouve dans la barre d'outils Lancement rapide – elle jouxte le menu Démarrer –, cliquez dessus et le programme entre en action.

- Cliquez du bouton droit sur le Bureau, choisissez Nouveau et sélectionnez le type de document à créer. Windows démarrera le programme approprié.
- Tapez le nom du programme dans le champ Rechercher, en bas du menu Démarrer, et appuyez sur Entrée.

Il existe encore d'autres moyens de démarrer un programme, mais ceux-ci sont les plus pratiques.

Dans le menu Démarrer, Vista place des raccourci, autrement dit des boutons qui lancent les programmes que vous utilisez le plus fréquemment. Ces raccourcis changent tout le temps afin de montrer toujours les huit programmes les plus utilisés. Vous ne voulez pas que le directeur sache que vous jouez souvent à FreeCell ? Cliquez du bouton droit sur son icône et choisissez Supprimer de cette liste. Le raccourci disparaît, mais la «véritable» icône de FreeCell subsiste à son emplacement normal, dans le dossier Jeux (dans le menu Tous les programmes).

Y a-t-il un Administrateur dans l'ordinateur ?

NdT : Il arrivera que l'ordinateur vous demande de démarrer un programme, pour la première fois, en tant qu'Administrateur. Or, vous avez beau être l'Administrateur de l'ordinateur – son propriétaire et seul utilisateur, par exemple –, rien n'y fait. Chaque fois que vous tentez d'ouvrir le programme depuis le menu Démarrer, l'ordinateur demande obstinément d'ouvrir le programme en tant qu'Administrateur.

Le problème réside sur le fait qu'en ouvrant le programme depuis le menu Démarrer, vous cliquez sur un raccourci, un élément expliqué au Chapitre 14. Or, c'est directement sur le fichier du programme, en aval du dossier Program File, que vous devez cliquer. Trouver l'exécutable du fichier (reconnaissable à son extension `.exe`) n'est pas toujours facile, car le programme peut être dans un sous-dossier au nom de l'éditeur. Reportez-vous au Chapitre 14 pour savoir comment afficher l'extension des fichiers.

Tout ça peut sembler compliqué au débutant. Mais si ce dernier connaît quelqu'un qui s'y connaît un peu en informatique, il saura le tirer d'affaire.

Ouvrir un document

Windows Vista adore tout ce qui est normalisé. La preuve ? Tous les programmes chargent les documents – souvent appelés «fichiers» – et les ouvrent de la même manière :

1. **Cliquez sur l'option Fichier, dans la barre de menus située en haut de n'importe quel programme.**

   Pas de barre de menus ? Appuyez sur Alt pour la faire apparaître.

2. **Dans le menu Fichier, choisissez Ouvrir.**

   La boîte de dialogue Ouvrir, que montre la Figure 14.2, suscite une impression de déjà-vu, et pour cause : elle ressemble et se comporte comme le dossier Documents décrit au Chapitre 13.

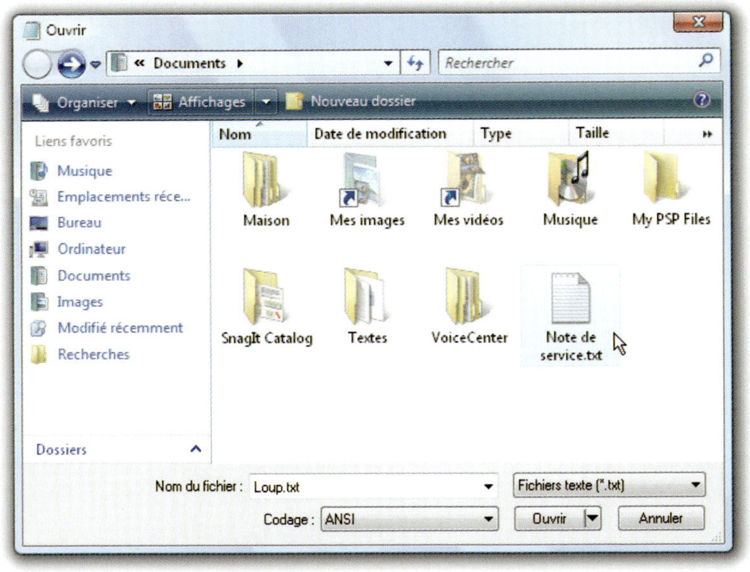

Figure 14.2 : Double-cliquez sur le nom du fichier à ouvrir.

Il y a cependant une grande différence : cette fois, le dossier ne montre que les fichiers que le programme est capable d'ouvrir. Il exclut tous les autres.

3. **Vous avez vu la liste de documents dans la boîte de dialogue Ouvrir, à la Figure 14.2 ? Cliquez sur le document désiré puis cliquez sur le bouton Ouvrir.**

   Le programme ouvre le fichier et affiche son contenu.

Cette technique d'ouverture d'un fichier fonctionne avec n'importe quel programme, qu'il soit édité par Microsoft, un autre éditeur ou programmé par le boutonneux féru d'informatique au coin de la rue.

TRUC

- Pour aller plus vite, double-cliquez sur le nom du fichier désiré. Il est aussitôt ouvert, la boîte de dialogue Ouvrir se fermant toute seule.
- Si le fichier désiré ne figure pas dans la liste, commencez à parcourir le disque dur avec les boutons visibles à gauche, dans la Figure 14.2. Par exemple, cliquez sur le dossier Documents pour voir les fichiers qui y sont stockés. Cliquez sur Récemment modifiés pour voir les fichiers que vous avez utilisés ces derniers jours. Dès que vous avez repéré le fichier désiré, double-cliquez dessus.
- Les gens fourrent souvent leurs papiers, photos et CD dans des boîtes en carton, mais l'ordinateur, lui, stocke ses fichiers dans des petits compartiments dûment étiquetés appelés «dossiers». Double-cliquez sur l'un d'eux pour voir ce qu'il contient, et reportez-vous au Chapitre 13 si la navigation parmi les dossiers vous paraît compliquée.
- Chaque fois que vous ouvrez un fichier et que vous le modifiez, même rien qu'en appuyant sur la barre Espace par mégarde, Windows Vista présume que vous aviez une bonne raison de le faire. C'est pourquoi, si vous tentez de fermer le fichier, Vista vous demande s'il faut enregistrer la modification. Si vos modifications l'ont été à bon escient, cliquez sur Oui. Mais si vous avez semé la pagaille ou ouvert un mauvais fichier, cliquez sur Non ou sur Annuler.

TRUC

- Tous ces boutons et icônes en haut et à gauche de la boîte de dialogue Ouvrir vous intriguent ? Immobilisez la souris sur l'un d'eux et une info-bulle vous renseignera.

NOTE TECHNIQUE

Quand les programmeurs se disputent les types de fichiers

Quand il s'agit de formats, c'est-à-dire la manière dont les données sont organisées dans les fichiers, les programmeurs ne se font pas de cadeaux. Pour s'accommoder de cette guerre des formats, bon nombre de programmes sont dotés d'une fonction spéciale permettant d'enregistrer les fichiers en différents types de format.

Examinez l'une des zones de liste en bas à droite de la Figure 14.2. Elle mentionne actuellement le format Text Documents (*.txt), qui est celui utilisé par le Bloc-notes. De ce fait, la boîte de dialogue Ouvrir n'affiche que des fichiers stockés là par le Bloc-notes. Pour voir les fichiers enregistrés en d'autres formats, cliquez sur cette zone de liste et choisissez un autre format. La boîte de dialogue Ouvrir instantanément mise à jour affiche à présent les fichiers propres au nouveau format.

Comment afficher tous les fichiers, indépendamment de leur format ? Choisissez Tous les fichiers, dans la liste déroulante. Certes, tous sont maintenant visibles, mais cela ne signifie pas que le programme sera capable de tous les ouvrir. Parfois, il tombera sur un os...

Par exemple, le Bloc-notes affiche les noms des fichiers d'image quand l'option Tous les fichiers est sélectionnée. Mais si vous tentez d'ouvrir une photo, il l'affichera sous la forme d'une page d'invraisemblables caractères spéciaux (si cette mésaventure vous arrive, abstenez-vous d'enregistrer le fichier car le document serait irrémédiablement inutilisable ; quittez aussitôt le programme sans rien valider).

Enregistrer un document

Enregistrer signifie que vous inscrivez votre travail sur la surface magnétique d'un disque dur ou sur tout autre support afin de le conserver. Tant qu'un travail n'est pas enregistré, il réside dans la mémoire vive de l'ordinateur, qui est vidée dès que l'ordinateur est éteint. Vous devez spécifiquement indiquer à l'ordinateur d'enregistrer votre travail en lieu sûr.

Fort heureusement, Microsoft a imposé que la même commande Enregistrer apparaisse dans tous les programmes de Windows Vista, quel qu'en soit le programmeur ou l'éditeur. Cliquez sur Fichier, dans la barre de menus, choisissez Enregistrer et mettez votre travail en lieu sûr dans le dossier Documents afin de le reprendre ultérieurement.

Quand vous enregistrez pour la première fois, Windows Vista demande d'indiquer le nom du fichier. Efforcez-vous d'être descriptif et de n'utiliser que des lettres, des chiffres et des espaces (NdT : tiret, apostrophe, parenthèses et caractères accentués ou à cédille sont toutefois admis). N'essayez pas d'utiliser un des caractères interdits, décrits au Chapitre 13, car Vista refuserait le nom.

- Choisissez toujours un nom descriptif pour vos fichiers. Vista octroie 255 caractères, c'est-à-dire plus qu'il n'en faut. Un fichier nommé *Rapport Juin* ou *Prévision des ventes* sera plus facile à retrouver qu'un fichier laconiquement nommé *Lettre*.

N'OUBLIEZ PAS

- Vous pouvez enregistrer un fichier dans n'importe quel dossier, sur un CD voire dans une carte mémoire. Mais c'est en les enregistrant dans le dossier Documents que vous le retrouverez le plus facilement. Ne vous privez néanmoins pas d'enregistrer un deuxième exemplaire sur un CD, comme sauvegarde.

- La plupart des programmes peuvent enregistrer des fichiers directement sur un CD : choisissez Enregistrer, dans le menu Fichier, puis sélectionnez le graveur de CD. Insérez un CD dans le lecteur, et c'est parti !

TRUC

- Si vous travaillez sur quelque chose d'important – c'est presque toujours le cas –, utilisez la commande Enregistrer toutes les quelques minutes. Ou mieux, appuyez sur les touches Ctrl+S (touche Ctrl enfoncée, appuyez brièvement sur S). La première fois, le programme demandera d'indiquer le nom et l'emplacement du fichier, mais par la suite, le processus sera quasiment instantané.

Quelle est la différence entre Enregistrer et Enregistrer sous ?

Enregistrer sous quoi ? La table ? Le tapis ? Que nenni, bonnes gens ! La commande Enregistrer permet d'enregistrer un fichier sous un autre nom et/ou à un autre emplacement.

Supposons que le fichier *Ode à Tina* se trouve dans le dossier Documents et que vous désiriez modifier quelques phrases. Vous désirez enregistrer cette modification, mais sans perdre la version originale. Pour conserver les deux versions de cette impérissable littérature, vous choisirez Enregistrer sous, et vous renommerez le fichier *Ode à Tina - Ajouts*.

Lors d'un premier enregistrement, les commandes Enregistrer et Enregistrer sous sont identiques : les deux vous invitent à nommer le fichier et à choisir son emplacement.

Choisir le programme qui ouvre un fichier

Le plus souvent, Windows Vista sait quel programme il doit utiliser pour ouvrir tel ou tel fichier. Double-cliquez sur un fichier, et Vista démarre le programme, charge le fichier et l'ouvre dedans. Mais quand Vista ne s'en sort plus, c'est à vous de jouer.

Les deux prochaines sections expliquent ce qu'il faut faire lorsqu'un fichier n'est pas ouvert par le programme prévu, ou pire, si aucun programme n'est censé l'ouvrir.

Si la notion d'association de fichiers – terme qui évoque l'association de malfaiteurs – vous intrigue, ne manquez pas de lire l'encadré qui aborde cet épineux sujet.

L'association (sans but lucratif) de fichiers

Tous les programmes ajoutent une sorte de code secret – appelé «extension de fichier» – au nom des fichiers qu'ils créent. Cette extension identifie la nature du fichier : quand vous double-cliquez sur un fichier, Windows Vista s'enquiert de son extension pour savoir à quel programme elle est liée. Par exemple, le Bloc-notes ajoute l'extension `.txt` (abrégé de «texte») à tous les fichiers qu'il crée : l'extension `.txt` est associée au Bloc-notes.

Normalement, Windows Vista n'affiche pas les extensions, tenant ainsi l'utilisateur lambda à l'écart des subtilités de Windows, officiellement pour plus de sécurité. En effet, si l'extension est modifiée pour une raison ou pour une autre, Windows n'ouvrira plus le fichier comme prévu.

Procédez comme suit si vous tenez absolument à voir ces mystérieuses extensions :

1. **Dans un dossier, cliquez sur le bouton Organiser et, dans le menu déroulant, choisissez Folder and Search Options.**

   La boîte de dialogue Options des dossiers apparaît.

2. **Cliquez sur l'onglet Affichage, puis cliquez dans la case Masquer les extensions des fichiers dont le type est connu.**

   La case est décochée.

3. **Cliquez sur le bouton OK.**

   Les extensions de fichiers sont à présent affichées.

Notez que si deux fichiers de différentes origines ont la même extension, ils seront ouverts par le même programme. Maintenant que vous avez vu les extensions, masquez-les de nouveau en cochant la case Masquer les extensions des fichiers dont le type est connu.

Conclusion ? Ne modifiez jamais l'extension d'un fichier à moins de savoir exactement ce que vous faites. Autrement, Vista se tromperait de programme ou ne saurait plus lequel utiliser.

Mon fichier s'ouvre dans un autre programme !

Double-cliquer sur un fichier lance le programme approprié, généralement celui qui a servi à créer le document en question. Mais parfois, le programme qui apparaît n'est pas le bon. C'est fréquent avec les lecteurs de média, qui s'approprient constamment et sans vergogne les associations avec les fichiers audio et vidéo.

Voici comment rétablir le bon programme lorsqu'un fichier s'ouvre dans un autre programme :

1. **Cliquez du bouton droit sur le fichier qui pose problème et, dans le menu contextuel, choisissez Ouvrir avec.**

   Comme le montre la Figure 14.3, Windows propose quelques-uns des programmes que vous aviez précédemment utilisés pour ouvrir ce type de fichier.

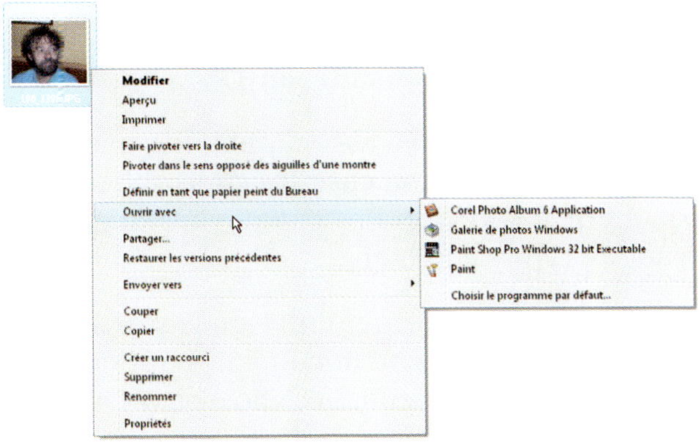

Figure 14.3 : Cliquez sur le programme qui doit ouvrir le fichier.

L'option Ouvrir avec ne figure pas dans le menu ? Choisissez alors Ouvrir. Vista affiche la fenêtre Ouvrir avec, représentée à la Figure 14.5, un peu plus loin.

2. **Cliquez sur Choisir le programme par défaut et sélectionnez celui qui doit ouvrir le fichier.**

   La fenêtre Ouvrir avec, que montre la Figure 14.4, répertorie beaucoup plus de programmes. Si votre programme favori s'y trouve, vous pourriez double-cliquer dessus pour ouvrir immédiatement le fichier. Mais cela n'empêcherait pas le problème de se reproduire. La prochaine étape règle cette difficulté.

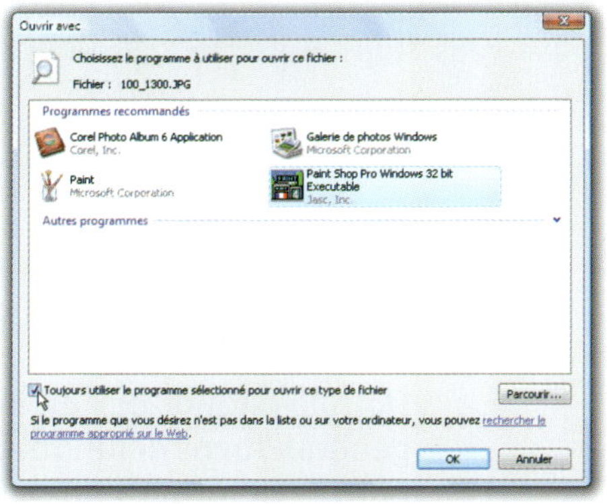

Figure 14.4 : Choisissez le programme à utiliser et cochez la case en bas à gauche.

Si votre programme favori n'est nulle part mentionné, vous devrez le chercher vous-même. Cliquez sur le bouton Parcourir et naviguez jusque dans le dossier contenant le programme à utiliser (un conseil : immobilisez le pointeur de la souris sur les dossiers, et Windows listera quelques-uns des fichiers et programmes qui s'y trouvent).

3. **Cochez la case Toujours utiliser ce programme pour ouvrir ce type de fichier. Cliquez ensuite sur OK.**

   Cocher cette case crée une association. Par exemple choisir Paint Shop Pro et cocher la case précitée oblige Windows à toujours ouvrir Paint Shop Pro chaque fois que vous double-cliquez sur ce type de fichier.

- Parfois, vous voudrez alterner entre deux programmes lorsque vous travaillez sur un même document. Pour ce faire, cliquez du bouton droit sur le document, choisissez Ouvrir avec puis sélectionnez le programme dont vous avez besoin à ce moment-là.

- Il est parfois impossible de faire en sorte que votre programme favori ouvre un fichier particulier tout simplement parce que le programme ne sait pas quoi faire. Par exemple, le Lecteur Windows Media lit les vidéos, sauf quand elles sont au format QuickTime, développé par Apple. La seule solution consiste alors à installer QuickTime (`www.apple.com/fr/quicktime/`) et à l'utiliser pour ouvrir ce type de vidéo.
- Pas moyen de trouver un programme pour ouvrir ce satané fichier ? Dans ce cas, vous lirez avec intérêt la prochaine section.

Aucun programme n'ouvre mon fichier !

Il est énervant de voir plusieurs programmes s'évincer les uns les autres pour ouvrir un type de fichier, mais c'est encore pire quand aucun programme ne parvient à le faire. Double-cliquer sur le fichier affiche l'ésotérique message d'erreur de la Figure 14.5.

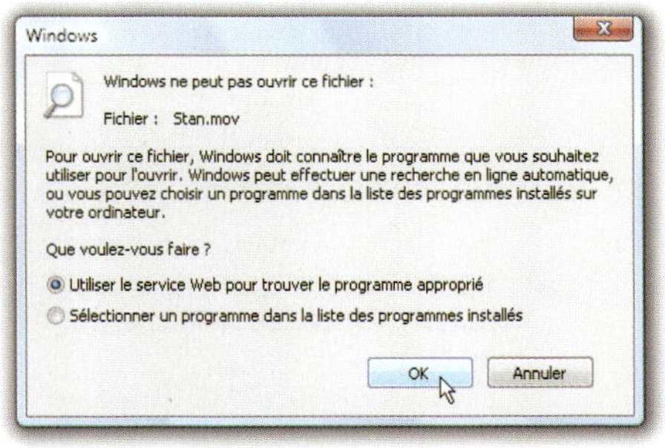

Figure 14.5 : Parfois, Windows est incapable d'ouvrir un fichier.

Si vous savez quel programme ouvre ce type de fichier, choisissez la seconde option : Sélectionner le programme dans la liste des programmes installés. Cette action fait apparaître la familière fenêtre de la Figure 14.4, permettant de choisir un programme et cliquer sur OK pour ouvrir le fichier.

Mais si vous n'avez pas la moindre idée du programme qui pourrait ouvrir le mystérieux fichier, choisissez l'option Utiliser le service Web pour trouver le programme approprié, puis cliquez sur OK. Windows écume l'Internet à la recherche du programme idoine. Avec un peu de chance, Internet affiche un site Web de Microsoft. Là, Microsoft identifie le fichier, décrit son type de contenu et suggère un site Web d'où vous pourrez télécharger le programme approprié. Cette opération implique le téléchargement et l'installation du programme, après avoir vérifié son innocuité avec un logiciel antivirus. Après quoi le problème est résolu.

Parfois, Microsoft vous envoie directement vers un site Web, comme celui de la Figure 14.6, d'où vous pourrez télécharger le programme qui ouvre votre fichier.

Figure 14.6 : Windows vous aide parfois à trouver le programme qui ouvrira un fichier orphelin.

- À la Figure 14.6, Microsoft a identifié un fichier vidéo QuickTime, édité par Apple – un concurrent de Microsoft – que le Lecteur Windows Media ne peut pas ouvrir. Pas rancunier, Microsoft vous envoie néanmoins au site Web de QuickTime, où vous pouvez télécharger et installer le lecteur QuickTime pour Windows.

- Quand vous visitez un site Web afin de télécharger un programme suggéré, comme QuickTime ou RealPlayer, deux versions sont parfois proposées : l'une gratuite, l'autre appelée Professionnelle – car ça en jette – mais payante. La version gratuite répond souvent à vos besoins ; donc, commencez par elle.

- Si vous ne trouvez aucun programme capable d'ouvrir le fichier, vous êtes bien embêté… Il ne vous reste plus qu'à contacter la personne qui vous l'a remis en lui demandant avec quel programme il faut l'ouvrir. Dans le pire des cas, vous devrez l'acheter (NdT : mais il existe, sur le Web, des visionneuses souvent gratuites pour des milliers de types de fichiers).

Prendre un raccourci

Certains éléments sont profondément enfouis dans votre ordinateur. Si vous en avez assez de parcourir l'arborescence des dossiers à la recherche d'un programme, lecteur, document, voire un site Web, créez un raccourci. C'est une petite icône qui pointe vers l'inavouable objet de votre désir, auquel vous accédez d'un seul clic.

Un raccourci n'étant tout bonnement qu'un bouton indépendant qui démarre quelque chose, vous pouvez déplacer, supprimer ou copier les raccourcis sans que l'original en pâtisse. Ils sont sûrs, commodes et faciles à créer. Il est impossible de les confondre avec des originaux grâce à la petite flèche dans leur coin inférieur gauche, visible ici sur le raccourci du jeu FreeCell.

Voici quelques instructions expliquant comment créer ces irremplaçables raccourcis :

- **Dossiers ou documents :** Cliquez du bouton droit sur le dossier ou le document, choisissez Envoyer vers et sélectionnez l'option Bureau (créer un raccourci). Après son apparition sur le Bureau, faites-le glisser où bon vous semble.
- **Sites Web :** Vous avez remarqué la petite icône qui précède l'adresse du site Web dans la Barre d'adresse d'Internet Explorer ? Faites-la glisser et déposez-la sur le Bureau ou ailleurs (décalez légèrement la fenêtre d'Internet Explorer vers l'extérieur afin d'avoir de la place pour votre manipulation). Vous pouvez aussi placer les sites Web intéressants parmi vos Favoris.
- **N'importe quoi dans le menu Démarrer :** Cliquez du bouton droit sur une icône du menu Démarrer et choisissez Copier. Cliquez ensuite du bouton droit là où le raccourci doit apparaître et choisissez Coller le raccourci.

- **Presque n'importe quoi :** Le bouton droit de la souris enfoncé, faites glisser un objet jusqu'à un autre emplacement. Le bouton relâché, choisissez l'option Créer les raccourcis ici.
- **Panneau de configuration :** Vous avez découvert un paramètre particulièrement intéressant dans le Panneau de configuration, qui est la plaque tournante de Windows Vista ? Tirez l'utile icône jusque sur le Bureau, jusque sur un dossier du Volet de navigation ou n'importe où ailleurs, et l'icône est aussitôt convertie en raccourci.
- **Lecteurs de disque :** Ouvrez Ordinateur, dans le menu Démarrer. Cliquez du bouton droit sur le lecteur désiré et choisissez Créer un raccourci. Windows le place sur le Bureau.

Voici quelques astuces supplémentaires :

- Pour graver rapidement des CD, placez un raccourci du graveur sur le Bureau. Il suffira ainsi de glisser et déposer les fichiers sur l'icône du raccourci. Insérez un CD vierge, confirmez les paramètres et la gravure commence.
- Vous pouvez librement déplacer des raccourcis de ci de là, mais ne déplacez jamais les éléments qu'ils démarrent. Autrement, le raccourci ne les retrouverait plus, obligeant Windows à parcourir le disque dur à leur recherche, souvent en vain.
- Vous voulez connaître le programme que démarre un raccourci ? Cliquez dessus du bouton droit et choisissez Open File Location (si l'option est proposée). Le raccourci vous mène promptement vers son seigneur et maître.

L'incontournable guide du Couper, Copier et Coller

Windows Vista a emprunté à l'école maternelle les petits ciseaux à bouts ronds et le pot de colle à papier. Enfin, leur version informatique... Vous pouvez électroniquement couper ou copier, puis coller, quasiment tout ce que vous voulez, et tout cela avec la plus grande facilité.

Les programmes de Windows sont conçus pour travailler ensemble et partager des données, ce qui permet par exemple de placer très facilement le plan d'un quartier, préalablement numérisé avec un scanner, sur le carton d'invitation créé avec WordPad. Vous pouvez déplacer des fichiers en les coupant ou en les copiant, et en les collant ensuite à un autre emplacement. Rien n'est plus simple, dans un traitement de texte, que de couper un paragraphe et le coller ailleurs.

Avec Windows Vista, toutes ces opérations s'effectuent sans peine parmi les fenêtres ouvertes.

Ne considérez par le Copier et le Coller comme des broutilles. Copier le nom et l'adresse d'un contact est moins fastidieux que les taper dans la lettre. Et si quelqu'un vous envoie une adresse Internet à rallonge, il sera plus sûr – et là encore moins fastidieux – de la copier et la coller dans la Barre d'adresse d'Internet Explorer. Il est aussi très facile de copier la plupart des éléments d'une page Web, au grand dam des photographes professionnels.

Le couper-coller facile

En accord avec le Département «Lâche-moi la grappe avec ces ennuyeux détails», voici, en trois étapes, comment couper, copier et coller :

1. **Sélectionnez l'élément à couper ou à coller : quelques mots, un fichier, une adresse Web ou n'importe quoi d'autre.**

2. **Cliquez du bouton droit dans la sélection et choisissez Couper ou Copier, dans le menu, selon vos besoins.**

   Utilisez Couper lorsque vous désirez déplacer un élément, et Copier lorsque vous voulez le dupliquer en laissant l'original intact.

   Les raccourcis clavier sont : Ctrl+X pour Couper, Ctrl+C pour Copier.

3. **Cliquez du bouton droit sur l'élément de destination et choisissez Coller.**

   Le raccourci clavier de Coller est Ctrl+V.

Les trois prochaines sections détaillent ces actions.

Sélectionner les éléments à couper ou à copier

Avant de trimballer des éléments ailleurs, vous devez indiquer à Windows Vista desquels il s'agit. Le meilleur moyen est de les sélectionner à la souris. Il suffit généralement de cliquer dessus, ce qui met les éléments en surbrillance.

- **Sélectionner du texte dans un document, un site Web ou une feuille de calcul :** Placez le pointeur de la souris au début des données à sélectionner puis cliquez et maintenez le bouton enfoncé. Tirez ensuite la souris jusqu'à l'autre bout des données. Cette action surligne – met en surbrillance – tout ce qui se trouvait entre le clic et l'endroit où vous avez libéré le bouton, comme l'illustre la Figure 14.7.

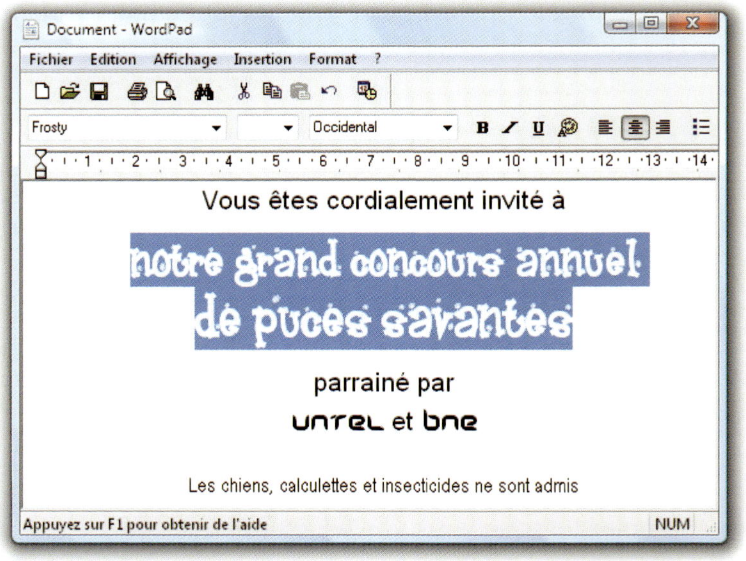

Figure 14.7 : Windows surligne le texte sélectionné – il le met en surbrillance – avec une autre couleur pour mieux le mettre en évidence.

ATTENTION

Soyez prudent après avoir sélectionné du texte. Si vous appuyez accidentellement sur une touche, le *b* par exemple, Windows remplace toute la sélection par la lettre *b*. Pour corriger cette bourde, choisissez Annuler, dans le menu Édition ou mieux, appuyez sur Ctrl+Z, qui est le raccourci de cette commande.

- **Pour sélectionner un fichier ou un dossier :** Cliquez dessus pour le sélectionner. Procédez comme suit pour sélectionner plusieurs éléments :
  - **S'il s'agit d'une plage de fichiers :** Cliquez sur le premier de la série, maintenez la touche Majuscule enfoncée et cliquez sur le dernier. Windows sélectionne le premier élément, le dernier et tous ceux qui se trouvent entre.
  - **Si les fichiers sont éparpillés :** Maintenez la touche Ctrl enfoncée tout en cliquant sur les fichiers et les dossiers à sélectionner.

  Les éléments étant sélectionnés, la prochaine section explique comment les couper ou les copier.
- Après avoir sélectionné quelque chose, ne tardez pas à le couper ou à le copier. Car si vous cliquez distraitement ailleurs, votre sélection disparaît, vous obligeant à la refaire entièrement.
- Appuyez sur la touche Suppr pour supprimer un élément sélectionné, qu'il s'agisse d'un fichier, d'un paragraphe, d'une photo, etc.

Couper ou coller une sélection

Après avoir sélectionné des données, vous pouvez commencer à les manipuler, notamment les couper ou les copier, voire les supprimer en appuyant sur la touche Suppr.

Après avoir sélectionné un élément, cliquez dessus du bouton droit. Dans le menu contextuel, choisissez Couper ou Copier, selon vos besoins, comme le montre la Figure 14.8. Ensuite, cliquez dans la destination et choisissez Coller.

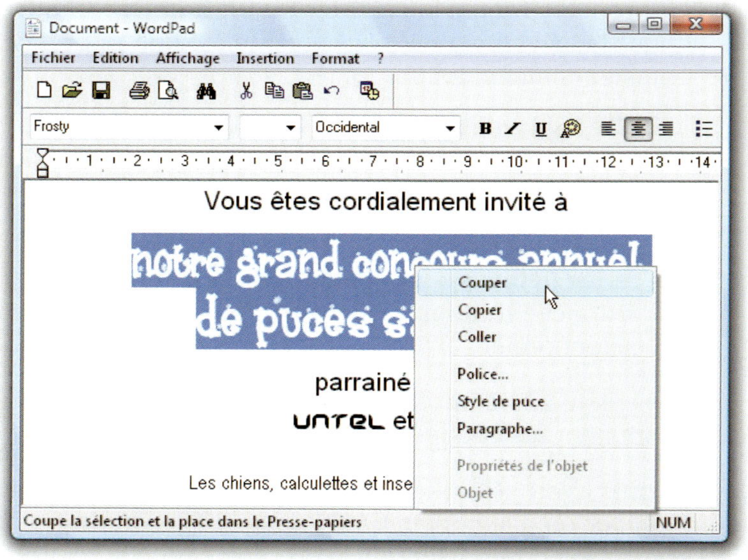

Figure 14.8 : Pour déplacer une sélection, cliquez dedans du bouton droit et choisissez Couper.

Les options Couper et Coller sont fondamentalement différentes. Laquelle choisir ?

- **Choisissez Couper pour déplacer des données.** Cette commande supprime les données sélectionnées, mais elles ne sont pas perdues. Windows les conserve en effet dans une fenêtre cachée de Windows Vista, le Presse-papiers.

  Vous pouvez couper et coller des fichiers entiers dans différents dossiers. Quand vous coupez un fichier dans un dossier, l'icône du fichier s'assombrit jusqu'à ce que vous l'ayez collé (la faire disparaître serait trop stressant). Vous changez d'avis au cours de la manipulation ? Appuyez sur la touche Échap et l'icône redevient normale.

- **Choisissez Copier pour dupliquer des données.** Lorsque vous utilisez cette commande, rien ne semble se passer à l'écran, car les données originales subsistent. Elles n'en sont pas moins copiées dans le Presse-papiers.

TRUC

Pour copier l'image du Bureau de Vista dans le Presse-papiers, c'est-à-dire la totalité de l'écran, appuyez sur la touche Impr.écran (le nom peut parfois différer). Vous pourrez ensuite coller l'image où bon vous semble. NdT : pour ne copier que la fenêtre active, appuyez sur Alt+Impr.écran.

TRUC

Sélectionner des lettres, des mots, des paragraphes et plus encore

Quand vous travaillez sur des mots, dans Windows Vista, ces raccourcis vous aideront à sélectionner rapidement des données :

- Pour sélectionner une seule lettre ou caractère, cliquez juste avant. Ensuite, la touche Majuscule enfoncée, appuyez sur la touche fléchée Droite. Maintenez-la enfoncée pour sélectionner davantage de texte.
- Pour ne sélectionner qu'un mot, double-cliquez dessus. Le mot est surligné. La plupart des traitements de texte permettent de déplacer un ou plusieurs mots sélectionnés par un glisser-déposer.
- Pour sélectionner une seule ligne de texte, cliquez dans la marge, à la hauteur de la ligne. Le bouton de la souris enfoncé, tirez vers le haut ou vers le bas pour ajouter d'autres lignes à la sélection. Vous pouvez aussi ajouter des lignes en appuyant, touche Majuscule enfoncée, sur le touches fléchées Haut et Bas.
- Pour sélectionner un paragraphe, double-cliquez dans sa marge gauche. Le bouton enfoncé, déplacez la souris vers le haut ou vers le bas pour ajouter d'autres paragraphes à la sélection.
- Pour sélectionner la totalité d'un document, appuyez sur les touches Ctrl+A. Ou alors, choisissez Sélectionner tout, dans le menu Édition.

Coller les données

Les données coupées ou copiées, qui résident à présent dans le Presse-papiers de Vista, sont prêtes à être collées à presque n'importe quel emplacement.

Coller est une opération simple :

1. **Ouvrez la fenêtre de destination et cliquez là où les données doivent apparaître.**

2. **Cliquez du bouton droit et, dans le menu déroulant, choisissez Coller.**

   Et hop ! Les éléments que vous aviez coupés ou copiés apparaissent.

Ou alors, si vous voulez coller un fichier sur le Bureau, cliquez du bouton droit sur le Bureau et choisissez Coller. L'icône du fichier apparaît là où vous avez cliqué.

- La commande Coller insère une copie des données résidant dans le Presse-papiers. Elles y restent, prêtes à être collées ailleurs autant de fois que vous le désirez.
- La barre d'outils de nombreux programmes contient des boutons Couper, Copier et Coller, comme le montre la Figure 14.9.

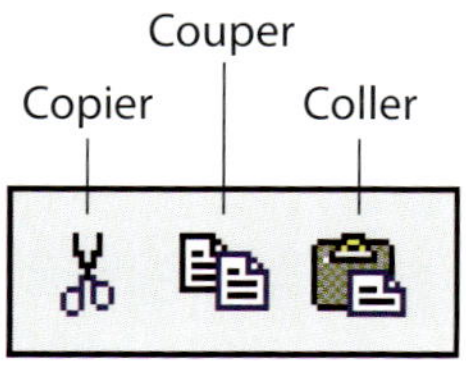

Figure 14.9 : Les boutons Couper, Copier et Coller.

Annuler des actions

Windows propose une foule de manières d'exécuter une même action, mais quatre seulement pour accéder à la commande Annuler et corriger ainsi vos bourdes :

- La touche Ctrl enfoncée, appuyez sur Z. La dernière action est annulée. Si le programme comporte un bouton Rétablir, vous pouvez annuler une annulation.
- La touche Alt enfoncée, appuyez sur la touche Retour arrière. Vista fait marche arrière et récupère ce que vous venez de supprimer.
- Cliquez sur Édition et, dans le menu, choisissez Annuler. La dernière commande est aussitôt annulée.
- La touche Alt enfoncée, appuyez sur la touche E (comme Édition) puis A (comme Annuler). La dernière action est annulée.

Ne vous compliquez pas la vie à apprendre toutes ces techniques. Retenez par exemple Ctrl+Z et oubliez toutes les autres.

Les programmes livrés avec Vista

Vista, la version la plus sophistiquée de Windows, est livré avec de nombreux programmes comme le Lecteur Windows Media et Mail. Ces «plus» font le bonheur des clients, dont certains ont la naïveté de croire que ces programmes sont gratuits. En fait, vous les avez payés avec Vista.

Écrire des lettres avec WordPad

WordPad est loin d'être aussi perfectionné que les onéreux traitements de texte professionnels. Il ne peut ni créer des tableaux, ni présenter du texte sur plusieurs colonnes comme celle d'un journal ou d'un bulletin d'information, ni régler l'interlignage. Et bien sûr, il est dépourvu de correcteur orthographique.

En revanche, il est parfait pour des lettres courtes, des rapports simples et autres tâches élémentaires. Vous pouvez choisir la police de caractères. Et, comme tous les utilisateurs de Windows ont WordPad, la plupart des possesseurs d'ordinateur peuvent lire les fichiers.

Pour découvrir WordPad, ouvrez le menu Démarrer, choisissez Tous les programmes, puis Accessoires et cliquez sur WordPad.

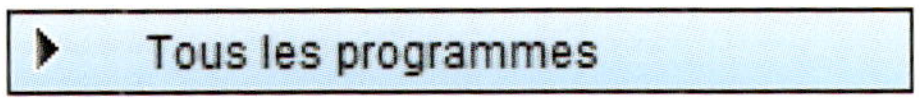

Si vous venez de vous débarrasser de votre vieille machine à écrire électrique pour Windows, notez bien ces règles : sur la machine à écrire, vous deviez appuyer sur la touche Retour à la fin de chaque ligne, sinon la frappe se poursuivait hors du papier. Cela ne risque pas d'arriver avec un ordinateur, car il effectue automatiquement le retour à la ligne.

- Pour changer de police dans WordPad, sélectionnez les mots à modifier, ou la totalité du document en choisissant Sélectionner tout, dans le menu Édition. Choisissez ensuite Format, puis Police. Cliquez sur le nom de la police à utiliser – la rubrique Aperçu montre à quoi elle ressemble – puis sur OK, et WordPad affiche la nouvelle typographie.
- Insérez rapidement la date et l'heure courantes en choisissant, dans le menu Insertion, l'option Date et heure. Sélectionnez ensuite une des présentations proposées et cliquez sur OK.

Gérer les rendez-vous avec Calendrier

Vista est doté d'un nouveau programme, Calendrier, qui n'existait pas dans Windows XP. Comme le suggère son nom, il s'agit d'un logiciel de gestion du temps qui remplace avantageusement les innombrables Post-it collés contre le réfrigérateur. Ouvrez-le – le programme, pas le réfrigérateur – en choisissant Démarrer, Tous les programmes, puis Calendrier Windows.

Représenté à la Figure 14.10, Calendrier arbore un calendrier par mois dans le volet gauche, les rendez-vous du jour dans le volet du milieu, et les détails du rendez-vous sélectionné dans le volet de droite.

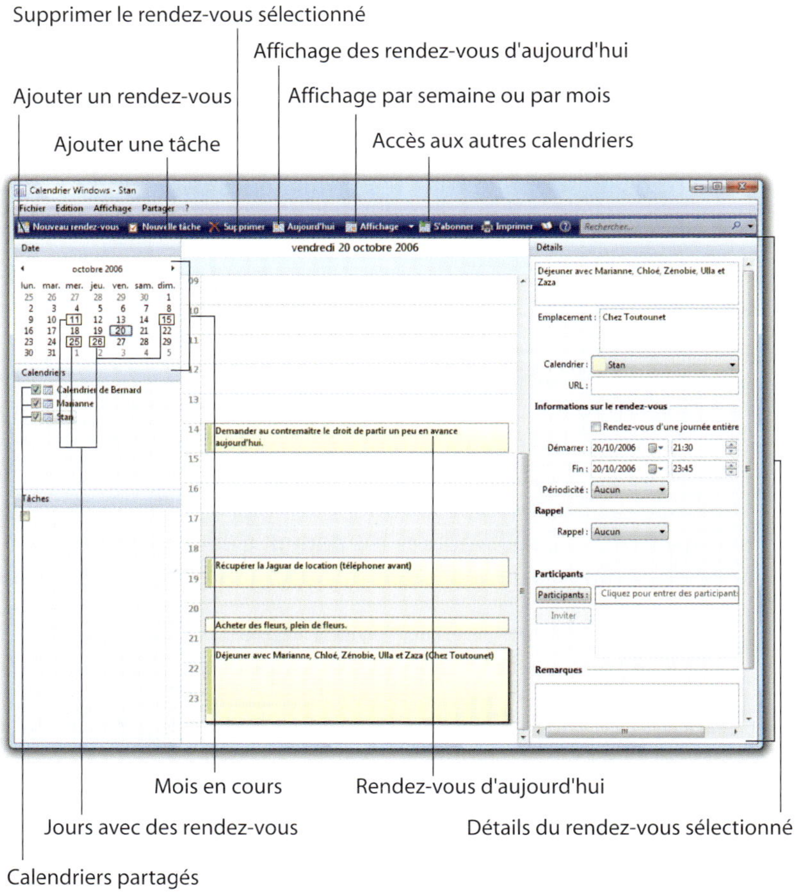

Figure 14.10 : Le Calendrier de Vista montre vos rendez-vous, facilitant ainsi votre gestion du temps.

Pour ajouter un rendez-vous, cliquez sur un jour du calendrier puis sur l'heure. Tapez l'objet du rendez-vous et remplissez les détails complémentaires à droite.

L'énorme avantage de Calendrier est la possibilité de communiquer les rendez-vous par courrier électronique ou de les publier sur un site Web où vos correspondants pourront s'y abonner ; le calendrier sera téléchargé et affiché sur leur ordinateur.

L'inconvénient de Calendrier est que vous n'aurez plus aucune excuse d'être en retard.

- Le programme Calendrier permet de partager des calendriers avec des utilisateurs de la messagerie Outlook (Microsoft), d'iCal (Apple) et avec le calendrier en ligne Google Agenda (`www.google.com/calendar`). Pour une efficacité maximale, le calendrier devrait aussi être accessible depuis votre lieu de travail. Renseignez-vous auprès du responsable informatique.
- Pour partager votre propre calendrier avec d'autres personnes, cliquez sur son nom dans le panneau Calendriers (voir Figure 14.10) puis, dans le menu Partager, choisissez Envoyer par courrier électronique. Le calendrier est envoyé à vos correspondants, où il apparaîtra dans leur programme Calendrier.
- Le programme permet d'affecter différentes couleurs aux calendriers de vos correspondants, ce qui permet de savoir facilement à quelle personne correspond un rendez-vous. Pour supprimer les rendez-vous avec quelqu'un, dans votre calendrier, cliquez sur le nom de son calendrier et appuyez sur Suppr : tous les rendez-vous sont effacés.

Insérer des symboles avec la Table des caractères

La Table des caractères permet d'insérer des caractères spéciaux ou étrangers dans vos documents, ce qui leur donne un aspect plus soigné. Ce petit programme bien pratique affiche une fenêtre semblable à celle de la Figure 14.11, contenant tous les caractères et symboles disponibles.

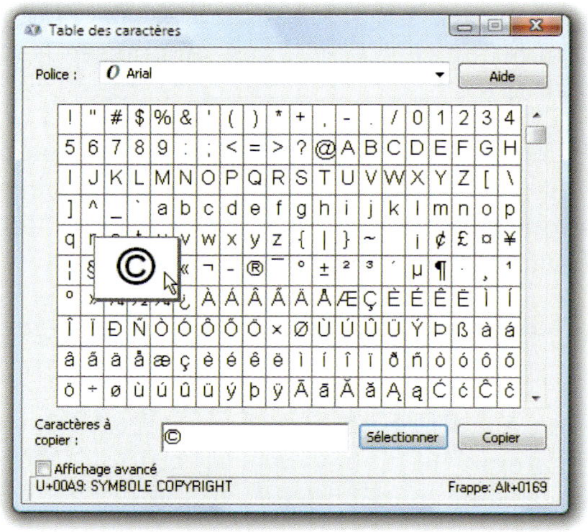

Figure 14.11 : La Table des caractères contient des symboles et des caractères étrangers.

Procédez comme suit pour insérer le symbole du copyright (©) dans votre document :

1. **Cliquez sur le menu Démarrer, choisissez Tous les programmes, puis Accessoires, Outils système, et sélectionnez Table des caractères.**

   Assurez-vous que la police courante figure bien dans le champ Police.

   Si la police en cours d'utilisation dans votre document n'est pas affichée, cliquez sur la flèche à droite du champ Police et sélectionnez-la dans la liste.

2. **Parcourez la Table des caractères jusqu'à ce que vous ayez trouvé le symbole recherché. Double-cliquez ensuite dessus.**

   Le symbole apparaît dans le champ Caractères à copier.

3. **Cliquez du bouton droit dans le document, là où le symbole doit apparaître, et choisissez Coller.**

   Le symbole est inséré, avec la même police.

- Si vous utilisez fréquemment des termes étrangers, placez un raccourci sur le Bureau pointant vers la Table des caractères, afin d'y accéder rapidement : dans le menu Démarrer, cliquez du bouton droit sur l'icône Table des caractères et choisissez Copier. Cliquez du bouton droit sur le Bureau et choisissez Coller le raccourci : *¡Que conveniencia!*

- Vous utilisez souvent les mêmes caractères spéciaux ou étrangers et symboles ? Dans ce cas, mémorisez leurs raccourcis clavier. C'est le chiffre affiché en bas à droite de la Table des caractères. Vous avez vu celui du caractère ©, à la Figure 14.11 ? C'est le raccourci du symbole du copyright. Pour l'insérer à la volée, maintenez la touche Alt enfoncée puis tapez **0169** sur le pavé numérique. Le symbole apparaît après avoir relâché la touche Alt (veillez à ce que la touche Num soit active).

- Le Tableau 14.1 répertorie les raccourcis des symboles et caractères les plus usités.

Tableau 14.1 : Les codes de quelques caractères utiles.

Pour insérer ceci :	*Tapez cela :*
©	Alt+0169
®	Alt+0174
™	Alt+0153
•	Alt+0149
×	Alt+0215
€	Alt+0128
Ç	Alt+0199
Æ	Alt+0198
æ	Alt+0230
œ	Alt+0156

Chapitre 15

Vite perdu, plus vite retrouvé

Dans ce chapitre :

- Retrouver des fenêtres et des fichiers égarés.
- Retrouver des programmes, des courriers électroniques, des morceaux de musique et des documents.
- Trouver d'autres ordinateurs sur un réseau.
- Trouver une information sur l'Internet.
- Enregistrer les recherches communes.
- Affiner les recherches de Vista.

Tôt ou tard, Vista vous laissera dans la perplexité : «Ce fichier était là il y a une seconde. Où a-t-il bien pu se fourrer ?» Si Vista se met à vous faire des cachotteries, ce chapitre vous expliquera où chercher et comment mettre fin à son jeu idiot.

Retrouver les fenêtres égarées sur le Bureau

Windows Vista ressemble plus à un pique-notes qu'à un bureau. Chaque fois que vous ouvrez une nouvelle fenêtre, c'est comme si vous placiez une autre note sur la pique. La fenêtre du dessus est facile à lire, mais atteindre l'une de celles d'en dessous est plus compliqué. Si une petite partie dépasse, il suffit de cliquer dessus pour la mettre au premier plan.

Quand une fenêtre est complètement recouverte par d'autres, recherchez-la dans la Barre des tâches, en bas de l'écran (si elle ne veut pas se montrer, appuyez sur la touche Windows). Cliquez sur le nom de la fenêtre et la voilà qui émerge du tas.

Toujours introuvable ? Essayez la remarquable nouvelle vue en 3D de Vista (voir Figure 15.1), où les fenêtres semblent léviter dans l'espace virtuel. La touche Windows enfoncée, appuyez plusieurs fois sur Tab, ou actionnez la molette de la souris pour placer tour à tour chaque fenêtre au premier plan (NdT : pour faire défiler les fenêtres à rebours, maintenez aussi la touche Majuscule enfoncée). Lorsque la fenêtre désirée apparaît, relâchez la touche Windows.

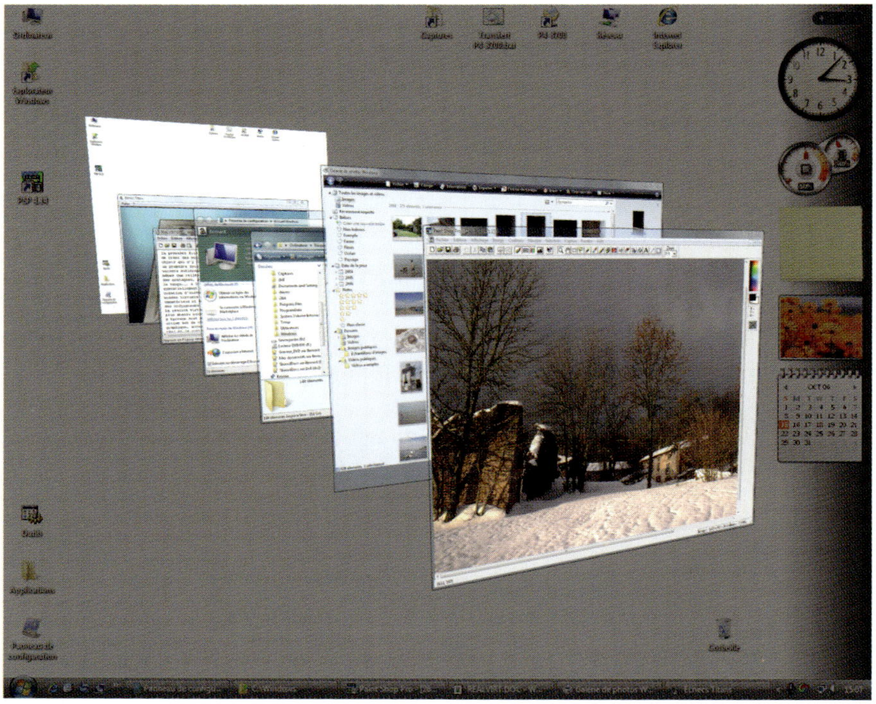

Figure 15.1 : La touche Windows enfoncée, appuyez répétitivement sur Tab pour parcourir les fenêtres. Relâchez la touche Windows pour déposer la fenêtre au premier plan sur le Bureau.

Si votre PC n'est pas capable de gérer l'affichage en 3D de Vista, faute d'une carte graphique suffisamment puissante, maintenez la touche Alt enfoncée et appuyez sur Tab pour bénéficier de l'ancienne technique en deux dimensions, qui fonctionne tout aussi bien, voire mieux. Relâchez la touche Alt pour placer la fenêtre sélectionnée sur le Bureau.

TRUC

Si vous êtes sûr qu'une fenêtre est ouverte mais qu'elle reste introuvable, répartissez-les toutes sur le Bureau. Pour ce faire, cliquez du bouton droit sur la Barre des tâches et, dans le menu, choisissez Afficher les fenêtres côte à côte. C'est la solution de dernier recours, mais qui peut vous faire retrouver la fenêtre égarée.

Localiser un programme, un courrier électronique, un morceau de musique, un document, etc.

Trouver une information sur l'Internet n'excède guère quelques minutes, même si la recherche doit porter sur des milliards de pages dispersées dans des milliers d'ordinateurs de par le monde. En revanche, retrouver un document dans votre PC peut s'avérer beaucoup plus ardu, voire vain.

Pour résoudre ces problèmes de recherche, Vista s'est inspiré des moteurs de recherche comme celui de Google, et il crée un index des principaux fichiers de votre PC. Pour trouver un fichier égaré, ouvrez le menu Démarrer et cliquez dans le champ Rechercher, en bas du panneau.

Tapez les premières lettres d'un mot, d'un nom ou d'une phrase figurant dans le fichier recherché. Dès que vous commencez à taper, le menu Démarrer propose une liste d'occurrences. Chaque lettre tapée affine la recherche. Après en avoir saisi suffisamment, le document perdu se retrouve en haut de la liste, d'où vous pouvez l'ouvrir d'un double-clic.

Par exemple, taper **Boby** dans le champ Rechercher du menu Démarrer affiche tous les morceaux de Boby Lapointe stockés dans le PC (Figure 15.2).

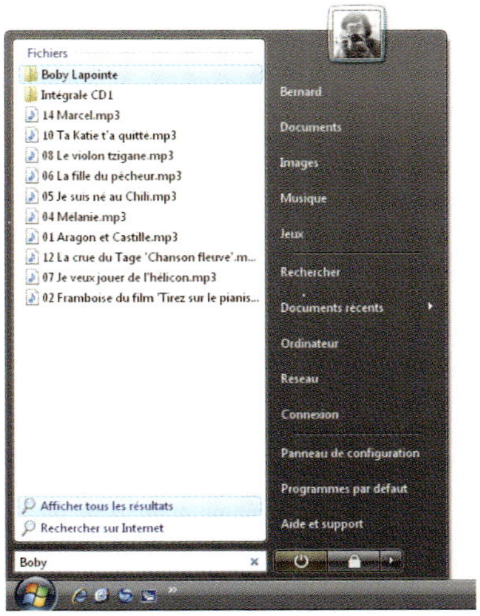

Figure 15.2 : Vista localise les fichiers en plaçant les meilleures occurrences en tête de liste.

Lorsque vous avez repéré le fichier qui vous intéresse, cliquez sur son nom, dans le menu Démarrer, pour l'ouvrir. Ou alors, cliquez dessus du bouton droit et, dans le menu, choisissez Ouvrir l'emplacement du fichier pour accéder au dossier où le fichier se cachait.

- Vista indexe tous les fichiers qui se trouvent dans les dossiers Documents, Images, Musique et Vidéos, d'où l'importance de stocker vos fichiers dans ces emplacements. Notez que Vista n'autorise pas la recherche parmi les fichiers des autres comptes d'utilisateurs.
- L'indexation prend en compte tous les fichiers placés sur le Bureau, les fichiers récemment supprimés qui se morfondent dans la Corbeille, les coordonnées de vos contacts et tous les courriers électroniques. Vista indexe aussi tous les fichiers partagés du dossier Public, auquel d'autres PC du réseau ont accès.
- Si vous cherchez un mot très courant et que Vista trouve de ce fait une infinité de fichiers, restreignez la recherche en tapant une courte phrase : **Boby Lapointe écouté mardi soir**. Plus vous tapez de lettres, plus vous avez de chances de réduire la recherche à un fichier particulier.
- Lors d'une recherche de fichier, tapez toujours un mot à partir de la première lettre. Si vous tapez **pointe**, Vista trouvera des occurrences comme pointes, pointer, pointeur, mais pas Lapointe, même si la chaîne de caractères «pointe» fait partie de son nom.
- Le champ Rechercher ignore les majuscules. Pour lui, **Puce** et **puce** sont le même insecte.
- Si Vista découvre plus d'occurrences qu'il peut en afficher dans le petit menu Démarrer, cliquez sur Afficher tous les résultats, juste au-dessus du champ Rechercher. Vous accédez ainsi à la fonction Recherche avancée, décrite plus loin dans ce chapitre, à la section «Demander à Vista de mieux chercher».
- Vous voulez rechercher sur l'Internet plutôt que sur le PC ? Après avoir tapé vos mots, cliquez sur Rechercher sur Internet, juste au-dessus du champ Rechercher. Vista transmet votre requête au moteur de recherche défini dans Internet Explorer (le Chapitre 17 explique comment affecter le moteur de recherche de son choix à Internet Explorer).

Quand la recherche ne donne rien

Un jour ou l'autre, votre fidèle outil de recherche ne trouvera rien. Face à une liste vide, ces conseils vous aideront peut-être à retrouver ce qui lui avait échappé.

- **Vérifiez l'orthographe.** Vista est incapable de deviner qu'en tapant «acceuil», vous pensiez à «accueil». Une faute de frappe compromet toujours une recherche.
- **Recourez à la recherche avancée.** Le champ Rechercher du menu Démarrer est simple et rapide. Mais s'il ne trouve rien, utilisez plutôt la commande Rechercher du menu Démarrer. Elle ouvre une fenêtre truffée d'options assez trapues. Décrites à la section « Demander à Vista de mieux chercher «, la fenêtre Rechercher peut sauver la mise en cas d'urgence.
- **Etendez l'indexation.** Les recherches de Vista s'effectuent normalement dans le dossier de votre compte d'utilisateur, qui contient les dossiers Documents, Images et Musique, ainsi que vos courriers électroniques et les sites Web téléchargés. Mais si vous avez stocké des fichiers ailleurs, sur un disque dur externe par exemple, ou dans une clé USB, Vista ne les trouvera pas, à moins que vous lui demandiez d'y aller voir, comme l'explique la section «Affiner les recherches de Vista», plus loin dans ce chapitre.
- **Reconstruisez l'index.** Des fichiers sont constamment déplacés, entrés ou sortis du PC. L'index de Vista s'efforce de rester à jour mais parfois, il ne sait plus ce qui est quoi. Pour rétablir un index sain, demandez à Vista de reconstruire l'index, une tâche expliquée à la section «Affiner les recherches de Vista». Bien que cette reconstruction s'effectue en tâche de fond, pendant que vous travaillez, il lui faut plusieurs heures pour être menée à bien. Pour plus d'efficacité, démarrez la réindexation le soir, en laissant le PC allumé toute la nuit.

Retrouver un fichier manquant dans un dossier

Le champ Rechercher du menu Démarrer explore minutieusement l'index tout entier. Mais c'est exagéré lorsque vous ne recherchez un fichier égaré que dans un seul dossier. Pour vous aider lorsqu'un fichier est perdu dans un océan d'autres fichiers, Vista a placé un champ Rechercher en haut à droite de chaque dossier. Ce champ n'examine que le dossier courant.

Pour trouver un fichier perdu dans un dossier, cliquez dans le champ Rechercher du dossier et tapez quelques lettres ou mots qui se trouvent dans le fichier. Le filtrage des fichiers commence dès la frappe de la première lettre. La recherche se restreint ensuite jusqu'à ce que ne soient affichés que les quelques dossiers parmi lesquels se trouve, avec un peu de chance, celui que vous recherchez.

Quand une recherche dans un dossier trouve de trop nombreuses occurrences, il reste un autre moyen de la réduire : les en-têtes de colonnes, lorsque l'affichage est en mode Détails, comme à la Figure 15.3. La première colonne, Nom, répertorie les noms de fichiers. Les autres colonnes fournissent des détails plus spécifiques.

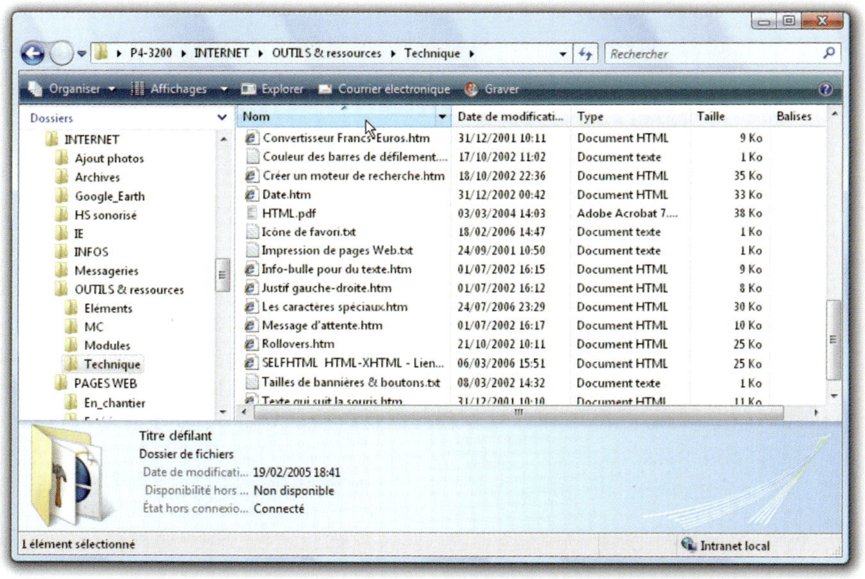

Figure 15.3 : L'affichage en mode Détails permet de trier les fichiers par nom ou par un autre critère, ce qui facilite les recherches.

Vous avez remarqué les en-têtes de colonnes Nom, Date de modification et Type ? Cliquez sur l'un d'eux pour trier les fichiers selon les critères suivants :

- **Nom :** Vous connaissez les premières lettres du nom du fichier ? Cliquez sur cet en-tête pour trier les fichiers alphabétiquement, puis parcourez la liste. Cliquez de nouveau sur Nom pour inverser l'ordre du tri.
- **Date de modification :** Cliquez sur cet en-tête si vous vous souvenez vaguement de la date à laquelle vous avez modifié le document pour la dernière fois. Les fichiers les plus récents sont ainsi placés en haut de la liste. Cliquer de nouveau sur Date de modification inverse l'ordre, un bon moyen pour retrouver des fichiers anciens.
- **Type :** Cet en-tête trie les fichiers selon leur contenu. Toutes les photos sont regroupées, et aussi tous les documents textuels. Commode pour retrouver les quelques photos perdues parmi une quantité de fichiers de texte.
- **Auteur :** Microsoft Word, Excel et d'autres programmes intègrent votre nom d'utilisateur aux fichiers que vous créez. Cliquez sur cet en-tête pour trier les fichiers par auteur.
- **Balise :** Vista permet souvent d'ajouter des balises à des documents, comme vous le découvrirez plus loin dans ce chapitre. Ajouter une balise «Photos de fromages qui puent» à cette série qui fleure bon le munster coulant permettra de récupérer les photos, soit en tapant l'intitulé de leur balise, soit en triant les fichiers d'un dossier par balises.

Que les fichiers soient affichés sous forme de miniatures, d'icônes ou par leur nom, les en-têtes de colonne offrent toujours un moyen commode de les trier rapidement.

TRUC

Les dossiers affichent généralement cinq colonnes de détails, mais vous pouvez en ajouter d'autres. En fait, des fichiers peuvent être triés par nombre de mots, durée des morceaux, dimensions des photos, dates de création et beaucoup d'autres critères. Pour en voir la liste, cliquez du bouton droit sur un en-tête et, dans le menu déroulant, choisissez Autres. La boîte de dialogue Choisir les détails apparaît. Cochez les cases des détails à faire apparaître dans les fenêtres des dossiers.

Tri approfondi

Lorsqu'un dossier est affiché en mode Détails, comme à la Figure 15.3, le nom des fichiers figure dans une colonne, les colonnes de détails se trouvant à droite. Vous pouvez trier le contenu d'un dossier en cliquant sur l'en-tête de l'une des colonnes : Nom, Date de modification, Auteur, etc. Mais Vista est capable de trier selon bien d'autres critères, comme vous le constatez en cliquant sur la petite flèche pointant vers le bas, à droite de chaque nom de colonne.

Cliquez sur la petite flèche de Date de modification, par exemple, et un calendrier se déploie. Cliquez sur une date et le dossier n'affiche que les fichiers modifiés ce jour-là, filtrant tous les autres. Sous le calendrier, des cases permettent de ne voir que les fichiers créés Aujourd'hui, Hier, La semaine dernière, Plus tôt ce mois, Plus tôt cette année ou encore, Il y a longtemps.

De même, cliquer sur la flèche à côté de Auteur déploie une liste des auteurs de chacun des documents du fichier. Cochez les cases des auteurs dont vous voulez voir les fichiers, et Vista filtre tous les autres.

Cacher ainsi des fichiers n'est pas sans risque, car il est facile d'oublier qu'un filtrage est en cours. Une coche, à côté de l'en-tête d'une colonne, le signale toutefois. Pour désactiver le filtrage et voir tous les fichiers du dossier, cliquez sur la coche et examinez le menu déroulant. Cette action décoche les cases et supprime le filtrage.

Trier, regrouper et empiler des fichiers

Trier les fichiers par nom, date de modification ou type, comme nous venons de le voir, est suffisant pour beaucoup de gens. Mais à l'intention des pinailleurs, Vista propose aussi deux autres moyens d'organiser les fichiers : en les regroupant et en les empilant. Quelle est la différence ?

L'empilement est comparable aux bacs à courrier des bureaux. Dans l'un, vous déposez les lettres du jour sur une pile, dans un autre s'empilent les lettres de la semaine dernière. Ou encore, l'un contient toutes les factures impayées, un autre des relevés bancaires.

Vista fait à peu près de même quand vous choisissez d'empiler les fichiers par dates de modification, comme à la Figure 15.4. Le travail en cours est placé dans une pile, celui du mois précédent dans une autre. Ou encore, vous pouvez empiler par Type afin de séparer les feuilles de calcul des courriers.

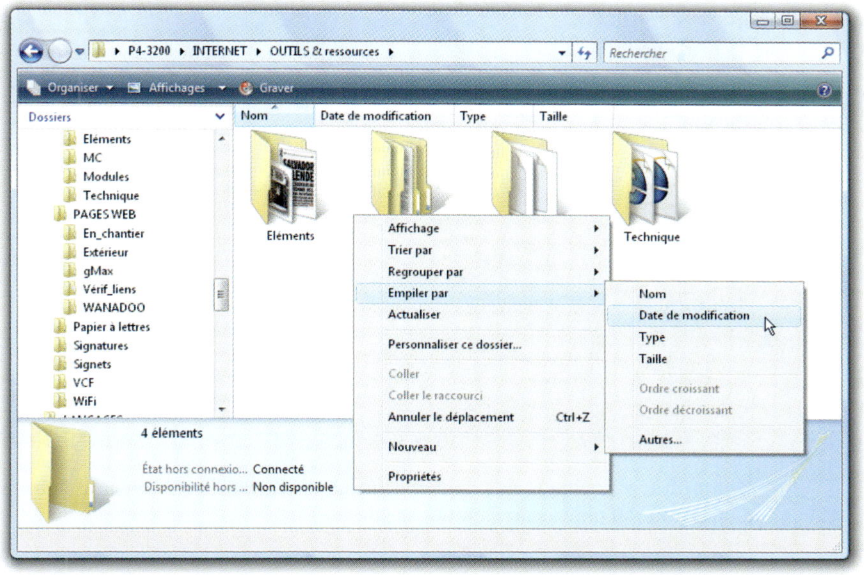

Figure 15.4 : Pour bien classer vos documents, cliquez du bouton droit dans une partie vide d'un dossier et choisissez Empiler par.

La fonction Regrouper se charge elle aussi de réunir des éléments similaires. Mais, au lieu d'en faire de hautes piles, Vista les répartit à plat, les éléments similaires se trouvant côte à côte. Regrouper des éléments par date de modification, comme à la Figure 15.5, réunit les fichiers par date, avec une étiquette pour chaque groupe : La semaine dernière, Plus tôt ce mois, Plus tôt cette année, etc.

TRUC

Pour empiler ou grouper vos fichiers, cliquez du bouton droit dans un dossier et, dans le menu contextuel, choisissez, soit l'option Regrouper par, soit l'option Empiler par. Veillez à bien cliquer dans une partie vide, ce qui n'est pas toujours facile quand un dossier est bien rempli. Pour dégrouper ou désempiler, procédez de même, mais en choisissant l'option Aucun.

Il est aussi possible de grouper ou d'empiler en appuyant sur la touche Alt, en cliquant sur le menu Affichage et en choisissant Regrouper par, ou Empiler par.

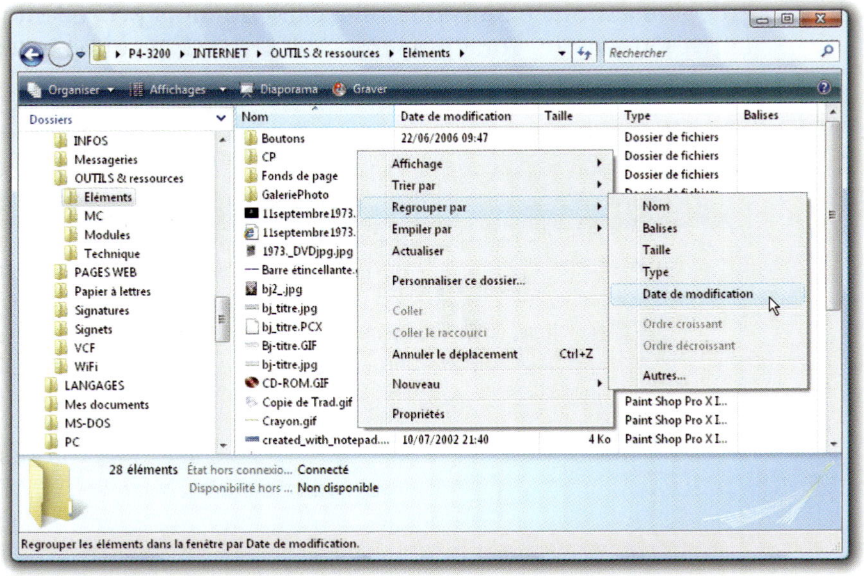

Figure 15.5 : Pour réunir des fichiers similaires, cliquez du bouton droit dans une partie vide d'un dossier et choisissez Regrouper par.

Retrouver des photos égarées

Windows Vista indexe vos courriers du premier au dernier mot, mais il est incapable de faire la différence entre une photo de la tour Eiffel et celle d'un bébé à la plage. Lorsqu'il s'agit d'identifier une photo, tout dépend de vous. Les quatre conseils qui suivent facilitent la tâche :

- **Ajoutez des balises à vos photos :** Quand vous connectez votre appareil photo numérique au PC, Vista propose aimablement de transférer les photos. Au cours de la copie, Vista vous demande de leur ajouter une balise. C'est le moment d'introduire quelques mots qui les décrivent. Vista indexe les balises, ce qui facilite les recherches ultérieures.

- **Stockez les séries de prises de vue dans des dossiers séparés.** Le programme d'importation de photos de Vista crée automatiquement un nouveau dossier pour chaque série de photos, selon la date courante et la balise choisie. Mais si vous utilisez un autre logiciel pour transférer vos photos, veillez à créer un dossier pour chaque journée ou série, et nommez-le judicieusement : Soirée sushi, Planches de Deauville ou Cueillette de champignons.

- **Triez par date.** Vous venez de dénicher un dossier bourré à craquer de photos en tous genres ? Voici une façon rapide de vous y retrouver : cliquez plusieurs fois sur Affichages, dans la barre de menus, jusqu'à ce que les fichiers se transforment en miniatures. Cliquez ensuite du bouton droit dans une partie vide du dossier et choisissez Trier par, et sélectionnez, soit Date de modification, soit Date de la prise de vue. Dans les deux cas, les photos sont classées par ordre chronologique, ce qui met fin à la pagaille ambiante.

- **Renommez les photos :** Au lieu de laisser vos photos de vacances aux Seychelles nommées DSCM1045, DSCM1046 et ainsi de suite, donnez-leur un nom plus parlant. Sélectionnez tous les fichiers du dossier en appuyant sur les touches Ctrl+A. Cliquez ensuite du bouton droit dans la première image, choisissez Renommer et tapez **Seychelles**. Windows les renommera Seychelles, Seychelles (2), Seychelles (3) et ainsi de suite.

Appliquer ces quatre règles simples évitera que votre photothèque devienne un fâcheux fouillis de fichiers.

Veillez à sauvegarder vos photos numériques en effectuant des copies – les originaux restant dans l'ordinateur – sur un disque dur externe, des CD, des DVD ou tout autre support. Autrement, si vous ne sauvegardez rien, vos précieuses archives familiales seront à la merci du moindre crash de disque dur.

Trouver d'autres ordinateurs sur un réseau

Un réseau est un groupe d'ordinateurs reliés entre eux, permettant de partager ainsi des fichiers, une imprimante ou la connexion Internet. Beaucoup de gens utilisent un réseau quotidiennement sans même le savoir : lorsque vous relevez vos courriers électroniques, le PC se connecte à un autre ordinateur afin d'y télécharger les messages en attente.

Le plus souvent, vous n'avez pas à vous soucier des autres PC du réseau. Mais, si vous voulez trouver un PC connecté, pour y chercher des fichiers, par exemple, Vista se fera une joie de vous aider.

Pour trouver un PC sur le réseau, choisissez Réseau dans le menu Démarrer. Vista montre tous ceux qui sont reliés à votre propre PC (Figure 15.6). Double-cliquez sur le nom d'un ordinateur et parcourez les fichiers qui s'y trouvent.

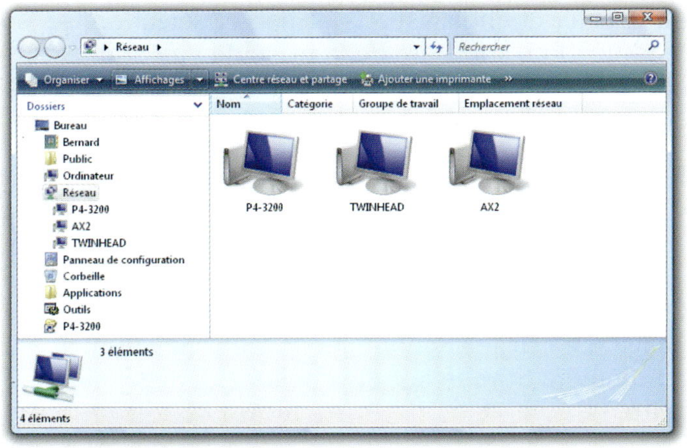

Figure 15.6 : Pour trouver les ordinateurs reliés à votre PC, cliquez sur Réseau, dans le menu Démarrer.

Trouver des informations sur l'Internet

Si Vista ne trouve pas une information dans l'ordinateur, demandez-lui d'aller voir sur l'Internet. Bien que vous puissiez utiliser Internet Explorer, vous irez plus vite avec le champ Rechercher, dans le menu Démarrer. Cliquez dedans, tapez quelques mots, puis cliquez sur Rechercher sur Internet, juste au-dessus du champ.

Vista transmet votre requête au moteur de recherche habituellement utilisé par le champ Rechercher d'Internet Explorer. Nous y reviendrons au Chapitre 17.

Enregistrer les recherches

Si vous lancez fréquemment une même recherche, vous gagnerez du temps en l'enregistrant. Ceci fait, Vista la mémorise et y ajoute automatiquement, au fur et à mesure de leur création, les nouveaux éléments répondant aux critères.

Cliquez sur le nom d'une recherche enregistrée, et elle s'ouvre comme n'importe quel autre dossier, montrant ce qui a été trouvé. A titre d'exemple, cliquez sur le mot Rechercher qui se trouve dans le Volet de navigation de chaque dossier. Vista affiche dedans quelques recherches enregistrées vous permettant de retrouver les fichiers que vous avez récemment modifiés.

Pour enregistrer une recherche, cliquez sur le bouton Enregistrer la recherche, en haut de la fenêtre de recherche. Nommez votre recherche puis cliquez sur Enregistrer.

Une recherche enregistrée n'a plus lieu d'être ? Cliquez du bouton droit sur son nom et choisissez Supprimer. Notez que cette action ne supprime que la recherche, pas les fichiers sur laquelle elle porte.

Demander à Vista de mieux chercher

Le champ Rechercher du menu Démarrer est remarquable pour la plupart des requêtes. Il est simple et plutôt rapide. Alors, en quoi la commande Rechercher, elle aussi dans le menu Démarrer, diffère-t-elle du champ Rechercher ?

Eh bien, la commande Rechercher est plus efficace lorsque le champ Rechercher a trouvé trop de résultats. Par exemple, une recherche sur «glace» peut trouver des recettes de dessert, des articles sur la climatologie, des photos de voyage ou de vacance, et une phénoménale quantité de sites Web, etc.

Pour restreindre ces résultats, cliquer sur la commande Rechercher, dans le menu Démarrer, ouvre le dossier Rechercher. Il arbore un champ Rechercher standard, dans le coin supérieur droit, mais aussi une rangée de boutons en haut : Tous, Courrier électronique, Document, Image et Musique. Chaque bouton agit comme un filtre qui réduit la portée de la recherche.

Tapez la recherche dans le champ Rechercher – **glace**, par exemple – pour voir tous les fichiers où il en est question. Cliquez ensuite sur les boutons pour limiter les résultats. Cliquez sur le bouton Courrier électronique pour ne rechercher ce mot que dans votre messagerie, ou sur Image pour n'obtenir que des photos dont la balise contient le mot «glace».

Recourir à la commande Rechercher n'est justifié que si la quantité de fichiers trouvés est très élevée. Dans ce cas, vous l'apprécierez.

Affiner les recherches de Vista

La fonction Rechercher de Vista cache deux lourds secrets. Le premier est que Vista n'indexe pas la totalité des fichiers du PC. Cette limitation accélère certes les recherches, mais au risque de ne jamais trouver certains documents.

Le deuxième est que Vista se détériore avec l'âge, comme une vulgaire bagnole. Cette section explique comment résoudre ces deux problèmes.

Ajouter des emplacement à l'index de Vista

Vista indexe les fichiers que, selon lui, vous utilisez : tous ceux des dossiers Documents, Images et Musique, vos courriers électroniques, vos contacts, et d'autres encore. Mais beaucoup de gens stockent des fichiers ailleurs, hors d'atteinte de l'index. Peut-être avez-vous connecté un disque dur externe à l'ordinateur, ou stocké des données importantes dans un PC en réseau situé dans une autre pièce.

Suivez ces étapes pour étendre l'indexation à ces emplacements particuliers. Sachez que vous devez disposer d'un compte Administrateur pour pouvoir inclure d'autres dossiers dans l'indexation.

1. **Ouvrez le menu Démarrer et choisissez Panneau de configuration.**

Le Panneau de configuration, truffé d'options et de commutateurs, décrit au Chapitre 20, fait une apparition remarquée.

2. **Ouvrez la fenêtre Options d'indexation.**

   Sur certains PC, vous devrez d'abord cliquer sur Système et maintenance. La fenêtre Options d'indexation s'ouvre, indiquant le nombre de fichiers indexés et les dossiers où ils se trouvent.

3. **Cliquez sur le bouton Modifier.**

   La fenêtre Emplacements indexés apparaît (voir Figure 15.7), vous permettant de choisir les dossiers qui doivent être indexés.

   Remarque : Seuls les Administrateurs peuvent voir ou modifier les emplacements indexés. Si votre compte d'utilisateur est plus limité, vous devrez cliquer sur le bouton Afficher tous les emplacements et entrer le mot de passe d'un compte d'Administrateur pour voir tous les endroits visibles en haut, dans la Figure 15.7.

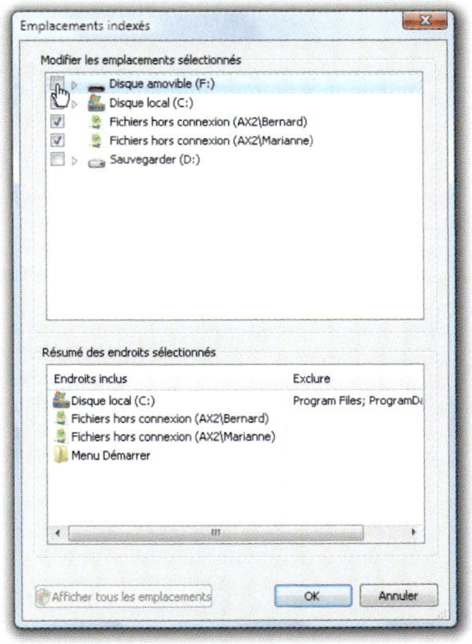

Figure 15.7 : Cliquez dans les cases des zones à ajouter à l'indexation.

4. **Sélectionnez les zones à indexer puis cliquez sur OK.**

   Dans Vista, les disques durs externes et les clés USB sont des lecteurs amovibles. Donc, pour obliger Vista à indexer un dossier présent dans le lecteur F, vous devrez cliquer sur la petite flèche pointée vers le bas près du nom du lecteur F, comme dans la Figure 15.7. Les noms des dossiers se trouvent en aval du nom du lecteur.

   Après avoir cliqué sur OK, Vista indexe l'emplacement, un processus qui peut durer de quelques minutes à quelques heures selon le nombre de fichiers.

Reconstruire l'index

Si la fonction de recherche de Vista ralentit considérablement ou si elle ne parvient pas à trouver des fichiers alors que vous êtes sûr qu'ils sont là, vous devrez demander à Vista de tout réindexer.

Vista reconstruit l'index en tâche de fond pendant que vous travaillez, mais pour ne pas subir le ralentissement de l'ordinateur, il est préférable d'effectuer la reconstruction au cours de la nuit. Ainsi, Vista moulinera pendant votre sommeil, et vous livrera un index tout neuf avec les croissants du petit déjeuner.

Procédez comme suit pour lancer la réindexation :

1. **Ouvrez le menu démarrer et cliquez sur Panneau de configuration.**

   Le Panneau de configuration apparaît.

2. **Cliquez sur l'icône Options d'indexation.**

   Y'a pas ? Cliquez sur Système et maintenance, puis sur Options d'indexation.

3. **Cliquez sur le bouton Avancé puis sur le bouton Reconstruire.**

   Vista vous prévient que cela risque d'être long.

4. **Cliquez sur OK.**

   Vista réindexe tout. L'ancien index ne sera supprimé que quand le nouveau sera prêt.

Chapitre 16

Faire bonne impression

Dans ce chapitre :

- Imprimer des fichiers, des enveloppes et des pages Web.
- Régler les paramètres d'impression.
- Installer des polices.
- Résoudre les problèmes d'impression.

Il vous arrivera parfois d'extraire des données de leur univers virtuel afin de les coucher sur un support plus tangible : une feuille de papier.

Ce chapitre est consacré à l'impression (pas celle que vous produisez, mais celle que vous faites, ou inversement). Vous apprendrez comment faire tenir un document sur une feuille sans qu'il soit tronqué. Nous aborderons aussi la mystérieuse et méconnue notion de file d'attente, qui permet d'annuler l'impression de documents envoyés à l'imprimante, avant qu'ils gâchent du papier. Quand vous serez prêt à agrémenter votre travail par de nouvelles polices typographiques, vous découvrirez comment les installer et les visionner.

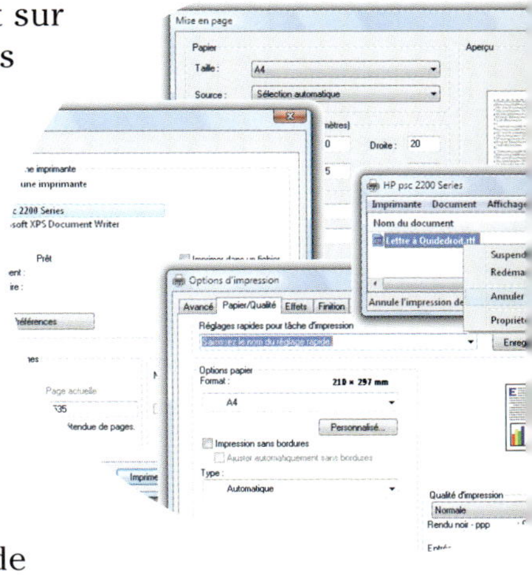

Imprimer vos œuvres

Windows Vista connaît une bonne demi-douzaine de façons d'envoyer votre travail à l'imprimante. Voici les plus connues :

- Choisissez l'option Imprimer, dans le menu Fichier.
- Cliquez du bouton droit sur l'icône d'un document et choisissez Imprimer.
- Cliquez sur le bouton Imprimer, dans la barre d'outils d'un programme.
- Faites glisser l'icône d'un document et déposez-la sur l'icône de l'imprimante.

Si une boîte de dialogue apparaît, cliquez sur OK, et Vista envoie aussitôt la page à l'imprimante. Pour peu que l'imprimante soit allumée et contienne de l'encre et du papier, Windows se charge de tout en tâche de fond, pendant que vous continuez à travailler.

Si la page n'est pas bien imprimée – texte tronqué, caractères grisâtres... –, vous devrez modifier les paramètres d'impression ou changer de qualité de papier, comme l'expliquent les sections qui suivent.

TRUC

- Si une page de l'aide de Windows vous paraît utile, cliquez dessus du bouton droit et choisissez Imprimer. Ou alors, cliquez sur l'icône Imprimer, si vous en voyez une.
- Pour accéder rapidement à l'imprimante, cliquez du bouton droit sur son icône et choisissez Créer un raccourci. Cliquez sur Oui pour confirmer et Vista place le raccourci de l'imprimante sur le Bureau. Pour imprimer, il suffit désormais de déposer l'icône du document sur l'icône de l'imprimante. Vous trouverez une icône de l'imprimante en ouvrant le Panneau de configuration, dans le menu Démarrer, et en choisissant Imprimantes, à la rubrique Matériel et audio.
- Pour imprimer rapidement un lot de documents, sélectionnez toutes les icônes. Cliquez ensuite du bouton droit dans la sélection et choisissez Imprimer. Vista les envoie tous à l'imprimante, d'où ils émergeront les uns après les autres.

Examiner la page avant de l'imprimer

Pour beaucoup, l'impression relève du mystère : ils cliquent sur Imprimer, et s'interrogent avec une pointe d'anxiété sur ce que la grosse boîte qui ronronne leur sortira. Avec un peu de chance – et du gros sel jeté par-dessus l'épaule gauche –, la page est bien imprimée. Autrement, une feuille aura été gâchée (sans parler du sel).

L'option Aperçu avant impression, qui figure dans le menu Fichier de la plupart des programmes, permet de vérifier la mise en page. Elle affiche le travail en cours en tenant compte des paramètres d'impression, montrant ainsi le document tel qu'il sera imprimé. L'aperçu avant impression est commode pour repérer des problèmes de marge, des tailles de caractères mal choisies et autres défauts typographiques.

L'aperçu avant impression varie d'un programme à un autre, certains étant plus précis que d'autres. Mais tous montrent assez fidèlement ce que sera l'impression.

Si l'aperçu vous convient, cliquez sur le bouton Imprimer, en haut de la boîte de dialogue. Mais si quelque chose ne va pas, cliquez sur le bouton Fermer pour revenir à votre travail et effectuer les corrections qui s'imposent.

Configurer la mise en page

En théorie, Windows affiche toujours votre travail tel qu'il sera imprimé. C'est ce que les Anglo-Saxons appellent WYSIWYG (*What You See Is What You Get,* «ce que vous voyez est ce que vous obtiendrez», poétiquement traduit par «tel écran, tél écrit» (et tel est vision). Si ce que vous imprimez diffère sensiblement de ce qui était affiché, un petit tour dans la boîte de dialogue Mise en page s'impose (Figure 16.1).

L'option Mise en page, qui figure dans le menu Fichier de la plupart des programmes, sert à peaufiner le positionnement du document dans la page. La boîte de dialogue n'est pas la même d'un programme à un autre, mais le principe général ne change guère. Voici les paramètres les plus courants et à quoi ils servent :

- **Taille :** Indique au programme le format du papier actuellement utilisé. Laissez cette option sur A4 afin d'utiliser les feuilles normalisées, ou choisissez un autre format (A3, A5, Enveloppe...) le cas échéant. Reportez-vous éventuellement à l'encadré «Imprimer des enveloppes sans finir timbré».

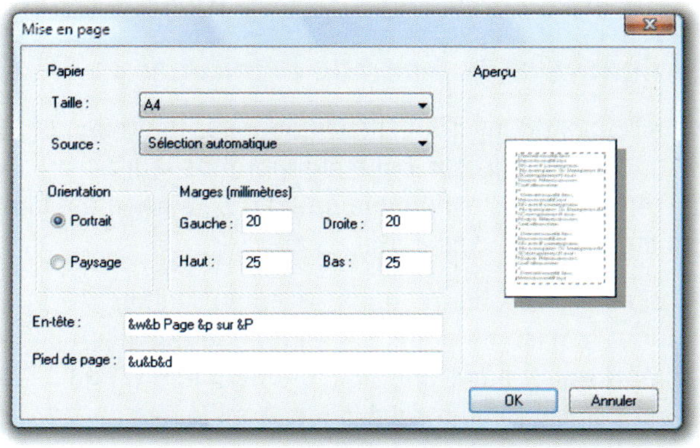

Figure 16.1 : Choisissez l'option Mise en page, dans le menu Fichier d'un programme, pour peaufiner le positionnement de votre travail dans la feuille de papier.

- **Source :** Choisissez Sélection automatique ou Bac, à moins que vous possédiez une de ces imprimantes haut de gamme alimentées par plusieurs bacs de feuilles de divers formats. Quelques imprimantes proposent une option Feuille à feuille, où vous devez manuellement introduire chaque feuille.

- **En-tête** et **Pied de page :** Vous tapez un code spécial, dans ces zones, pour indiquer à l'imprimante ce qu'elle doit y placer : numéro de page, date et heure, nom et/ou chemin du fichier... Par exemple, à la Figure 16.1, le code `&u&b&d`, dans le pied de page, imprime l'adresse Web de la page en bas à gauche ainsi que la date en bas à droite.

  Malheureusement, tous les programmes n'utilisent pas les mêmes codes de mise en page. Si un bouton en forme de point d'interrogation se trouve en haut à droite de la boîte de dialogue, cliquez dessus puis dans une zone En-tête ou Pied de page pour en savoir plus. Pas de bouton d'aide ? Appuyez sur la touche F1 et faites une recherche sur **Mise en page** dans le système d'aide.

- **Orientation :** Laissez cette option sur Portrait pour imprimer des pages en hauteur, mais choisissez Paysage si vous préférez imprimer en largeur. Cette option est commode pour les tableaux (notez qu'il n'est pas nécessaire d'introduire le papier de côté, dans une imprimante à large laize).

- **Marges :** Réduisez les marges pour faire tenir plus de texte dans une feuille. Il faut parfois les régler lorsqu'un document a été créé sur un autre ordinateur.
- **Imprimante :** Si plusieurs imprimantes ont été installées dans l'ordinateur ou sur le réseau, cliquez sur ce bouton pour sélectionner celle que vous désirez utiliser. Cliquez aussi ici pour modifier ses paramètres, une tâche abordée à la prochaine section.

Après avoir configuré les paramètres utiles, cliquez sur OK pour les mémoriser. Et revoyez une dernière fois l'aperçu avant impression pour vous assurer que tout est correct.

TRUC

Pour trouver la boîte de dialogue Mise en page dans certains programmes, dont Internet Explorer, cliquez sur la petite flèche près de l'icône de l'imprimante et choisissez Mise en page, dans le menu.

Imprimer des enveloppes sans finir timbré

Bien qu'il soit très facile de cliquer sur l'option Enveloppe, dans la boîte de dialogue Mise en page, imprimer l'adresse au bon endroit est extraordinairement difficile. Sur certains modèles d'imprimantes, les enveloppes doivent être introduites à l'endroit, sur d'autres il faut les présenter à l'envers. Si vous n'avez plus le manuel de l'imprimante, le meilleur moyen de trouver le bon sens – si ces mots en ont encore un – est de faire des essais.

Après avoir trouvé comment introduire les enveloppes, mettez un pense-bête sur l'imprimante (l'utilisateur est oublieux) indiquant le sens à respecter.

Si l'impression d'enveloppes est vraiment un calvaire, essayez les étiquettes. Achetez celles de la marque Avery puis téléchargez un logiciel d'impression gratuit (`www.avery.fr/fr1/index.jsp`). Compatible avec Microsoft Word – PC et Mac –, il affiche des petits rectangles de la taille des étiquettes dans une page. Tapez les adresses dedans, insérez une feuille d'étiquettes dans l'imprimante, et Word sortira une planche d'autocollants parfaitement présentés. Il n'est même plus nécessaire de les humecter sur la truffe du chien.

Ou alors, faites vous faire un tampon en caoutchouc à vos nom et adresse. C'est plus rapide que l'imprimante et les autocollants.

Régler les paramètres d'impression

Quand vous choisissez Imprimer, dans le menu Fichier d'un programme, Windows vous offre une dernière chance de peaufiner la page. La boîte de dialogue de la Figure 16.2 permet de diriger l'impression vers n'importe quelle imprimante installée dans l'ordinateur ou sur le réseau. Pendant que vous y êtes, il est encore possible de régler les paramètres d'impression, choisir la qualité du papier et sélectionner les pages à imprimer.

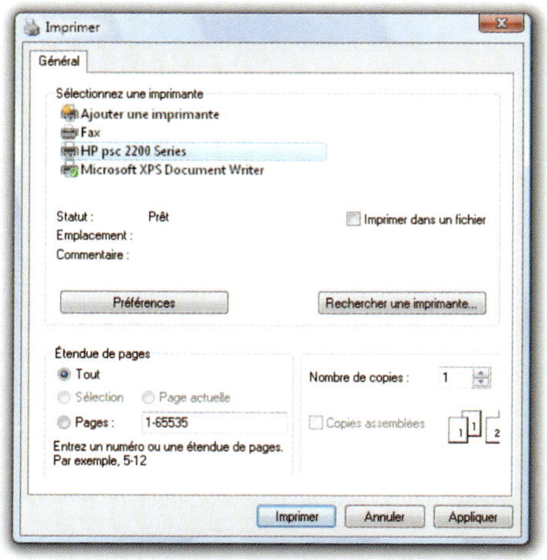

Figure 16.2 : La boîte de dialogue Imprimer permet de choisir l'imprimante et de la paramétrer.

Vous trouverez très certainement ces paramètres dans la boîte de dialogue :

- **Sélectionnez une imprimante :** Ignorez cette option si vous n'avez qu'une seule imprimante, car Windows la sélectionne automatiquement. Mais si l'ordinateur accède à plusieurs imprimantes, c'est ici que vous en choisirez une.

  L'imprimante que vous risquez de trouver, nommée Microsoft XPS Document Writer, envoie votre travail dans un fichier au format particulier, généralement pour être utilisé par un imprimeur ou tout autre professionnel de la PAO (Publication Assistée par Ordinateur). Vous n'utiliserez probablement jamais cette imprimante virtuelle.

- **Étendue de pages :** Sélectionnez Tout pour imprimer la totalité du document. Pour n'imprimer qu'une partie des pages, sélectionnez l'option Pages et indiquez celle qu'il faut imprimer. Par exemple, si vous tapez **1-4, 6**, vous imprimez les quatre premières pages d'un document ainsi que la sixième, mais ni la cinquième ni les autres. Si vous avez sélectionné un paragraphe, choisissez Sélection pour n'imprimer que lui. C'est un excellent moyen pour n'imprimer que les parties intéressantes d'une page Web, et non la totalité (qui peut être fort longue).

- **Nombre de copies :** Le plus souvent, les gens n'impriment qu'un exemplaire. Mais s'il vous en faut davantage, c'est ici que vous l'indiquerez. L'option Copies assemblées n'est utilisable que si l'imprimante dispose de cette fonctionnalité, ce qui est rare ; vous devrez trier les feuilles vous-même.

- **Préférences :** Cliquez sur ce bouton pour accéder à la boîte de dialogue de la Figure 16.3, où vous choisissez les options spécifiques à votre modèle d'imprimante. Elle permet notamment de sélectionner différents grammages de papier, de choisir entre l'impression en couleur ou en niveaux de gris, de régler la qualité de l'impression et procéder à des corrections de dernière minute de la mise en page.

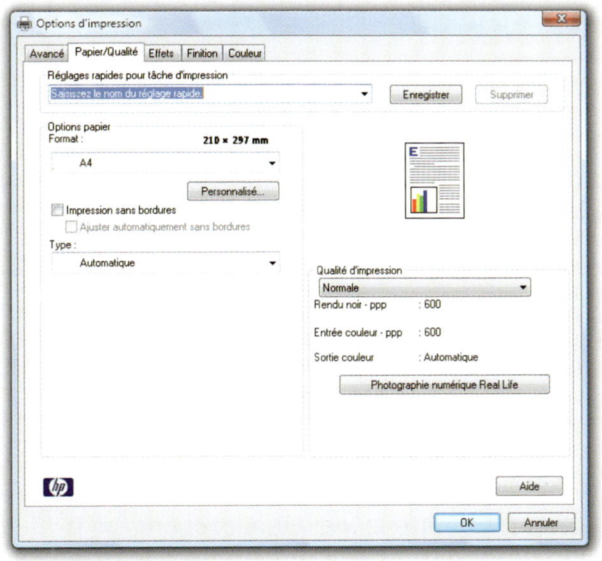

Figure 16.3 : Réglez les paramètres spécifiques à votre imprimante, notamment le type de papier et la qualité d'impression.

Annuler une impression

Vous venez de réaliser qu'il ne fallait surtout pas envoyer le document de 26 pages vers l'imprimante ? Dans la panique, vous êtes tenté de l'éteindre tout de suite. Ce serait une erreur car après le rallumage, la plupart des imprimantes reprennent automatiquement l'impression.

Pour éliminer le document de la mémoire de l'imprimante, double-cliquez sur son icône, qui se trouve généralement dans la Zone de notification de la Barre des tâches. Vous affichez ainsi la file d'attente visible dans la Figure 16.4. Cliquez du bouton droit sur le document incriminé et choisissez Annuler. Quand vous rallumerez l'imprimante, elle ne continuera plus de sortir ce satané document.

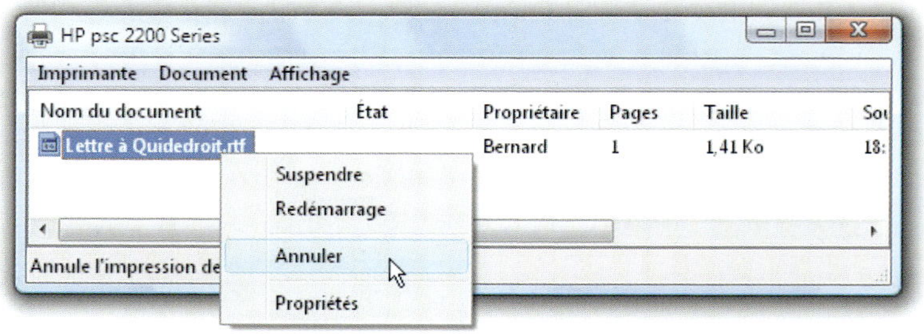

Figure 16.4 : Ôtez un document de la file d'attente pour annuler son impression.

- Si vous ne trouvez pas l'icône de l'imprimante, ouvrez le menu Démarrer, aller dans le Panneau de configuration et choisissez l'icône Imprimantes.
- La file d'attente – appelée aussi «spouleur» – répertorie tous les documents qui attendent patiemment leur tour pour être imprimés. Vous pouvez modifier l'ordre par des glisser-déposer. En revanche, et en toute logique, rien ne peut être placé avant le document en cours d'impression.
- Si l'imprimante s'arrête en cours d'impression faute de papier, ajoutez-en. Vous devrez appuyer sur un bouton de l'imprimante pour reprendre l'impression. Ou alors, ouvrez la file d'attente, cliquez du bouton droit sur le document et choisissez Redémarrer.
- Vous pouvez envoyer des documents vers une imprimante même quand vous travaillez au bistrot du coin avec votre ordinateur portable. Quand vous le connectez à l'imprimante du bureau, la file d'attente s'en aperçoit et envoie vos fichiers. Attention : une fois qu'ils ont été placés dans la file d'attente, les documents sont mis en forme pour l'imprimante en question. Si par la suite vous connectez le portable à un autre modèle d'imprimante, l'impression ne sera peut-être pas correcte.

Imprimer une page Web

Très tentante de prime abord, l'impression des pages Web est rarement satisfaisante, notamment à cause de la marge droite qui tronque souvent la fin des lignes. La phénoménale longueur de certaines pages, ou les caractères si petits qu'ils sont à peine lisibles, font aussi partie des inconvénients.

Pire, la débauche de couleurs des publicités peut pomper les cartouches d'encre en un rien de temps. Quatre solutions sont cependant envisageables pour imprimer correctement des pages Web. Les voici par ordre d'efficacité décroissante :

- **Utilisez l'option Imprimer intégrée à la page Web.** Quelques sites Web proposent une discrète option Imprimer cette page, ou Version texte, ou Optimisé pour l'impression, etc. Elle élimine tout le superflu des pages Web et refait la mise en page en fonction des feuilles de papier. C'est le moyen le plus sûr d'imprimer une page Web.
- **Dans le navigateur Web, choisissez Fichier puis Imprimer.** Au bout de 15 ans, certains concepteurs de pages Web ont enfin compris que des visiteurs impriment leurs pages. Ils se sont donc débrouillés pour qu'elles se remettent d'elles-mêmes en forme lors de l'impression.
- **Copier la partie qui vous intéresse et la coller dans WordPad.** Sélectionnez le texte désiré, copiez-le et collez-le dans WordPad ou n'importe quel traitement de texte. Profitez-en pour supprimer les éléments indésirables ou superflus. Réglez les marges et imprimez tout ou une partie seulement. Le Chapitre 14 explique comment copier et coller.
- **Copier la totalité de la page Web et la coller dans un traitement de texte.** C'est beaucoup de travail, mais cela fonctionne. Choisissez Sélectionner tout, dans le menu Édition d'Internet Explorer. Choisissez ensuite Copier – qui est dans le même menu – ou appuyez sur Ctrl+C. Ouvrez ensuite Microsoft Word ou un autre traitement de texte haut de gamme, et collez-y le document. En coupant les éléments indésirables et en remettant les paragraphes en forme, vous obtiendrez un document parfaitement imprimable.

Imprimer le Carnet d'adresses

Bien que la sauvegarde des courriers électroniques soit essentielle, sauvegarder la liste des contacts ne l'est pas moins. Vous pouvez aussi imprimer les coordonnées des personnes que vous rencontrerez ce jour. Voici comment imprimer le contenu d'un carnet d'adresses :

1. **Ouvrez le dossier Contacts et sélectionnez ceux que vous désirez imprimer.**

   Cliquez sur votre nom d'utilisateur (pas sur l'icône), en haut du menu Démarrer, puis ouvrez le dossier Contacts. Appuyez sur Ctrl+A pour sélectionner la totalité des contacts ou alors, touche Ctrl enfoncée, ne cliquez que sur ceux à imprimer.

2. **Cliquez sur le bouton Imprimer du dossier, sélectionnez éventuellement l'imprimante et choisissez votre style d'impression.**

   La rubrique Style d'impression propose trois présentations pour votre liste de contacts :

   Memo : Toutes informations concernant le contact sont imprimées.

   Carte de visite : Imprime une carte de visite standard de chaque personne (nom, téléphone, adresse, société et adresse électronique).

   Liste téléphonique : Imprime, pour chaque contact, son nom et ses numéros de téléphones (fixe domicile, fixe bureau, mobile et télécopie).

3. **Cliquez sur Imprimer.**

Windows Mail imprime une liste bien présentée, selon vos spécifications. Si vous n'avez jamais imprimé vos contacts auparavant, faites un essai avec les trois présentations. Ce ne sera pas du papier gâché en vain.

Ces conseils vous aideront eux aussi à coucher une page Web sur papier :

- Le seul moyen d'imprimer sans problème une page Web est la présence, si le concepteur y a pensé, d'une option d'impression. Si une page vous intéresse mais qu'elle n'a pas d'option d'impression, envoyez-la à vous-même par courrier électronique. L'impression de ce message sera peut-être plus réussie.

- Pour n'imprimer que quelques paragraphes d'une page Web, sélectionnez-les avec la souris (la sélection est expliquée au Chapitre 14). Dans Internet Explorer, choisissez Fichier, puis Imprimer. La boîte de dialogue de la Figure 16.2 s'ouvre. A la rubrique Étendue de pages, cliquez sur Sélection.

TRUC

- Si dans une page Web, un tableau ou une photo dépasse du bord droit, essayez de l'imprimer en mode Paysage plutôt que Portrait.

Installer de nouvelles polices

La police change l'apparence des caractères, suggérant le ton général d'un écrit. Windows Vista est livré avec près de 300 polices, assez faciles à voir.

Pour voir toutes les polices installées, ouvrez le Panneau de configuration à partir du menu Démarrer, cliquez sur Affichage classique puis sur l'icône Polices. Windows Vista répertorie toutes les polices par le nom de la police (NdT : qui diffère du nom du fichier de la police). Double-cliquez sur l'icône de l'une d'elles, du Palatino Linotype, à la Figure 16.5, pour la voir. Cliquer sur le bouton imprimer permet d'obtenir une version sur papier.

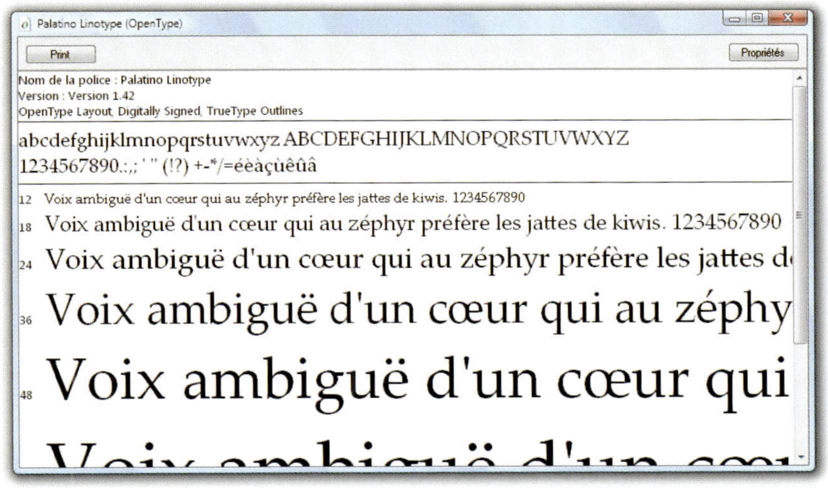

Figure 16.5 : Double-cliquez sur un fichier de police pour afficher la typographie.

Si les polices livrées avec Vista ne vous satisfont pas, vous pouvez en télécharger ou en acheter d'autres et les installer dans l'ordinateur. La plupart des polices vendues sont livrées avec un programme d'installation qui vous épargne de laborieuses manipulations. Mais voici comment procéder si une police n'est pas accompagnée d'un installeur :

1. **Placez la nouvelle police dans le dossier Documents.**

Bon nombre de polices sont livrées dans un dossier compressé, reconnaissable à sa fermeture Éclair. Si c'est le cas de la vôtre, cliquez sur l'icône du bouton droit, choisissez Extraire tout et laissez l'ordinateur placer son contenu dans le dossier Documents.

Si vous prévoyez d'installer de nombreuses polices, créez un dossier Polices dans le dossier Documents, et faites-y transiter les fichiers que vous extrayez.

2. **Cliquez du bouton droit dans une police extraite ou téléchargée et choisissez Installer.**

L'icône d'une police téléchargée ressemble à l'une de celles visibles dans la marge. Quand vous choisissez Installer, Vista ajoute la police dans la zone Polices du Panneau de configuration, où elle est accessible à tous les programmes.

- Pour supprimer des polices indésirables, cliquez sur leur nom, dans le Panneau de configuration, et choisissez Supprimer.

  Ne supprimez jamais une police livrée avec Windows Vista. Ne supprimez que celles que vous avez installées. La suppression de certaines polices utilisées par l'interface de Windows viderait les menus de leur texte, ce qui rendrait Windows encore plus difficile à utiliser.

- Si vous êtes tenté de télécharger des polices depuis l'Internet, sachez que Windows Vista gère les polices de type TrueType, OpenType et PostScript. Mais si vous vous sentez l'âme d'un typographe, achetez un logiciel de gestion de polices. Enfin, soumettez tous les fichiers téléchargés à un antivirus.

Résoudre les problèmes d'impression

Si un document refuse d'être imprimé, assurez-vous que l'imprimante est allumée, son cordon branché à la prise, et qu'elle est connectée à l'ordinateur.

Si c'est le cas, branchez-la à différentes prises électriques en l'allumant et en vérifiant si le témoin d'allumage est éclairé. Si ce n'est pas le cas, l'alimentation de l'imprimante est sans doute morte.

Il est souvent moins cher de racheter une imprimante que de la faire réparer. Si vous tenez à la vôtre, faites établir un devis de réparation avant de vous en débarrasser.

Vérifiez ces points si le témoin d'allumage réagit :

- Assurez-vous qu'un papier n'a pas bourré le mécanisme d'entraînement. Une traction régulière vient généralement à bout d'un bourrage. Certaines imprimantes ont une trappe prévue à cette fin. Sinon, ouvrir et fermer le couvercle décoince parfois le papier.
- Y a-t-il encore de l'encre dans la cartouche, ou du toner dans l'imprimante Laser ? Essayez d'imprimer une page de test : ouvrez le menu Démarrer et, dans le Panneau de configuration, choisissez Imprimantes. Cliquez du bouton droit sur l'icône, choisissez Propriétés et cliquez sur le bouton Imprimer une page de test. Vous saurez si l'ordinateur et l'imprimante parviennent à communiquer.
- Procédez à la mise à jour du pilote de l'imprimante, un petit programme qui facilite la communication entre Vista et les périphériques. Allez sur le site Web du fabricant, téléchargez le pilote le plus récent pour votre modèle d'imprimante, puis installez-le en double-cliquant dessus.

Voici pour finir deux conseils qui contribueront à protéger votre imprimante et ses cartouches :

- Éteignez l'imprimante quand vous ne l'utilisez pas. Autrement, la chaleur qu'elle dégage risque de dessécher l'encre de la cartouche, réduisant sa durée de vie.

- Ne débranchez jamais une imprimante par sa prise pour l'éteindre. Utilisez toujours le bouton marche/arrêt. L'imprimante peut ainsi ramener la ou les cartouches à leur position de repos, évitant qu'elles sèchent ou se bouchent.

Choisir le bon papier

Si vous vous êtes arrêté un jour au rayon des papiers pour imprimantes, vous avez sans doute été étonné de la variété du choix. Parfois, l'usage du papier est clairement indiqué mais souvent, les caractéristiques sont sibyllines. Voici quelques indications :

- **Le grammage :** Il indique le poids d'une feuille de un mètre carré. Celui d'un papier de bonne tenue doit être d'au moins 80 grammes. Un papier trop épais (au-delà de 120 ou 130 grammes) risque non seulement de bourrer dans l'imprimante, mais il coûte aussi plus cher en frais postaux.
- **Le papier pour imprimante à jet d'encre :** Le dessus est traité pour que l'encre ne diffuse pas et produise un lettrage bien net. Veillez à l'insérer de manière que le côté traité soit encré, et non le dessous, ce qui réduirait la qualité de l'impression.
- **Le papier pour photocopie :** Il est traité pour accrocher les pigments de toner et résister à la température élevée de ces équipements. La technologie des photocopieuses et des imprimantes à laser étant la même, le papier pour photocopies convient aussi aux imprimantes laser.
- **Le papier pour photos :** D'un grammage élevé et ayant reçu une couche de résine – ce qui justifie son prix relativement élevé –, le papier photo est réservé aux tirages. Quand vous l'insérez dans l'imprimante, veillez à ce que l'impression se fasse du côté brillant. Certains papiers sont équipés d'un petit carton qui facilite le cheminement parmi les rouleaux d'entraînement.
- **Etiquettes :** Il en existe à toutes les tailles. Attention au risque de décollement lorsque la feuille se contorsionne à l'intérieur de l'imprimante. Vérifiez, dans le manuel, si les planches d'étiquettes sont acceptées ou non.
- **Transparents :** Ce sont des feuilles en plastique spéciales, à séchage rapide, résistant à la fois aux contraintes mécaniques de l'imprimante et à la chaleur des rétroprojecteurs.

Avant tout achat, assurez-vous que le papier – surtout les papiers spéciaux – soit spécifiquement conçu pour votre type d'imprimante.

Cinquième partie

Se connecter à l'Internet

Dans cette partie...

Il fut un temps où l'Internet était aussi feutré et bien fréquenté qu'une bibliothèque. Vous y trouviez des informations sur quasiment n'importe quel sujet, des journaux et des magazines du monde entier, de la musique ou des cartes postales.

Aujourd'hui, cette calme bibliothèque est envahie par des hordes de représentants de commerce qui vous collent sans arrêt de la pub sous le nez. Certains ferment même la page que vous lisiez. Pickpockets et arnaqueurs traînent dans les allées.

Cette partie du livre permet de ramener le calme et la quiétude sur l'Internet. Vous apprendrez à empêcher l'apparition des fenêtres de publicité intempestives, à neutraliser ceux qui tentent de remplacer votre page de démarrage par la leur, et intercepter les espiogiciels.

Enfin, vous découvrirez comment utiliser la toute nouvelle protection de compte d'utilisateur de Vista, le pare-feu, le centre de sécurité, le gestionnaire de cookies et autres outils qui vous aideront à sécuriser l'Internet.

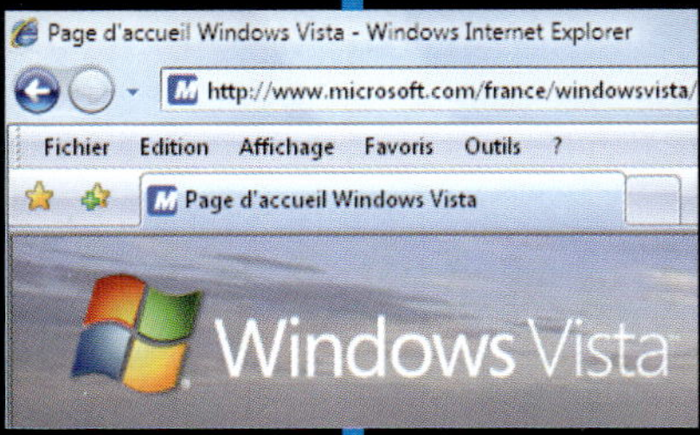

Chapitre 17

Surfer sur le Web

Dans ce chapitre :

- Savoir ce qu'est un fournisseur d'accès.
- Configurer Internet Explorer pour la première fois.
- Naviguer sur le Web.
- Trouver des informations sur l'Internet.
- Les plug-ins.
- Enregistrer les informations trouvées sur l'Internet.

Certaines personnes s'imaginent qu'elles peuvent se passer d'une connexion Internet, mais ce n'est pas l'avis de Windows Vista. Dès l'installation, il essaye de se connecter. Et dès que la liaison est établie, il se connecte à un site pour régler avec précision l'horloge de l'ordinateur. Mais il se connecte au site de Microsoft pour vérifier si la version installée n'est pas une copie pirate.

Ce chapitre explique comment se connecter à l'Internet, visiter des sites Web et découvrir toutes les bonnes choses que le «réseau des réseaux» peut vous apporter. Ceux que les mauvaises choses inquiètent peuvent se reporter au Chapitre 19, où il est question de la sécurité informatique. L'Internet est très mal fréquenté. Ce chapitre explique comment éviter les virus, les espiogiciels, les logiciels qui tentent de remplacer la page de démarrage de votre navigateur, et autres vermines du Web.

Lorsque votre ordinateur aura revêtu l'armure, pris le bouclier et empoigné la lance, toutes choses indispensables pour s'aventurer dans le cyberespace, surfer sur l'Internet sera une partie de plaisir.

Qu'est l'Internet ?

Aujourd'hui, l'Internet est devenu presque aussi banal que le téléphone. Y accéder n'étonne plus personne et presque tout le monde a une idée de ce que l'on peut y découvrir :

- **Des livres :** L'Internet regorge de sites culturels et universitaires où vous trouverez des livres en version intégrale, des dictionnaires de langues ou techniques, des encyclopédies, etc. Si vous êtes un rat de bibliothèque, une visite du site Gallica (`http://gallica.bnf.fr/`), géré par la Bibliothèque nationale de France, s'impose.
- **Des boutiques :** En quelques années, l'Internet est devenu une gigantesque galerie marchande à l'échelle de la planète. Vous pouvez y acheter de tout, avec quelques avantages appréciables, comme écouter quelques minutes des CD que vous voulez acheter (sur `www.amazon.fr`, `www.alapage.com` et, pour le classique, `abeillemusique.com`).
- **La communication :** Le courrier électronique a rapidement supplanté le courrier postal. Malheureusement, des ripoux cupides affligeants de bêtise ont investi ce secteur, inondant la planète de courriers non sollicités. Windows Mail, la messagerie de Vista, est décrite au Chapitre 18. Même le téléphone ne lui a pas échappé : la téléphonie par Internet, souvent gratuite, compte des millions d'adeptes.
- **Un passe-temps :** Dans le temps, on feuilletait des magazines. A présent, on zappe d'un site à un autre, parmi les milliards de pages à portée d'un clic. Ou alors, il est possible de s'abonner à un quotidien en ligne et télécharger des exemplaires identiques à ceux de la version papier.
- **Un divertissement :** L'Internet permet non seulement de connaître les films qui sortent en salle, mais aussi de télécharger leur bande-annonce, de connaître leur distribution, de lire

des critiques ainsi que des racontars sur les vedettes. Vous trouverez aussi des jeux en ligne ou des résultats sportifs. Et avec une connexion à très haut débit, vous pouvez même recevoir la télévision.

Bref, l'Internet est un mât de Cocagne où il y en a pour tout le monde :

- A l'instar du téléspectateur qui zappe de chaîne en chaîne, le surfeur sur le Web passe de page en page, engrangeant ce qui lui plaît.
- L'Internet facilite les formalités administratives. Les revenus peuvent désormais être déclarés en ligne (`www.impots.gouv.fr/`). De nombreuses municipalités, parfois de modestes villages, ont un site Web destiné autant aux habitants qu'aux touristes.
- Les universitaires aiment beaucoup l'Internet, qui leur permet de communiquer, d'échanger et diffuser leur savoir. Si le faisceau cribro-vasculaire ou libéro-ligneux qui regroupe le phloème primaire et le xylème primaire séparés par le cambium, couche de cellules non différenciées ou embryonnaires, vous met en transes, rendez-vous sur `www.botanic.org` pour approfondir le sujet.
- Presque toutes les sociétés informatiques présentent leurs produits sur l'Internet. Les visiteurs peuvent échanger des messages avec des techniciens et avec d'autres utilisateurs, et télécharger des mises à jour ou des pilotes qui corrigent un problème.

Le FAI, fournisseur d'accès à l'Internet

Quatre éléments sont indispensables pour se connecter à l'Internet : un ordinateur, un navigateur Web, un modem et... un fournisseur d'accès Internet, ou FAI.

Vous avez l'ordinateur et Vista est livré avec un navigateur Web nommé Internet Explorer. La plupart des PC comportent un modem téléphonique intégré. Il ne reste plus qu'à trouver le fournisseur d'accès Internet. C'est en connectant votre ordinateur au sien que vous franchissez les portes du cyberespace.

Mais quel fournisseur choisir ? L'offre est vaste et changeante, les publicités alléchantes mais elles ne tiennent pas toujours leurs promesses. Paradoxalement, c'est en allant sur le Web que la recherche d'un FAI est fructueuse. En attendant d'avoir obtenu votre connexion, n'hésitez pas à aller dans un cybercafé ou demander à un ami de vous laisser vous connecter de chez lui.

Pour vous renseigner sur les principales offres, commencez par visiter le site `www.lesproviders.com/` ; son dossier «Choisir un fournisseur d'accès» est extrêmement précis et surtout à jour, ce qui est important pour les coûts, sans cesse changeants. Vous voulez aussi avoir une idée des performances d'une connexion (débit, régularité...) ? Allez sur le site `www.grenouille.com` ; sa rubrique «La météo du net» teste la qualité des connexions en temps réel ou avec quelques heures de décalage de près d'une centaine de fournisseurs d'accès.

- Il existe plusieurs manières de se connecter à l'Internet. La plus lente s'effectue avec un modem téléphonique, parfois appelé modem RTC, car il communique au travers du bon vieux réseau téléphonique commuté. Les connexions à haut débit, comme le câble ou l'ADSL (*Asymetrical Digital Subscriber Line,* ligne d'abonné numérique asymétrique), sont beaucoup plus rapides. Il existe aussi le très haut débit, qui permet en plus d'obtenir la télévision par Internet. Mais il faut habiter à proximité du centre d'où partent ces lignes pour bénéficier d'un débit presque maximal. Ce dernier baisse très vite avec la distance.

- Si vous êtes tenté par le haut débit, qui est la meilleure solution, tant pour le prix que pour le confort du surf sur le Web, encore faut-il savoir si votre ligne téléphonique ou celle du câble est prévue pour le recevoir. Allez sur le site Élibilité ADSL (`www.eligibilite-adsl.com/`), tapez le numéro de téléphone de la ligne à tester, et vous apprendrez quantité de détails techniques, notamment le débit maximal auquel vous pourrez prétendre, les types de connexion possible (ADSL, ADSL2, ADSL+TV...) et aussi, si un dégroupage total, vous affranchissant complètement de l'abonnement téléphonique à France Télécom, peut être envisagé, et par qui.

- Étudiez les services offerts, comme l'hébergement de pages Web si vous envisagez de créer votre site perso. Dans ce cas, vérifiez l'espace offert, qui ne saurait être inférieur à 100 méga-octets, et aussi l'espace offert pour stocker votre courrier. Des services supplémentaires, comme des antivirus ou la protection parentale sont souvent proposés.

NOTE TECHNIQUE

NdT : Internet ou Web ? Les deux termes sont souvent indistinctement utilisés, y compris dans ce livre. Qu'en est-il vraiment ? Créé à la fin des années 1960 pour l'armée américaine, qui tenait à ne plus concentrer des données vitales en un seul lieu mais les répartir sur tout le territoire, l'Internet est l'infrastructure du réseau Informatique. Peu utilisé par l'armée, il fut peu à peu cédé aux universitaires qui y faisaient des données exclusivement textuelles. Le Web, contraction de *World Wide Web*, «la toile mondiale», est un sous-ensemble de l'Internet. C'est sa partie grand public développée au début des années 1990 à l'initiative de Tim Berners-Lee, un chercheur du CERN (Conseil Européen pour la Recherche Nucléaire) qui est aussi, entre autres, l'auteur du langage de programmation HTML (*HyperText Markup Language,* langage de balisage hypertexte) largement utilisé sur le Web.

Configurer Internet Explorer la première fois

Windows Vista cherche constamment à établir une connexion Internet. Dès qu'il en trouve une, que ce soit à travers un réseau filaire ou un point d'accès Wifi, Vista informe le logiciel Internet Explorer et la connexion est établie. Mais s'il ne parvient pas à détecter l'Internet, ce qui est fréquent avec un modem téléphonique, c'est à vous de jouer.

Pour vous guider à travers les affres de la configuration d'une connexion Internet, Vista vous soumet un questionnaire. Après avoir obtenu les réponses, il établit la connexion avec votre fournisseur d'accès.

TRUC

Réseau filaire ou sans fil ? Vista devrait détecter automatiquement le réseau relié à l'Internet et partager la connexion avec tous les autres ordinateurs.

Voici ce qu'il vous faut pour commencer :

- **Vos nom d'utilisateur, mot de passe et numéro de téléphone d'accès.** Si vous n'avez pas encore de fournisseur d'accès Internet, le programme peut vous en trouver un (prenez des notes mais ne vous fiez pas trop aux propositions, car il vous est impossible de faire jouer la concurrence).
- **Un modem.** La plupart des ordinateurs possèdent un modem souvent intégré à la carte-mère. Pour vérifier si le vôtre en possède un, recherchez une prise de téléphone à l'arrière du PC (NdT : ne la confondez pas avec la prise de réseau, un peu plus grande). Branchez ensuite la prise de téléphone du PC à celle du mur.

TRUC

Chaque fois que la connexion Internet vous fait des misères, relisez les lignes qui suivent en appliquant les étapes. L'assistant de Vista parcourra les différents paramètres, vous permettant de les modifier. Voici comment mettre l'assistant au travail :

1. **Cliquez sur le bouton Démarrer et choisissez Connexion.**

   Le bouton Connecter affiche les quelques manières par lesquelles votre PC peut se connecter. Mais si Vista ne trouve rien, cette liste est vide.

   Dans la foulée, Vista se plaint qu'il ne peut trouver de réseau sans fil à portée du PC. Ignorez ces lamentations et passez à l'Étape 2.

2. **Choisissez Configurer une connexion ou un réseau.**

   Après le clic, Vista affiche tout ou partie de ces options, selon le modèle de PC et sa configuration :

   - **Se connecter à l'Internet :** Vista s'efforce de nouveau de détecter un signal. Les abonnés au haut débit doivent choisir cette option afin que Vista découvre et configure automatiquement la connexion Internet.
   - **Configurer un routeur ou un point d'accès sans fil :** Optez pour ce bouton si vous désirez créer un réseau sans fil domestique.

- **Se connecter manuellement à un réseau sans fil :** Si le réseau sans fil exige un nom et un mot de passe, c'est là que vous les entrerez. Vous utiliserez surtout cette option pour les réseaux sans fil payants, dans les hôtels, aéroports et autres lieux.
- **Configurer un réseau sans fil Ad Hoc (d'ordinateur à ordinateur) :** Très rarement utilisée, cette option permet de relier directement plusieurs PC pour échanger des fichiers et autres données.
- **Configurer une connexion par modem à accès à distance :** Cette option permet d'indiquer à Vista comment gérer la connexion par modem téléphonique.
- **Connexion à un poste de travail :** Cette option vous permet de vous connecter en toute sécurité à votre lieu de travail, si le réseau d'entreprise supporte ce type de connexion très sophistiqué. Vous devrez sans doute vous faire aider par le responsable informatique de la société.
- **Se connecter à un réseau personnel Bluetooth :** Si votre PC est équipé de Bluetooth – une liaison radio à faible portée qui remplace les câbles –, cliquez ici pour configurer la connexion. C'est là que vous établissez une connexion avec un téléphone mobile, par exemple.

3. **Choisissez Configurer une connexion par modem à accès à distance.**

   Comme vous n'avez choisi ni la connexion sans fil ni la connexion à haut débit, le modem téléphonique est la seule solution. Vista pose quelques questions (Figure 17.1) indispensables pour établir la liaison avec le fournisseur d'accès Internet.

4. **Entrez les informations de connexion au FAI.**

   Vous inscrivez ici trois renseignements importants : le numéro de téléphone, votre nom d'utilisateur et le mot de passe, tous détaillés dans les lignes qui suivent :

   - **Numéro de téléphone d'accès à distance :** Tapez ici le numéro de téléphone qui vous a été communiqué par votre FAI.

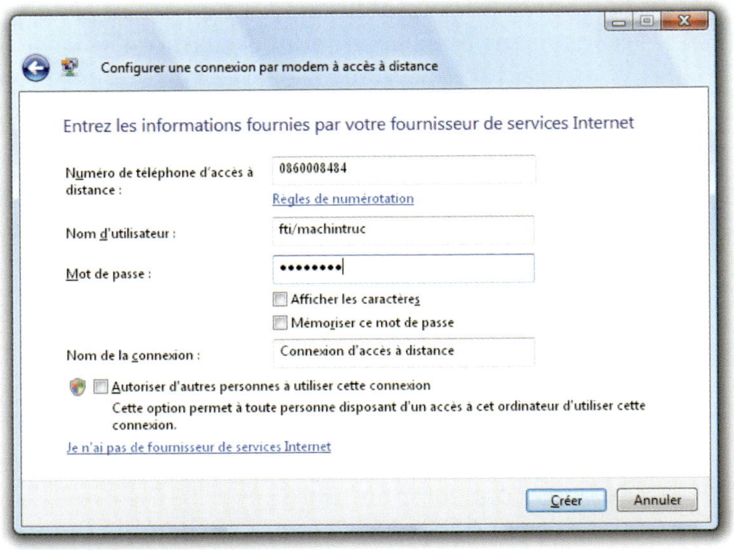

Figure 17.1 : Entrez le numéro de téléphone du FAI, votre nom d'utilisateur et votre mot de passe.

- **Nom d'utilisateur :** Ce n'est pas forcément le vôtre, mais souvent un code aléatoire, fait de chiffres et de lettres, défini par votre FAI lorsqu'il a créé votre compte. Il comporte parfois la première partie de votre adresse électronique.

- **Mot de passe :** Pour être sûr de l'avoir tapé correctement, cochez la case Afficher les caractères. La saisie terminée, décochez-la afin de préserver la confidentialité du mot de passe.

  N'oubliez pas de cocher la case Mémoriser ce mot de passe. Vous n'aurez ainsi plus à le taper chaque fois que vous vous connecterez à l'Internet. En revanche, ne cochez pas cette case si vous ne voulez pas que quelqu'un puisse utiliser votre connexion.

- **Nom de la connexion :** C'est le nom que Vista attribue à cette connexion. Choisissez-en un autre, plus descriptif, afin de mieux le reconnaître parmi plusieurs connexions.

- **Autoriser d'autres personnes à utiliser cette connexion :** Cochez cette option pour permettre à tous les autres comptes d'utilisateurs de cet ordinateur de se connecter avec cette connexion.

Cliquer sur les mots Je n'ai pas de fournisseur de services Internet affiche une fenêtre vous invitant à utiliser le CD-ROM d'un fournisseur.

Cliquez sur les mots Règle de numérotation, sous le numéro de téléphone. Vous pouvez ici entrer des détails comme le pays, l'indicatif régional et le numéro à composer pour obtenir l'extérieur, s'il y a un standard téléphonique. Les utilisateurs d'ordinateurs portables itinérants doivent vérifier les règles de numérotation chaque fois qu'ils changent d'endroit.

5. **Cliquez sur le bouton Connecter.**

   Avec un peu de chance, le PC se connecte à l'Internet, mais sans que rien ne vienne le signaler. Chargez Internet Explorer, depuis le menu Démarrer, et voyez s'il accède à des sites Web.

   Si Internet Explorer ne parvient pas à aller sur le Web, passez à l'Étape 6.

6. **Cliquez sur le bouton Démarrer et choisissez Connecter.**

   La connexion téléphonique que vous venez de créer apparaît (Figure 17.2).

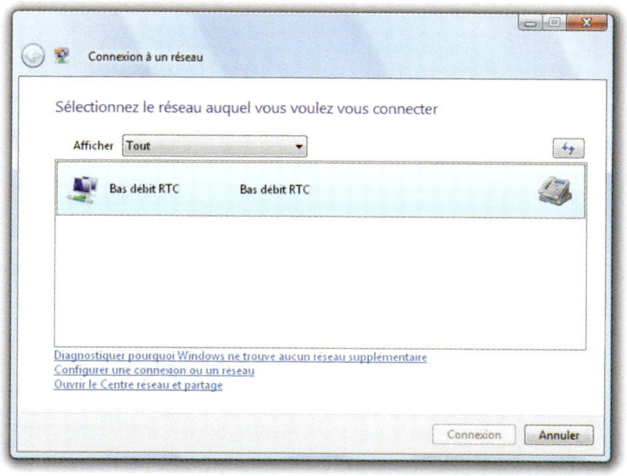

Figure 17.2 : Cliquez sur la connexion que vous venez de configurer puis sur le bouton Connexion.

7. **Cliquez sur la connexion nouvellement créée puis sur le bouton Connexion.**

   Vista affiche la boîte de dialogue de la Figure 17.3. C'est là que vous taperez le mot de passe, s'il n'a pas été mémorisé à l'Étape 4. C'est là aussi que vous pouvez temporairement modifier un paramètre, comme le numéro de téléphone.

8. **Cliquez sur Numéroter pour relier l'ordinateur à celui du FAI et aller sur l'Internet.**

   Vista compose le numéro du FAI et vous signale que la connexion est établie.

Figure 17.3 : Modifiez éventuellement le numéro de téléphone puis cliquez sur Numéroter.

Le moment est ensuite venu de charger Internet Explorer à partir du menu Démarrer, et de commencer à surfer sur le Web. Par la suite, il vous suffira de charger Internet Explorer pour surfer ; la connexion s'établira automatiquement.

Comme Microsoft n'oublie jamais de se mettre en avant, votre première incursion sur le Web s'effectue sur un de ses sites. Vous voulez effectuer un rapide test ? Entrez l'adresse de mon site, `www.andyrathbone.com`, et voyez ce qui se passe.

TRUC

En cas de problème, appelez le support technique de votre fournisseur d'accès Internet. Un technicien vous aidera à configurer la connexion (mais ce coup de main est généralement onéreux).

TRUC

Internet Explorer ne raccroche pas automatiquement lorsque vous avez fini de surfer. Pour que le PC interrompe la connexion dès que vous fermez Internet Explorer, choisissez Options Internet, dans le menu Outils, et cliquez sur l'onglet Connexions. Cliquez sur le bouton Paramètres, puis sur Avancé. Enfin, cochez la case Se déconnecter lorsque la connexion n'est plus nécessaire. Cliquez ensuite sur OK.

Je veux voir la pub !

Les premières versions d'Internet Explorer ne disposaient d'aucun moyen pour empêcher l'apparition soudaine de fenêtres de publicité, appelées «pop-ups» dans le jargon des internautes. La version 7 d'Internet Explorer est désormais équipée d'un bloqueur de pop-up qui stoppe 90% d'entre elles. Pour vous assurer qu'il est actif, choisissez, dans le menu Outils, l'option Bloqueur de fenêtres intempestives, et assurez-vous que l'option Désactiver le bloqueur de fenêtres publicitaires intempestives ne soit pas cochée.

Mais si vous désirez voir les fenêtres pop-ups de certains sites, ce même menu vous permet de choisir les Paramètres du bloqueur de fenêtres publicitaires intempestives.

Lorsqu'un site tente d'envoyer une fenêtre pop-up ou un message, Internet Explorer affiche un bandeau en haut de la fenêtre, signalant qu'une fenêtre intempestive a été bloquée, et invitant à cliquer dans le bandeau pour accéder aux options supplémentaires. Vous avez alors le choix entre trois actions : autoriser temporairement l'apparition des pop-ups, toujours autoriser les pop-ups de ce site, ou modifier les paramètres du bloqueur.

Enfin, pour empêcher l'agaçant son chaque fois que le bloqueur intercepte une fenêtre, choisissez Bloqueur de fenêtres intempestives, dans le menu Outils d'Internet Explorer, choisissez Paramètres du bloqueur de fenêtres publicitaires intempestives puis décochez la case Jouer un son lorsqu'une fenêtre publicitaire intempestive et bloquée.

Naviguer parmi les sites Internet avec Internet Explorer

Internet Explorer est ce que l'on appelle un «navigateur», autrement dit le logiciel qui vous permet de surfer sur le Web et d'aller de l'un à l'autre des millions de sites dispersés dans le monde. Il est livré avec Vista. D'autres internautes préfèrent d'autres navigateurs, comme Mozilla Firefox, téléchargeable gratuitement depuis le site `http://frenchmozilla.sourceforge.net/`.

Bref, vous n'êtes pas marié avec Internet Explorer. Rien ne vous empêche d'essayer d'autres navigateurs, car tous remplissent à peu près la même fonction : vous faire naviguer d'un site à un autre.

De site en site, de page en page

Tous les navigateurs sont fondamentalement pareils. Chaque page est localisée par son adresse Web, exactement comme votre domicile. Internet Explorer permet de naviguer entre les pages de trois manières :

- En cliquant sur un bouton ou un texte souligné appelés «lien», qui pointe vers une autre page ou un autre site et vous y mène aussitôt.
- En tapant une adresse Web parfois simple, souvent horriblement compliquée, dans la Barre d'adresse du navigateur, et en appuyant ensuite sur Entrée.
- En cliquant sur les boutons de navigation de la barre d'outils du navigateur, en haut de son interface.

Cliquer sur des liens

C'est le moyen de navigation le plus facile. Recherchez les liens – un mot souligné, un bouton ou une image – et cliquez dessus. Observez comment le pointeur de la souris se transforme en main dès qu'il survole un lien. Cliquez pour atteindre une nouvelle page ou site.

Les concepteurs de sites Web sont très créatifs, à tel point que si le pointeur ne se transformait pas en main, il serait souvent difficile de savoir où cliquer. Les liens peuvent en effet avoir n'importe quelle apparence : un mot souligné ou non, une illustration qui évoque le contenu de la page de destination...

Taper une adresse Web

La deuxième technique est la plus difficile. Si quelqu'un vous a griffonné une adresse Web sur un morceau de papier, vous devrez la taper dans le navigateur. C'est facile tant que l'adresse est simple. Mais certaines sont longues et compliquées, et la moindre faute de frappe empêche d'accéder au site.

NdT : Quand un site se termine par `com`, et uniquement dans ce cas comme dans `www.efirst.com`, contentez-vous de taper le nom – `efirst` en l'occurrence –, et le navigateur ajoute automatiquement le préfixe `http://www` et l'extension `.com`.

Figure 17.4 : Quand le pointeur de la souris se transforme en main, cela signifie qu'il survole un lien. Cliquez pour aller à la page ou au site vers lequel il pointe.

Utiliser la barre d'outils d'Internet Explorer

Enfin, vous pouvez surfer sur l'Internet en cliquant sur les divers boutons de la barre d'outils d'Internet Explorer, en haut de son interface. Leur fonction est expliquée dans le Tableau 17.1.

Tableau 17.1 : Les boutons de navigation d'Internet Explorer.

Bouton	*Nom*	*Utilisation*
	Précédent	Sert à retourner à la page précédente. En cliquant plusieurs fois dessus, vous finissez par revenir au point de départ de la navigation.
	Suivant	Après avoir cliqué sur le bouton Précédent, celui-ci permet de revenir dans l'autre sens.
	Centre des favoris	Révèle la liste des liens pointant vers vos sites favoris.

Tableau 17.1 : Les boutons de navigation d'Internet Explorer. (suite)

Bouton	*Nom*	*Utilisation*
	Ajouter aux favoris	Cliquez sur ce bouton pour ajouter la page que vous visitez actuellement à la liste de vos favoris.
	Accueil	Si vous vous êtes perdu dans le cyberespace, cliquez sur le bouton Accueil pour revenir en territoire connu.
	Flux RSS	Lorsqu'il est illuminé, ce bouton orange indique que le site offre des flux RSS, un moyen rapide de prendre connaissance des gros titres d'un site sans devoir le visiter.
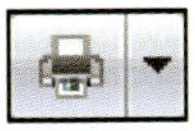	Imprimer	Démarre l'impression du site que vous visitez. Cliquez d'abord sur la petite flèche à droite pour accéder aux options et obtenir ainsi un aperçu avant impression.
	Page	Donne accès aux options propres à la page en cours : modification de la taille des caractères, enregistrement dans un fichier...
	Outils	Cliquer sur le bouton ouvre un menu rempli de paramètres. Vous pourrez notamment configurer le bloqueur de fenêtres intempestives et le filtre anti-hameçonnage.

Immobilisez le pointeur de la souris sur un bouton pour voir une info-bulle indiquant son usage.

Ouvrir Internet Explorer sur votre site favori

Votre navigateur Web affiche automatiquement un site Web après la connexion. Ce site, appelé page de démarrage, peut être changé par un autre en procédant ainsi :

1. **Visitez votre site Web favori.**

   Choisissez celui qui vous plaît. Personnellement, j'ouvre mon navigateur sur Google Actualités (`http://news.google.fr/`) afin de connaître les grands titres de la presse. Mais vous pouvez aussi choisir le portail de votre fournisseur d'accès Internet.

2. **Cliquez sur la petite flèche à droite de l'icône Accueil et choisissez Ajouter ou modifier une page de démarrage.**

   Très sécuritairement, Internet Explorer demande si vous voulez vraiment utiliser cette page comme page d'accueil.

3. Cliquez sur Utiliser cette page comme seule page de démarrage, puis sur Oui.

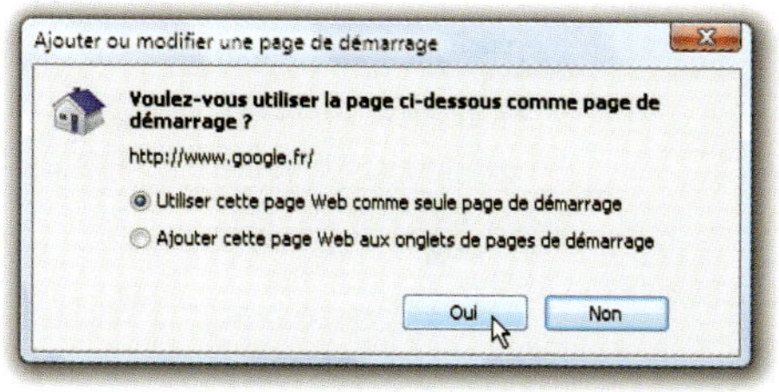

Figure 17.5 : Sélectionnez l'option Utiliser cette page comme seule page de démarrage, et Internet Explorer l'ouvrira systématiquement en premier.

Après avoir cliqué sur Oui, comme à la Figure 17.5, Internet Explorer démarrera toujours sur la page que vous lui avez indiquée.

Cliquer sur Non conserve la page de démarrage actuelle, celle du site de Microsoft en l'occurrence.

Après le chargement de la page de démarrage, vous pouvez baguenauder librement sur l'Internet, faire des recherches sur Google (`www.google.fr`) ou avec d'autres moteurs de recherche, en cliquant sur divers liens.

- La page d'accueil d'un site Web est l'équivalent de la page de couverture d'un magazine.

- Si votre page de démarrage a été remplacée par un autre site, et qu'il est impossible de la rétablir avec la manipulation précédente, c'est doute l'effet d'une action extérieure malfaisante. Reportez-vous à la section consacrée aux espiogiciels, au Chapitre 19.

- Internet Explorer permet de définir plusieurs pages comme pages de démarrage. Il les charge toutes et les place dans des onglets, vous permettant ainsi de les consulter à votre guise. Pour ajouter des pages de démarrage à votre collection, choisissez l'option Ajouter cette page Web aux onglets de la page de démarrage, à l'Étape 3 de la manipulation précédente (voir Figure 17.5).

Revisiter vos pages favorites

Lors de vos visites, vous voudrez absolument mémoriser l'accès à une page sur laquelle vous avez flashé. Pour pouvoir y retourner rapidement, ajoutez-la à la liste des favoris d'Internet Explorer en procédant ainsi :

1. **Cliquez sur l'icône Ajouter aux favoris, dans la barre d'outils d'Internet Explorer.**

   Un petit menu se déploie.

2. **Dans le menu déroulant, cliquez sur Ajouter aux favoris, puis sur le bouton Ajouter.**

   La boîte de dialogue qui apparaît propose de nommer la page Web par son titre, mais vous pouvez le remplacer par un texte plus explicite et plus concis, mieux adapté à l'étroit menu des favoris. Cliquez ensuite sur le bouton Ajouter pour ajouter la page dans la liste Favoris.

Pour retourner à la page qui vous a tant plu, cliquez sur le bouton Favoris, dans Internet Explorer. Choisissez-la ensuite dans le menu déroulant.

Les gens organisés préfèrent regrouper leurs favoris. Pour ce faire, cliquez du bouton droit sur le bouton Favoris et choisissez Organisation des Favoris. Vous pourrez ainsi créer des dossiers thématiques.

Les favoris n'apparaissent pas dans le menu déroulant lorsque vous cliquez sur le bouton Favoris ? Cliquez sur le mot Favoris, dans la barre de menus. Peut-être regardiez-vous dans l'historique – décrit dans l'encadré – ou consultiez-vous les flux RSS décrits plus loin dans ce chapitre.

Internet Explorer sait où vous étiez

Internet Explorer conserve la trace de tous les sites Web que vous visitez. Bien que sa liste Historique soit très commode, elle peut aussi être un outil de flicage.

Pour voir ce qu'Internet Explorer a mémorisé, cliquez sur le bouton Favoris puis sur l'icône Historique, dans le menu déroulant. Les adresses de tous les sites que vous avez visités ces vingt derniers jours s'y trouvent. En cliquant sur la petite flèche à droite du mot Historique, vous pouvez trier les pages par date, alphabétiquement, par fréquence de visites ou dans l'ordre où vous les avez visitées.

Pour ôter une page de l'historique, cliquez dessus du bouton droit et choisissez Supprimer. Pour supprimer toute la liste, quittez la zone Favoris puis, dans la barre de menus, choisissez Outils puis, à la rubrique Historique de navigation, cliquez sur le bouton Supprimer. Une boîte de dialogue permet ensuite de supprimer l'historique ainsi que d'autres éléments.

Pour désactiver l'historique, cliquez sur le bouton Paramètres, au lieu de Supprimer. A la rubrique Historique, mettez à zéro le compteur de l'option Jours pendant lesquelles ces pages sont conservées.

Trouver sur l'Internet

De même qu'il est quasiment impossible de retrouver un livre dans une bibliothèque sans la fiche qui indique sa cote, il est impossible de retrouver quoi que soit sur le Web sans un bon index. Fort heureusement, Internet Explorer permet d'accéder à ces index – qui font partie des moteurs de recherche – grâce au champ de recherche Live Search, en haut à droite.

Tapez quelques mots dans le champ Live Search – **orchidées Seychelles**, par exemple – et appuyez sur Entrée. Internet Explorer lance aussitôt la recherche sur Windows Live, le moteur de recherche de Microsoft. Vous pouvez le remplacer par Google (`www.google.fr`) ou n'importe quel autre moteur de recherche de votre choix.

A vrai dire, vous pouvez ajouter plusieurs moteurs de recherche. Vous effectuerez la plupart des recherches avec Google, mais vous enverrez les requêtes de livres ou de CD sur Amazon. Voici comment personnaliser le champ Rechercher :

1. **Cliquez sur le bouton fléché à droite du champ Live Search.**

   Un menu déroulant apparaît.

2. **Choisissez Rechercher encore des moteurs de recherche.**

   Internet Explorer parcourt le site Web de Microsoft et affiche une liste de nombreux moteurs de recherche connus.

3. **Cliquez sur des moteurs de recherche et, dans la fenêtre qui apparaît, cliquez sur Ajouter aux moteurs de recherche.**

   Internet Explorer vous demandera de confirmer l'ajout.

   Pour que vos recherches s'effectuent toujours avec un même moteur, Google par exemple, activez l'option En faire le moteur de recherche par défaut.

4. **Ajoutez éventuellement d'autres moteurs de recherche.**

   Ils apparaîtront tous dans le menu déroulant visible à la Figure 17.6.

- Vous pouvez à tout moment changer de moteur de recherche par défaut en modifiant la recherche par défaut, en bas du menu à la Figure 17.6. Une fenêtre apparaît, présentant tous vos moteurs de recherche. Cliquez sur celui que vous préférez, et c'est à lui qu'Internet Explorer confiera vos recherches.
- Quand une page est en langue étrangère (essentiellement anglais ou allemand), Google affiche une option Traduire cette page.
- Parfois, Google propose une page qui n'existe plus, et ne peut donc plus être visitée. Dans ce cas, cliquez sur le lien En cache, sous l'adresse. Vous accédez aux archives de Google, où sont engrangées toutes les pages qu'il a indexées.
- Cliquez sur le bouton J'ai de la chance, et Google ouvre le site qui lui paraît le plus conforme à votre recherche. Cette commande fonctionne surtout bien pour des recherches très générales.

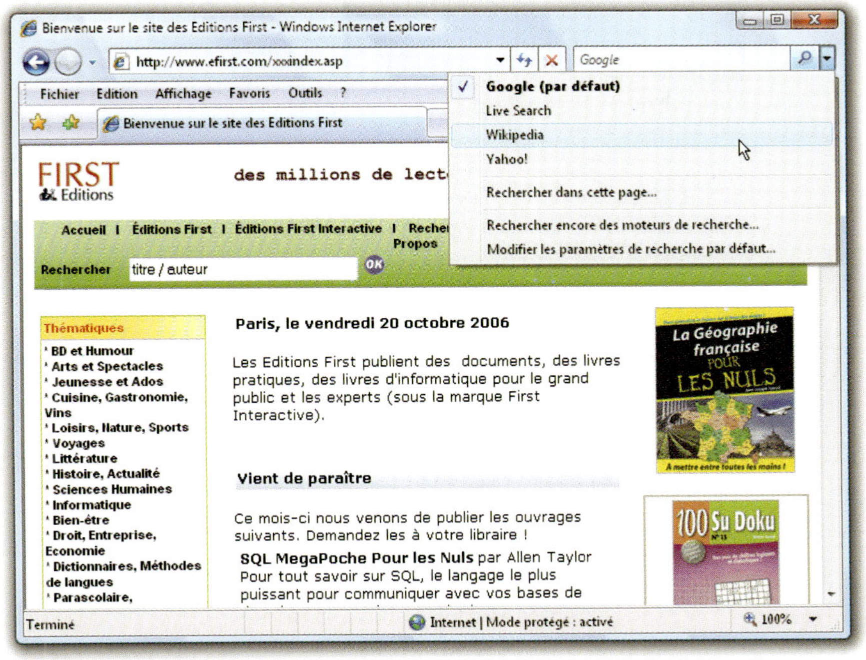

Figure 17.6 : Pour lancer une recherche avec différents moteurs de recherche, cliquez sur la flèche à droite du champ Live Search et choisissez-en un dans la liste.

La page Web exige un plug-in !

L'Internet avait détourné des gens de la télévision, et voilà que par un juste retour des choses la télé investit l'Internet. Pour cela, les programmeurs ont mis au point des techniques élaborées qui ont pour nom Java (NdT : du nom d'une célèbre marque de café états-unienne), Flash, RealPlayer, QuickTime et autres gâteries qui ajoutent animations et vidéos à des pages Web.

Les programmeurs ont aussi concocté des petits programmes complémentaires qui se greffent au programme principal et lui ajoutent des fonctionnalités nouvelles. Officiellement appelés «modules externes» ou «modules complémentaires», ils sont plus connus sous le nom de *plug-in*. Lorsqu'une page Web a besoin d'un de ces modules, elle affiche la boîte de dialogue de la Figure 17.7 et attend patiemment que vous l'installiez.

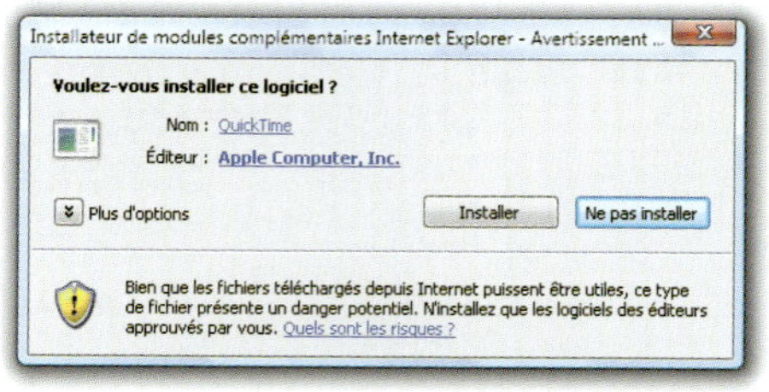

Figure 17.7 : Un site demande l'installation d'un logiciel.

ATTENTION

Si l'ordinateur exige un plug-in, ou la dernière version de celui-ci, n'acceptez que si vous avez entièrement confiance dans le site. Bien qu'il soit généralement difficile de faire la différence entre un bon programme et un programme malfaisant, vous apprendrez au Chapitre 19 comment évaluer le degré de confiance que vous pouvez leur accorder. Les plug-ins suivants sont à la fois gratuits et sûrs :

- **QuickTime** (`www.apple.com/fr/quicktime/`) : Ce logiciel est capable de lire plusieurs formats vidéo que le Lecteur Windows Media ne reconnaît pas, notamment ceux de la plupart des bandes-annonce de film et les vidéos produites par certains modèles d'appareils photos numériques.

- **RealPlayer** (`http://france.real.com/`) : Bien que je trouve ce logiciel très intrusif, c'est le seul capable d'accéder à certaines ressources audiovisuelles, sur l'Internet. Veillez à télécharger la version gratuite, moins bien mise en évidence sur le site que la version payante.

- **Flash/Shockwave** (`www.macromedia.fr`) : Ce programme est indispensable pour visionner les animations très élaborées qui ornent certaines pages publicitaires, et aussi pour voir certains dessins animés.

- **Acrobat Reader** (`www.adobe.fr`) : Autre programme gratuit très répandu, Acrobat Reader est indispensable pour lire certains documents au format PDF (*Portable Document Format,* format de document portable). Il présente le document exactement comme s'il était imprimé sur du papier. Parfois, il est possible d'en copier une partie, voire de l'ouvrir dans un traitement de texte).

Méfiez-vous des sites qui tentent subrepticement d'installer un autre programme lorsque vous téléchargez un plug-in. Par exemple, Macromedia Flash essaye de vous fourguer un exemplaire de la barre d'outils de Yahoo! en même temps que le plug-in. Examinez attentivement les boîtes de dialogue et cochez tous les éléments dont vous n'avez pas besoin, que vous ne désirez pas ou auxquels vous ne faites pas confiance, avant de cliquer sur le bouton Télécharger ou Installer. Si c'est trop tard, vous trouverez à la section «Ça ne marche pas !», plus loin dans ce chapitre, quelques conseils pour supprimer les programmes complémentaires indésirables.

Enregistrer les informations provenant de l'Internet

L'Internet est comme une bibliothèque à domicile, sans les queues pour demander les livres. Et comme on trouve toujours des photocopieuses dans une bibliothèque, Internet Explorer propose plusieurs façons d'enregistrer les informations que vous récoltez, à des fins privées uniquement (l'Internet est soumis à la législation du droit d'auteur).

Les sections qui suivent expliquent comment copier dans l'ordinateur les informations provenant de l'Internet, qu'il s'agisse d'une page entière, d'une photo, d'un son, d'une vidéo ou d'un programme.

L'impression des pages Web est expliquée au Chapitre 16.

Enregistrer une page Web

Vous voulez conserver cette longue page qui fait l'historique de Flight Simulator depuis 1979 ? Il faut absolument conserver cet itinéraire vers Pétaouchnock ? Quand vous trouvez une information utile, sur le Web, vous ne résistez pas à l'envie de la sauvegarder dans l'ordinateur, de peur qu'un jour elle disparaisse du Web.

Quand vous enregistrez une page Web, vous l'enregistrez telle qu'elle existe actuellement. Pour voir ses éventuelles mises à jour, vous devrez aller sur son site, sur le Web.

Enregistrer la page que vous regardez est un jeu d'enfant :

1. **Cliquez sur le bouton Page, dans Internet Explorer, et choisissez Enregistrer sous.**

   Internet Explorer place le nom de la page Web dans la boîte de dialogue Enregistrer la page Web, comme le montre la Figure 17.8, et sélectionne aussi le champ Codage.

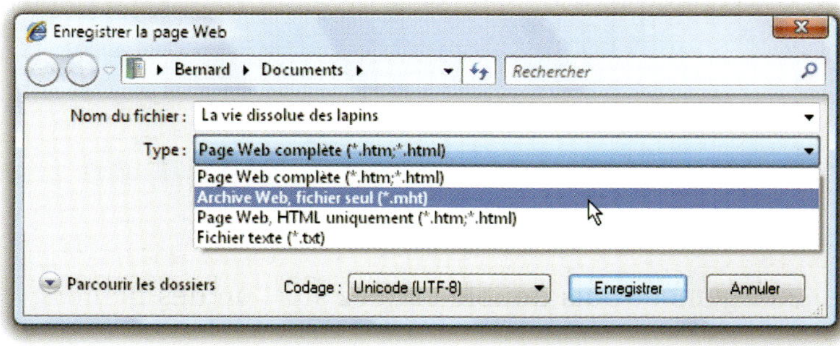

Figure 17.8 : Internet Explorer peut enregistrer une page Web dans quatre formats de fichier.

2. **Déroulez la liste Parcourir les dossiers et choisissez le dossier dans lequel vous désirez enregistrer la page.**

   Internet Explorer enregistre normalement les pages Web dans le dossier Downloads, accessible en cliquant sur votre nom d'utilisateur, en haut à droite du panneau Démarrer. Pour enregistrer la page dans un autre dossier, sous Documents par exemple, cliquez sur Parcourir les dossiers.

3. **Sélectionnez un format de fichier dans la zone de liste Type.**

   Vous avez le choix entre quatre formats :

   - **Page Web complète (*.htm; *.html) :** Rapide, commode mais un brin désordonnée, cette option demande à Internet Explorer de diviser la page en deux parties : le fichier de la page, et un sous-dossier contenant ses images et graphismes.

   - **Archives Web, fichier seul (*.mht) :** Un peu plus ordonnée, cette option enregistre une copie exacte de la page Web. Tous les éléments sont stockés dans un unique fichier au nom de la page Web. Malheureusement, seul Internet Explorer est capable d'ouvrir ce type de fichier, excluant tous ceux qui utilisent un autre navigateur Web.

- **Page Web, HTML uniquement (*.htm; *.html) :** Cette option enregistre le texte et la mise en page, mais sans les images. Elle est commode pour éliminer les illustrations et publicités superflues des tableaux, graphiques et autres blocs de texte mis en forme.
- **Fichier texte (*.txt) :** Cette option ne récupère que le texte et le place dans un fichier du Bloc-notes de Windows, sans aucune mise en forme. Elle est commode pour ne récupérer que du texte brut ou des listes simples.

4. **Cliquez sur le bouton Enregistrer.**

Pour revoir une page Web enregistrée, ouvrez le dossier Téléchargement puis double-cliquez sur l'un des fichiers de page. Internet Explorer démarre et l'affiche.

Enregistrer du texte

Pour n'enregistrer qu'un peu de texte, sélectionnez-le, cliquez dessus du bouton droit et choisissez Copier. Ouvrez votre traitement de texte, collez-le dans un nouveau document puis enregistrez-le dans votre dossier Documents.

Pour enregistrer la totalité du texte d'une page Web, il est préférable d'enregistrer l'intégralité de la page comme nous l'avons vu à la section précédente.

Enregistrer une image

Pour enregistrer une image qui se trouve dans une page Web, cliquez dessus du bouton droit et, dans le long menu qui apparaît (voir Figure 17.9), choisissez Enregistrer la photo sous.

La fenêtre Enregistrer l'image apparaît, vous permettant de renommer le fichier ou conserver son nom d'origine. Cliquez sur Enregistrer, et le graphisme que vous venez de dérober honteusement est stocké dans le dossier Images.

Le menu de la Figure 17.9 contient d'autres options fort commodes, notamment pour imprimer directement l'image ou l'envoyer par courrier électronique, voire en faire l'image d'arrière-plan de votre ordinateur.

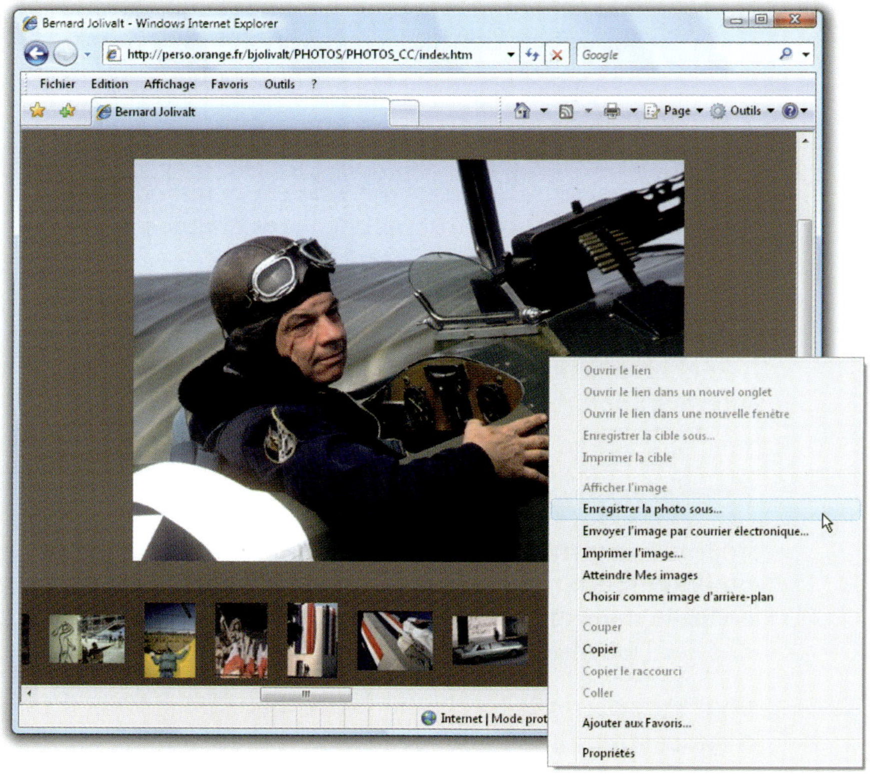

Figure 17.9 : Cliquez du bouton droit sur l'image convoitée et choisissez Enregistrer la photo sous, dans le menu contextuel.

TRUC

Une image provenant du Web peut aussi servir de photo pour votre compte d'utilisateur : cliquez dessus du bouton droit, enregistrez-la dans le dossier Images puis, dans le Panneau de configuration faites de cette image la nouvelle photo illustrant votre compte d'utilisateur.

Enregistrer un son ou une vidéo que vous venez de jouer

La plupart des sites plus ou moins commerciaux ne permettent pas d'enregistrer les sons ou les vidéos que vous venez de jouer. D'autres en revanche l'autorisent. Choisissez Enregistrer le média sous, dans le menu Fichier du lecteur de média (appuyez sur Alt pour afficher la barre de menus). Si cette option est en grisé ou si le lecteur de média n'enregistre pas le format, cela signifie que vous n'êtes pas autorisé à enregistrer ce que vous venez d'écouter ou de regarder.

Ceci compte pour tous les médias, notamment la radio sur Internet, mais pas forcément sur d'autres lecteurs ou visionneuses comme RealPlayer ou QuickTime.

Télécharger un programme ou un fichier

Parfois, il suffit de cliquer sur un bouton intitulé «Cliquez ici pour télécharger» pour que le téléchargement s'effectue. Il vous est alors demandé d'indiquer le dossier où vous voulez stocker le fichier, généralement Documents ou Downloads. La durée du téléchargement peut être de quelques secondes si vous bénéficiez d'une ligne à haut débit (ADSL ou câble) à plusieurs minutes, voire des heures, avec un modem téléphonique.

Mais parfois, un téléchargement peut exiger quelques manipulations supplémentaires :

1. **Cliquez du bouton droit sur le lien pointant vers le fichier désiré et choisissez Enregistrer la cible sous.**

   Par exemple, pour télécharger la nouvelle *Mutations* (dont l'auteur n'est autre que le traducteur de ces lignes) cliquez du bouton droit sur son lien, qui est en fait une image, puis, dans le menu contextuel, choisissez Enregistrer la cible sous.

   TRUC

   Quand vous téléchargez un programme, Windows demande si vous désirer l'ouvrir, l'exécuter à partir de son emplacement courant ou l'enregistrer. Choisissez Enregistrer.

2. **Naviguez jusqu'à votre dossier Téléchargement puis cliquez sur le bouton Enregistrer.**

   Vista propose spontanément d'enregistrer le fichier dans le dossier Downloads, vous évitant ainsi de devoir naviguer jusqu'à lui. Mais si vous préférez le mettre dans un autre dossier, comme à la Figure 17.10, où le fichier sera stocké dans Documents, sélectionnez-le puis cliquez sur Enregistrer.

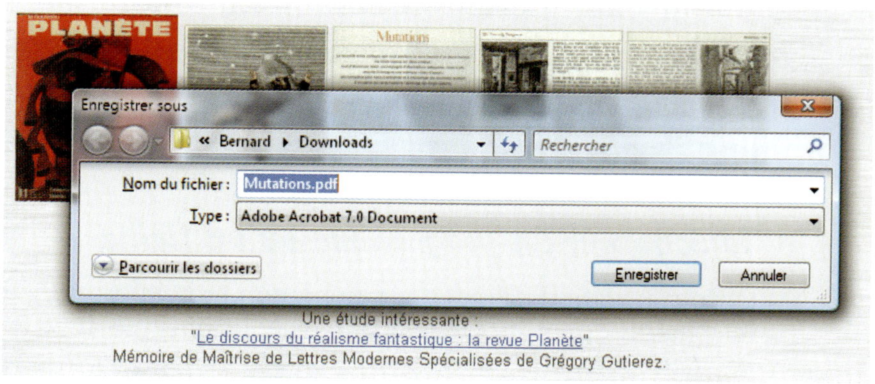

Figure 17.10 : Remarquez la transparence du cadre de la fenêtre, un effet de Vista réservé aux PC équipés d'une bonne carte graphique.

   Windows Vista commence à copier le fichier depuis le site Web où il réside et le place dans votre disque dur. Il vous signale ensuite la fin du téléchargement. Vous pourrez ensuite vérifier que le fichier est bel et bien présent dans le dossier.

- Avant d'exécuter un programme téléchargé, un écran de veille, un thème pour Windows ou tout autre élément, soumettez-le à votre logiciel antivirus. Comme Vista n'en possède pas, vous devrez en acheter un.

- Beaucoup de programmes téléchargés se trouvent dans un fichier préalablement compressé afin de réduire la durée du téléchargement. Un tel fichier est souvent appelé «fichier Zip» ; double-cliquez dessus pour l'ouvrir et décompresser les fichiers qui s'y trouvent.

Ça ne marche pas !

Ne paniquez pas si quelque chose ne fonctionne pas. L'Internet est certes entré dans les mœurs, mais c'est encore une usine à gaz assez mystérieuse dont les subtilités ne s'apprennent pas du jour au lendemain. Cette section aborde quelques problèmes courants et propose quelques solutions.

La personne possédant les privilèges d'Administrateur – généralement le propriétaire de l'ordinateur – est la seule autorisée à effectuer les interventions évoquées dans cette section.

TRUC

Voici quelques conseils que je vous recommande d'essayer avant de passer aux sections qui suivent :

- Si un site Web pose des problèmes, commencez par vider la corbeille à papier d'Internet explorer. Choisissez Options Internet, dans le menu Outils, et cliquez sur le bouton Supprimer. Dans la boîte de dialogue qui apparaît, cliquez sur le premier bouton Supprimer les fichiers, tout en haut du panneau. Les fichiers Internet temporaires sont ainsi supprimés (l'opération dure quelques secondes). Cliquez sur le bouton fermer, revenez au site problématique et réessayez.

- Si les paramètres de connexion paraissent faussés, essayez de reconfigurer la connexion Internet. Reportez-vous à la section «Configurer Internet Explorer pour la première fois», au début de ce chapitre ; les étapes vous guideront à travers le paramétrage, vous permettant de rectifier ce qui vous semble douteux.

- Si vous ne parvenez pas du tout à vous connecter à l'Internet, il vaut mieux appeler le support technique de votre fournisseur d'accès Internet.

TRUC

- Si une page ne s'affiche pas correctement, voyez si Internet Explorer affiche un bandeau de mise en garde en haut de la page. Cliquez dessus et indiquez à Internet Explorer qu'il ne doit pas bloquer des éléments.

Chapitre 18

Envoyer et recevoir du courrier électronique

Dans ce chapitre :

- Configurer Windows Mail.
- Envoyer et recevoir une pièce jointe.
- Retrouver un courrier égaré.
- Gérer les contacts.
- Réduire les courriers indésirables.

Si Internet Explorer fait de l'Internet un magazine multimédia, Windows Mail le transforme en service postal où vous ne serez jamais à court de timbres. Windows Mail permet d'envoyer des courriers et des fichiers à n'importe qui, dans le monde, possédant une adresse de messagerie Internet.

En parfait secrétaire particulier, Windows Mail trie automatiquement le courrier entrant et le classe dans les dossiers appropriés, sait jongler avec plusieurs comptes de messagerie, et s'occupe aussi de la sécurité du courrier.

Si vous avez utilisé Outlook Express, la messagerie livrée avec Windows XP, vous ne serez pas dépaysé par Windows Mail. Les deux programmes se ressemblent et leurs menus sont presque les mêmes. Windows Mail est capable d'importer tous les comptes, contacts et courriers d'Outlook Express. Si vous avez procédé à la mise à jour de Windows XP vers Windows Vista, Mail aura automatiquement procédé à la migration des données.

Utiliser Windows Mail

L'écran de Windows Mail, que montre la Figure 18.1, est divisé en deux volets : à gauche, le volet des dossiers, où votre courrier est judicieusement classé. À droite, le volet de la messagerie, où vous lisez le courrier.

Figure 18.1 : Les dossiers sont affichés à gauche, les courriers à droite. Une fenêtre d'aperçu, en bas à droite, permet de lire le courrier sélectionné sans l'ouvrir.

Les dossiers de Mail peuvent être considérés comme des bacs à courrier. Cliquez dessus pour voir ce qu'ils contiennent et vous aurez une plaisante surprise. En effet, contrairement à votre vrai bureau dont le désordre épouvante la femme de ménage, celui de Windows Mail est parfaitement en ordre, réparti et trié dans les dossiers suivants :

- **Boîte de réception :** Quand vous vous connectez à l'Internet, Windows Mail relève tout le courrier en attente et le place dans le dossier Boîte de réception. Si la connexion est à haut débit, Mail relève le courrier toutes les 30 minutes, ou chaque fois que vous cliquez sur le bouton Envoyer/Recevoir, dans la barre d'outils.

TRUC

Réduisez l'intervalle entre deux relèves du courrier en choisissant Options, dans le menu Outils, et en cliquant sur l'onglet Général. Modifiez ensuite Vérifier l'arrivée de nouveaux messages toutes les *n* minutes.

- **Boîte d'envoi :** Quand vous envoyez un message ou que vous y répondez, Windows Mail tente aussitôt de se connecter à l'Internet afin de l'envoyer. Si vous êtes déjà connecté, l'envoi est immédiat.
- **Éléments envoyés :** Tous les courriers que vous envoyez sont conservés ici (pour en supprimer un qui vous embarrasserait, cliquez dessus du bouton droit et choisissez Supprimer).
- **Éléments supprimés :** Ce dossier est la corbeille de Mail. Il permet de récupérer des courriers supprimés par erreur. Pour en supprimer un définitivement, cliquez dessus du bouton droit et, dans le menu contextuel, choisissez Supprimer.

TRUC

Pour éviter que du courrier supprimé encombre le dossier Éléments supprimés, choisissez Outils, dans la barre de menus, puis Options. Cliquez sur l'onglet Avancé puis sur le bouton Maintenance. Cochez ensuite la case Vider les messages du dossier Éléments supprimés en quittant.

- **Brouillons :** Si vous désirez terminer plus tard le courrier que vous êtes en train d'écrire, choisissez Fichier, puis Enregistrer. La lettre restera dans le dossier Brouillon, prête à être rouverte pour la terminer.
- **Courrier indésirable :** Windows Mail analyse le contenu des courriers et met ici tout ce qu'il considère comme du courrier non sollicité.

Pour voir le contenu d'un dossier, cliquez sur son nom. Le courrier apparaît à droite. Cliquez sur l'un d'eux, et son contenu apparaît dessous, dans le volet de visualisation.

De quoi ai-je besoin pour recevoir et envoyer du courrier électronique ?

Pour échanger du courrier électronique, il vous faut :

- **Un compte de messagerie :** La prochaine section explique comment configurer un compte de messagerie sur Windows Mail. La plupart des fournisseurs d'accès Internet (FAI) vous fournissent votre adresse de messagerie.
- **L'adresse de votre correspondant :** Vous devez la leur demander. Une adresse est composée du nom d'utilisateur – qui ressemble généralement au véritable nom de la personne –, suivi du signe @ (ou «arobase», prononcé «at») et du nom du FAI. Une adresse électronique d'un correspondant abonné à Orange (ex-Wanadoo), dont le nom est Jean Machintruc, sera `jean.machintruc@wanadoo.fr`, `jmachintruc@wanadoo.fr`, `jm007@wanadoo.fr` ou autre variante.
- **Un message :** C'est l'équivalent de la feuille de papier. Après avoir tapé l'adresse du destinataire et le message, cliquez sur le bouton Envoyer. Il est ensuite acheminé à bon port.

Vous trouverez l'adresse électronique des gens sur leur carte de visite, sur leur site Web, voire en répondant à un courrier. Car, chaque fois que vous répondez à un message, Windows Mail ajoute le destinataire à la liste de vos contacts.

Si vous avez fait une erreur en tapant une adresse, le message vous est renvoyé avec un texte en anglais – *Undelivered mail returned to sender,* courrier non distribué retourné à l'expéditeur – et un message en pièce jointe. Vérifiez scrupuleusement l'adresse (attention aux accents, point-virgule, espace et autres caractères non admis) puis réessayez. Si le message est de nouveau renvoyé, vérifiez si la personne n'a pas changé d'adresse de messagerie, en lui téléphonant par exemple.

Configurer votre compte de messagerie

Trois éléments, tous fournis par votre FAI, sont indispensables pour envoyer ou recevoir du courrier : votre nom d'utilisateur, votre mot de passe et une connexion à l'Internet. Vous les avez déjà si vous avez configuré votre connexion Internet comme l'explique le Chapitre 17.

Beaucoup de gens définissent plusieurs adresses. Que vous créiez la première ou la quarantième adresse, voici comment procéder :

1. **Configurez votre compte Internet et ouvrez Windows Mail.**

   Vous devez commencer par configurer votre compte Internet en premier, comme décrit au Chapitre 17. Autrement, votre courrier ne pourrait pas accéder à l'Internet.

   Pour démarrer Windows Mail pour la première fois, ouvrez le menu Démarrer et cliquez sur l'icône Courrier. Si vous ne la voyez pas, choisissez Tous les programmes puis cliquez sur Windows Mail. Le logiciel de messagerie apparaît, prêt à être configuré pour envoyer et recevoir du courrier, comme le montre la Figure 18.2.

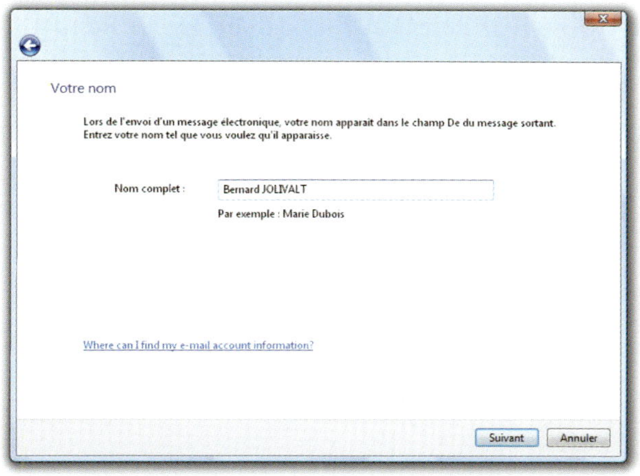

Figure 18.2 : Quand il est démarré pour la première fois, Windows Mail vous demande de configurer le compte de messagerie.

   Si l'écran de la Figure 18.2 n'apparaît pas spontanément, ouvrez Windows Mail et, dans le menu Outils, choisissez Comptes. Cliquez sur le bouton Ajouter, choisissez Compte de messagerie puis cliquez sur Suivant pour accéder à la fenêtre de la Figure 18.2.

2. **Tapez votre nom habituel et cliquez sur Suivant.**

   Dans le courrier que recevront vos correspondants, votre nom apparaîtra dans le champ De tel que vous l'avez tapé à la Figure 18.2.

3. Tapez votre adresse de messagerie puis cliquez sur Suivant.

L'adresse de messagerie est votre nom suivi du signe @ et du domaine de votre FAI. Par exemple, si votre nom d'utilisateur est *jean.machintruc* votre service de messagerie *wanadoo.fr,* vous tapez **jean.machintruc@wanadoo.fr**.

4. Choisissez le type de serveur et les noms des serveurs de courrier entrant et sortant, puis cliquez sur Suivant.

Là, vous devez connaître le type de compte de messagerie utilisé par le service. Ce sont des termes techniques aussi obscurs, pour le profane, que POP3, SMTP ou IMAP. Votre fournisseur d'accès Internet vous a sans doute fourni ces renseignements cruciaux par un courrier postal. Si vous les avez perdus, appelez le service technique de votre FAI et demandez-leur les noms POP3 et IMAP à utiliser. Le Tableau 18.1 montre ceux de quelques services de messagerie.

Tableau 18.1 : Les paramètres de courrier de quelques FAI.

Service	*Type*	*Serveur de courrier entrant*	*Serveur de courrier sortant*
Gmail, de Google (voir l'encadré à propos des comptes Gmail, un peu plus loin)	POP3	`pop.gmail.com`	`smtp.gmail.com`
America Online (voir l'encadré à propos des comptes AOL, un peu plus loin)	IMAP	`imap.fr.aol.com`	`smtp.fr.aol.com`
Yahoo! (seuls les comptes payants peuvent recevoir du courrier avec Windows Mail)	POP3	`pop.mail.yahoo.fr`	`smtp.mail.yahoo.fr`
Free	POP3	`popfree.fr`	`smtp.free.fr`
Orange	POP3	`pop.wanadoo.fr`	`smtp.wanadoo.fr`

NdT : Vous trouverez les paramètres de compte de tous les FAI opérant en France sur le site commentcamarche.net, à l'adresse `http://www.commentcamarche.net/faq/sujet-893-messagerie-adresses-serveurs-pop-et-smtp-des-fai`.

TRUC

Les messageries Gmail de Google, AOL et Yahoo! exigent tous que vous cochiez la case Le serveur sortant requiert une authentification.

5. **Tapez le nom de l'utilisateur de la messagerie et un mot de passe, puis cliquez sur Suivant.**

   Le nom de l'utilisateur est la partie du nom qui précède le signe @. Tapez ensuite le mot de passe fourni par votre FAI. Cochez la case Mémoriser le mot de passe afin de ne pas avoir à le taper chaque fois que vous ouvrez Mail.

   Ne cochez la case Le serveur sortant requiert une authentification que si votre FAI le demande expressément.

6. **Cliquez sur Terminer.**

   C'est fait. Windows Mail relève aussitôt le courrier en attente et vous permet d'en envoyer.

- Des paramètres qui ne fonctionnent pas ou semblent erronés sont faciles à modifier. Dans le menu Outils, choisissez Comptes puis double-cliquez sur le nom du compte à corriger.
- Si votre FAI permet d'ouvrir plusieurs comptes, n'hésitez pas à créer une deuxième adresse «jetable» que vous utiliserez pour vos transactions commerciales. Si cette adresse devient la cible répétée de courriers non sollicités ou indésirables, il vous suffira de la supprimer et d'en créer une nouvelle.
- Veillez à ce que votre adresse préférée soit votre adresse *par défaut,* qui sera l'adresse de retour pour tous les courriers que vous enverrez. Pour définir l'adresse par défaut, choisissez Comptes, dans le menu Outils, cliquez sur votre adresse de prédilection, puis sur le bouton Par défaut.

TRUC

- Mémorisez ces paramètres afin de ne plus avoir à vous les coltiner : choisissez Outils, puis Comptes et cliquez sur le nom de votre compte. Cliquez ensuite sur Exporter afin d'enregistrer les informations du compte au format IAF (*Internet Account File,* fichier de compte Internet), reconnu par la plupart des logiciels de messagerie. Pour importer ces paramètres, faites comme précédemment mais choisissez Importer.

Compléter la création d'un compte AOL dans Mail

Quand vous définissez un compte AOL dans Windows Mail, effectuer les Étapes 1 à 6 n'est pas suffisant pour qu'il fonctionne. Vous devrez compléter la procédure comme suit :

1. **Dans la barre de menus de Mail, choisissez Outils puis Comptes afin d'accéder à votre ou vos comptes.**
2. **Sélectionnez le compte AOL que vous avez créé, choisissez Propriétés puis cliquez sur l'onglet Serveurs.**
3. **Cochez la case Le serveur sortant requiert une authentification puis cliquez sur le bouton Appliquer.**
4. **Cliquez sur l'onglet Avancé.**
5. **Dans le champ Courrier sortant (SMTP), tapez le chiffre 587 puis cliquez sur Appliquer.**
6. **Cliquez sur l'onglet IMAP puis décochez la case Stocker les dossiers spéciaux sur le serveur IMAP.**
7. **Cliquez sur Appliquer, OK puis Fermer.**

Si un message vous demande de télécharger des dossiers depuis le serveur de messagerie, cliquez sur Oui.

Compléter la création d'un compte Gmail dans Mail

Après avoir défini un compte Gmail, une petite manipulation est indispensable pour qu'il fonctionne sous Windows Mail :

1. **Dans la barre de menus de Mail, choisissez Outils puis Comptes afin d'accéder à votre ou vos comptes.**
2. **Sélectionnez le compte Gmail que vous avez créé, choisissez Propriétés puis cliquez sur l'onglet Serveurs.**
3. **Cochez la case Le serveur sortant requiert une authentification puis cliquez sur le bouton Appliquer.**
4. **Cliquez sur l'onglet Avancé.**

5. **Sous la ligne Courrier sortant SMTP, cochez la case Ce serveur nécessite une connexion sécurisée (SSL).**

   Le numéro du port du courrier entrant devient 995.

6. **Tapez 465 dans le champ Courrier sortant (SMTP).**

7. **Cliquez sur Appliquer, OK puis Fermer.**

Écrire et envoyer du courrier électronique

Prêt à envoyer votre premier courrier électronique ? Après avoir configuré votre compte d'utilisateur, procédez comme suit pour écrire une lettre puis l'envoyer à travers le cyberespace jusqu'à son destinataire :

1. **Ouvrez Windows Mail puis, dans le menu, cliquez sur le bouton Créer un message.**

   Si le bouton Créer un message n'est pas visible, cliquez sur le menu Fichier, choisissez Nouveau, puis Message.

   Une fenêtre Nouveau message apparaît, semblable à celle de la Figure 18.3.

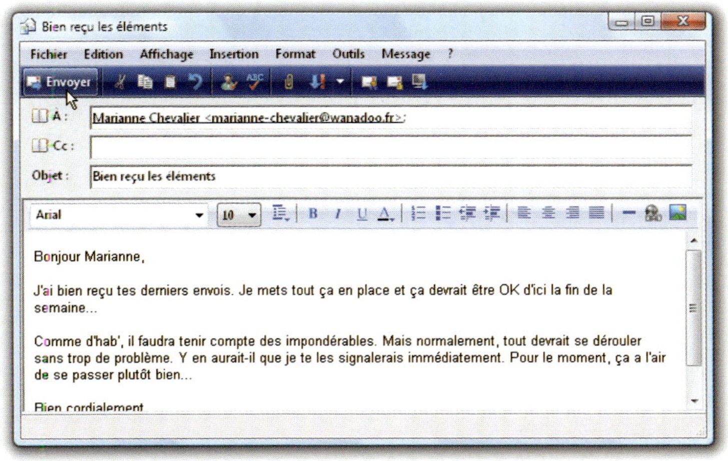

Figure 18.3 : Après avoir cliqué sur le bouton Créer un message, Mail ouvre une sorte de mini traitement de texte.

Si vous avez configuré plus d'un compte, Windows Mail adresse automatiquement le courrier au compte par défaut, généralement le premier que vous avez créé. Pour envoyer le courrier à un autre compte, cliquez sur le bouton fléché à droite du bouton De (NdT : il n'est affiché que si plusieurs comptes ont été créés) puis choisissez un autre nom de compte.

Pour envoyer rapidement un courrier électronique à un correspondant figurant dans le dossier Contacts, cliquez du bouton droit sur son nom, choisissez Action puis Envoyer un message. Windows Mail ouvre une fenêtre de message déjà adressée à ce correspondant, vous évitant ainsi une étape.

2. **Tapez l'adresse de votre correspondant dans le champ À.**

Tapez l'adresse électronique du correspondant dans le champ. Ou alors, cliquez sur le bouton À voisin. Une fenêtre apparaît, contenant tous vos contacts. Cliquez sur le nom de l'un d'eux, puis sur le bouton À, et enfin sur OK.

Vous voulez envoyer ou faire suivre un même message à plusieurs correspondants ? Préservez leur vie privée en cliquant sur le bouton Cci (Copie carbone invisible) au lieu de À. Tous recevront le message, mais les adresses des uns et des autres seront cachées, préservant ainsi leur confidentialité. Si le bouton Cci n'est pas visible, choisissez Affichage, dans le menu, puis Tous les en-têtes.

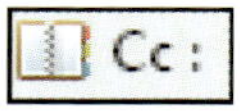

Pour permettre à chacun de voir les adresses des autres, sélectionnez leurs noms puis cliquez sur le bouton Cc (Copie carbone). Sachez cependant que cette pratique n'est pas toujours appréciée.

3. **Remplissez le champ Objet.**

Bien que facultative, cette information permet au destinataire de savoir de quoi il est question, et aussi d'identifier et trier plus facilement son courrier.

4. **Tapez le message dans la grande zone de texte, en bas de la fenêtre.**

Tapez sans vous soucier de la longueur de votre littérature. Vous n'atteindrez sans doute jamais la limite maximale, qui est de plusieurs centaines, voire milliers de pages.

5. **Pour joindre un fichier à votre message, faites-le glisser et déposez-le dans la zone de texte. Ou alors, cliquez sur l'icône en forme de trombone, naviguez jusqu'au fichier puis double-cliquez sur son nom afin de le joindre.**

   La plupart des fournisseurs d'accès Internet limitent la taille des pièces jointes à 5 méga-octets (Mo), ce qui est suffisant pour bon nombre de fichiers MP3 ou de photos.

6. **Cliquez sur le bouton Envoyer, en haut à gauche.**

   Et hop ! Windows Mail démarre le modem, si nécessaire, envoie le message à travers l'Internet jusqu'à la boîte aux lettres de votre correspondant. Selon la vitesse de la connexion Internet et la charge du réseau, le courrier parvient n'importe où dans le monde dans un délai de 15 secondes à quelques jours, la moyenne étant de quelques minutes.

   Pas de bouton Envoyer ? Cliquez sur Fichier, dans le menu, et choisissez Envoyer le message (ou appuyez sur Alt+S).

TRUC

Si la barre de boutons visible à la Figure 18.3 n'apparaît pas dans votre exemplaire de Windows Mail, cliquez du bouton droit dans une partie vide du menu – un peu à droite du menu «?» est parfait – et cochez la case Barre d'outils.

- Si les boutons sont trop petits, agrandissez-les : cliquez du bouton droit dans la barre d'outils et choisissez Personnaliser. Dans le menu Options d'icône, choisissez Grandes icônes. Leur taille double. Cliquez ensuite sur Fermer.

- Pas très doué en ortografe ? Dans ce cas, avant d'envoyer le message, cliquez sur le bouton Orthographe, ou choisissez cette option dans le menu Outils. Ou encore, appuyez sur la touche F7. Ou en dernier recours, prenez un bon dictionnaire dans votre bibliothèque (mais appuyez sur F7, c'est plus rapide).

Lire le courrier électronique reçu

Si Windows Mail est ouvert pendant que vous êtes connecté à l'Internet, il vous informe de l'arrivée de tout courrier par un signal sonore. Une petite enveloppe apparaît brièvement en bas à droite de l'écran, près de l'horloge.

Pour vérifier l'arrivée du courrier lorsque Windows Mail n'est pas ouvert, chargez-le à partir du menu Démarrer. Cliquez ensuite sur le bouton Envoyer/Recevoir (ou cliquez sur Outils, dans le menu, et choisissez Envoyer et recevoir puis l'option Envoyer et recevoir tout). Mail se connecte à l'Internet, envoie tous vos messages qui étaient en attente puis relève les messages et les place dans la Boîte de réception.

Procédez comme suit pour lire les lettres de la Boîte de réception et, soit y répondre, soit les classer dans un dossier.

1. **Ouvrez Windows Mail et consultez la Boîte de réception.**

   Cette étape peut être effectuée de différentes façons, selon la configuration de Mail. Si un panneau annonce que la Boîte de réception contient des messages non lus, cliquez sur les mots Messages non lus afin d'en prendre connaissance. Ou alors, cliquez sur le dossier Boîte de réception, à gauche de Mail.

   Dans les deux cas, Windows affiche les messages présents dans la Boîte de réception (Figure 18.4). Chaque courrier est listé chronologiquement, les plus récents en haut.

   Vous préférez que les nouveaux messages se trouvent en bas de la liste, ce qui est plus rationnel ? Pour ce faire, cliquez sur l'en-tête Reçu, et Mail trie aussitôt le courrier dans l'autre sens. Sachez que le courrier peut être trié de la même manière en cliquant sur les en-têtes De et Objet.

2. **Cliquez sur l'objet de n'importe quel message pour le lire.**

   Le contenu de message est affiché dans la partie inférieure de Mail : le volet de visualisation (Figure 18.5). Pour ouvrir réellement le message et le voir dans sa propre fenêtre, double-cliquez sur son objet.

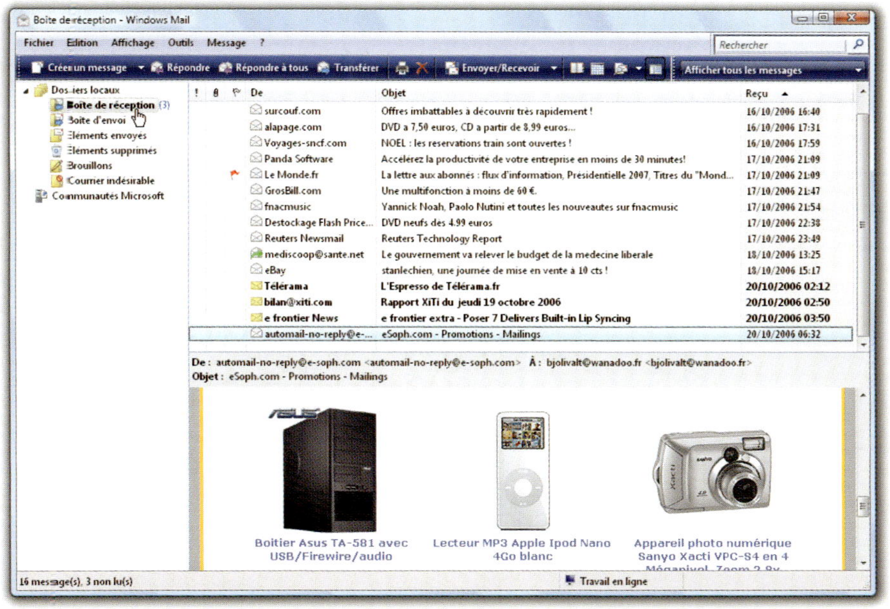

Figure 18.4 : Cliquez sur le dossier Boîte de réception, à gauche, pour voir les messages qui viennent d'arriver.

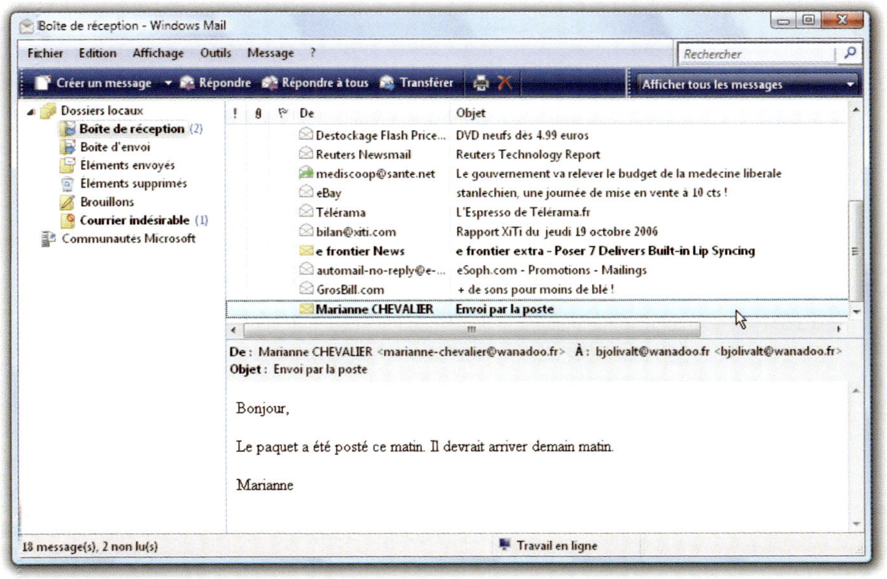

Figure 18.5 : Cliquez sur l'objet d'un message pour le lire.

3. **À partir de là, Mail propose plusieurs options, toutes décrites dans la liste suivante :**

   - **Ne rien faire :** Le message reste dans le dossier Boîte de réception.

   - **Répondre au message :** Cliquez sur le bouton Répondre, dans la barre d'outils – ou choisissez le menu Message, puis Répondre à l'expéditeur – et une nouvelle fenêtre apparaît, prête à recevoir votre réponse. Elle est préadressée, ce qui est très commode. Le message original se trouve en bas, à titre de rappel pour votre correspondant.

   - **Classer le message :** Cliquez du bouton droit sur le message et choisissez, soit Déplacer vers dossier, soit Copier dans un dossier. Sélectionnez le dossier désiré puis cliquez sur OK. Ou mieux, faites glisser le message jusque sur un dossier, dans le volet de gauche, et déposez-le. Le volet n'est pas visible ? Cliquez sur le bouton Liste des dossiers, représenté dans la marge (NdT : certains boutons sont cachés si Mail n'est pas affiché à une taille suffisamment large).

   - **Imprimer le message :** Cliquez sur le bouton Imprimer, dans la barre d'outils, pour obtenir une sortie sur papier du message.

   - **Supprimer le message :** Cliquez sur le bouton Supprimer ou déposez le message dans le dossier Éléments supprimés. Tous les messages supprimés restent dans ce dossier, jusqu'à ce que vous cliquiez sur ce dernier du bouton droit et choisissiez Vider le dossier Éléments supprimés. Pour un nettoyage automatique, choisissez Outils, puis Options ; cliquez sur l'onglet Avancé, puis sur le bouton Maintenance et cochez la case Vider les messages du dossier Éléments supprimés en quittant.

Ces conseils vous aideront à mieux exploiter Windows Mail :

- Windows Mail peut parfois surprendre lorsque vous vous apprêtez à déposer un message dans un dossier : la petite icône en forme d'enveloppe se transforme en cercle noir barré. Cela signifie que le message ne peut pas être placé dans ce dossier. Essayez ailleurs.

- Pour organiser les messages entrants, cliquez du bouton droit sur la Boîte de réception et choisissez Nouveau dossier. Nommez-le. Créez autant de dossiers que vous en avez besoin pour classer votre courrier.

- Certains courriers sont accompagnés d'un fichier, ou pièce jointe. Leur gestion mérite une section entière, qui se trouve un peu plus loin.

- Si vous recevez du courrier d'une banque, de eBay, PayPal ou autre site Web financier, regardez-y à deux fois avant de cliquer sur un lien. Une nouvelle activité crapuleuse appelée «hameçonnage» consiste à envoyer massivement des courriers qui incitent le destinataire à divulguer son nom, son mot de passe, voire le code de sa carte bancaire. Armés de ces informations, les truands se dépêchent de vider votre compte bancaire. Windows Mail affiche un message d'alerte lorsqu'il repère des courriers douteux. Nous reviendrons sur l'hameçonnage au Chapitre 18.

- Lorsqu'une icône avec un «X» rouge apparaît à la place d'une image ou d'une photo, dans un courrier, cela signifie que Windows Mail l'a bloquée. Pour voir les images, cliquez sur le bandeau en haut du message. Pour empêcher Mail de les bloquer, choisissez Outils puis Options, cliquez sur l'onglet Sécurité puis décochez la case Bloquer les images et les autres contenus externes dans les messages HTML.

Envoyer et recevoir des pièces jointes

À l'instar d'une photo que vous avez glissée dans une enveloppe pour montrer au destinataire à quoi ressemble votre nouvelle voiture, une pièce jointe est un fichier ajouté au message.

Windows Mail permet d'envoyer des fichiers de plusieurs manières. Commencez par écrire le message comme nous l'avons expliqué précédemment dans ce chapitre. Mais, avant de cliquer sur le bouton Envoyer, glissez et déposez le fichier sur le texte du message. Windows Mail en fait aussitôt une pièce jointe qui apparaît sous la ligne Objet, comme le montre la Figure 18.6.

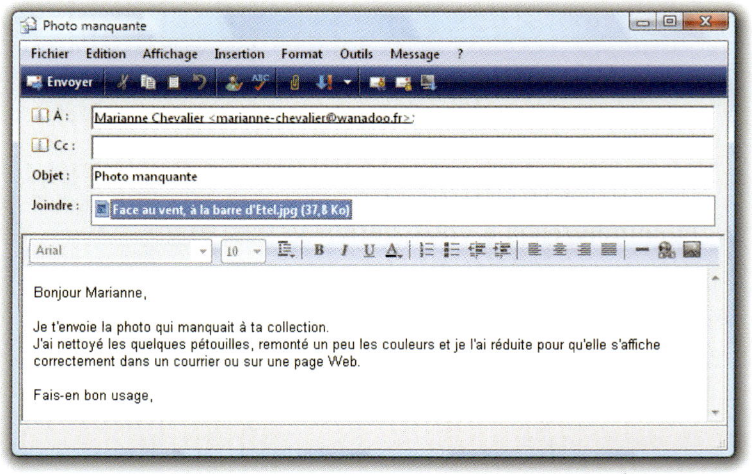

Figure 18.6 : La ou les pièces jointes sont visibles à la ligne Joindre.

Vous pouvez aussi cliquer du bouton droit sur un fichier et, dans le menu contextuel, choisir Envoyer vers, Destinataire. Windows Mail ouvre un nouveau message auquel le fichier est déjà joint ; il ne vous reste plus qu'à choisir le destinataire.

Vous renoncez à envoyer une pièce jointe ? Cliquez dessus du bouton droit et choisissez Supprimer.

N'importe quel fichier peut être joint. La seule limite est la taille imposée par votre FAI, généralement 5 Mo. Pour vérifier la taille d'une pièce jointe, cliquez dessus du bouton droit et choisissez Propriétés. La taille est mentionnée sous l'onglet Général.

Comme les fichiers des photos numériques dépassent souvent la limite des 5 Mo, notamment lorsque vous en joignez plusieurs à un message, Windows Mail permet de les compresser. Les images ne sont pas du tout dégradées mais sont transférées plus rapidement.

Le courrier électronique permet d'envoyer très facilement des fichiers dans le monde entier. À tel point que les programmeurs de virus n'ont pas laissé passer cette aubaine, créant des virus autoréplicants qui se propagent en envoyant des copies d'eux-mêmes à tous les contacts d'un carnet d'adresses.

Ce qui m'amène à cette mise en garde :

- Si quelqu'un que vous connaissez vous envoie inopinément une pièce jointe, ne l'ouvrez surtout pas. Envoyez-lui un courrier lui demandant confirmation de son envoi. Il peut avoir été fait à son insu (et pas de son plein gré) par un virus ou un robot. Pour plus de sécurité, tirez la pièce jointe jusque sur le Bureau et soumettez-la à votre antivirus. Ne l'ouvrez jamais directement depuis le courrier lui-même.
- Pour vous empêcher d'ouvrir un fichier infecté, Windows Mail refuse d'ouvrir la grande majorité des fichiers joints. Si Mail ne vous autorise pas à ouvrir un fichier provenant d'un correspondant sûr – un fichier que vous attendiez –, désactivez la protection : choisissez Outils, puis Options, cliquez sur l'onglet Sécurité puis décochez la case Ne pas autoriser l'ouverture ou l'enregistrement de pièces jointes susceptibles de contenir un virus.

Rechercher un courrier égaré

Quand la messagerie est bien remplie, un courrier important dont vous avez évidemment immédiatement besoin peut être difficile à retrouver. Vista propose trois moyens pour le récupérer.

Si vous savez dans quel dossier il se cache, cliquez sur le nom de ce dossier. Cliquez ensuite dans le champ Rechercher, en haut à droite de Mail. Tapez le nom de l'expéditeur, voire quelques mots du message, et appuyez sur Entrée.

Vous ne savez pas dans quel dossier il peut être ? Essayez avec le champ Rechercher du menu Démarrer. Comme nous l'avons vu au Chapitre 15, tous les mots de vos courriers sont instantanément indexés. Le champ Rechercher du menu Démarrer aura tôt fait de dénicher celui que vous cherchez.

Si les champs Rechercher échouent, essayez la fonction de recherche intégrée à Mail. Elle effectue une recherche méticuleuse de tous les dossiers lorsque vous procédez comme suit :

1. **Dans le menu Édition, choisissez Rechercher puis Message.**

2. **Dans la boîte de dialogue Rechercher un message (voir Figure 18.7), indiquez les éléments à rechercher.**

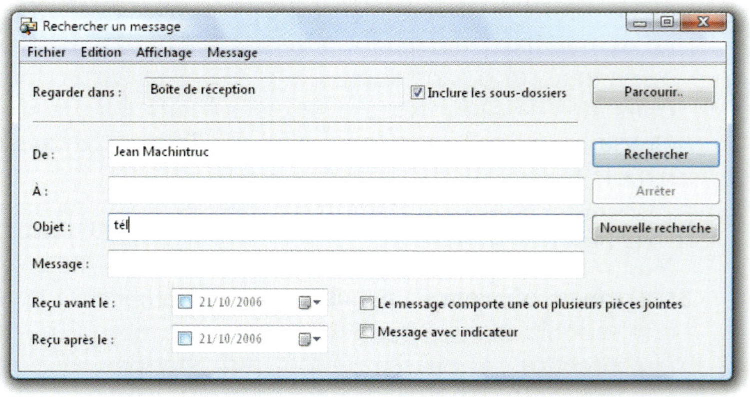

Figure 18.7 : Une recherche des messages de Jean Machintruc contenant tout ou partie du mot «tél».

Les options sont :

- **Regarder dans :** Normalement, une recherche ne porte que sur la Boîte de réception. Pour rechercher dans la totalité des fichiers, cliquez sur Parcourir, choisissez Dossiers locaux, cliquez sur OK puis cochez la case Inclure les sous-dossiers. Pour ne limiter la recherche qu'à un seul dossier, cliquez sur Parcourir et sélectionnez-le.
- **De :** Vous recherchez un courrier d'une personne en particulier ? Tapez son nom pour voir tous les messages qu'elle vous a envoyés.
- **À :** Tapez le nom d'une personne pour ne voir que les messages que vous lui avez envoyés.
- **Objet :** Tapez un mot qui apparaît dans la ligne Objet des messages pour les filtrer.
- **Reçu avant le** et **Reçu après le :** Ces deux champs permettent de limiter la recherche à une période de temps.
- **Le message comporte une ou plusieurs pièces jointes :** Cochez cette case pour récupérer tous les messages comportant au moins une pièce jointe.

- **Message avec indicateur :** Récupère les messages que vous avez marqués d’un drapeau afin de les signaler à votre attention. Cette option figure dans le menu Message (NdT : il est encore plus simple de cliquer dans la petite colonne marquée d’un drapeau).

TRUC

Généralement, un seul critère permet de retrouver un message. Essayez en ne tapant que quelques lettres de l’adresse de messagerie ou un seul mot figurant dans le message. Si les résultats sont trop nombreux, ajoutez d’autres termes à la recherche afin de réduire le nombre de concordances.

3. **Après avoir rempli les champs, cliquez sur le bouton Rechercher.**

   Vista farfouille frénétiquement dans les dossiers, listant tous les messages correspondant à votre recherche.

Gérer les contacts

MISE À JOUR

À l instar d’un bureau où l’on trouve un répertoire ou un présentoir de cartes de visites, Windows Mail est équipé d’un carnet d’adresses contenant les coordonnées de vos correspondants. L’ancien programme Carnet d’adresses de Windows XP a été abandonné au profit du dossier Contacts visible dans la Figure 18.8.

Pour voir le dossier Contacts, ouvrez le menu Démarrer, cliquez sur votre nom d’utilisateur en haut à droite, et ouvrez le dossier Contacts. Ou, depuis Windows Mail, cliquez sur le bouton Contacts, dans la barre d’outils.

La liste des contacts peut être allongée de diverses manières :

- **En laissant Windows Mail s’en charger :** Quand vous répondez à un courrier électronique, Mail place immédiatement le nom et l’adresse de messagerie du destinataire dans le dossier Contacts. Si cette option vous paraît excessive, choisissez Options, dans le menu Outils, cliquez sur l’onglet Envois et décochez la case Toujours placer les destinataires de mes messages dans la liste des Contacts.

- **Importer un ancien carnet d'adresses :** Pour récupérer le carnet d'adresse d'un autre ordinateur, ouvrez le dossier Contacts et, dans la barre d'outils, choisissez Importer. Cette manipulation implique que vous avez d'ores et déjà utilisé la commande Exporter de l'ancien carnet d'adresses pour créer un fichier au format CSV (*Comma Separated Values,* valeurs séparées par des virgules), LDIF (*Lightweight Data Interchange Format,* format ultra-léger d'échange de données), vCard (carte de visite virtuelle) ou, à partir d'Outlook Express, WAB (*Windows Address Book,* carnet d'adresses Windows).
- **Ajouter manuellement les contacts :** Dans Windows Mail, choisissez Fichier, Nouveau, puis Contact. Entrez au moins le nom et l'adresse de messagerie de la personne, ou créez une fiche exhaustive, digne des Renseignements Généraux, en remplissant la totalité des champs. Cliquez ensuite sur OK.

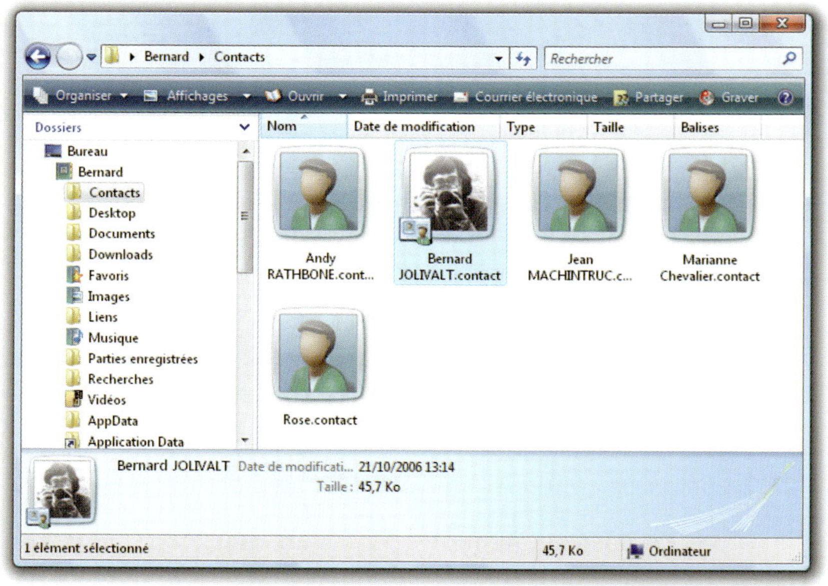

Figure 18.8 : Tous vos correspondants se trouvent dans le dossier Contacts.

Voici quelques conseils utiles :

- Pour envoyer rapidement un message à un correspondant figurant parmi vos contacts, cliquez du bouton droit sur son nom, choisissez Action puis Envoyer un message. Vista affiche un nouveau message commodément pré-adressé, dans lequel vous taperez votre courrier avant de cliquer sur Envoyer.

- L'impression des contacts sous la forme d'un carnet d'adresses très pratique est expliquée au Chapitre 16.
- Pour sauvegarder la totalité de votre dossier Contacts, copiez-le sur un CD. Pour n'enregistrer que quelques contacts, sélectionnez-les puis, dans la barre d'outils, choisissez Exporter. Vous avez le choix entre les formats CSV ou vCard (dans un dossier contenant des fichiers `.vcf`).
- TRUC : Vous pouvez aussi copier vos adresses dans la liste Contacts de votre iPod. Après avoir l'avoir connecté au PC, exportez les adresses au format vCard, comme décrit au paragraphe précédent. Lorsque Vista vous demandera de sélectionner le dossier pour l'exportation des fichiers VCF, choisissez le dossier Contacts de l'iPod.

Limiter les courriers indésirables

Il est malheureusement impossible d'échapper totalement aux courriers non sollicités, ou spams (NdT : initiales de *spiced potatoes and meat,* «patates épicées et viande», un célèbre sketch des Monty Python). Incroyable mais vrai, il existe encore des gens suffisamment bêtes et naïfs pour acheter auprès des spammeurs, ce qui rend l'activité de ces derniers suffisamment lucrative pour qu'ils persistent.

Fort heureusement Vista fait preuve d'un peu plus discernement pour reconnaître les spams. Lorsqu'il détecte un courrier douteux, il affiche le message de la Figure 18.9 et dépose le courrier en question dans le dossier Courrier indésirable.

Si vous avez repéré dans le dossier Courrier indésirable des messages qui ne sont pas des spams, sélectionnez-les en cliquant dessus puis cliquez sur le bouton Courrier légitime, dans la barre d'outils. Windows Mail le renvoie immédiatement dans le dossier Boîte de réception.

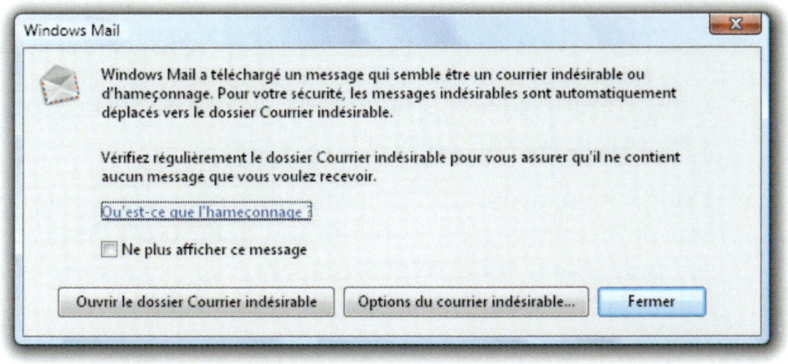

Figure 18.9 : Windows Mail détourne automatiquement les spams vers le dossier Courrier indésirable.

Bien qu'il ne soit pas possible d'endiguer complètement les spams, il est possible d'en réduire la quantité grâce à ces quelques règles :

- Ne communiquez votre adresse de messagerie qu'à vos proches, amis, collègues de travail et sociétés très connues. Ne la donnez pas à des inconnus et ne la postez pas sur des sites Web.
- Créez une deuxième adresse, dite «jetable», que vous utiliserez pour les transactions commerciales, le remplissage de formulaires ou de la correspondance qui ne sera pas suivie. Lorsque cette adresse sera la cible d'innombrables spams, supprimez-la comme expliqué à la section «Configurer votre compte de messagerie», dans ce chapitre, et créez-en une nouvelle.
- Ne postez jamais votre véritable adresse de messagerie dans un forum, groupe de discussion ou *chat,* ou toute autre zone de conversations publiques. Et surtout, ne répondez jamais à un spammeur, même en cliquant sur un lien de désabonnement. Cette action prouve en effet qu'il y a quelqu'un à cette adresse, ce qui l'ajoutera à la liste très convoitée des adresses actives, ce qui entraînera encore plus de spams.
- Voyez si votre FAI propose un filtrage antispam. Ce filtrage est si efficace que beaucoup de spammeurs tentent de le leurrer en utilisant des mots qui n'ont aucun sens. Si la ligne objet contient des mots qui n'existent dans aucun dictionnaire, c'est sans aucun doute du spam.

ATTENTION

- Windows Mail propose quelques règles de filtrage simples des spams, dans son menu Outils, mais cela fait belle lurette que les spammeurs savent comment les contourner. Ces règles ne servent plus à rien pour le filtrage, mais sont commodes pour trier automatiquement le courrier entrant vers tel ou tel dossier.

Windows Mail sûr mais commode

Windows Mail prend spontanément des mesures de sécurité. Pour savoir lesquelles, et désactiver éventuellement celles qui vous gênent, choisissez Options, dans le menu Outils, et cliquez sur l'onglet Sécurité. Examinez ensuite ces trois rubriques en les modifiant au besoin :

Protection antivirus : Ces options vous protègent certes des virus, mais en filtrant presque tous les fichiers joints. Voici un récapitulatif :

- **Zone de sécurité Internet Explorer :** Ne touchez à rien ici. Mais si vous avez délibérémement défini des zones de sécurité restreintes dans Internet Explorer, comme nous l'expliquons au Chapitre 19, c'est ici que vous trouverez plus d'informations.
- **M'avertir lorsque d'autres applications essayent de m'envoyer des courriers électroniques de ma part :** Laissez cette option active car c'est un moyen efficace et sans danger d'empêcher les vers et les virus de se propager.
- **Ne pas autoriser l'ouverture ou l'enregistrement de pièces jointes susceptibles de contenir un virus :** Comme, par les temps courrent, quasiment n'importe quel fichier peut héberger un virus, ce paramètre vous empêche effectivement d'ouvrir la plupart des pièces jointes. Décochez cette option pour pouvoir accéder de nouveau à vos fichiers joints.

Télécharger les images : Windows Mail ne télécharge aucune des images incorporées aux courriers que vous recevez. Vous ne pouvez les voir qu'en cliquant sur le bandeau qui surmonte le message. Décochez cette option pour mettre fin à cet inconvénient.

Courrier sécurisé : Les options de cette rubrique sont trop compliquées pour le commun des mortels. Ignorez-les.

Chapitre 19

L'informatique sûre

Dans ce chapitre :

- Les alertes de permission de Vista.
- Automatiser Windows Update.
- Éviter l'hameçonnage.
- Supprimer les espiogiciels et autres ajouts au navigateur.
- Configurer le contrôle parental.
- Préserver la confidentialité.

Comme la conduite automobile, l'utilisation de Windows est relativement sûre tant que vous restez sur la route, respectez la signalisation et ne conduisez pas avec les pieds en sortant la tête par le toit ouvrant.

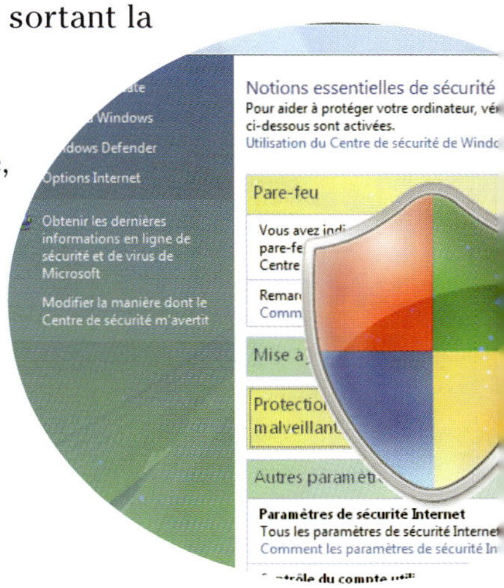

Mais dans le monde de Windows et de l'Internet, il est difficile de savoir si on est toujours sur la route, de repérer la signalisation, voire de distinguer les pieds du volant et du toit ouvrant. Des éléments qui paraissent totalement innocents – le courrier électronique d'un ami, un site Web – peut être un nid à virus qui mettent l'ordinateur sens dessus dessous et finissent par le planter.

Ce chapitre vous aide à reconnaître les dangers de la route dans le cyberespace et propose des mesures qui vous en protégeront.

Ces agaçants messages de permissions

En dépit de sa vingtaine d'années d'existence, Windows est toujours aussi naïf. Par exemple, lorsque vous démarrez un programme afin de modifier la configuration du PC, Vista est incapable de savoir si c'est vous qui le lancez, ou un virus déterminé à semer la pagaille dans votre ordinateur.

La solution ? Quand Vista détecte une tentative d'exécuter une action risquée pour Windows ou pour l'ordinateur, il affiche un message demandant votre permission avant de continuer.

S'il apparaît alors que vous n'avez rien fait de spécial, c'est sans doute parce qu'une malfaisante cochonceté tente de s'immiscer dans le PC. Cliquez sur Annuler afin de refuser la permission. Mais si c'est vous qui avez enclenché une action spécifique, ce qui a alerté Vista, cliquez sur Continuer. Vista abaisse sa grosse trique noueuse et vous laisse entrer.

Ou alors, si votre compte n'est pas du type Administrateur, demandez à quelqu'un qui détient un compte d'administrateur d'ouvrir sa session afin que vous puissiez continuer.

Eh oui, Vista est aussi rébarbatif qu'un vigile intransigeant, mais il lance ainsi un nouveau défi aux programmeurs de virus.

NOTE TECHNIQUE

En langage technique, le panneau demandant la permission est un contrôle du compte d'utilisateur.

Désactiver les permissions

Désactiver les demandes de permissions de Vista expose le PC aux forces obscures de l'informatique. Mais si vous passez plus de temps à cliquer dans ces panneaux qu'à travailler, et que vous détenez un compte d'Administrateur (ou que vous y avez accès), vous pourrez désactiver le vigile virtuel de Vista en procédant ainsi :

1. **Cliquez sur le bouton Démarrer, choisissez Panneau de configuration puis cliquez sur Comptes d'utilisateurs et protection des utilisateurs.**

   Le Panneau de configuration, décrit au Chapitre 20, permet de configurer les divers paramètres de Vista.

2. **Cliquez sur Comptes d'utilisateurs puis sur Activer ou désactiver le Contrôle des comptes d'utilisateurs.**

   Ce faisant, Vista vous demande une fois de plus la permission.

3. **Octroyez-vous la permission de continuer.**

   Cliquez sur Continuer ou entrez le mot de passe, puis cliquez sur OK pour accéder à la zone d'activation ou de désactivation.

4. **Décochez la case Utiliser le contrôle des comptes d'utilisateurs pour vous aider à protéger votre ordinateur.**

   Une fenêtre apparaît, vous demandant de redémarrer l'odinateur afin d'appliquer les modifications. Cliquez sur le bouton Redémarrer maintenant. L'ordinateur sera désormais très permissif.

Cette manipulation entraîne néanmoins un effet collatéral : le Centre de sécurité de Vista, décrit à la prochaine section, vous fera sans cesse remarquer que le Contrôle des comptes d'utilisateurs est désactivé.

Si vous changez d'avis, rétablissez ce contrôle en cochant cette fois la case à l'Étape 4.

Le Centre de sécurité veille

Accordez-vous une minute pour vérifier la sécurité de votre PC grâce au Centre de sécurité de Vista. Il ressemble plutôt à un vaste panneau comportant des commutateurs qu'à un poste de garde. Il veille sur les quatre principaux systèmes de protection de Vista, vous indiquant s'ils sont activés ou non.

Le Centre de sécurité que montre la Figure 19.1 indique si vous avez activé le pare-feu de Windows, la fonction de mise à jour automatique, la protection contre les programmes malveillants et autres paramètres de sécurité, comme ceux d'Internet Explorer ou du nouveau Contrôle des comptes d'utilisateurs.

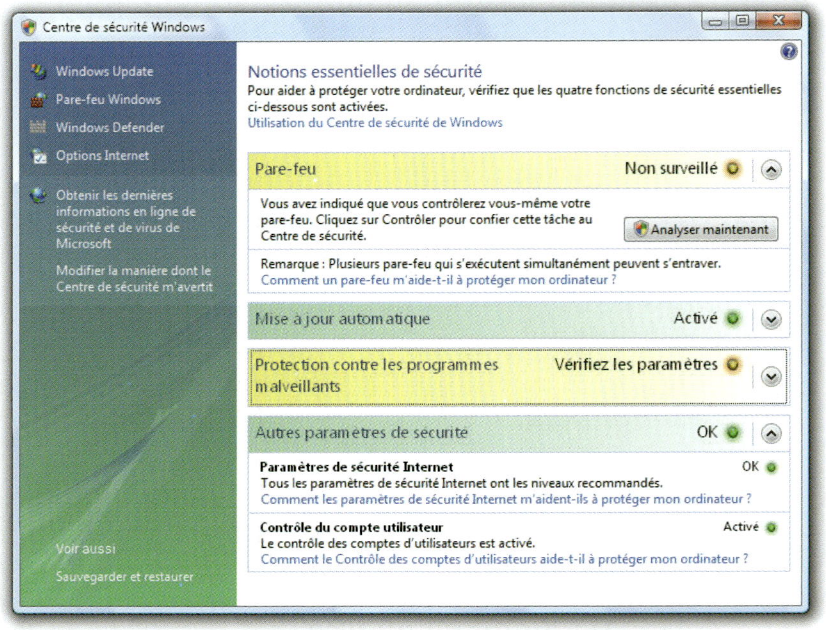

Figure 19.1 : Le Centre de sécurité permet d'activer les principales protections de votre ordinateur : le pare-feu de Windows, la mise à jour automatique et l'antivirus.

Pour l'ordinateur testé à la Figure 19.1, l'activation du pare-feu de Windows Vista n'est pas vérifiée car la protection est assurée en amont du PC par un routeur derrière lequel se trouvent tous les ordinateurs du réseau. Le pare-feu de Vista ferait double emploi (en revanche, si votre ordinateur se connecte directement au modem, vous devez activer le pare-feu de Vista). La mise à jour automatique est activée, ce qui protège le PC des engeances que sont les virus et les espiogiciels.

Hormis quelques cas particuliers, comme celui exposé dans le paragraphe précédent, toutes ces protections devraient être actives afin de garantir une protection maximale.

Pour vous assurer que le système de défense du PC est opérationnel, ouvrez le Centre de sécurité et vérifiez ces paramètres :

1. **Ouvrez le menu Démarrer, cliquez sur Panneau de configuration, choisissez Sécurité puis Centre de sécurité.**

Le panneau de la Figure 19.1 apparaît. Il révèle la sécurité de l'ordinateur au travers de paramètres répartis en quatre catégories :

Si le Centre de sécurité signale qu'il est désactivé, cliquez sur Activer le Centre de sécurité.

- **Pare-feu :** Au gré des mises à jour, un pare-feu de plus en plus puissant surveille toutes les connexions entrantes. S'il détecte une tentative d'intrusion indue, il la bloque aussitôt.
- **Mise à jour automatique :** Cette fonction établit régulièrement une connexion Internet avec Microsoft, télécharge tous les nouveaux correctifs de sécurité et les installe, le tout gratuitement, sans même que vous ayez à intervenir.
- **Protection contre les logiciels malveillants :** La protection contre les programmes malveillants est divisée en deux parties : la protection antivirus et la protection contre les logiciels espions – ou espiogiciels – et autres programmes malveillants. Vista n'est pas équipé d'un logiciel antivirus, ce qui vous oblige à en acheter un, soit en ligne sur l'Internet, soit dans une boutique informatique. Vous devrez ensuite vous abonner à la mise à jour des définitions de virus.

  En revanche, Vista est équipé d'un éradiqueur d'espiogiciels nommé Windows Defender.
- **Autres paramètres de sécurité :** Il s'agit essentiellement des paramètres de sécurité d'Internet Explorer et du Contrôle des comptes d'utilisateurs (qui vous inflige les incessantes demandes de permissions).

2. Cliquez sur le bouton Activer maintenant ou Restaurer les paramètres afin de corriger tout problème sécuritaire potentiel.

Chaque fois que le Centre de sécurité détecte qu'une protection de Vista est désactivée, il vous prévient en plaçant une icône en forme de bouclier dans la zone de notification, près de l'horloge.

Cliquez sur tout élément signalé par un bouclier rouge ou la mention Vérifiez les paramètres afin d'accéder aux boutons Activer maintenant ou Restaurer les paramètres.

En appliquant les deux étapes précédentes, votre ordinateur sera mieux protégé qu'avec toutes les versions antérieures de Windows.

NOTE TECHNIQUE

Les quatre parties du Centre de sécurité ne proposent que des commutateurs de type Activé. Pour bidouiller davantage, cliquez sur l'un des noms des parties dans le volet de gauche. Vous accédez ainsi à d'autres commandes. Chaque partie, Pare-feu, Windows Update (la Mise à jour Windows), Windows Defender et Options Internet sont décrits dans des sections spécifiques, un peu plus loin dans ce chapitre.

Modifier les paramètres du pare-feu

Chacun de nous a décroché un jour le téléphone pour entendre le baratin d'un télévendeur. Dans les centres d'appels, un logiciel compose l'un après l'autre les numéros de téléphone qu'il trouve dans l'annuaire, jusqu'à ce que quelqu'un décroche. Les pirates informatiques procèdent de même : ils lancent un programme qui tente de s'introduire dans tous les ordinateurs connectés à l'Internet, les uns après les autres.

Les abonnés à l'Internet à haut débit sont particulièrement exposés car leurs ordinateurs sont longuement connectés. Ceci augmente le risque d'être localisé par les pirates décidés à exploiter n'importe quelle vulnérabilité.

C'est là que le pare-feu de Windows entre en jeu. Placé entre Windows et l'Internet, il agit comme un portier intelligent. Si un quelque chose tente de se connecter alors que ni vous ni un de vos programmes l'a demandé, le pare-feu stoppe cette connexion inopportune.

Il arrivera occasionnellement de vouloir interagir avec un autre ordinateur, quelque part sur l'Internet, pour participer à un jeu vidéo multijoueur, par exemple, ou utiliser un logiciel de partage de fichiers. Pour empêcher le pare-feu de bloquer ces programmes, vous ajouterez leur nom à la liste des exceptions en procédant ainsi :

1. **Dans le menu Démarrer, choisissez le Panneau de configuration, cliquez sur Sécurité et choisissez Centre de sécurité.**

2. **Cliquez sur Pare-feu Windows, dans le volet de gauche, et choisissez Modifier les paramètres.**

   Dans le panneau de permission, cliquez sur Continuer ou entrez le mot de passe d'un compte d'Administrateur.

3. **Cliquez sur l'onglet Exceptions.**

   Comme le montre la Figure 19.2, le pare-feu répertorie tous les programmes actuellement autorisés à communiquer au travers du pare-feu. Vista en ajoute certains spontanément. Ne soyez donc pas étonné de les trouver dans la liste.

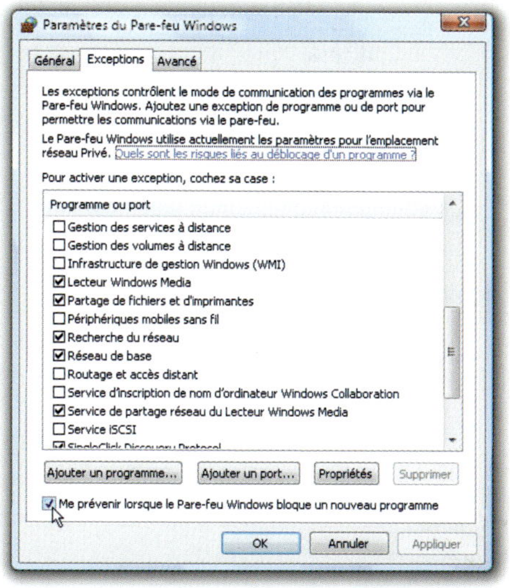

Figure 19.2 : Si le pare-feu bloque abusivement un programme, ajoutez ce dernier à la liste des exceptions.

NOTE TECHNIQUE

Assurez-vous que la case Me prévenir lorsque le Pare-feu Windows bloque un nouveau programme est cochée, comme à la Figure 19.2. Quand un programme ne fonctionne pas correctement, le message pourrait laisser à penser que le pare-feu serait responsable.

4. **Cliquez sur le bouton Ajouter un programme, sélectionnez le programme – ou cliquez sur Parcourir pour le localiser –, puis cliquez sur OK.**

   Presque tous vos logiciels se trouvent dans le dossier Program Files, dans le disque dur C: ; leur icône est la même que dans le menu Démarrer.

   Le pare-feu ajoute le programme sélectionné à la liste des exceptions, et autorise de ce fait les autres ordinateurs à s'y connecter.

- N'ajoutez pas de programmes à la liste des exceptions tant que vous n'avez pas la certitude que le pare-feu est en cause. Car chaque fois que vous enrichissez cette liste, vous rendez l'ordinateur un tout petit peu plus vulnérable.
- Si un programme vous demande d'ouvrir un port du pare-feu, choisissez Ajouter un port plutôt que Ajouter un programme, à l'Étape 4. Tapez le nom du port requis ainsi que son numéro, et indiquez s'il s'agit d'un port TCP (*Transmission Control Protocol,* protocole de contrôle de transmission) ou UDP (*User Datagram Protocol,* protocole de datagramme utilisateur).
- Il est facile de revenir aux paramètres initiaux si vous pensez vous être fourvoyé dans le paramétrage du pare-feu. Cliquez sur l'onglet Avancé, à l'Étape 3 puis cliquez sur le bouton Par défaut. Cliquez sur le bouton Oui, puis sur OK. Le pare-feu supprime toutes vos modifications, vous permettant ainsi de tout reprendre à zéro.

Modifier les paramètres de mise à jour de Windows

Chaque fois que quelqu'un découvre une nouvelle faille par laquelle s'introduire dans Windows, Microsoft sort un nouveau correctif de sécurité. Malheureusement, les malfaisants trouvent des failles plus vite que Microsoft les colmate. Le résultat est qu'il ne cesse de sortir correctif sur correctif.

La cadence est si soutenue que la plupart des utilisateurs n'arrivent plus à suivre. La solution fut donc d'automatiser les mises à jour. Chaque fois que vous vous connectez, que ce soit pour relever le courrier ou surfer sur le Web, l'ordinateur visite automatiquement le site Windows Update de Microsoft, et télécharge tous les nouveaux correctifs en tâche de fond.

Si votre ordinateur est connecté en permanence, c'est vers 3 heures du matin qu'il s'enquiert des nouveaux correctifs, afin de ne pas vous déranger dans votre travail. Au petit matin, il vous sera parfois demandé de redémarrer l'ordinateur afin que les correctifs soient opérationnels. Autrement, vous ne remarquez même pas ces actions.

Le Centre de sécurité de Vista, évoqué précédemment dans ce chapitre, explique comment s'assurer que Windows Update – qui se charge des mises à jour – est actif et en fonction. Mais si vous désirez modifier ces paramètres, par exemple pour ne pas installer de correctifs sans les avoir vus, vous procéderez comme suit :

1. **Cliquez sur le bouton Démarrer, choisissez Tous les programmes, puis Windows Update.**

   La fenêtre de Windows Update apparaît.

2. **Dans le volet de gauche, cliquez sur Modifier les paramètres.**

   La page des paramètres de Windows Update apparaît (Figure 19.3).

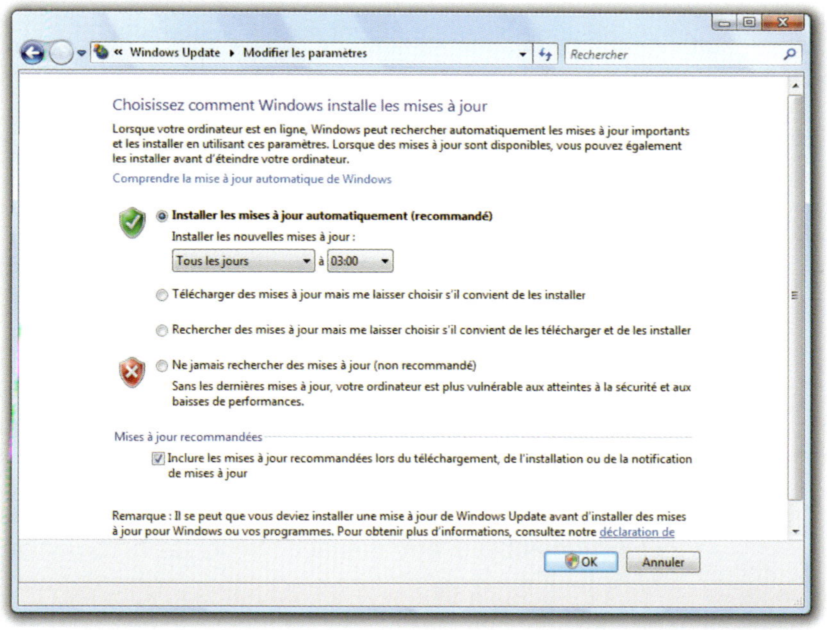

Figure 19.3 : Assurez-vous que l'installation automatique des mises à jour est activée.

3. **Procédez aux modifications puis cliquez sur OK.**

   Il est possible que vous n'ayez jamais à rien modifier. Mais dans la nuit noire, lorsque seules brillent encore les diodes du PC, Windows ira en catimini rechercher des correctifs à l'autre bout du monde.

NOTE TECHNIQUE

Les utilisateurs avertis choisissent l'option Télécharger les mises à jour mais me laisser choisir s'il convient de les installer. Elle leur laisse une possibilité d'examiner les correctifs avant de les installer.

Éviter les virus

On est jamais trop prudent lorsqu'il s'agit de virus. Ils se propagent non seulement par les courriers électroniques et les programmes infectés, mais aussi dans les fichiers d'écran de veille, de thèmes (NdT : configurations de Bureau sauvegardées), de barres d'outils et autres compléments à Windows. Comme Vista ne comporte pas de programme antivirus, réduisez les risques en appliquant ces règles :

- Quand vous achèterez un antivirus, choisissez-en un qui tourne en tâche de fond. Pour trouver quelques propositions d'achats, ouvrez le Panneau de configuration, cliquez sur Centre de sécurité, puis sur la zone Protection contre les programmes malveillants, et cliquez sur le bouton Rechercher un programme.

- Configurez l'antivirus afin qu'il analyse tout ce que vous téléchargez, et aussi tout ce qui transite par des courriers électroniques ou par le programme de messagerie.

- N'ouvrez que les pièces jointes que vous attendiez. Si vous en recevez une inopinément de quelqu'un que vous connaissez, ne l'ouvrez pas. Contactez d'abord l'expéditeur pour vérifier que c'est bien lui qui vous l'a envoyée.

- N'exécutez pas deux antivirus en même temps car ils ne font généralement pas bon ménage (NdT : les indispensables définitions de virus de l'un sont considérées comme de vrais virus par l'autre). Pour tester un autre logiciel, désinstallez d'abord le programme existant à partir de la zone Programmes du Panneau de configuration.

- Le simple achat d'un antivirus n'est pas suffisant. Vous devez impérativement vous abonner à la mise à jour des définitions de virus afin que le logiciel détecte les derniers virus lâchés dans la nature. Ces mises à jour s'effectuent deux ou trois fois par semaine. Les virus récents se propagent très vite, causant les pires dégâts.

N'OUBLIEZ PAS

Si vous soupçonnez une infection par un virus et que vous n'avez pas de logiciel antivirus, débranchez le PC (ou le réseau, le cas échéant) ainsi que la prise de téléphone avant d'acheter le logiciel. Installez-le et démarrez l'analyse de l'ordinateur *avant* de le reconnecter à l'Internet. Vous éviterez ainsi d'infecter d'autres ordinateurs avant d'avoir désinfecté le vôtre.

Vous trouverez une foule d'informations sur la sécurité informatique, les virus, et même des programmes de désinfection spécifiques (et gratuits) sur le site `www.secuser.com`.

Sortir couvert sur l'Internet

L'Internet n'est pas un lieu sûr. Certains programmeurs ont conçu des sites Web destinés à exploiter les failles et vulnérabilités de Windows les plus récemment découvertes, celles que Microsoft n'a pas encore eu le temps de corriger. Cette section explique certaines des fonctionnalités d'Internet Explorer, et comment naviguer sur l'Internet sans attraper la vérole.

Définir les zones de sécurité d'Internet Explorer

Vous n'aurez peut-être jamais à modifier les zones de sécurité d'Internet Explorer. Elles sont prédéfinies pour offrir une protection maximale. Mais si elles vous intéressent, choisissez Options Internet, dans le menu Outils, puis cliquez sur l'onglet Sécurité. Vous craignez d'avoir déréglé tous les paramètres de sécurité ? Cliquez dans ce cas sur le bouton Remettre toutes les zones au niveau pas défaut.

Internet Explorer propose quatre niveaux de sécurité offrant chacun différents niveaux de protection. Quand vous ajoutez des sites Web à ces diverses zones, Internet Explorer traite ces sites différemment, plaçant des restrictions sur les uns et les ôtant sur les autres. En voici un aperçu :

- **Internet :** À moins que vous ayez configuré les zones d'Internet Explorer, tous les sites Web sont traités comme s'ils se trouvaient dans cette zone. Elle offre une sécurité moyenne, appropriée à la plupart des besoins.
- **Intranet local :** Cette zone s'applique aux sites Web d'un réseau interne. Les utilisateurs à domicile sont rarement confrontés à ce cas de figure, car les intranets se trouvent plutôt dans les moyennes et grandes entreprises. Comme ces sites sont «maison» et autonomes, la zone Intranet local lève certaines restrictions.

- **Sites de confiance :** Placer des sites ici présume que vous leur accordez une confiance totale (personnellement, je ne fais jamais entièrement confiance à un site Web).
- **Sites sensibles :** Si vous ne faites pas du tout confiance à un site, placez-le ici. Internet Explorer vous permettra de le visiter, mais vous ne pourrez rien télécharger ni utiliser aucun de ses plug-ins, ces modules complémentaires téléchargeables qui ajoutent des fonctions graphiques, d'animation, et autres améliorations. Je plaçais quelques sites dans cette zone afin d'éliminer leurs fenêtres publicitaires intempestives, mais le bloqueur de fenêtres publicitaires intégré à Vista apporte une meilleure solution.

Windows Mail respecte les paramètres définis dans ces zones. Il traite normalement tous les courriers comme s'ils provenaient d'un site Web de la zone sensible (beaucoup de courriers électroniques sont mis en forme par le même langage informatique que les pages des sites). Pour changer la zone utilisée par Mail, choisissez Options, dans son menu Outils, et cliquez sur l'onglet Sécurité.

Éviter les modules complémentaires malfaisants et les détourneurs

Microsoft a conçu Internet Explorer de manière à ce que les programmeurs puissent lui greffer des fonctions supplémentaires au travers de modules complémentaires comme, entre autres, des barres d'outils, des indicateurs de cours boursiers ou des lanceurs de logiciels. De même, beaucoup de sites utilisent des contrôles ActiveX qui permettent d'afficher des animations, du son, de la vidéo et autres éléments tape-à-l'œil dans un site Web.

Malheureusement, des programmeurs véreux se sont mis à créer des modules et des ActiveX qui nuisent à l'utilisateur. Certains espionnent votre activité, bombardent l'écran d'innombrables publicités, redirigent votre page de démarrage vers un autre site, ou font en sorte que votre modem téléphonique compose le numéro d'accès à un site pornographique, à l'étranger et donc au prix fort. Pire, certains de ces modules malhonnêtes s'installent d'eux-mêmes sitôt que vous visitez un site, sans vous demander la permission.

Windows Vista est équipé d'une artillerie lourde pour combattre ces trublions. D'abord, si un site tente d'introduire subrepticement un programme dans votre ordinateur, Internet Explorer le bloque immédiatement et vous prévient dans un bandeau affiché en haut de l'écran (voir Figure 19.4). Cliquer dessus propose les options que montre la Figure 19.5.

Figure 19.4 : Internet Explorer bloque un programme.

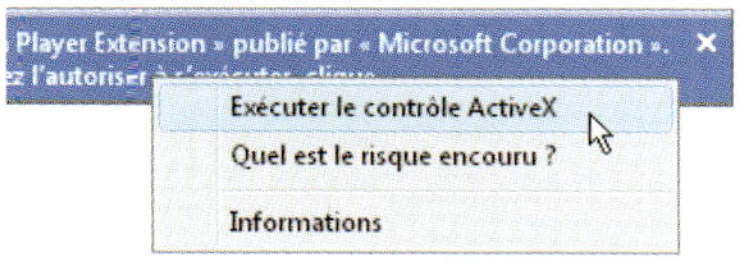

Figure 19.5 : Le bandeau d'alerte propose des options.

Internet Explorer ne peut hélas pas différencier un bon téléchargement d'un mauvais, et vous confie donc cette tâche. Prudence si un programme que vous n'avez pas demandé cherche à s'installer en vous demandant de le télécharger. Ne le téléchargez pas et n'installez pas de contrôles ActiveX.

Si un module parvient à se faufiler, vous n'êtes pas complètement démuni. Le gestionnaire de modules complémentaires permet en effet de les désactiver. Procédez comme suit pour voir tous ceux qui se trouvent dans l'ordinateur et supprimer ceux que vous savez pernicieux :

1. Dans le menu Outils d'Internet Explorer, choisissez Gérer les modules complémentaires puis Activer ou désactiver les modules complémentaires.

   Ne choisissez pas par mégarde l'option Rechercher encore des modules complémentaires. Vous vous retrouverez dans la boutique de Microsoft qui essayerait de vous fourguer quantité de modules trop chers.

   La Figure 19.6 montre la fenêtre Gérer les modules complémentaires. Elle contient tous les modules précédemment chargés ainsi que ceux qui tournent sans votre permission. Elle montre aussi les contrôles ActiveX téléchargés qui sont souvent à l'origine de la plupart des problèmes.

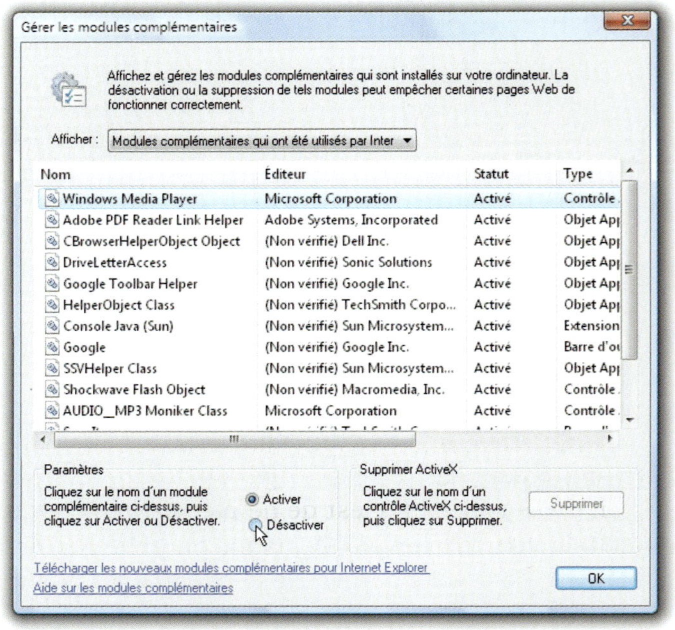

Figure 19.6 : Le gestionnaire de modules complémentaires d'Internet Explorer montre tous les modules installés et permet de désactiver ceux dont vous ne voulez pas.

2. **Cliquez sur le module complémentaire qui cause un problème et choisissez l'option Désactiver.**

   Cliquez sur le bouton Afficher, en haut de la fenêtre, pour voir quatre types de modules. Choisissez-en un pour voir les modules de cette catégorie. Si vous avez repéré une barre d'outils indésirable ou autre programme douteux, c'est le moment de vous en débarrasser.

3. **Répétez le processus pour chaque module complémentaire indésirable puis cliquez sur le bouton OK.**

   Vous devrez sans doute redémarrer Internet Explorer pour que les modifications soient appliquées.

N'OUBLIEZ PAS

Tous les modules complémentaires ne sont pas véreux. Les meilleurs permettent de voir des vidéos, d'écouter du son ou de visionner des contenus spéciaux. Ne supprimez pas un module uniquement parce qu'il se trouve dans le gestionnaire de modules complémentaires.

- Dans les rares cas où la désactivation d'un module complémentaire empêche le chargement d'une page, cliquez sur le nom de ce module à l'Étape 2 puis cliquez sur l'option Activer afin de tout remettre en ordre.
- Le gestionnaire de modules complémentaires d'Internet Explorer désactive les modules assez facilement. Mais si vous repérez un module particulièrement nuisible, supprimez-le complètement en cliquant sur le bouton Supprimer, à la rubrique Supprimer ActiveX, à la place de Désactiver.
- Mais comment diable différencier un bon module d'un mauvais ? Il n'y a hélas aucun moyen infaillible, bien que le nom figurant dans la colonne Éditeur fournisse un indice. Mais le meilleur moyen de se protéger, c'est de ne pas installer ce qu'Internet a essayé de bloquer.
- Assurez-vous que le bloqueur de fenêtres publicitaires d'Internet Explorer est actif en choisissant, dans le menu Outils, Bloqueur de fenêtre publicitaire intempestive. Si l'option Désactiver le bloqueur de fenêtre intempestive est proposée, c'est parfait. Autrement, s'il vous est proposé de l'activer, c'est le moment de le faire.

Éviter l'hameçonnage

Peut-être recevrez-vous un jour un courrier provenant soi-disant de votre banque, d'eBay, de PayPal ou d'un autre site (Figure 19.7) annonçant des problèmes concernant votre compte bancaire ou autre. Invariablement, ces courriers contiennent un lien bien visible, indiquant que vous devez indiquer votre nom d'utilisateur et le mot de passe, voire le numéro de carte bancaire, pour que tout revienne en ordre.

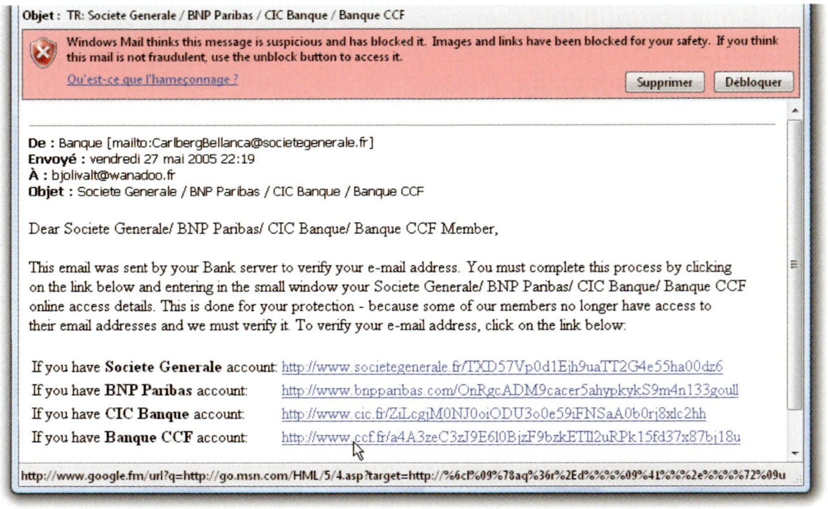

Figure 19.7 : Ce courrier frauduleux vous invite à vérifier votre compte bancaire. Si vous cliquez sur un des liens, des informations confidentielles très sensibles vous seront demandées.

Remarquez, le bandeau en haut du volet de visualisation, à la Figure 19.7 (NdT : dans cette préversion de Vista, le texte n'est pas encore traduit. Voici sa version française : Windows Mail estime que ce message est douteux et l'a bloqué. Pour votre sécurité, les images et les liens ont été bloqués. Si vous pensez que ce message n'est pas frauduleux, cliquez sur le bouton Débloquer pour y accéder). Remarquez la flèche sur le lien, et non la main, car tous les liens sont neutralisés. Remarquez aussi, tout en bas de la fenêtre, l'adresse Web très différente de celle sur laquelle pointe la flèche. De plus, dans la liste de la Boîte de réception, ce courrier apparaît en lettres rouges. N'hésitez pas à envoyer ce genre de courrier directement dans la boîte des Éléments supprimés.

En aucun cas, quelle que soit le réalisme du courrier ou du site, vous ne devez cliquer sur le lien. Vous êtes en effet visé par une toute nouvelle activité frauduleuse : l'hameçonnage. Les truands qui sont derrière cette manœuvre envoient des millions de messages dans le monde entier, espérant convaincre quelques pigeons, épouvantés à l'idée de voir leur compte clos sans remboursement, taper les précieux renseignements demandés.

Comment différencier un courrier réel d'un courrier frauduleux ? C'est en réalité très facile car jamais une banque ou un établissement financier n'enverra un courrier contenant un lien. De plus, personne – ni même le directeur de la banque, la police ou le fisc – ne demandera votre code de carte bancaire et cela dans aucun cas, même et surtout en cas de vol ou de perte. Si vous avez un doute sur la réalité du courrier, visitez le véritable site de votre banque, en tapant son adresse Web manuellement (et non par un lien).

Recherchez ensuite l'adresse d'un contact et transférez-lui le courrier en demandant s'il est authentique. Il y a de fortes chances que non.

Vista dispose de quatre moyens pour empêcher l'hameçonnage :

- Tout courrier arrivant dans Windows Mail est analysé. S'il est suspect (courrier indésirable ou tentative d'hameçonnage), Mail affiche le message de la Figure 19.8 et vous demande ce qu'il doit faire de ce courrier. Choisissez de l'envoyer vers le dossier du Courrier indésirable, puis mettez-le dans le dossier des Éléments supprimés.

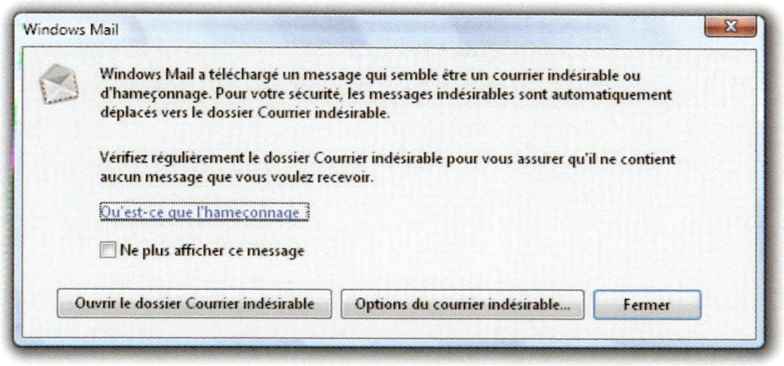

Figure 19.8 : Windows Mail a repéré un courrier indésirable ou douteux.

- Quand vous démarrez Internet Explorer pour la première fois, il propose d'activer le filtre anti-hameçonnage. Acceptez car, contrairement à d'autres fonctions de sécurité de Vista, le filtre anti-hameçonnage n'est pas gênant.
- Internet Explorer examine chaque page à la recherche de signes révélateurs. Si un site semble douteux, la barre d'adresse d'Internet Explorer devient jaune et un panneau d'alerte affiché au milieu de l'écran prévient que le site est sans doute un site d'hameçonnage.

- Internet Explorer compare l'adresse du site Web avec une liste de sites frauduleux notoirement connus. S'il trouve une concordance, le filtre anti-hameçonnage vous empêche d'y accéder et affiche un message d'alerte. Quittez alors immédiatement la page Web.

N'est-il pas possible d'arrêter ceux qui commettent ces délits ? Non, car il est très difficile de découvrir et poursuivre les délinquants informatiques sur l'Internet. Ils peuvent travailler depuis n'importe où dans le monde.

- Si vous venez de communiquer vos nom et mot de passe sur un site d'hameçonnage, ne perdez pas de temps : allez sur le véritable site et changez immédiatement votre mot de passe. Changez aussi votre nom d'utilisateur si c'est possible. Contactez ensuite la banque par téléphone et demandez ce qu'il faut faire. Ils peuvent stopper les voleurs avant qu'ils vident votre compte.

- Vous pouvez signaler à Microsoft un site qui vous semble frauduleux. Dans le menu Outils, choisissez Filtre anti-hameçonnage, puis Signaler ce site Web. Internet Explorer ouvre la page de Microsoft consacrée à l'hameçonnage. En dénonçant un site frauduleux, vous permettrez à Microsoft de prévenir les autres internautes.

Éviter et supprimer les logiciels espions et les parasites avec Windows Defender

Les logiciels espions, ou espiogiciels, et les parasites, sont des programmes qui s'incrustent dans Internet Explorer à votre insu. Les plus sournois tente de changer votre page de démarrage, de composer un numéro avec votre modem téléphonique, d'espionner vos activités sur le Web, et de moucharder vos habitudes de surf sur l'Internet.

La plupart des espiogiciels reconnaissent être des logiciels espions, généralement à la 43e ou 44e page de la licence d'utilisateur que vous être supposée avoir lue avant d'installer le programme.

Comme personne, bien sûr, ne veut de ces affreux programmes, ils s'arrangent pour être très difficiles à supprimer. C'est là que le nouveau programme Windows Defender entre en lice. Il empêche certains espiogiciels de s'installer d'eux-mêmes et arrache au démonte-pneu ceux qui sont déjà fermement agrippés à votre PC. Mieux, Windows Update met Defender à jour de manière à ce qu'il puisse reconnaître et détruire les tout derniers espiogiciels.

Pour vous assurer que Windows Defender soit automatiquement lancé, visitez le Centre de sécurité décrit précédemment dans ce chapitre, à la section «Le Centre de sécurité veille». Quand il fonctionne en tâche de fond, Windows PC analyse le PC tous les soirs et vous prévient s'il trouve un nouvel espiogiciel.

Pour que Windows Defender analyse immédiatement votre PC – un bon réflexe s'il se comporte anormalement – cliquez sur le bouton Démarrer, choisissez Tous les programmes et démarrez Windows Defender. Cliquez sur le bouton Analyser et attendez qu'il ait terminé.

Plusieurs autres programmes anti-espiogiciels peuvent aussi analyser votre ordinateur à la recherche du moindre intrus. Certains d'entre eux sont gratuits, dans l'espoir que vous voudrez acheter la version payante, qui comporte plus de fonctionnalités. Ad-Aware (`www.lavasoft.com`) et Spybot Search and Destroy (`www.safernetworking.org`), qui existent tous deux en français, sont les plus connus.

N'hésitez pas à utiliser plusieurs logiciels anti-espiogiciels, car chacun analyse à sa manière, signalant et éliminant les logiciels espions qu'ils rencontrent.

Utiliser le contrôle parental

Fonctionnalité appréciée des parents mais que les enfants trouvent ringard, la fonction de contrôle parental de Vista propose plusieurs nouvelles manières de gouverner l'usage de l'ordinateur et l'accès à l'Internet. À vrai dire, tous ceux qui partagent l'ordinateur avec quelqu'un d'autre peuvent être intéressés par le le contrôle parental.

Le contrôle parental permet de définir qui peut – ou ne peut pas faire – ceci ou cela, sur l'Internet. Il conserve aussi la trace de l'usage de l'ordinateur par les utilisateurs, notamment l'heure, les sites Web visités et les programmes utilisés.

Pour configurer le contrôle parental, vous devez détenir un compte Administrateur. Si plusieurs personnes ont accès à l'ordinateur, veillez à ce que les enfants aient un compte Standard. S'ils possèdent leur propre PC, Créez un compte Administrateur pour vous et mettez leur compte en mode Standard (NdT : il y a du conflit dans l'air...).

Procéder comme suit pour configurer le contrôle parental :

1. **Dans le menu Démarrer, ouvrez le Panneau de configuration et, sous Comptes d'utilisateurs et protection des utilisateurs, cliquez sur Configurer le contrôle parental pour tout utilisateur.**

   Le vigile intégré à Vista exige votre permission : cliquez sur Continuer.

2. **Cliquez sur le compte d'utilisateur à restreindre.**

   Un seul compte à la fois peut être configuré.

   Après avoir choisi un compte d'utilisateur, le panneau Contrôle parental apparaît (voir Figure 19.9). Les prochaines étapes vous en feront parcourir chacune des parties.

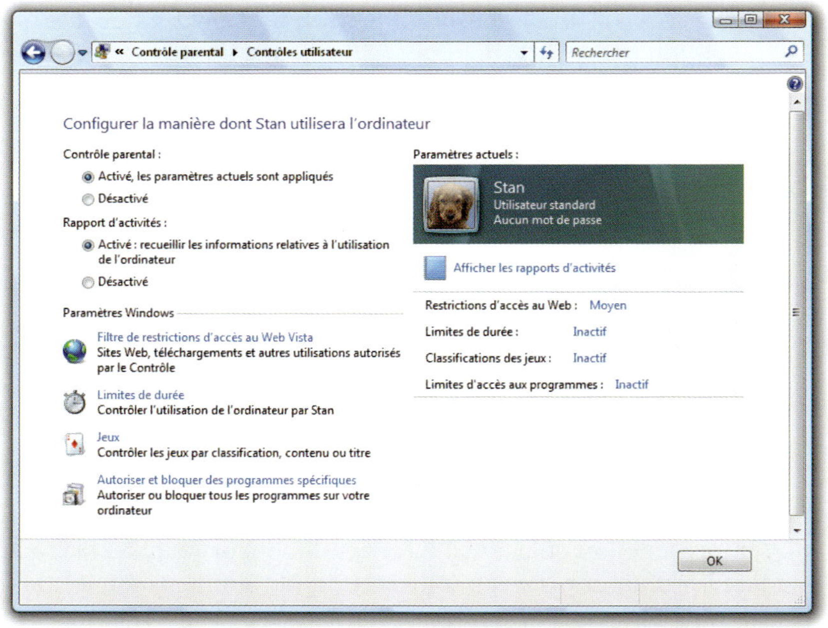

Figure 19.9 : Vista permet de définir l'usage de l'ordinateur pour vos enfants ou n'importe quel autre utilisateur standard.

3. **Activez le contrôle parental.**

   La rubrique Contrôle parental contient deux commutateurs permettant de l'activer et de le désactiver :

   - **Contrôle parental :** Ces deux boutons d'options servent à appliquer ou à ne plus appliquer les restrictions que vous avez définies. C'est un moyen rapide d'activer le contrôle parental si vous l'estimez nécessaire ou le désactiver s'il n'a pas lieu d'être.

   - **Rapport d'activités :** Lorsqu'il est activé, le PC flique les habitudes de l'enfant, vous indiquant exactement à quelle heure il a ouvert et fermé sa session, les programmes qu'il a utilisés ou tenté d'utiliser, et les sites Web qu'il a visités ou tenté de visiter.

4. **Configurez le Filtre de restriction d'accès au Web Vista pour définir les parties du Web que votre enfant peut visiter.**

   Le lien Filtre de restriction d'accès au Web permet de choisir les parties de l'Internet auxquelles votre enfant peut accéder. Pour bloquer des sites, cliquez sur Modifier la liste verte et rouge. Dans le panneau qui apparaît, vous pouvez punir votre enfant en lui interdisant d'aller sur le site officiel de Disney (`www.disney.fr`) pendant une semaine (NdT : il se consolera en regardant *Les Valeurs de la Famille Adams,* de Barry Sonnenfeld, où une mémorable séquence est consacrée aux films de Walt Disney). Pour un contrôle total, cochez la case Autoriser uniquement les sites Web de la liste verte, et ajoutez ensuite quelques adresses de sites dans cette liste.

   La rubrique Autoriser et bloquer des sites Web spécifiques est, par défaut, au niveau de restriction Moyen. De ce fait, tous les sites pour adultes, pornographiques, ceux où il est question de drogues, les sites incitant à la haine ou consacrés aux armes sont bloqués. Activez le niveau de restriction Haute pour bloquer tout ce qui ne s'adresse pas spécifiquement aux enfants. Ou alors, choisissez l'option Personnalisée et sélectionnez les catégories de sites à ne pas montrer aux enfants.

Sachez toutefois que les filtres Web ne sont pas fiables à 100%, et que certains sites indésirables parviendront parfois à franchir la barrière.

5. **Choisissez si vous autorisez les téléchargements puis cliquez sur OK.**

   La dernière case de la page permet d'empêcher les enfants de télécharger des fichiers, un moyen efficace pour qu'ils n'installent pas des programmes en douce. Cette option peut toutefois les empêcher de télécharger des fichiers nécessaires pour leur travail scolaire.

   Cliquer sur OK ramène à la page d'ouverture du contrôle parental de la Figure 19.9.

6. **Restreignez aussi la durée, les jeux et l'accès à des programmes, puis définissez le rapport d'activité. Cliquez à chaque fois sur OK.**

   Cette vaste rubrique permet de bloquer des éléments sur le PC plutôt que sur l'Internet :

   - **Limites de durée :** Cette option affiche un tableau des jours et des horaires où le PC n'est pas accessible à l'enfant. Vous définirez par exemple une interdiction de jouer jusqu'à une heure indue, le soir.
   - **Jeux :** Ici, vous pouvez autoriser tous les jeux, certains d'entre eux, les interdire complètement, ou restreindre leur accès selon la classification d'âge (elle figure sur la plupart des boîtes de jeux vidéo).
   - **Autoriser et bloquer des programmes spécifiques :** C'est ici que vous pouvez empêcher votre enfant d'accéder à la comptabilité familiale et aussi à certains jeux. Vous pouvez bloquer tous les programmes ou n'autoriser l'accès qu'à quelques-uns.
   - **Afficher les rapports d'activité :** Cette option qui fera le bonheur des paranoïaques, tourmenteurs et inquisiteurs de tous poils enregistre l'activité de tous les comptes d'utilisateurs du PC. Vous obtenez la liste de tous les sites Web qu'ils ont visités, le nom des fichiers téléchargés, les

heures d'ouverture et de fermeture des sessions, les jeux auxquels ils ont joué, les contacts nouvellement ajoutés, l'usage de la webcam, les morceaux et vidéos joués, et bien d'autres renseignements. Un Top-10 des sites Web les plus visités apparaît en tête de liste.

7. Cliquez sur OK pour quitter le contrôle parental.

Pour savoir tout ce que votre enfant a fait, retournez dans le Contrôle parental et choisissez Afficher le rapport d'activité.

Sixième partie

Personnaliser Vista et le mettre à jour

Dans cette partie...

Quand votre vie change, vous voulez que Windows Vista change aussi. C'est de cela qu'il est question ici. Vous découvrirez le Panneau de configuration entièrement revu qui permet de modifier une kyrielle de paramètres.

Le Chapitre 21 explique comment créer des comptes d'utilisateurs pour chacun des utilisateurs du PC, tout en vous réservant le droit de décider qui peut faire quoi.

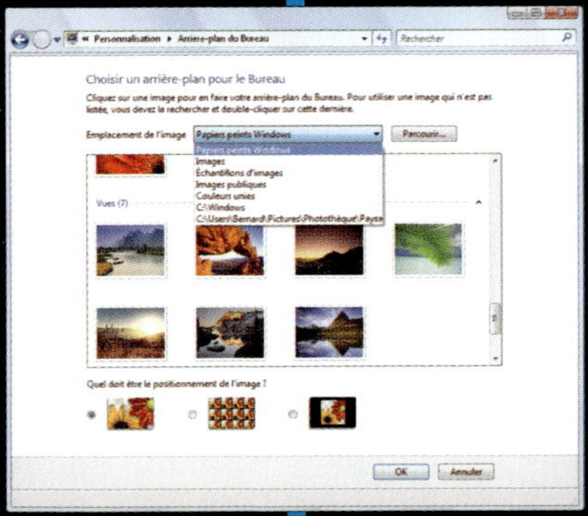

Chapitre 20

Personnaliser Windows Vista avec le Panneau de configuration

Dans ce chapitre :

- Personnaliser le Panneau de configuration.
- Modifier l'apparence de Vista.
- Changer de mode vidéo.
- Installer ou supprimer des programmes.
- Régler la souris.
- Régler automatiquement la date et l'heure de l'ordinateur.

Le Panneau de configuration de Vista se trouve en toute logique dans le menu Démarrer.

Vous trouverez dans ce panneau des dizaines de boutons et d'options permettant de personnaliser l'apparence, l'utilisation et l'impression générale de Windows. Ce chapitre présente les boutons et glissières que vous pouvez régler, et vous signale aussi ceux auxquels il vaut mieux ne pas toucher.

Certains paramètres ne peuvent être modifiés que par un utilisateur ayant les privilèges d'Administrateur. C'est généralement le propriétaire de l'ordinateur : peut-être vous, peut-être quelqu'un qui se trouve à l'autre bout du pays...

Trouver la bonne option dans le Panneau de configuration

Ouvrez le Panneau de configuration de Vista, et vous pourrez passer une bonne semaine à cliquer sur des icônes et des options. En affichage classique, il héberge plus d'une cinquantaine d'icônes, dont certaines donnent accès à des boîtes de dialogue contenant plus d'une vingtaine de paramètres et tâches.

Pour vous éviter une pénible errance à la recherche de la bonne option, le Panneau de configuration peut être affiché par catégories, comme le montre la Figure 20.1.

Figure 20.1 : Les paramètres sont plus faciles à localiser lorsqu'ils sont regroupés par catégories.

Sous chaque nom de catégorie se trouvent des liens vers les sujets principaux. Par exemple, après avoir cliqué sur l'icône de la catégorie Sécurité, vous accédez à d'autres liens permettant notamment de télécharger les dernières mises à jour de sécurité ou de vérifier l'état de la sécurité de Windows.

Les anciens de Windows XP, familiarisés avec les icônes du Panneau de configuration, peuvent opter pour l'affichage Classique (c'est le lien pointé du doigt dans la Figure 20.1). Cette présentation présente toutes les icônes à la fois, comme le révèle la Figure 20.2.

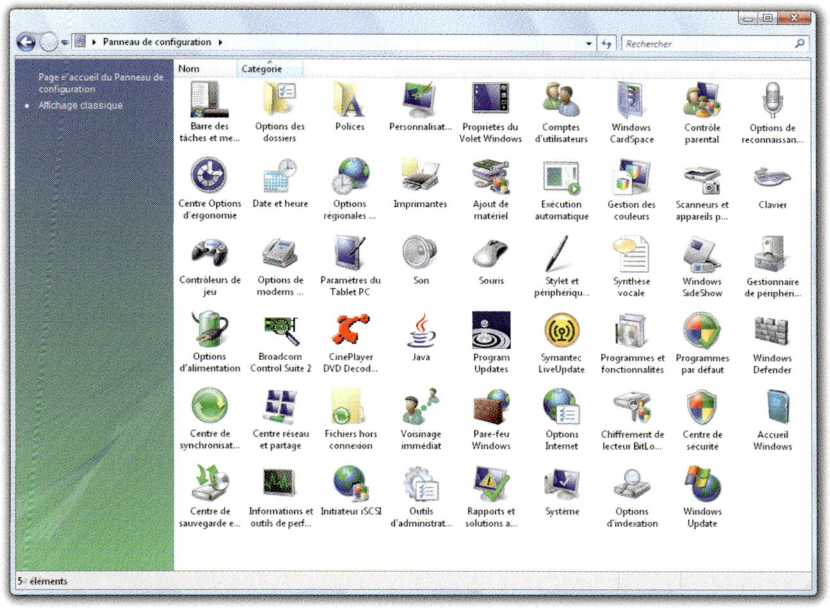

Figure 20.2 : Conçue pour les utilisateurs de Windows expérimentés, l'affichage Classique du Panneau de configuration montre la totalité des icônes.

Ne vous inquiétez pas si votre Panneau de configuration diffère quelque peu de celui de la Figure 20.2. Différents programmes, accessoires et modèles d'ordinateurs y ajoutent souvent leurs propres icônes.

Immobilisez le pointeur de la souris sur une catégorie ou une icône du Panneau de configuration, et Vista explique longuement son usage.

Le Panneau de configuration réunit tous les principaux commutateurs de Vista dans un seul emplacement, mais ce n'est pas le seul endroit permettant de modifier les paramètres de Vista. Vous pouvez accéder à la plupart d'entre eux en cliquant du bouton droit sur l'élément à modifier, qu'il s'agisse du Bureau, du menu Démarrer ou d'un dossier, en choisissant Propriétés, dans le menu contextuel.

Le reste de ce chapitre est consacré aux catégories du Panneau de configuration visibles dans la Figure 20.1, aux raisons pour lesquelles vous vous abstiendrez d'en visiter certaines, et aux raccourcis permettant d'accéder directement aux paramètres désirés.

Système et maintenance

Comme d'une Ford Mustang des années 1960, Windows Vista nécessite occasionnellement de la maintenance.

Ce chapitre explique comment accélérer Windows, libérer de la place sur le disque dur, sauvegarder vos données et créer un filet de sécurité appelé Restauration du système.

À l'instar de la plupart des catégories du Panneau de configuration, la partie Système et maintenance est truffée d'options. Pour vous y retrouver plus aisément, double-cliquez sur la barre de menus afin que le panneau couvre tout l'écran. Au besoin, faites défiler la fenêtre pour découvrir les icônes qui se cachent en bas.

Comptes d'utilisateurs et protection des utilisateurs

Le Chapitre 21 explique comment créer des comptes séparés pour tous ceux qui utilisent l'ordinateur. Ceci permet de limiter les risques encourus par Windows et vos fichiers.

Voici un rappel, si vous ne tenez pas à lire le Chapitre 21 dès maintenant : choisissez le Panneau de configuration, dans le menu Démarrer puis, dans la zone Comptes d'utilisateurs et protection des utilisateurs, cliquez sur Ajouter ou supprimer des comptes d'utilisateurs.

Vous accédez ainsi à la page des comptes d'utilisateurs, où vous pouvez en créer, modifier ceux qui existent, y compris leur mot de passe et leur image.

La catégorie Comptes d'utilisateurs et protection des utilisateurs comporte aussi un lien vers la partie Sécurité, où vous pouvez définir le contrôle parental, une fonction décrite au Chapitre 19.

Sécurité

La catégorie Sécurité du Panneau de configuration contient toute une escouade de sbires prêts à défendre Windows. Les options – Pare-feu Windows, Windows Update, Windows Defender et le nouveau Contrôle parental – sont décrites au Chapitre 19.

Apparence et personnalisation

L'une des catégories les plus populaires, Apparence et personnalisation, permet de modifier le look de Vista de diverses manières. Ouvrez cette catégorie pour découvrir les six icônes suivantes :

- **Personnalisation :** Pour beaucoup de gens, cette icône est un vrai terrain de jeu. Choisissez-la pour placer une nouvelle image ou une photo numérique sur le Bureau, choisir l'écran de veille qui démarrera quand vous vous éloignez du PC, changer la couleur des cadres de Windows, et aussi la résolution d'écran du moniteur, s'il le permet (ceux des écrans plats est optimisée pour une seule résolution). C'est un bon moyen d'afficher plus d'informations.

- **Centre Options d'ergonomie :** Conçues pour venir en aide aux handicapées, ces options facilitent l'usage de Windows par les malvoyants, les malentendants et les personnes souffrant d'autres handicaps physiques. Une section est consacrée plus loin à ces paramètres.

- **Options de dossiers :** Principalement mises en œuvre par les utilisateurs expérimentés, cette zone permet de configurer subtilement l'aspect et le comportement des dossiers.

- **Polices :** C'est ici que vous installez les nouvelles polices qui agrémenteront vos textes. L'installation et l'usage des polices sont décrits au Chapitre 16, consacré à l'impression.

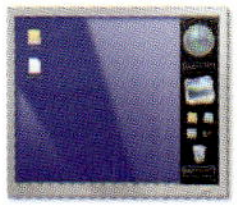

- **Propriétés du Volet Windows :** Cette catégorie permet d'ajouter des gadgets au Volet Windows, une nouveauté de Vista. Voici néanmoins une astuce : vous pouvez ajouter des miniprogrammes en cliquant du bouton droit dans le Volet Windows et en choisissant Ajouter des gadgets.

Dans les quelques sections à venir, nous verrons quelles sont, dans ces catégories, les tâches que vous effectuerez le plus souvent.

Changer l'arrière-plan du Bureau

L'arrière-plan, parfois appelé aussi «papier peint», est une image de fond couvrant le Bureau. Procédez comme suit pour la changer :

Cliquer du bouton droit sur le Bureau, choisir Personnaliser et sélectionner Arrière-plan du Bureau vous mène directement à l'Étape 3.

1. **Cliquez sur le menu Démarrer, choisissez Panneau de configuration et trouvez la catégorie Apparence et personnalisation.**

2. **Dans la section Personnalisation, choisissez Modifier l'arrière-plan du Bureau.**

   La fenêtre de la Figure 20.3 apparaît.

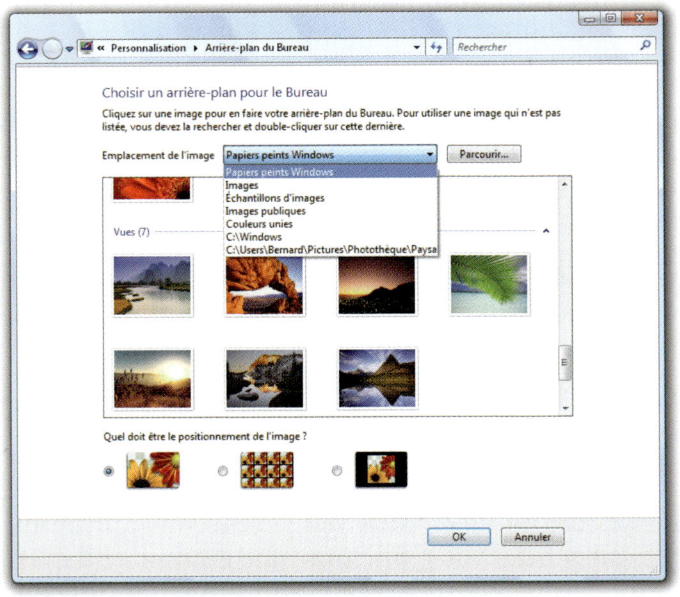

Figure 20.3 : Cliquez sur le menu déroulant pour trouver d'autres images à placer comme arrière-plan sur le Bureau.

3. **Cliquez sur une nouvelle image pour en faire l'arrière-plan.**

   Veillez à cliquer sur le menu déroulant, visible dans la Figure 20.3, pour voir toutes les photos, textures, peintures et atmosphères légères offertes par Vista. Cliquez sur Parcourir pour farfouiller dans des dossiers non répertoriés dans le menu. N'hésitez pas à chercher parmi vos propres photos.

   NOTE TECHNIQUE

   Les fichiers d'arrière-plan peuvent être au format BMP, GIF, JPEG, DIB ou PNG. Autrement dit, vous pouvez utiliser presque n'importe quelle photo provenant de l'Internet ou d'un appareil photo numérique (NdT : on notera cependant l'absence du format TIFF produit par les scanneurs et de nombreux appareils photo haut de gamme).

   Quand vous cliquez sur une nouvelle image, Vista la place aussitôt sur le Bureau. Si elle vous plaît, passez à l'Étape 5.

4. **Décidez si l'image doit être étirée, répétée ou centrée.**

   Toutes les images ne sont pas à la taille de l'écran. Une image de petites dimensions doit être, soit étirée pour remplir tout l'espace, soit répétée à la manière des timbres-poste sur une feuille de timbres neufs. Si l'étirement ou la répétition sont disgracieux, centrez l'image en laissant du vide autour.

5. **Cliquez sur OK pour enregistrer l'image actuellement utilisée comme arrière-plan.**

TRUC

Vous avez remarqué une fabuleuse image lors de vos pérégrinations sur le Web avec Internet Explorer ? Cliquez dessus du bouton droit et sélectionnez Choisir comme image d'arrière-plan. Windows copie furtivement l'image et l'étale sur le Bureau, où elle devient un nouvel arrière-plan.

Choisir un écran de veille

A l'époque des premiers PC, les écrans avaient une fâcheuse tendance à conserver une image fantôme de ce qui s'y affichait longuement à la même place, comme des cadres par exemple. Pour éviter cet inconvénient, les utilisateurs activaient ce que l'on appelait aussi un «économiseur d'écran». Il affichait un motif mouvant – feu d'artifice, lignes en mouvement... – empêchant l'usure du phosphore. Les actuels moniteurs ne souffrant plus de cet effet, les gens n'utilisent un écran de veille que pour son esthétique.

Windows est livré avec plusieurs écrans de veille. Procédez comme suit pour en essayer un :

TRUC

Cliquer du bouton droit sur le Bureau, choisir Personnaliser puis Écran de veille vous mène directement à l'Étape 3.

1. **Cliquez sur le menu Démarrer, choisissez Panneau de configuration et trouvez la catégorie Apparence et personnalisation.**

   La catégorie choisie apparaît.

2. **Dans la zone Personnalisation, choisissez Modifier l'écran de veille.**

   La boîte de dialogue Paramètres de l'écran de veille apparaît.

3. **Cliquez sur la flèche pointée vers le bas et sélectionnez un écran de veille.**

   Après avoir choisi un écran de veille, cliquez sur le bouton Aperçu pour voir son effet en plein écran. Visionnez-en autant que vous le désirez avant d'en choisir un.

   N'oubliez pas de cliquer sur le bouton Paramètres, car la plupart des écrans de veille offrent des options. Vous pouvez par exemple régler la vitesse du diaporama et le sens du déplacement des photos à travers l'écran.

4. **Au besoin, renforcez la sécurité en cochant la case À la reprise, afficher l'écran de reprise de session.**

   Ce système de sécurité évite aux intrus de fouiller dans votre ordinateur pendant que vous êtes à la machine à café. Dès que l'écran de veille cesse, Windows demande en effet le mot de passe.

5. **Après avoir paramétré l'écran de veille, cliquez sur OK.**

TRUC

Pour prolonger efficacement la vie de votre moniteur et faire aussi des économies d'électricité, abandonnez les écrans de veille et, à l'Étape 3, cliquez plutôt sur Modifier les paramètres d'alimentation. La fenêtre qui apparaît permet de régler Vista pour qu'il éteigne le moniteur après une durée d'inactivité que vous aurez paramétrée.

Modifier le thème de l'ordinateur

Les thèmes sont simplement des ensembles de paramètres. Vous pouvez par exemple enregistrer l'écran de veille et l'arrière-plan du Bureau dans un thème, ce qui permet de passer rapidement de la présentation d'origine de Vista à la vôtre et inversement.

Si vous n'avez pas créé vos propres thèmes, vous n'en trouverez pas beaucoup dans Windows Vista. Pour en essayer un, cliquez du bouton droit sur le Bureau, choisissez Personnaliser puis Thème. La boîte de dialogue de la Figure 20.4 apparaît.

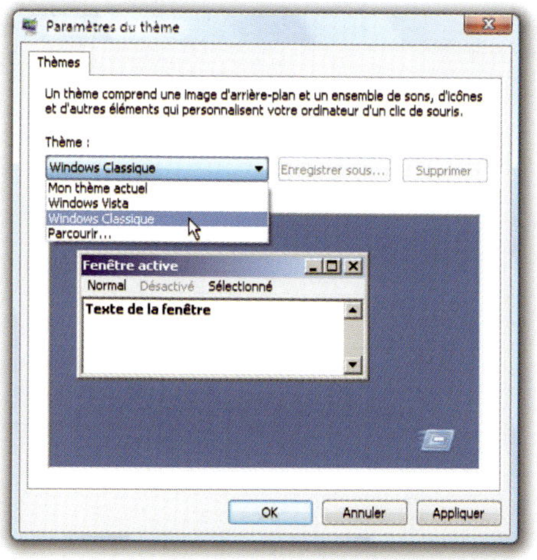

Figure 20.4 : Choisissez un thème prédéfini pour changer l'apparence et les sons de Windows.

Windows Vista liste les quelques thèmes donnés en cadeau et propose une option permettant de créer les vôtres. Cliquez sur l'un des thèmes suivants pour voir l'effet dans la fenêtre d'aperçu visible à la Figure 20.4 :

- **Mon thème actuel :** Si vous vous êtes mélangé les pinceaux en modifiant les paramètres d'apparence – mais que vous ne les avez pas encore enregistrés – choisir cette commande rétablit le dernier thème enregistré.
- **Windows Vista :** Ce paramètre rétablit le thème «d'usine» de Vista, celui qui était installé en tout premier.

- **Windows Classique :** Les nostalgiques des vénérables PC tournant sous Windows 98 opteront pour ce thème au *look* rétro.
- **Parcourir :** Cliquez ici pour récupérer un thème que vous avez enregistré dans un dossier spécifique. Vista les stocke normalement dans le dossier Program Files.

Choisissez n'importe quel thème, et Vista enfile aussitôt ses nouveaux habits. Pour voir l'effet d'un thème présent dans la liste, cliquez dessus et regardez la fenêtre Aperçu.

Au lieu d'opter pour les thèmes prédéfinis de Vista, créez les vôtres en modifiant l'arrière-plan, les couleurs, l'écran de veille et autres éléments graphiques ou sonores. Enregistrez ensuite le thème en cliquant sur le bouton Enregistrer sous, puis nommez-le.

- Après un certain temps, on a vite fait le tour des outils de base pour créer des thèmes. Si vous êtes vraiment intéressé par la création de thèmes pour Windows, optez pour un programme comme WindowBlinds (`www.windowsblinds.net`). Vous pouvez télécharger des thèmes vraiment spectaculaires créés par les utilisateurs de ce logiciel sur le site WinCustomize (`www.wincustomize.com`).
- Avant de télécharger des thèmes sur le Web ou les obtenir en pièce jointe, assurez-vous d'avoir installé un antivirus et qu'il est à jour. Les virus sont souvent propagés par des thèmes.
- Pour changer rapidement de thèmes, cliquez du bouton droit sur le Bureau et choisissez Personnaliser. Dans la zone Personnalisation du Panneau de configuration, cliquez sur Thème et choisissez-en un.

Modifier la résolution de l'écran

Paramètre souvent mésestimé, la résolution de l'écran détermine la quantité d'informations susceptibles d'être affichées en une seule fois. L'augmenter permet d'afficher davantage d'éléments, mais en plus petit, tandis que la réduire affiche les éléments en plus gros, mais aussi en moins grand nombre.

Procédez comme suit pour trouver la résolution la plus confortable (NdT : si vous possédez un écran plat, consultez son manuel car beaucoup n'acceptent qu'une seule résolution) :

1. **Dans le menu Démarrer, choisissez Panneau de configuration puis la catégorie Apparence et personnalisation.**

   La zone Apparence et personnalisation répertorie les différentes manières de modifier la présentation de Vista.

2. **Dans la zone Personnalisation, choisissez Ajuster la résolution de l'écran.**

   La boîte de dialogue Paramètres d'affichage apparaît (Figure 20.5).

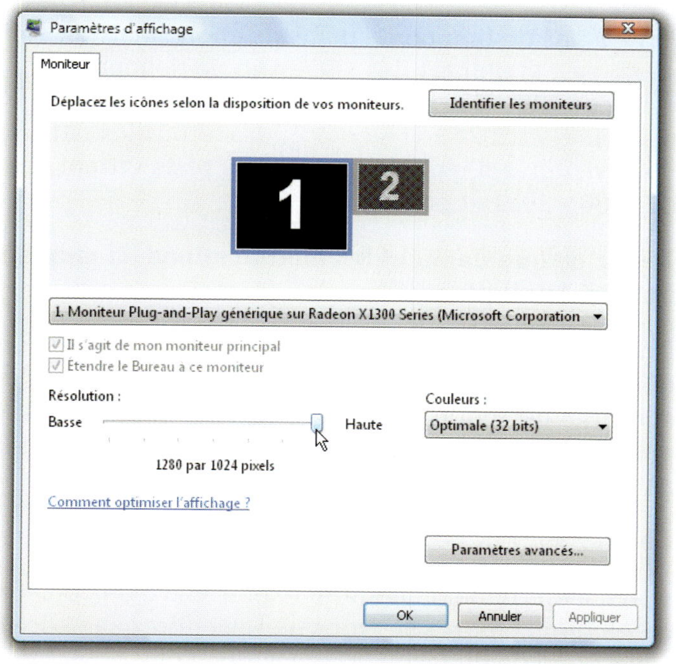

Figure 20.5 : Selon la résolution de l'écran, Windows affichera plus ou moins d'informations.

3. **Modifiez le nombre de couleurs affichées, si vous le désirez.**

   Vista permet de choisir parmi plusieurs options, dans le menu Couleurs.

Pour admirer vos photos dans toute leur splendeur, assurez-vous que Vista affiche le nombre le plus élevé de couleurs. En mode 32 bits, les images sont affichées en plus de 16,7 millions de couleurs et des transparences. En mode moyen (16 bits), 65 535 couleurs seulement sont affichées, d'où une différence très sensible du rendu.

4. **Pour changer la résolution d'écran, actionnez le curseur de la glissière Résolution.**

   Observez le petit aperçu de l'écran, pendant que vous actionnez la souris. Il montre les proportions de l'écran. Sachez aussi que plus vous tirez vers la droite, plus vous affichez d'éléments à l'écran, mais en contrepartie, ils sont plus petits.

   Il n'y a pas de bon ou de mauvais choix, mais un conseil s'impose : la plupart des sites Web ne tiennent pas dans un écran en 640 × 480 pixels. Une résolution de 800 × 600 est meilleure, et 1024 × 768 conviendra à tous les sites Web que vous visiterez. De nombreux écrans plats offrent une résolution de 1280 × 1024 et plus.

5. **Testez ce que donnent les modifications en cliquant sur le bouton Appliquer.**

   TRUC

   Quand Vista passe à une nouvelle résolution, il vous accorde un délai de 15 secondes pour approuver la modification. En effet, si l'écran devient tout noir, plus aucun bouton n'est visible. Si passé ce délai vous n'avez pas cliqué, Vista rétablit la résolution antérieure.

6. **Cliquez sur OK afin de mémoriser vos réglages.**

   Après avoir défini le nombre le plus élevé de couleurs et une résolution confortable, vous ne reviendrez sans doute plus dans cette boîte de dialogue. À moins que vous branchiez un second écran, comme il est expliqué dans l'encadré.

Étendre votre espace de travail avec un second moniteur

Vous avez un deuxième écran chez vous, provenant peut-être d'un PC mis au rebut ? Connectez-le à votre ordinateur et vous disposerez d'un espace de travail plus vaste, s'étendant sur les deux écrans. Vous pourrez ainsi afficher une encyclopédie en ligne dans l'un tandis que vous tapez votre texte dans l'autre.

Pour bénéficier de cet avantage, la carte graphique de votre PC doit être équipée de deux ports, qui doivent être du même type que ceux de votre moniteur (NdT : ou d'un seul port double, divisible grâce à un câble en «Y»), des détails techniques que vous trouverez dans mon livre *PC Mise à niveau et dépannage Pour les Nuls,* édité par First Interactive.

Modifier les connexions de réseau et Internet

Normalement, Windows Vista accède automatiquement à l'Internet et à d'autres PC. Établissez une connexion à l'Internet, et Vista commence aussitôt à glaner des informations sur le Web. Reliez-le à un autre PC, et Vista s'efforce de créer un réseau.

Mais si Vista ne parvient pas se débrouiller seul, vous devrez recourir à la catégorie Réseau et Internet du Panneau de configuration.

Régler la date, l'heure, la langue et les options régionales

Microsoft a surtout conçu ces paramètres pour les possesseurs d'ordinateurs portables qui voyagent beaucoup et changent fréquemment de fuseau horaire. Autrement, vous ne réglerez ces paramètres qu'une seule fois, au moment de la configuration initiale de l'ordinateur. Ce dernier mémorise la date et l'heure même lorsque l'ordinateur est éteint, grâce à une petite pile bouton située sur la carte-mère.

Pour accéder à tous ces paramètres, cliquez sur le bouton Démarrer, choisissez le Panneau de configuration puis cliquez dans la catégorie Horloge, langue et région. Elle est divisée en deux parties : Date et heure, et Options régionales et linguistiques. Vous y effectuerez les tâches suivantes :

- **Date et heure :** Vous y réglez ces paramètres. Cliquer sur l'horloge, dans la barre des tâches, et choisir Modifier les paramètres de la date et de l'heure, accède à la même boîte de dialogue.
- **Options régionales et linguistiques :** Vous voyagez au Brésil ? Cliquez sur cette option et, dans le menu déroulant Format actuel, choisissez Portugais (Brésil). Windows applique la langue de ce pays, le symbole monétaire du real, et le format de date. Pendant que vous y êtes – dans la boîte de dialogue, pas au Brésil –, cliquez sur l'onglet Emplacement et choisissez Brésil.

  Les polyglottes modifient souvent les options régionales et linguistiques pour obtenir les caractères typographiques des différentes langues. Parfois, il est nécessaire d'installer une autre police – c'est par exemple le cas pour l'amharique, la langue officielle éthiopienne –, une opération expliquée au Chapitre 16.

Matériel et audio

La catégorie Matériel et audio contient une foule d'icônes en tous genres, comme le montre la Figure 20.6. C'est une débauche de commutateurs qui contrôlent le matériel composant votre PC : la souris, le clavier, l'imprimante, les enceintes, le téléphone, le scanner, l'appareil photo numérique, le contrôleur de jeu, et pour vous qui avez une âme d'artiste, la tablette graphique et son stylet.

Vous ne vous attarderez guère ici, en tout cas pas en passant par le Panneau de configuration, car la plupart des paramètres apparaissent ailleurs, à portée d'un clic du bouton droit qui vous mènera directement aux paramètres désirés.

Que vous arriviez à ces pages par le Panneau de configuration ou par un raccourci, cette section explique les meilleures raisons de s'y intéresser.

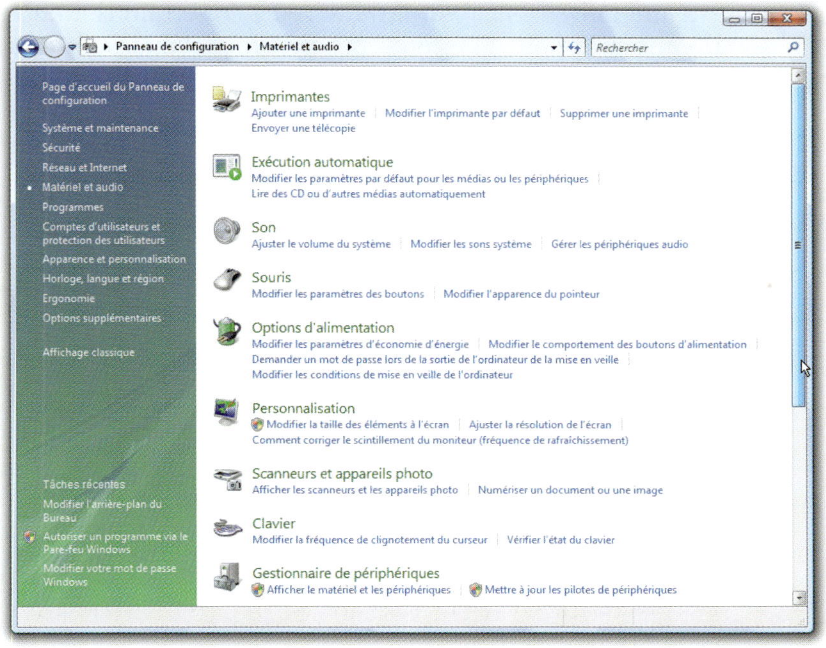

Figure 20.6 : La catégorie Matériel et audio est bien fournie.

Régler le volume et le son

La zone Son permet d'ajuster le volume du PC et aussi de connecter jusqu'à sept enceintes et caissons de basses, une fonctionnalité appréciée par les inconditionnels du jeu massivement multijoueur World of Warcraft.

Pour baisser le volume du PC, cliquez sur le petit haut-parleur près de l'horloge et tirez le curseur vers le bas (Figure 20.7). Pas de petite icône de haut-parleur dans la Barre des tâches ? Rétablissez-la en cliquant du bouton droit sur l'horloge, choisissez Propriétés et cochez la case Volume.

Pour rendre le PC muet, cliquez sur le bouton en forme de haut-parleur, sous la glissière. Cliquer de nouveau dessus pour ravoir du son.

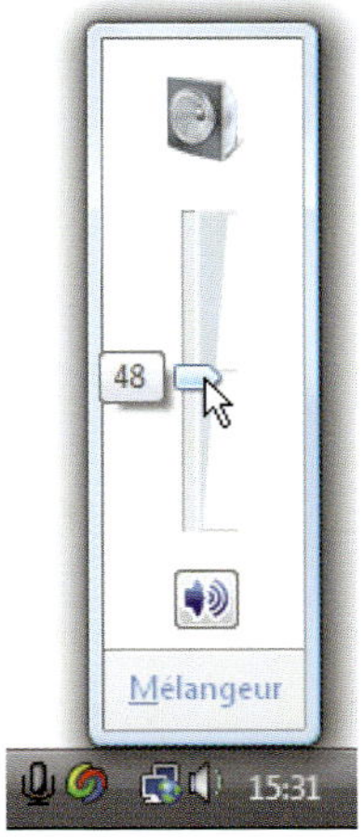

Figure 20.7 : Cliquez sur l'icône en forme de haut-parleur puis actionnez le curseur afin de régler le volume sonore.

Vista surenchérit sur Windows XP en permettant de régler le volume différemment pour différents programmes. Vous pouvez atténuer les détonations dans le jeu Démineur et augmenter le son de Windows Mail afin de bien entendre les notifications d'arrivée de courrier. Procédez comme suit pour régler le volume des programmes :

Double-cliquer sur le petit haut-parleur, dans la Barre des tâches, vous amène directement à l'Étape 3.

1. **Choisissez Panneau de configuration, dans le menu Démarrer, puis Matériel et audio.**

   La zone Matériel et audio, montrée à la Figure 20.6, affiche ses outils.

2. **Trouvez l'icône Son puis cliquez sur Ajuster le volume du système.**

   La boîte Mélangeur de volume (Figure 20.8) apparaît.

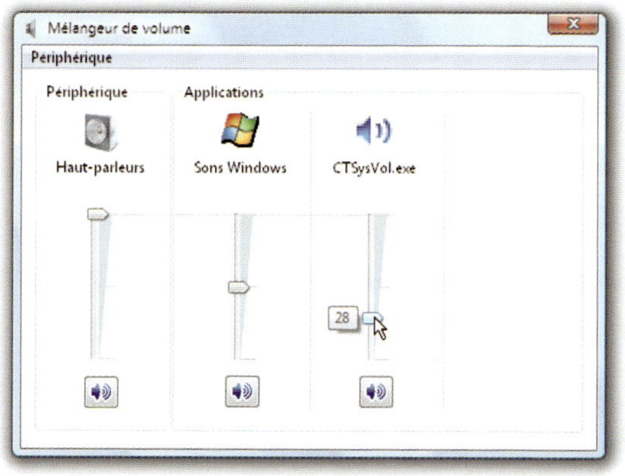

Figure 20.8 : Baissez le volume des programmes sans affecter les autres.

3. **Réglez les volumes à l'aide des glissières.**

   Fermez le Mélangeur de volumes en cliquant sur le bouton «X», en haut à droite.

Installer ou configurer les enceintes

La plupart des PC ne sont livrés qu'avec une paire d'enceintes, mais certains en ont quatre et les PC utilisés pour le home cinéma ou pour les jeux peuvent en avoir jusqu'à huit. Pour s'accommoder de cette diversité de configurations, Vista est doté d'une zone de configuration des haut-parleurs, complète avec un test audio.

Si vous installez de nouvelles enceintes, ou si vous n'êtes pas sûr que les anciennes fonctionnent, suivez ces étapes afin de les mettre correctement en liaison avec Vista :

TRUC

Cliquez du bouton droit sur l'icône Volume, dans la Barre des tâches, et choisissez Périphériques de lecture pour passer directement à l'Étape 2.

1. **Cliquez sur le bouton Démarrer, choisissez Panneau de configuration et sélectionnez la catégorie Matériel et audio.**

   La familière catégorie Matériel et audio de la Figure 20.6 apparaît.

2. **Dans la zone Son, choisissez Gérer les périphériques audio.**

   La boîte de dialogue Son apparaît, ouverte sur l'onglet Lecture qui liste vos haut-parleurs.

3. **Cliquez sur votre haut-parleur ou sur l'icône des enceintes, puis cliquez sur Configurer.**

   La boîte de dialogue Configurer les haut-parleurs apparaît (Figure 20.9).

4. **Cliquez sur le bouton Test, ajustez les paramètres du haut-parleur puis cliquez sur Suivant.**

   Vista vous propose de sélectionner les haut-parleurs les uns après les autres et de les tester selon leur emplacement, ce qui permet de les vérifier selon l'emplacement qu'ils occupent.

5. **Réglez tous les autres périphériques audio puis cliquez quand vous aurez terminé.**

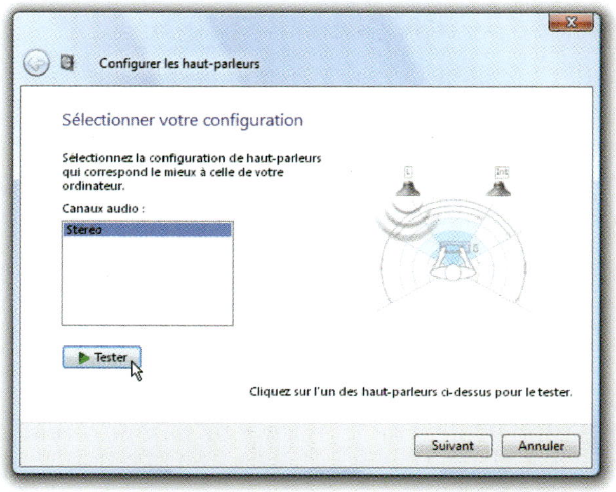

Figure 20.9 : Cliquez sur Tester pour écouter chacune de vos enceintes.

Vérifiez aussi le volume sonore des enceintes en cliquant sur l'onglet Enregistrement, à l'Étape 2, et aussi sur les autres onglets pour découvrir d'autres paramètres.

Ajouter une imprimante

Les fabricants d'imprimantes n'ont jamais réussi à se mettre d'accord sur la manière dont une imprimante doit être installée :

- Certains fabricants préconisent de simplement brancher l'imprimante, en insérant la petite prise rectangulaire dans un port USB. Allumez-la ensuite, et Vista la reconnaît aussitôt et la fait sienne. Assurez-vous que la cartouche d'encre et le papier sont en place, et vous pouvez imprimer.

- D'autres fabricants préconisent d'installer les logiciels de l'imprimante avant de la connecter à l'ordinateur. Autrement, elle ne fonctionnerait pas.

Le seul moyen de savoir comment procéder est de consulter le manuel de l'imprimante.

Si votre imprimante n'est pas accompagnée d'un logiciel d'installation, placez d'abord la ou les cartouches et le papier, puis procédez comme suit :

1. **Vista étant en service, connectez l'imprimante au PC et allumez-la.**

   Si le connecteur de l'imprimante est une petite prise rectangulaire, l'imprimante est de type USB, ce qui est le cas de presque tous les modèles actuels. Vista affichera un message confirmant que l'installation de l'imprimante est réussie, mais appliquez néanmoins les étapes suivantes afin de la tester.

   Si la prise de votre imprimante est un gros connecteur trapézoïdal à deux rangées de broches, sa connexion est de type «parallèle», appelée aussi LPT en jargon informatique. Branchez-la au port Imprimante de l'ordinateur (NdT : les PC récents sont souvent dépourvus de ce port aujourd'hui désuet).

2. **Dans le menu démarrer, choisissez Panneau de configuration.**

   Le Panneau de configuration affiche les catégories de paramétrages.

3. **Ouvrez la catégorie Matériel et audio et choisissez Imprimantes.**

   La fenêtre Imprimante apparaît. Elle montre l'icône de toutes les imprimantes reliées à l'ordinateur. Si votre imprimante USB figure dans la fenêtre, cliquez dessus du bouton droit, choisissez Propriétés puis cliquez sur le bouton Imprimer une page de test. Si elle sort correctement, le test est terminé. Si le nom de l'imprimante n'apparaît pas dans la fenêtre, continuez à l'Étape 4.

   Vista affiche une imprimante Microsoft XPS Document Writer qui n'en est pas vraiment une. Elle produit un fichier spécial, qui ressemble à un fichier PDF d'Adobe, qui exige un logiciel spécial pour être visionné et imprimé. Vista visionne et imprime des fichiers XPS, ce qui n'était pas le cas de Windows XP, qui exigeait le téléchargement et l'installation d'une visionneuse XPS depuis le site de Microsoft.

4. **Dans la barre d'outils de la fenêtre, cliquez sur le bouton Ajouter une imprimante.**

   Dans la fenêtre Ajouter une imprimante, choisissez Ajouter une imprimante locale.

5. **Choisissez le type de port par lequel l'imprimante est connectée puis cliquez sur Suivant.**

   Choisissez LPT1 si la connexion est de type Parallèle (connecteur trapézoïdal à deux rangées de broches). Si l'imprimante est de type USB, cliquez sur Annuler, installez son logiciel puis recommencez. Elle n'a pas de logiciel ? Téléchargez-le depuis le site Web du fabricant.

6. **Choisissez le port de l'imprimante et cliquez sur Suivant.**

   Quand Vista demandera quel port choisir, sélectionnez LPT1.

7. **Sélectionnez le fabricant et le modèle de l'imprimante, puis cliquez sur Suivant.**

   Dans la boîte de dialogue Ajouter une imprimante, la liste des fabricants se trouve à gauche, leurs modèles d'imprimantes à droite (Vista en reconnaît des centaines).

   Vista peut demander d'insérer le CD approprié. Vous ne l'avez pas ? Cliquez sur le bouton Windows Update : Vista se connecte à l'Internet pour trouver le logiciel de cette imprimante.

   Après un moment, une nouvelle liste d'imprimantes apparaît. Imprimez la page de test comme le suggère Vista.

Et voilà ! En principe, votre imprimante devrait fonctionner à merveille. Si ce n'est pas le cas, vous trouverez quelques conseils et dépannages au Chapitre 16.

TRUC

Si plusieurs imprimantes sont connectées à l'ordinateur, cliquez du bouton droit sur l'icône de celle que vous utilisez le plus fréquemment et, dans le menu, choisissez Définir comme imprimante par défaut. Windows Vista l'utilisera systématiquement, à moins que vous lui en indiquiez une autre.

- Pour supprimer une imprimante inutilisée, cliquez du bouton droit sur son nom et, dans le menu, choisissez Supprimer. Cette imprimante ne figurera plus dans la liste des imprimantes disponibles, dans la fenêtre Imprimer des différents programmes. Si Vista propose de désinstaller les pilotes et logiciels de l'imprimante, cliquez sur Oui, sauf si vous envisagez de réinstaller cette imprimante ultérieurement.

- Les options d'impression peuvent être modifiées à partir de beaucoup de programmes. Choisissez Fichier dans la barre de menus puis l'option Mise en page ou Imprimer. A partir de là, vous accéderez généralement à la même boîte de dialogue que celle du Panneau de configuration. Vous pourrez modifier le format du papier, l'orientation et choisir les types de graphisme.
- Pour partager rapidement une imprimante sur le réseau, cliquez sur son icône du bouton droit et choisissez Partager. Cochez la case Partager cette imprimante puis cliquez sur OK. L'installation de cette imprimante est maintenant proposée sur tous les ordinateurs du réseau.

Installer ou paramétrer d'autres éléments

La zone Matériel et audio du Panneau de configuration contient des éléments attachés à la plupart des PC : la souris, le clavier, un scanner, un appareil photo numérique, une manette de jeu, voire un téléphone. Cliquez sur le nom d'un élément afin de le paramétrer.

Le reste de cette section explique comment ajuster la plupart de ces équipements.

Pour atteindre ces diverses zones, choisissez Panneau de configuration, dans le menu Démarrer, puis Matériel et audio. Cliquez ensuite sur la zone à paramétrer.

Souris

Vous trouverez de nombreux réglages d'une souris à deux boutons. Certains sont un peu futiles, comme le changement du pointeur.

Les gauchers pourront permuter les boutons en cochant la case Permuter les boutons principal et secondaire. Le changement est immédiat, avant même d'avoir cliqué sur Appliquer.

Ceux qui manquent de dextérité règleront la rapidité du double-clic. Testez la vitesse actuelle en double-cliquant sur la représentation d'un dossier. S'il s'ouvre, les paramètres sont parfaits. Sinon, réduisez la rapidité du double-clic à l'aide de la glissière.

Les possesseurs de souris à boutons supplémentaires ou sans fil trouveront des paramètres supplémentaires.

Scanneurs et appareils photo

Cliquez ici pour voir les scanneurs et/ou appareils photos actuellement installés. Ou, pour en installer de nouveaux, connectez-les et allumez-les. Windows Vista les reconnaît presque tous par leur nom. Si d'aventure ce n'était pas le cas, voici comment faire :

1. **Dans le menu Démarrer, cliquez sur Panneau de configuration et choisissez Matériel et audio.**

2. **Cliquez sur l'icône Scanneurs et appareils photo.**

   La fenêtre Scanneurs et appareils photo apparaît, montrant tous les scanneurs et appareils détectés par Vista.

3. **Cliquez sur le bouton Ajouter un périphérique, puis sur Suivant.**

   Vista démarre l'assistant Installation de scanneur et d'appareil photo.

4. **Choisissez le fabricant et le modèle puis cliquez sur Suivant.**

   Cliquez sur le nom du fabricant à gauche et sur le nom du modèle à droite.

5. **Nommez votre scanneur ou votre appareil photo, cliquez sur Suivant puis sur Finir.**

   Tapez un nom pour identifier votre périphérique, ou conservez celui qui est suggéré. Si le scanneur ou l'appareil photo est branché, Windows devrait le reconnaître et placer une icône pour ce matériel dans la zone Ordinateur et dans la zone Scanneurs et appareils photo du Panneau de configuration.

L'installation d'un scanneur ou d'un appareil photo un peu ancien n'est malheureusement pas toujours aussi simple. Si Windows n'accepte pas spontanément votre équipement, utilisez le logiciel d'installation qui était livré avec. Il devrait fonctionner (NdT : rien n'est moins sûr, car Vista refuse parfois de lancer des logiciels qui testent la version de Windows ; dans ce cas, allez sur le site du fabricant pour télécharger la mise à jour), mais vous ne pourrez pas utiliser le logiciel de transfert d'images intégré à Vista.

Clavier

Si le clavier n'est pas connecté ou en panne, votre ordinateur le signalera dès l'allumage. Si vous voyez s'afficher le message Erreur de clavier – Windows ne le trouvera pas davantage –, le moment est venu d'en acheter un autre. Il sera aussitôt reconnu.

Si votre clavier est doté de boutons supplémentaires, comme Web/Démarrage, Courrier, Calendrier, Fichiers..., vous devez installer le logiciel du clavier pour que ces boutons fonctionnent. Les claviers sans fil exigent presque tous l'installation de leur logiciel.

N'entrez dans cette zone que pour des réglages mineurs du clavier, comme la vitesse de rééééépétition de la frappe.

Options de modem et téléphonie

Vous modifierez rarement ces options de modem et de téléphonie, sauf si vous possédez un ordinateur portable et changez souvent de zone téléphonique. Si tel est votre cas, cliquez sur Configurer les règles de numérotation et ajoutez vos nouveaux sites d'appel et indicatifs téléphoniques régionaux.

Windows enregistre toutes ces informations. Ainsi, lorsque vous revenez à tel ou tel endroit, sélectionnez le site d'appel correspondant afin de ne pas avoir à tout reconfigurer.

Contrôleur de jeu

Windows Vista reconnaît la plupart des nouveaux contrôleurs de jeu comme les manettes, pads, manches et palonniers pour la simulation de vol et autres équipements ludiques. Cliquez dans cette zone pour régler leur sensibilité et leur comportement.

Ajouter de nouveaux périphériques

Dès que vous connectez un périphérique au port USB du PC, qu'il s'agisse d'un iPod, d'un appareil photo ou d'un scanneur, Vista le reconnaît presque toujours et permet de l'utiliser aussitôt. Mais s'il ne le reconnaît pas, faites appel à l'Assistant Ajout de matériel :

1. **Choisissez Panneau de configuration, dans le menu Démarrer et cliquez sur Affichage classique.**

Comme le montre la Figure 20.2 au début de ce chapitre, l'affichage classique montre toutes les icônes. C'est la voie royale vers l'Assistant Ajout de matériel.

2. **Double-cliquez sur l'icône Ajout de matériel, cliquez sur Continuer (dans la boîte d'alerte, si elle apparaît) puis sur Suivant afin que l'assistant puisse rechercher et installer automatiquement le matériel.**

   L'Assistant Ajout de matériel présente à Windows tous les périphériques connectés à l'ordinateur, si Vista les reconnaît.

   Voici où cela se corse :

   - **Si Windows localise le nouveau matériel,** cliquez sur son nom dans la liste, cliquez sur Terminer et suivez les instructions restantes de l'assistant.
   - **Si l'assistant ne localise pas le matériel,** cliquez sur Suivant et suivez les instructions. Avec un peu de chance, le nom du périphérique figure dans la liste. Cliquez dessus pour que Windows l'installe.

Mais si Windows ne parvient pas à le localiser automatiquement, vous devrez contacter le fabricant et demander un pilote – un petit programme qui permet à Vista de prendre en charge un équipement – conçu pour Windows Vista. Ils sont souvent téléchargeables depuis le site Web des fabricants.

Ajouter ou supprimer des programmes

Que vous ayez acquis un nouveau programme ou que vous désiriez vous débarrasser d'un, c'est à la catégorie Programmes du Panneau de configuration que vous confierez la tâche. Cliquez sur l'icône. Dans la nouvelle fenêtre, la catégorie Programmes et fonctionnalités répertorie tous les programmes actuellement installés, comme le montre la Figure 20.10. Cliquez sur celui que vous désirez supprimer ou modifier.

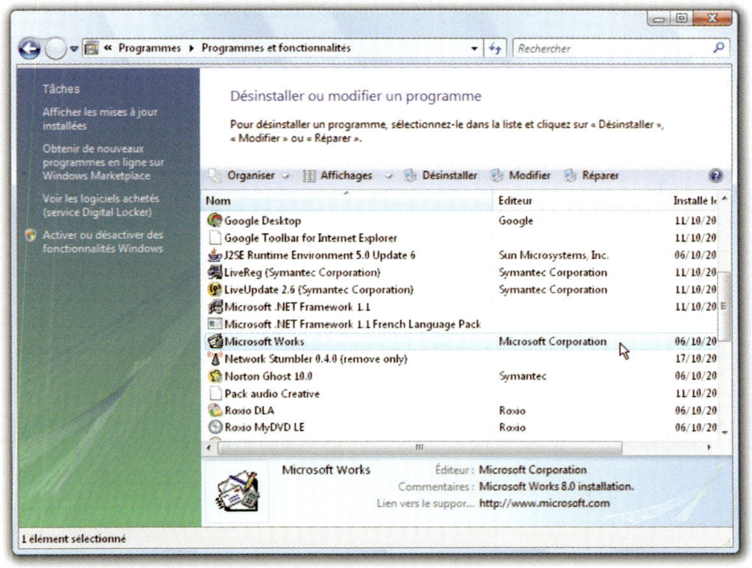

Figure 20.10 : La fenêtre Désinstaller ou modifier un programme permet de supprimer un programme.

La prochaine section explique comment supprimer ou modifier un programme, et comment en installer un nouveau.

Supprimer ou modifier des programmes

Procédez comme suit pour supprimer un programme ou modifier ses paramètres :

1. **Choisissez Panneau de configuration, dans le menu Démarrer et, dans la zone Programmes, choisissez Désinstaller un programme.**

   La fenêtre Désinstaller ou modifier un programme, similaire à celle de la Figure 20.10, apparaît. Elle répertorie les programmes actuellement installés, leur éditeur, leur taille sur le disque dur ainsi que la date d'installation.

2. **Cliquez sur le programme à supprimer puis cliquez sur le bouton Désinstaller, Modifier ou Réparer.**

Le bouton Désinstaller est toujours présent sur la barre de menus. Les deux autres boutons, Modifier et Réparer, n'apparaissent que pour certains programmes. S'ils sont affichés, cliquez dessus. Vista tente alors de réparer le programme ou de modifier certains de ses composants. Il arrive que ces commandes corrigent un dysfonctionnement, mais vous aurez souvent besoin du CD d'origine.

3. **Vista demande si vous êtes sûr : cliquez sur Oui.**

   Vista démarre le programme de désinstallation associé au logiciel à supprimer, ou parfois, supprime le programme sans autre forme de procès, redémarrant l'ordinateur si c'est nécessaire.

   Une fois supprimé, un programme l'est définitivement ; il ne transite pas par une corbeille. C'est pourquoi, veillez à toujours posséder son CD d'installation, pour le cas où vous désireriez le réinstaller.

ATTENTION

Utilisez toujours la fenêtre Désinstaller ou modifier un programme lorsque vous vous débarrassez d'un logiciel. Se contenter de placer ses dossiers dans la Corbeille n'est ni suffisant ni à faire. Procéder ainsi provoque presque immanquablement une instabilité du système qui envoie en retour d'affreux messages d'erreurs.

Ajouter un programme

Vous n'aurez peut-être jamais à utiliser cette fonction, car de nos jours, presque tous les programmes s'installent d'eux-mêmes sitôt que leur CD a été inséré dans le lecteur. Si vous ne savez pas si un programme a bien été installé, cliquez sur le bouton Démarrer et cherchez dans la liste Tous les programmes. S'il s'y trouve, c'est que tout s'est déroulé normalement.

Si un programme ne s'installe pas spontanément, voici quelques conseils qui vous aideront :

- Vous devez disposer d'un compte d'Administrateur pour installer des programmes. C'est généralement le cas du possesseur de l'ordinateur. Ceci empêche les enfants et ceux qui possèdent un compte limité ou Invité d'installer des programmes n'importe comment.

- Vous avez téléchargé un programme ? Vista le stocke généralement dans le dossier Downloads, accessible en cliquant sur votre nom d'utilisateur, dans le menu Démarrer. Double-cliquez sur le nom du programme téléchargé pour l'installer.
- Beaucoup de programmes nouvellement installés veulent placer un raccourci sur le Bureau, dans le menu Démarrer et dans le menu Lancement rapide. Refusez toutes ces propositions hormis celle du menu Démarrer. Tous ces raccourcis finissent en effet par encombrer l'écran, rendant la recherche d'un programme difficile et fastidieuse. Vous pouvez supprimer sans problème ces raccourcis superflus en cliquant dessus du bouton droit et en choisissant Supprimer.
- Il est vivement recommandé de créer un point de restauration avant d'installer un nouveau programme. Ainsi, si le nouveau programme se détraque, vous pourrez utiliser la fonction de restauration du système pour rétablir l'ordinateur tel qu'il était avant l'installation du fauteur de troubles.

Quand un programme est dépourvu de logiciel d'installation...

Des programmes, notamment ceux de petite taille téléchargés depuis l'Internet, sont parfois dépourvus d'un installeur. Si vous en avez téléchargé un, créez un nouveau dossier à son intention et placez-y le fichier téléchargé (non sans l'avoir préalablement analysé avec l'antivirus). Double-cliquez ensuite sur le fichier du programme ; c'est souvent celui dont l'icône est la plus sophistiquée. L'une de ces deux choses peut se produire :

- **Le programme démarre tout simplement :** Cela signifie qu'il n'est pas nécessaire de l'installer. Tirez son icône jusque sur le bouton Démarrer et déposez-le afin de l'ajouter au menu Démarrer. Pour désinstaller le programme, cliquez dessus du bouton droit et choisissez Supprimer. Ce type de programme apparaît très rarement dans la liste de la fenêtre Désinstaller ou modifier un programme.
- **Le programme s'installe de lui-même :** Cela signifie que c'est fait. Le programme d'installation a été lancé, vous épargnant tout problème. Pour désinstaller le programme, utilisez la commande de désinstallation du Panneau de configuration.

Si le programme se trouve dans un dossier compressé, reconnaissable à sa fermeture Éclair, une autre étape est nécessaire. Cliquez du bouton droit dans le dossier compressé – ou «zippé», en jargon informatique –, choisissez Extraire tout, puis cliquez sur Extraire. Windows décompresse le contenu du dossier et le place dans un nouveau dossier dont le nom est généralement celui du programme. Vous pouvez à présent démarrer le programme directement ou, s'il a un installeur, le démarrer. Les dossiers compressés sont décrits au Chapitre 13.

Ajouter ou supprimer des éléments de Vista

Vous pouvez aussi vous défaire des parties de Windows Vista dont vous n'avez que faire, les jeux par exemple, si vous voulez empêcher vos employés d'y jouer.

Suivez ces étapes pour connaître les parties de Vista que vous pouvez ôter :

1. **Cliquez sur le menu Démarrer, choisissez Panneau de configuration et cliquez sur l'icône Programmes.**

2. **Dans la zone Programmes et fonctionnalités choisissez Activer ou désactiver des fonctionnalités Windows. Cliquez au besoin sur Continuer.**

   Windows ouvre une fenêtre répertoriant toutes ses fonctionnalités. Celles qui sont cochées sont déjà installées, celles qui ne le sont pas ne sont évidemment pas installées. Si une case est remplie (ni vide ni cochée) cela signifie qu'une partie seulement des composants est installée. Cliquez sur le bouton avec un signe «+» pour afficher tous ces composants et savoir lesquels sont installés et lesquels ne le sont pas.

3. **Pour ajouter un composant, cliquez dans sa case vide. Pour un ôter un, l'ensemble des jeux par exemple, décochez la case Jeux.**

4. **Cliquez sur le bouton OK.**

   Windows Vista ajoute et/ou supprime le ou les programmes. Le DVD de Vista vous sera peut-être demandé.

Choisir le programme par défaut

Microsoft permet aux fabricants de remplacer Internet Explorer, le Lecteur Windows Media, Outlook Express et Windows Messenger par des programmes d'autres éditeurs. C'est ainsi que votre nouvel ordinateur peut être équipé du navigateur Mozilla Firefox, à la place d'Internet Explorer. Sur certains PC, les deux sont installés.

Quand plusieurs programmes peuvent effectuer une même tâche – ouvrir un lien Web, par exemple –, Vista doit savoir lequel il doit lancer. C'est là que le choix du programme par défaut s'impose. Pour cela, ouvrez le Panneau de configuration depuis le menu Démarrer, choisissez Programmes, sélectionnez Programmes par défaut et cliquez sur Choisissez vos programmes par défaut.

Dans la fenêtre éponyme, les programmes sont répertoriés à gauche. Cliquez sur celui que vous utilisez le plus fréquemment puis choisissez Définir ce programme comme programme par défaut. Faites de même pour d'autres programmes de la liste puis cliquez sur OK.

Modifier Vista pour les handicapés

Windows peut être d'un abord difficile pour beaucoup de gens, mais pour d'autres s'ajoute un handicap physique. Le panneau Ergonomie a été conçu pour les aider et leur faciliter l'usage de Windows Vista.

Procédez comme suit pour modifier les paramètres de Vista :

1. **Cliquez sur le menu Démarrer, choisissez Panneau de configuration et cliquez sur l'icône Ergonomie et choisissez Centre Options d'ergonomie.**

   La fenêtre de la Figure 20.11 apparaît.

2. **Cliquez sur le lien Afficher les recommandations pour faciliter l'usage de l'ordinateur.**

   Cette option est pointée du doigt à la Figure 20.11. Windows pose une série de questions permettant d'évaluer les paramétrages nécessaires. Ensuite, Vista les applique et c'est tout.

   Les changements de Vista ne sont pas satisfaisants ? Passez à l'Étape 3.

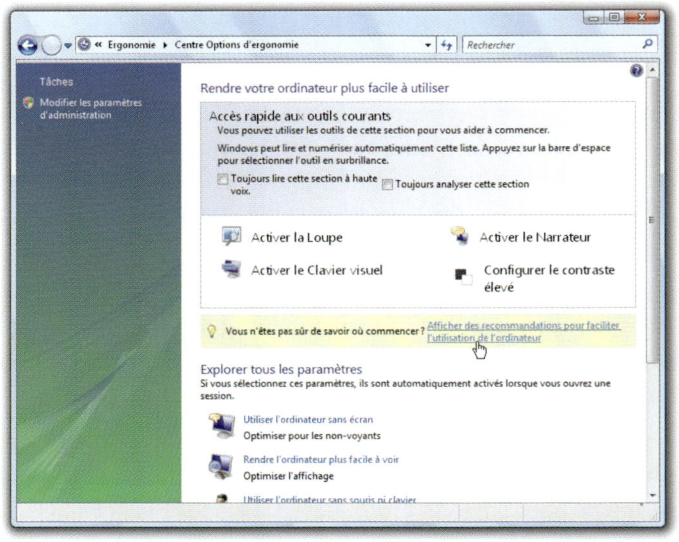

Figure 20.11 : La zone Centre Options d'ergonomie contient de nombreux paramètres susceptibles de faciliter l'usage de Windows par les handicapés physiques.

3. **Effectuez les changements manuellement.**

   La fenêtre Centre Options d'ergonomie contient des commutateurs qui facilitent l'utilisation du clavier, de la souris, de l'écran et du son :

   - **Activer la loupe :** Conçue pour ceux qui ont une mauvaise acuité visuelle, cette option grossit l'écran autour du pointeur de la souris.
   - **Activer le narrateur :** Une voix féminine lit le texte affiché à l'écran.
   - **Activer le clavier visuel :** Affiche un clavier cliquable en bas de l'écran, permettant d'écrire en n'utilisant que la souris.
   - **Configurer le contraste élevé :** Ce paramètre atténue considérablement les couleurs, mais permet aux malvoyants de mieux distinguer le contenu de l'écran et le pointeur.

   Choisissez n'importe laquelle de ces options, qui devient immédiatement active. Fermez la fenêtre associée à la fonction si l'option d'ergonomie complique les choses au lieu de les arranger.

Si vous n'êtes toujours pas satisfait, passez à l'Étape 4.

4. **Choisissez un paramètre spécifique dans la zone Explorer tous les paramètres.**

   C'est ici que Vista passe aux choses sérieuses, en permettant d'optimiser Vista pour :

   - Les aveugles et les malvoyants.
   - Utiliser un autre périphérique que la souris ou le clavier.
   - Permettre le réglage de la sensibilité du clavier et de la souris afin de compenser la limitation des mouvements.
   - Activer des alertes visuelles à la place des notifications sonores.
   - Faciliter la concentration sur les zones de lecture et d'écriture.

   Certains centres pour handicapés disposent de logiciels et d'une assistance qui aident à tirer parti de ces modifications.

Les options pour ordinateurs portables

La zone PC mobile, visible uniquement sur les ordinateurs portables, permet de régler des paramètres que les utilisateurs nomades connaissent bien : la luminosité de l'écran, le réglage du volume sonore, l'économie de la batterie, la vérification du signal d'un réseau sans fil et la configuration d'affichages externes ou de projecteurs.

Les options supplémentaires

Vista laisse normalement cette zone fourre-tout vide, mais vous pouvez trouver des commandes pour d'autres programmes et matériels à ajouter à votre PC.

Chapitre 21

Partager l'ordinateur en famille

Dans ce chapitre :

- Les comptes d'utilisateurs.
- Configurer, supprimer ou modifier des comptes d'utilisateurs.
- Se connecter à l'écran d'accueil.
- Passer rapidement d'un utilisateur à un autre.
- Les mots de passe.

Vista se distingue par son nouveau graphisme très classe, des fonctions de recherche élaborées, un calendrier permettant de gérer son temps et même un magnifique jeu d'échecs. Partant du principe qu'un ordinateur est souvent à la disposition de plusieurs personnes, Microsoft a aussi amélioré la sécurité. La sécurité de tous : Vista envoie plus de signaux de mise en garde qu'il y en dans tout le code de la route.

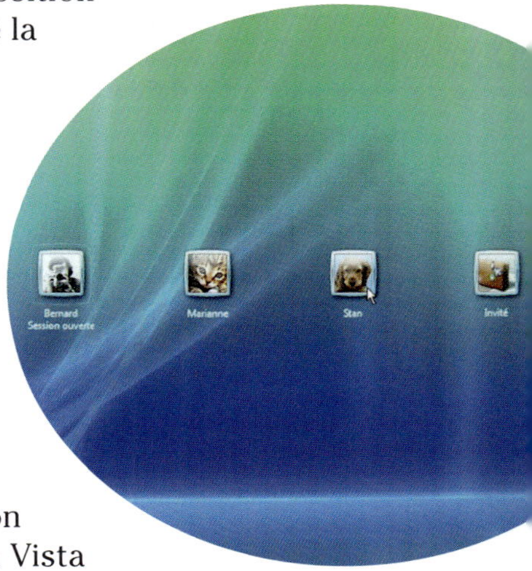

L'un des points les plus cruciaux de la sécurité est de permettre à plusieurs personnes d'utiliser un même ordinateur sans que les uns puissent farfouiller dans les fichiers des autres.

Comment ? En attribuant à chacun un compte d'utilisateur qui sépare nettement l'actuel utilisateur de l'ordinateur de ceux qui y ont aussi accès. Quand quelqu'un ouvre une session avec son propre compte d'utilisateur, l'ordinateur affiche un Vista fait sur mesure : il retrouve son Bureau avec son arrière-plan personnalisé, ses icônes, ses programmes et bien sûr ses fichiers, mais sans pouvoir accéder aux éléments d'autrui.

Ce chapitre explique comment configurer un compte d'utilisateur pour chaque membre de la famille – ou tout groupe de personnes – et faire en sorte qu'un visiteur puisse relever son courrier électronique et vaquer à quelques menues tâches informatiques.

Les bons comptes font les bons utilisateurs

Windows Vista exige la création d'un compte d'utilisateur pour toutes les personnes utilisant votre PC. Il existe trois sortes de comptes : Administrateur, Standard et Invité. Lorsqu'il s'installe devant l'ordinateur, un utilisateur clique sur son nom de compte, comme à la Figure 21.1.

Figure 21.1 : Dans Windows Vista, l'utilisateur clique sur son compte pour accéder à sa zone de travail.

L'intérêt de ces différents types de comptes est que chacun permet ou ne permet pas d'effectuer telle ou telle tâche. Si l'ordinateur était un vaste appartement, le compte Administrateur serait le propriétaire, chaque compte Standard un locataire, et le compte Invité quelqu'un qui voudrait utiliser la salle de bains. Voici l'équivalent de ce petit monde dans l'univers informatique :

- **Administrateur :** Le compte Administrateur contrôle la totalité de l'ordinateur, décidant qui utilise quoi et ce que chacun a le droit d'en faire. C'est généralement le propriétaire de l'ordinateur qui bénéficie de ce droit absolu. Il octroie les comptes à chacun des membres de la famille et use de son droit régalien pour décider selon son bon plaisir ce que chacun a l'insigne privilège de pouvoir faire.

- **Standard :** Les possesseurs d'un compte Standard peuvent utiliser largement l'ordinateur, mais sans pouvoir le modifier significativement. Ils ne peuvent pas installer des programmes, mais peuvent les exécuter. Dans Windows XP, ces comptes Standard s'appelaient des «comptes limités».

- **Visiteur :** Les visiteurs peuvent utiliser l'ordinateur, mais ils ne sont pas reconnus par leur nom. Un compte Visiteur ressemble à un compte Standard, mais sans confidentialité : quiconque ouvre une session Visiteur trouve le Bureau tel que le prédécesseur l'a laissé en sortant.

Voici comment les comptes sont généralement répartis :

- Dans une famille, les parents détiennent généralement un compte Administrateur, les enfants des comptes Standard et la baby-sitter ouvre une session avec le compte Invité.

- Dans une collectivité ou une colocation, le propriétaire détient le compte Administrateur, et les autres personnes ont un compte Standard ou Invité, selon le degré de confiance qui leur est accordé (et le désordre qu'ils ont laissé dans la cuisine).

Pour éviter que quelqu'un d'autre ouvre une session avec votre compte d'utilisateur, vous devez le protéger par un mot de passe. Cette formalité est décrite à la section «Mot de passe et sécurité», plus loin dans ce chapitre.

Dans Windows XP, tout nouveau compte que vous créiez était *ipso facto* de type Administrateur, sauf si vous cliquiez sur le bouton d'option Limité. Pour plus de sécurité, Vista inverse la procédure : désormais, tout nouveau compte est Standard. Un compte Administrateur doit être expressément demandé.

S'octroyer un compte Standard

Lorsqu'un programme malveillant parvient à s'introduire dans l'ordinateur, et que la session est ouverte avec un compte Administrateur, ce logiciel bénéficie de tous vos pouvoirs. C'est dangereux car un compte d'administrateur permet de supprimer quasiment n'importe quoi. C'est pourquoi Microsoft suggère de créer deux comptes pour vous-même : l'un Administrateur, l'autre Standard. C'est ce dernier que vous utiliserez pour votre travail quotidien.

En procédant ainsi, Vista vous traite comme n'importe quel utilisateur Standard. Si une activité nuisible s'engage dans l'ordinateur, Vista demande de taper le mot de passe d'un compte Administrateur. Si vous le faites, Vista autorise l'exécution de cette activité. Mais si cette demande d'exécution est inattendue, vous saurez qu'elle est suspecte et vous réagirez en conséquence.

Ce deuxième compte peut certes être une gêne, mais bien faible comparée à la sécurité accrue qu'il apporte.

Configurer ou modifier des comptes d'utilisateurs

En tant que citoyens de seconde zone, les possesseurs de comptes Standard manquent de pouvoir. Ils peuvent exécuter des programmes et modifier l'image de leur compte, par exemple, voire changer leur mot de passe. Mais ce sont les Administrateurs qui détiennent le véritable pouvoir : ils peuvent créer ou supprimer n'importe quel compte, interdisant effectivement à quelqu'un d'utiliser l'ordinateur (voilà pourquoi il ne faut jamais se brouiller avec l'administrateur d'un ordinateur).

En tant qu'Administrateur, vous créerez des comptes d'utilisateurs Standard pour tous ceux avec qui vous partagez l'ordinateur. Ils sont suffisamment puissants pour que l'on ne vienne pas vous enquiquiner à tout boutt de champ, tout en empêchant la suppression accidentelle de fichiers importants et la pagaille que quelqu'un pourrait semer dans l'ordinateur.

Procédez comme suit pour ajouter un autre compte au PC ou modifier un compte existant :

1. **Cliquez sur le bouton Démarrer, choisissez Panneau de configuration et, dans la zone Comptes d'utilisateurs et protection des utilisateurs, choisissez Ajouter ou supprimer des comptes d'utilisateurs.**

   La fenêtre de la Figure 21.2 apparaît.

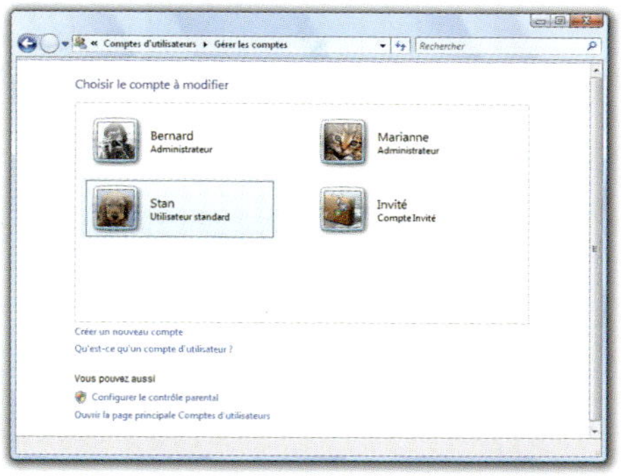

Figure 21.2 : Le gestionnaire de comptes sert à créer ou modifier des comptes d'utilisateurs.

2. **Créez un nouveau compte, si vous le désirez.**

   Après avoir cliqué sur Créer un nouveau compte, Windows vous laisse choisir entre un compte Standard ou Administrateur.

   Choisissez Standard, sauf si vous avez de bonnes raisons de créer un autre compte Administrateur. Tapez le nom du compte puis cliquez sur Créer un compte pour terminer.

   Passez à l'Étape 3 si vous désirez modifier un compte d'utilisateur.

3. **Cliquez sur le compte que vous désirez modifier.**

   Cliquez, soit sur le nom du compte, soit sur sa photo. La page qu'affiche ensuite Vista permet de :

   - **Modifier le nom du compte :** C'est le moment de corriger un coquille ou une faute d'orthographe, ou de choisir un pseudonyme.
   - **Créer un mot de passe :** Chaque compte d'utilisateur devrait en avoir un afin d'éviter qu'il soit squatté par quelqu'un d'autre. C'est ici que vous pouvez le créer ou le modifier.

- **Supprimer le mot de passe :** Vous ne devriez pas utiliser cette option, mais elle a le mérite d'exister.
- **Modifier l'image :** N'importe quel possesseur de n'importe quel type de compte peut modifier la photo. Il n'est donc pas nécessaire de le faire dès maintenant.
- **Configurer le contrôle parental :** Le contrôle parental permet de restreindre les activités sur un compte. Vous apprenez quels programmes ont été utilisés par le détenteur du compte et quels sites Web il a visité, listés par date et heure. Cette puissante fonction de flicage et d'interdiction est décrite en détail au Chapitre 19.
- **Modifier le type de compte :** Allez en ce lieu pour promouvoir un utilisateur Standard méritant en Administrateur tout puissant (la flagornerie est parfois payante), ou rétrogradez un Administrateur véreux en utilisateur lambda, c'est-à-dire Standard.
- **Supprimer le compte :** N'utilisez surtout pas cette fonction inconsidérément, car la suppression d'un compte entraînerait la disparition de tous les fichiers de son détenteur. Même la Restauration du système serait incapable de les récupérer.
- **Gérer un autre compte :** Enregistrez les modifications que vous venez de faire et commencez à modifier le compte de quelqu'un d'autre.

4. **Les modifications terminées, fermez la fenêtre en cliquant sur le petit «X», en haut à droite.**

   Les modifications sont immédiatement prises en compte.

Passer rapidement d'un utilisateur à un autre

Windows Vista permet à une famille, une petite communauté ou un petit bureau d'utiliser le même ordinateur. Mieux, l'ordinateur conserve les programmes des uns et des autres ouverts, de sorte que Tatie Danièle peut jouer aux échecs puis quitter la partie un moment afin que Chloé puisse relever son courrier électronique. Quand Tatie Danièle reprend l'ordinateur quelques minutes plus tard, la partie d'échecs est au point où elle était précédemment, au moment où elle s'apprêtait à sacrifier le fou – c'est dingue... – pour sauver la reine.

Appelée «changement rapide d'utilisateur», la permutation entre les utilisateurs est des plus faciles. La touche Windows enfoncée – elle se trouve entre les touches Ctrl et Alt –, appuyez sur la touche L. Le bouton Changer d'utilisateur apparaît immédiatement, permettant de passer la main à quelqu'un d'autre.

Lorsque cette personne a terminé, elle ferme sa session normalement, en cliquant sur la petite flèche près du bouton Arrêt, dans le menu Démarrer, et en choisissant Fermer la session.

- Avec toutes ces permutations, vous finissez par vous demander dans quel compte vous vous trouvez. Pour le savoir, ouvrez le menu Démarrer : le nom du détenteur du compte figure en haut à droite. De plus, dans l'écran d'ouverture de Vista, la mention Session ouverte figure sous l'image de chaque utilisateur actuellement connecté.
- Ne redémarrez pas le PC pendant que d'autres personnes ont ouvert des sessions, faute de quoi elles perdraient tout leur travail en cours. Vista vous prévient de ce risque, donnant une chance aux autres utilisateurs de sauvegarder leurs fichiers.
- La permutation entre les utilisateurs est aussi possible en cliquant sur le bouton Démarrer, puis sur la petite flèche à droite du cadenas, et en choisissant enfin l'option Changer d'utilisateur.
- Si vous désirez modifier un paramètre de sécurité pendant que votre enfant est sur l'ordinateur, il n'est pas nécessaire d'activer un compte Administrateur. Modifiez directement le paramètre et, à l'instar de ce qui se serait produit si votre enfant l'avait fait, Vista demande un mot de passe. Tapez celui d'un Administrateur et Vista vous permet de changer la configuration, exactement comme si vous aviez ouvert une session sous votre nom.
- La fonction Changement rapide d'utilisateur ralentit les ordinateurs qui manquent de mémoire. Évitez-la si votre PC rame lorsque plusieurs comptes sont ouverts. N'ouvrez qu'un seul compte à la fois, en demandant à la personne qui l'utilise de le fermer lorsqu'elle cesse de travailler sur l'ordinateur.

Les servitudes des comptes Standard

Les détenteurs de compte Standard accèdent librement à leurs propres fichiers. Mais ils ne peuvent rien faire qui affecterait les autres utilisateurs, comme supprimer des programmes ou modifier des paramètres de l'ordinateur, ni même régler l'horloge. S'ils essayent, Vista gèle l'écran, exigeant un mot de passe d'Administrateur. C'est alors qu'un administrateur doit se déranger – jamais tranquille... – pour accéder à la demande.

Bien que certaines personnes apprécient ce surcroît de sécurité, d'autres ont l'impression d'être inféodés à leur PC. Il existe diverses manières de rendre Vista moins exigeant. Aucune n'est malheureusement la panacée :

- **Accordez un compte Administrateur à tout le monde :** cette promotion autorise tout le monde à taper le mot de passe que demande l'écran d'alerte. C'est extrêmement risqué car n'importe qui peut faire n'importe quoi, y compris supprimer des comptes d'utilisateurs et tous les fichiers personnels qu'ils contiennent.
- **Désactiver le contrôle du compte d'utilisateur :** Choisissez cette option décrite au Chapitre 19 et Vista cesse d'être aux petits soins. Il n'affiche plus le panneau de demande de permission et ne s'occupe plus de la sécurité.
- **Faire avec :** Vous pouvez considérer que les incessantes interventions des écrans sécuritaires de Vista sont le prix à payer pour vivre à peu près tranquille dans ce qui est devenu une véritable jungle informatique. Définissez vous-même le degré de confort et de sécurité.

Si vous avez désactivé le contrôle du compte d'utilisateur et que vous désirez le rétablir, ouvrez le Panneau de configuration, choisissez la catégorie Comptes d'utilisateurs et protection des utilisateurs, puis Comptes d'utilisateurs et enfin, Activer ou désactiver le contrôle des comptes d'utilisateurs.

Modifier l'image d'un compte d'utilisateur

Passons aux choses sérieuses : le changement de la photo un peu mièvre que Windows assigne automatiquement aux comptes d'utilisateur. Elle est choisie aléatoirement parmi des photos d'animaux et d'objets hétéroclites. Il est beaucoup plus gratifiant de remplacer le portrait de chaton ou de robot par le portrait des détenteurs de comptes, à commencer par vous.

Pour changer l'image d'un compte, cliquez sur le bouton Démarrer puis sur photo, tout en haut du panneau. Dans la fenêtre qui apparaît, choisissez l'option Modifier votre photo. Vista permet de choisir dans la modeste photothèque que montre la Figure 21.3.

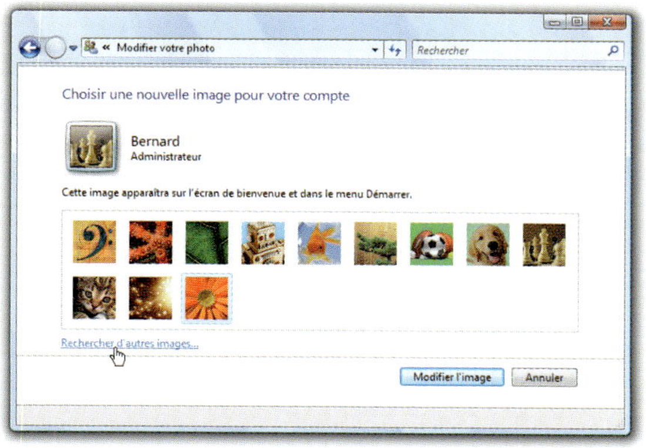

Figure 21.3 : Vista propose ces photos comme images de compte, mais vous pouvez utiliser les vôtres.

Pour utiliser une photo qui ne figure pas dans la photothèque, cliquez sur le lien Rechercher d'autres images. La fenêtre qui s'ouvre est celle du dossier Images, que Vista utilise notamment pour stocker les photos transférées depuis votre appareil photo numérique. Double-cliquez sur une photo qui vous plaît et Vista la colle aussitôt dans le petit cadre en haut du menu Démarrer.

Vous désirez une image qui se trouve dans votre appareil photo ou provenant du scanneur ? Voici quelques options supplémentaires :

- Vous pouvez récupérer n'importe quelle image sur l'Internet et l'enregistrer dans votre dossier Images pour en faire une image de compte.
- Ne vous inquiétez pas si l'image est trop grande ou trop petite. Vista la met automatiquement à la taille d'un timbre-poste afin qu'elle tienne dans le cadre (NdT : En revanche, veillez à ce qu'elle soit carrée, sinon le redimensionnement la déformera).
- Tous les utilisateurs, quel que soit leur type de compte – Administrateur, Standard ou Invité – peuvent modifier l'image de leur compte. C'est même une des rares choses qu'un compte Invité puisse changer.

Mot de passe et sécurité

Rien ne sert d'avoir un compte d'utilisateur s'il n'est pas protégé par un mot de passe. Autrement, n'importe qui pourrait profiter d'un moment où vous n'êtes pas là pour fouiller dans l'ordinateur.

Les comptes Administrateurs se doivent d'avoir un mot de passe. Autrement, il serait non seulement possible de fouiller dans l'ordinateur, mais aussi d'y causer des dégâts irrémédiables. A l'apparition du panneau de permission, il suffirait d'appuyer sur Entrée pour que le loup soit dans la bergerie.

Voici comment créer ou modifier un mot de passe :

1. **Ouvrez le menu Démarrer, choisissez Panneau de configuration puis sélectionnez Comptes d'utilisateurs et protection des utilisateurs.**

   La fenêtre des comptes d'utilisateur s'ouvre.

2. **Choisissez Modifier votre mot de passe Windows.**

   Ceux qui n'ont pas encore créé de mot de passe doivent, à la place, choisir Créer un mot de passe pour votre compte.

3. **Choisissez un mot de passe facile à retenir et tapez-le dans le champ Nouveau mot de passe (Figure 21.4). Retapez-le dans le champ Confirmer le nouveau mot de passe. C'est un moyen de détecter une éventuelle faute de frappe.**

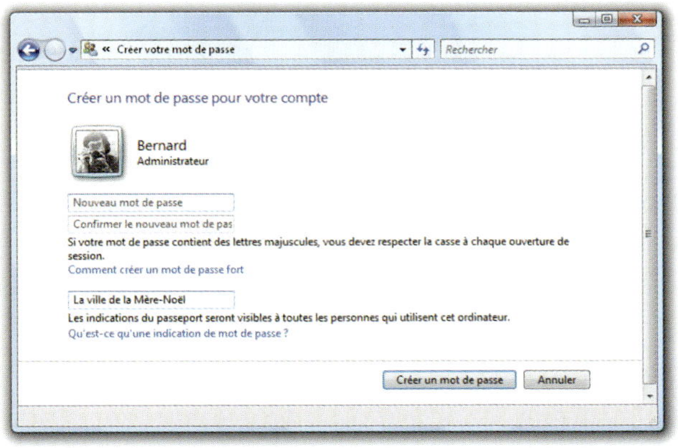

Figure 21.4 : Tapez votre mot de passe.

La modification d'un mot de passe s'effectue un peu différemment : la fenêtre affiche un champ Mot de passe actuel dans lequel vous devez, en toute logique, taper d'abord le mot de passe existant.

Vous trouverez un peu plus loin des conseils pour créer de mots de passe sûrs.

4. **Dans le champ Entrez une indication de mot de passe, tapez un indice qui vous permettra de retrouver le mot de passe si vous l'avez oublié.**

   Veillez à ce qu'il ne soit compréhensible que par vous seul. Ne choisissez pas «Ma couleur de cheveux». Au travail, vous pouvez choisir «La marque de croquettes du chat» ou «Mon metteur en scène préféré». A domicile, choisissez quelque chose que vous seul connaissez, et surtout pas les enfants. N'hésitez pas à modifier le mot de passe de temps en temps.

5. **De retour dans la fenêtre des comptes d'utilisateurs, cliquez sur Créer un disque de réinitialisation de mot de passe, dans le volet gauche.**

   Ce disque peut être créé sur une disquette, dans une carte mémoire ou dans une clé USB.

Si vous oubliez le mot de passe, le disque de réinitialisation de mot de passe sera votre clé. Windows Vista vous autorisera à choisir un nouveau mot de passe. Mettez le disque en lieu sûr car quiconque le trouve aura accès à votre compte.

NOTE TECHNIQUE

La création du disque de réinitialisation de mot de passe ne formate pas le support et ne supprime aucune donnée qui s'y trouverait. Il ajoute uniquement un fichier nommé `userkey.psw` que Vista utilise pour réinitialiser votre mot de passe.

TRUC

Voici quelques conseils pour créer de meilleurs mots de passe :

- Mélanger des lettres, des chiffres et des symboles et optez pour une longueur de 7 à 14 caractères. N'utilisez jamais votre nom ou votre nom d'utilisateur. C'est la première chose que les filous essaient lorsqu'ils tentent de s'introduire dans l'ordinateur.

- Ne choisissez pas un nom commun comme «ornithorynque». Pensez à un mot qui ne figure pas dans un dictionnaire. Combinez deux mots pour en faire un troisième (c'est ce que l'on appelle des «mots-valise»). NdT : Ou alors, utilisez un mot dans une langue rare comme l'amharique, le malayalam, le tagalog ou le suisse-allemand du canton d'Appenzell.
- Les majuscules et les minuscules sont différenciées. *PopCorn* n'est pas la même chose que *popcorn*.

Septième partie

Musique, films et souvenirs

"Si je n'ai pas pris de poids, comment se fait-il que cette photo numérique a 3 Mo de plus que la même prise il y a six mois ?"

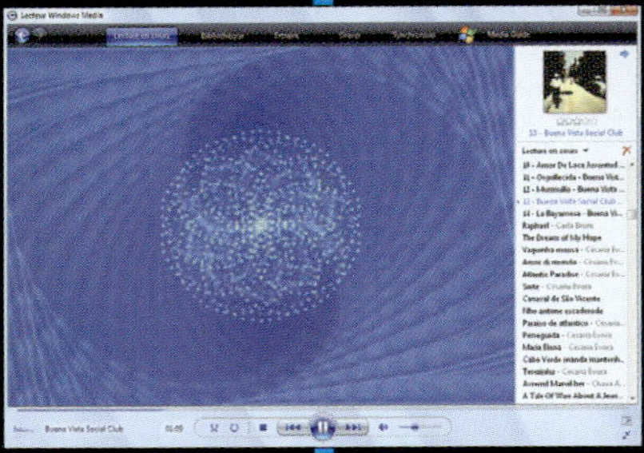

Dans cette partie...

Jusqu'à présent, ce livre avait abordé les sujets ennuyeux mais indispensables : le paramétrage de l'ordinateur afin qu'il puisse servir à quelque chose. Cette partie du livre le transforme en centre de loisirs permettant :

- De regarder des DVD sur votre PC de bureau ou portable.
- D'organiser un album de photos numériques.
- De monter vos séquences vidéo en quelque chose de regardable.
- De créer des DVD afin de montrer vos films et vos diaporamas.

N'hésitez pas à vous aider de cette partie du livre pour découvrir le côté plaisant de la micro-informatique.

Chapitre 22

Écouter et copier de la musique avec le Lecteur Windows Media

Dans ce chapitre :

- Lire des CD, des DVD, des fichiers de musique MP3 et WMA, écouter la radio sur Internet et regarder la télévision.
- Créer, enregistrer et modifier des sélections.
- Copier des CD sur le disque dur, sur un autre CD ou sur un lecteur de musique mobile.
- Acheter de la musique et des films dans les magasins en ligne.

Le Lecteur Windows Media de Vista révèle ce que vous avez dépensé pour votre PC. Sur un ordinateur cher, il fait autant de bruit qu'un home cinema. Mais sur un ordinateur bon marché, la qualité est celle d'une sonnerie de téléphone mobile.

Sa onzième version est parfaite pour lire des CD et des DVD, classer les fichiers de musique et de films et transférer de la musique numérique sur certains lecteurs MP3 mobiles, hormis l'iPod. Si vous en avez un, vous devrez vous en tenir à iTunes (`www.apple.com/fr/itunes/`).

Chargez le Lecteur Windows Media depuis la zone Tous les programmes, dans le menu Démarrer. Lisez ensuite ce chapitre en vérifiant chacune des fonctionnalités et en essayant le trucs que je propose.

La bibliothèque du Lecteur Windows Media

Dès que vous commencez à l'utiliser, le Lecteur Windows Media affiche une liste parfaitement triée de toutes sortes de musiques numériques, d'images, de vidéos et d'émissions de télévision enregistrées. Mais si cette bibliothèque multimédia n'a pas été créée, vous devrez lui demander de la faire en procédant comme suit :

Démarrer le Lecteur Windows Media pour la première fois

La première fois que vous démarrez le Lecteur Windows Media, un écran d'accueil vous demande comment il doit gérer la confidentialité, le stockage, les magasins en ligne et autres paramètres :

- **Rapide :** Conçue pour les impatients, cette option charge le Lecteur Media avec les paramètres définis par Microsoft. Il est déclaré comme lecteur par défaut pour tous vos morceaux et vidéos (supplantant les prérogatives de iTunes ou tout autre lecteur de média, si l'un d'eux est installé).
- **Personnalisé :** Apprécié des connaisseurs, ce choix permet de peaufiner le comportement du Lecteur Windows Media. Une succession de boîtes de dialogue propose de choisir les types de fichiers audiovisuels que le Lecteur Windows Media est capable de lire, les habitudes d'écoute que vous consentez à transmettre à Microsoft et les magasins en ligne qui vous intéressent. Ne choisissez cette option que si vous avez du temps à consacrer à ces ennuyeuses boîtes de dialogue.

Pour paramétrer le Lecteur Windows Media – que vous l'ayez préalablement configuré en mode Rapide ou Personnalisé – maintenez la touche Alt enfoncée afin de révéler les menus, et choisissez Outils puis Options.

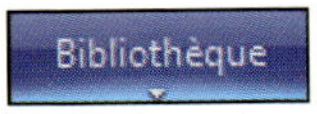

1. **Cliquez sur le bouton Bibliothèque et, dans le menu déroulant, choisissez Ajouter à la bibliothèque.**

   Vous pouvez aussi, touche Alt enfoncée, choisir Fichier puis Ajouter à la bibliothèque. Ou appuyer sur la touche F3. Windows propose toujours plusieurs manières d'exécuter une même action.

TRUC

Le Lecteur Windows Media peut aussi être démarré depuis la barre Lancement rapide, à côté du bouton Démarrer.

2. **Indiquez au Lecteur Windows Media où il doit chercher les fichiers.**

   Assurez-vous que l'option Mes dossiers personnels soit cochée, comme à la Figure 22.1. Le Lecteur Windows Media cherchera dans le dossier Musique ainsi que dans le dossier Public.

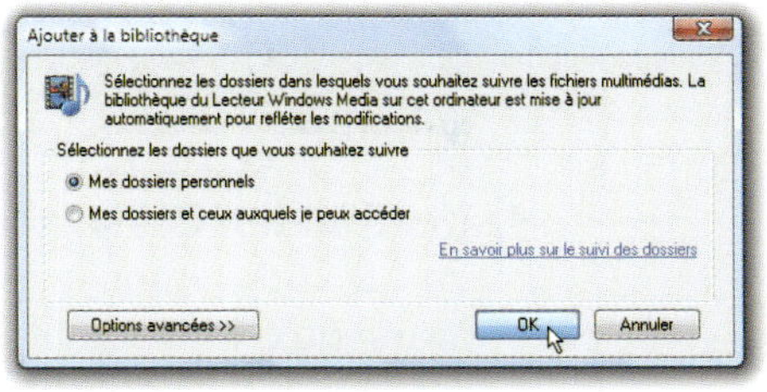

Figure 22.1 : Choisissez Mes dossiers personnels pour ajouter vos morceaux. L'autre option sert à ajouter les morceaux des autres comptes d'utilisateur.

   Pour ajouter de la musique à partir de dossiers Musique appartenant à d'autres comptes d'utilisateur, sur le PC ou le réseau, choisissez l'option Mes dossiers et ceux auxquels je peux accéder. Indiquez ensuite que vous désirez partager ces dossiers en choisissant, dans le menu Bibliothèque, l'option Partage des fichiers multimédia.

   Pour ajouter des morceaux provenant d'autres dossiers et lecteurs – voire d'un PC du réseau, d'une mémoire flash (clé USB ou lecteurs MP3) –, cliquez sur le bouton Avancé, puis sur Ajouter, et naviguez jusqu'au dossier ou jusqu'au lecteur.

3. **Cliquez sur le bouton OK pour démarrer la recherche.**

   Une barre de progression indique l'avancement du transfert des fichiers. Ceci fait, le Lecteur Windows Media affiche les morceaux classés selon les critères que vous avez choisis : par artiste, album (Figure 22.2), genre, année de sortie, durée ou note.

Après avoir ajouté votre premier lot de morceaux, le programme continue d'enrichir sa bibliothèque de la manière suivante :

- **La surveillance des dossiers :** Vista surveille constamment les dossiers Musique, Images et Vidéos, procédant à la mise à jour automatique de Vista chaque fois que vous ajoutez ou supprimez des fichiers (les dossiers à surveiller peuvent être choisis en effectuant les trois étapes précédentes).

- **L'ajout d'éléments lus :** Chaque fois que vous écoutez de la musique du PC ou sur l'Internet, Vista ajoute le morceau ou son adresse Internet dans sa bibliothèque afin que vous puissiez le retrouver ultérieurement. Sauf contre-ordre, Vista n'ajoute pas les éléments lus sur les PC du réseau, les clés USB ou les cartes mémoire.

- **L'extraction des pistes d'un CD audio :** Quand vous insérez un CD audio dans le lecteur, Vista propose d'en extraire les morceaux, autrement dit les copier dans votre PC, comme l'explique la section «Copier des CD dans le PC». Tout morceau extrait apparaît dans la bibliothèque multimédia (le Lecteur Windows Media ne copie malheureusement pas les films des DVD).

- **Télécharger de la musique et des vidéos téléchargées depuis des magasins en ligne :** Le Lecteur Windows Media permet d'acheter de la musique et des vidéos sur les magasins en ligne. La musique achetée est automatiquement stockée dans la bibliothèque, avec les derniers achats.

Figure 22.2 : Cliquez sur Album, dans le volet de gauche, pour voir les jaquettes.

TRUC

Répétez les étapes de cette section pour rechercher des fichiers chaque fois que vous en avez envie. Le Lecteur Windows Media ignore ceux qui ont déjà été catalogués et n'ajoute que les nouveaux.

NOTE TECHNIQUE

Le Lecteur Windows Media propose quantité d'options, lors de la création d'une bibliothèque. Pour les voir ou les modifier, cliquez sur la petite flèche en bas du bouton Bibliothèque et choisissez Options supplémentaires. C'est là que vous pouvez demander au Lecteur Windows Media de mettre à jour les balises (voir encadré), corriger une erreur dans le nom d'un morceau et effectuer d'autres tâches de maintenance.

Que sont les balises ?

Dans chaque fichier de musique réside un formulaire indiquant le titre du morceau, l'artiste, l'album et autres données du même genre. Ces diverses informations sont appelées «balises» dans le Lecteur Windows Media. Quand vous décidez de trier, d'afficher ou de classer les morceaux, le Lecteur Windows Media lit ces balises (et non le nom du fichier informatique). La plupart des lecteurs de musique mobiles, y compris l'iPod, se basent aussi sur elles. C'est pourquoi il est important de veiller à ce qu'elles soient exactes.

C'est à ce point important que le Lecteur Windows Media visite l'Internet pour récupérer des informations et les répartit automatiquement dans les balises lorsqu'il ajoute le fichier à la bibliothèque.

Beaucoup de gens ne se soucient guère des balises. D'autres les mettent méticuleusement à jour. Si celles de vos morceaux vous conviennent, demandez au Lecteur Windows Media de ne plus s'en occuper : cliquez sur la flèche en bas du bouton Bibliothèque, choisissez Options supplémentaires puis, sous l'onglet Bibliothèque, décochez la case Récupérer des balises supplémentaires sur Internet. Si c'est la pagaille dans vos balises, laissez cette case cochée afin que Lecteur Windows Media puisse y mettre un peu d'ordre.

Pour modifier manuellement les balises d'un morceau, cliquez sur le nom du morceau dans la bibliothèque, et choisissez Éditeur de balises avancé.

Parcourir les bibliothèques

Lorsqu'il est démarré pour la première fois, le Lecteur Windows Media affiche les morceaux d'une manière suffisamment appropriée. Mais il contient en réalité plusieurs bibliothèques, conçues non seulement pour engranger de la musique, mais aussi des photographies, des vidéos et des émissions de télévision enregistrées.

Pour passer d'une bibliothèque à l'autre, cliquez sur le bouton Bibliothèque, dans la barre supérieure du Lecteur Windows Media, comme le montre la Figure 22.3, et choisissez Musique, Photos, Vidéo, Enregistrement(s) ou Autres. Le programme affiche aussitôt les éléments de la catégorie sélectionnée :

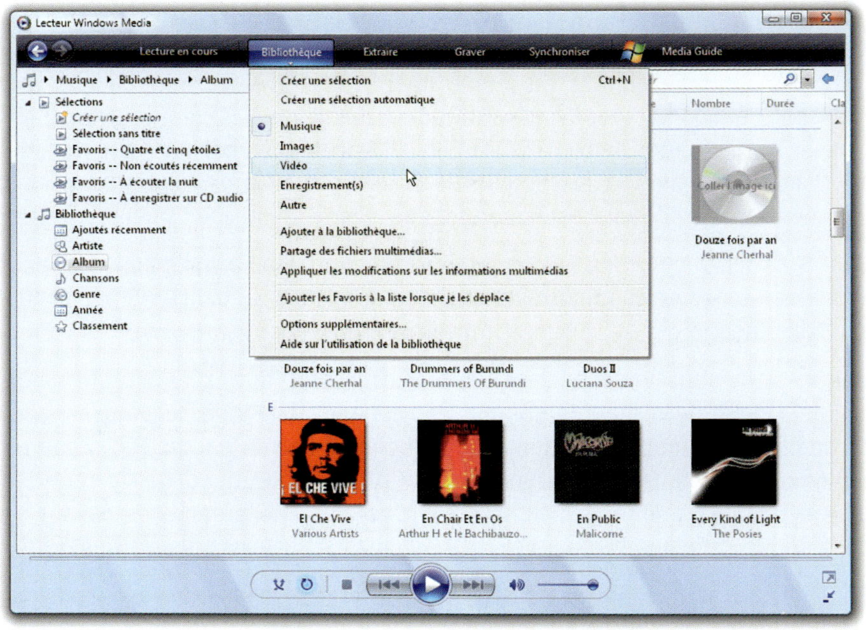

Figure 22.3 : Cliquez sur Bibliothèque et choisissez le type de média que vous désirez parcourir.

- **Musique :** Tous les morceaux de musique numérique apparaissent ici. Le Lecteur Windows Media reconnaît la plupart des formats audio dont MP3, WMA et WAV, mais pas les fichiers AAC vendus par iTunes.

- **Photos :** Le Lecteur Windows Media peut présenter les photos en diaporama, mais le dossier Images est plus approprié pour cette tâche.
- **Vidéo :** Recherchez ici les séquences que vous avez filmées avec un caméscope ou la fonction vidéo d'un appareil photo numérique, ou téléchargées depuis l'Internet. Le Lecteur Windows Media reconnaît les formats AVI, MPG, WMV, ASF et quelques autres.
- **Enregistrement(s) :** Les possesseurs de Vista Édition Familiale ou Vista Édition Intégrale trouveront ici les émissions de télévision enregistrées, si le PC est équipé d'un tuner TV.
- **Autres :** Vos sélections apparaissent ici, de même que les sélections automatiquement créées pour les fichiers récemment ajoutés.

Le volet de gauche du Lecteur Windows Media permet de varier l'affichage des fichiers. Par exemple, cliquez sur Artiste pour voir les morceaux classés alphabétiquement par le prénom des artistes.

Dans le même esprit, cliquer sur Genre sépare les éléments en différents types de musique. Au lieu de n'afficher qu'un nom sur lequel cliquer, «blues» par exemple, le Lecteur Windows Media empile leurs couvertures, comme si vous aviez étalé puis empilé les albums sur le plancher du salon pour mieux les trier.

TRUC

Pour écouter ou voir quoi que ce soit dans le Lecteur Windows Media, cliquez dessus du bouton droit et choisissez Lire. Ou alors, pour écouter tous les morceaux d'un artiste ou d'un genre, cliquez du bouton droit dans une pile et choisissez Lire tout.

Les commandes du Lecteur Windows Media

Le Lecteur Windows Media contient les mêmes commandes de base quel que soit le type de fichier lu, qu'il s'agisse d'un son, d'une vidéo, d'un CD, d'un DVD ou d'un diaporama. La Figure 22.4 montre comment le Lecteur Windows Media tel qu'il est à la page Lecture en cours (à quand le Windows Vista Social Club ?). Les légendes expliquent les fonctions, mais vous pouvez aussi immobiliser la souris sur une commande pour afficher une info-bulle explicative.

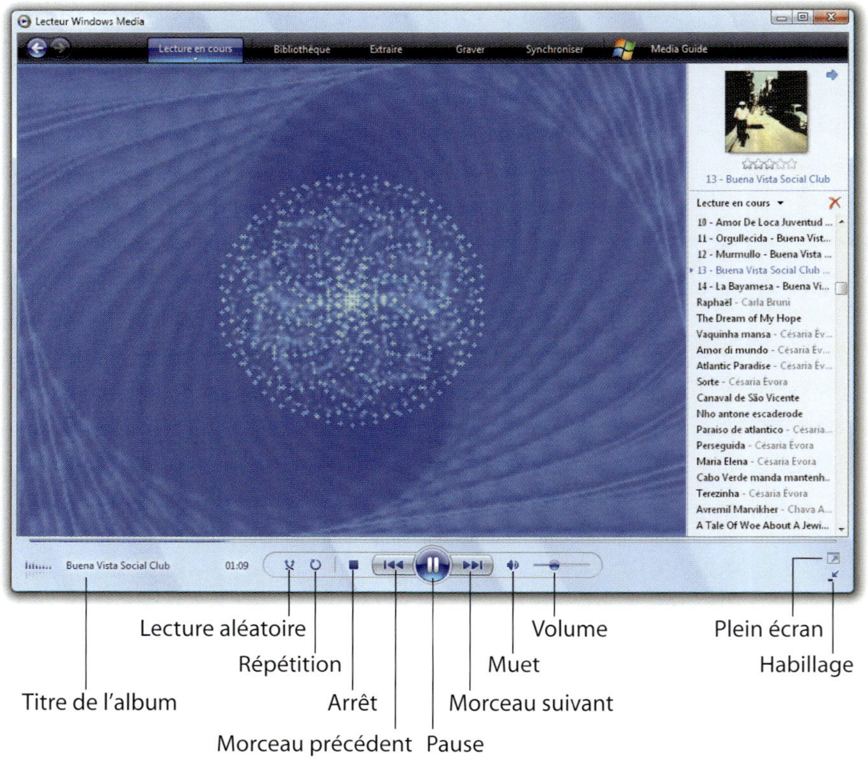

Figure 22.4 : Les boutons du bas fonctionnent comme ceux d'un lecteur de CD.

Les boutons en bas du Lecteur Windows Media sont similaires à ceux d'un lecteur de cassettes ou de CD. Ils permettent de lire, d'arrêter, de revenir en arrière ou d'avancer rapidement. Cliquez sur l'un des boutons de la barre d'outils, en haut de la fenêtre, pour exécuter les tâches suivantes :

- **Lecture en cours :** Cliquez ici pour obtenir des informations sur le morceau que vous écoutez actuellement dans un magasin en ligne (autrement, sélectionnez un des nombreux effets visuels, comme Rosaces, à la Figure 22.4).

- **Bibliothèque :** C'est ici que le Lecteur Windows Media classe vos morceaux, vidéos et sélection. Pour lire un élément listé ici, double-cliquez sur son nom. Pour passer d'une bibliothèque à une autre, cliquez sur le petit bouton fléché placé sous le gros bouton Bibliothèque, dans la barre supérieure.

- **Extraire :** Ce bouton sert à copier tout un CD audio ou seulement quelques pistes sur le disque dur. Personnalisez la copie des CD en cliquant, touche Alt enfoncée, sur le menu Outils et en choisissant Options (l'extraction des pistes audio est décrite à la section «Copier des CD dans le PC»).
- **Graver :** Copiez sur un CD ou un DVD les morceaux stockés dans le disque dur. Reportez-vous à la section «Créer, enregistrer et modifier une sélection».
- **Synchroniser :** Copiez votre liste de sélection ou d'autres fichiers dans votre lecteur de MP3 ou autre, une tâche décrite à la section «Copier de la musique dans un lecteur mobile».

Ces différentes commandes seront décrites dans les diverses sections de ce chapitre.

Lire des CD

Pour peu que vous introduisiez correctement un CD audio dans le lecteur – la face imprimée au-dessus –, la lecture d'un CD audio ne pose aucun problème. Le seul élément qui pourrait intriguer est la petite fenêtre de la Figure 22.5, qui apparaît juste après l'insertion.

Figure 22.5 : Quand vous insérez un CD, Windows Vista demande ce qu'il doit faire.

Toujours désireux de vous plaire, Windows Vista demande ce qu'il doit faire du CD qui vient d'être inséré. Doit-il le lire avec le Lecteur Windows Media ? Doit-il extraire ses pistes et les copier sur le disque dur ? Doit-il le jouer dans Windows Media Center, un autre programme ? L'ouvrir dans Ordinateur et afficher ses dossiers et ses fichiers ?

Voici le grand problème de ce panneau : lorsque la case Toujours faire ceci pour CD audio est cochée, et que vous choisissez ensuite une option, Vista la choisira systématiquement par la suite, chaque fois que vous insérerez un CD.

Désactiver la protection contre la copie du Lecteur Windows Media

Pensez à désactiver la protection contre la copie afin d'éviter de sérieux problèmes ultérieurement. Appuyez sur Alt pour accéder au menu, cliquez sur Outils et choisissez Options. Cliquez ensuite sur l'onglet Extraire de la musique.

Décochez ensuite la case Protéger la musique contre la copie. Ceci empêche Microsoft d'ajouter des DRM (*Digital Rights Management,* gestionnaire de droits numériques), une fonctionnalité qui empêche de lire la musique sur d'autres ordinateurs et certains lecteurs MP3.

Bien que la protection du droit d'auteur des artistes soit primordiale, il ne faut pas qu'elle entrave votre propre droit à la copie privée.

Pendant que vous y êtes, déroulez le menu Format et remplacez Audio Windows Media par MP3. Vous serez ainsi certain que les morceaux extraits seront lisibles sur la grande majorité des lecteurs de musique mobiles, y compris l'iPod.

Pour empêcher ce comportement, décochez la case et, après seulement, procédez à votre choix.

Mais si la seule chose qui vous intéresse est de lire des CD, laissez la case cochée et choisissez Lire un CD audio en utilisant Lecteur Windows Media. Ensuite, Vista lira automatiquement tous les CD de musique insérés dans le lecteur du PC.

- Vous n'avez pas le temps de choisir ? Appuyez sur la touche Échap pour fermer le panneau (juqu'à la prochaine insertion d'un CD).
- Quand vous insérez un CD audio, ne choisissez pas l'option Ouvrir le dossier pour afficher les fichiers. Vous n'obtiendriez qu'une liste de fichiers inutilisables nommés Track01, Track02 et ainsi de suite. Windows Vista ne vous permettra pas de copier des morceaux de cette manière. Vous devez utiliser la commande Extraire du Lecteur Windows Media.

TRUC

Si Vista affiche par erreur les fichiers du CD au lieu de les lire, cliquez sur le bouton Démarrer puis sur Programmes par défaut. Cliquez sur Modifier les paramètres de la lecture automatique. Ensuite, dans le menu déroulant CD audio, choisissez Lire un CD audio en utilisant Lecteur Windows Media. Ou alors, pour voir le panneau de la Figure 22.5 chaque fois que vous insérez un CD, choisissez Toujours me demander.

TRUC

Appuyez sur la touche F7 pour rendre le Lecteur Windows Media muet et téléphoner tranquillement pendant ce temps.

Lire des DVD

Le Lecteur Windows Media sait aussi lire des DVD, ce qui permet de transformer un ordinateur portable en lecteur de DVD portable. Emportez vos DVD préférés, des écouteurs, et regardez les films qui vous plaisent au cours d'un long vol international.

Bien que le Lecteur Windows Media lise, grave et copie des CD audio, il ne peut copier un film en DVD sur votre disque dur, ni dupliquer un DVD.

Quand vous insérez un DVD dans le lecteur, le Lecteur Windows Media affiche un panneau qui ressemble beaucoup à celui de la Figure 22.5, qui vous demandait ce que Vista doit faire. Pour éviter son apparition, cochez la case Toujours faire ceci pour films DVD, puis choisissez Lire un film DVD en utilisant Lecteur Windows Media. Le DVD s'ouvre ensuite sur son écran d'accueil.

Le Lecteur Windows Media fonctionne un peu comme votre lecteur de DVD de salon, la souris servant de télécommande.

TRUC

Pour lire un DVD en plein écran, maintenez la touche Alt enfoncée et appuyez sur Entrée (la même combinaison de touches rétablit le mode fenêtré). Placez le pointeur de la souris hors de l'écran, et le panneau de commande disparaît. Ramenez le pointeur dans l'écran, et le panneau est de retour.

Oui, le Lecteur Windows Media vous espionne

Le Lecteur Windows Media s'intéresse beaucoup à vos habitudes. L'interminable Déclaration de confidentialité en ligne se réduit à cela : le Lecteur Windows Media signale à Microsoft tous les morceaux, fichiers ou films que vous lisez, ce qui donne la chair de poule à certains. Mais, si Microsoft ne parvient pas à savoir ce que vous écoutez, le Lecteur Windows Media ne peut pas se connecter à l'Internet et récupérer les informations concernant l'artiste et son œuvre.

Inutile de lire la suite de cet encadré si cela ne vous gêne pas que Microsoft s'intéresse à vos CD. Dans le cas contraire, choisissez votre niveau de protection : appuyez sur Alt pour accéder aux menus, choisissez Outils puis Options, puis cliquez sur l'onglet Confidentialité. Voici un descriptif des commandes qui hérissent le plus les défenseurs des libertés privées :

- **Afficher les informations sur le média à partir d'Internet :** Si cette case est cochée, le Lecteur Windows Media indique à Microsoft quel CD ou DVD vous lisez et récupère tout un tas d'infos à afficher sur votre écran : la jaquette du CD, les titres des morceaux, le nom de l'artiste, etc.
- **Mettre à jour la musique en prenant des informations à partir d'Internet :** Microsoft examine vos fichiers et, s'il en trouve un qu'il connaît, il remplit les balises avec les informations correctes (pour en savoir plus sur les balises, reportez-vous à l'encadré «Que sont les balises ?»).
- **Envoyer un ID de lecteur unique aux fournisseurs de contenu :** Connue sous le nom d'ECD (Extraction de Connaissances à partir de Données) en marketing, cette option permet à d'autres entreprises de suivre à la trace votre utilisation du Lecteur Windows Media. Pour ne pas vous retrouver dans une base de données, laissez cette case décochée.
- **Cookies :** À l'instar de plusieurs autres programmes de Vista, le Lecteur Windows Media trace votre activité grâce à de petits fichiers appelés «cookies».
- **Enregistrer l'historique des fichiers et des URL dans le lecteur :** Pour votre commodité, le Lecteur Windows Media conserve, dans le menu Fichier, la liste des noms des morceaux récemment lus. Décochez cette case afin que votre entourage – surtout professionnel – ne puisse pas voir la liste des titres de musique et de vidéo récemment lus.

Voir des vidéos et des émissions de télévision

En plus des caméscopes, de nombreux appareils photos numériques et des téléphones mobiles peuvent aussi enregistrer des séquences vidéo. Le Lecteur Windows Media montre aussi les vidéos enregistrées par le programme Movie Maker.

La lecture d'une vidéo ne diffère guère de la lecture d'un fichier audio. Commencez par cliquer sur le bouton Bibliothèque et choisissez Vidéos. Double-cliquez sur la vidéo que vous désirez visionner et appréciez le spectacle (Figure 22.6).

Figure 22.6 : Double-cliquez sur le nom de fichier d'une vidéo pour la regarder avec le Lecteur Windows Media.

Le Lecteur Windows Media permet de visionner des vidéos à différentes tailles. La touche Alt enfoncée, appuyez sur Entrée pour la regarder en plein écran (c'est comme pour un DVD). La même combinaison de touches rétablit l'affichage à la taille originale.

- Pour que la vidéo s'adapte d'elle-même aux dimensions du Lecteur Windows Media, choisissez Taille vidéo, dans le menu Affichage, et sélectionnez Ajuster la vidéo au lecteur lors du redimensionnement.

- Quand vous téléchargez des vidéos depuis l'Internet, assurez-vous que le fichier est dans un format reconnu par le Lecteur Windows Media. Il est en effet incapable de lire des fichiers aux formats QuickTime ou RealVideo. Ces formats concurrents exigent un lecteur spécifique, téléchargeable depuis le site d'Apple (`www.apple.com/fr/quicktime/`) ou de Real (`http://france.real.com/`). Veillez à télécharger la version gratuite (ces sites mettent toujours la version payante en avant).

TRUC

- Certains sites n'envoient la vidéo qu'en flux continu vers l'ordinateur, ce qui empêche le téléchargement du fichier. Mais essayez quand même : après avoir regardé la vidéo, déroulez le menu Fichier du Lecteur Windows Media. Si l'option Enregistrer est en grisé, le site Web interdit l'enregistrement de la vidéo.
- La vitesse de la connexion joue un rôle déterminant dans la qualité de la vidéo. Si vous vous connectez en bas débit, choisissez la version pour modem 56K (NdT : 56 kilobits par seconde). Les abonnés à l'Internet à haut débit peuvent choisir les versions 100 ou 300K et plus. L'ordinateur ne risque rien si vous ne choisissez pas la bonne option. L'image sera seulement beaucoup moins bonne.
- Le Lecteur Windows Media peut aussi visionner les émissions de télévision enregistrées avec Windows Media Center.

Lire des fichiers MP3 et WMA

Le Lecteur Windows Media sait lire plusieurs types de fichiers de musique numérisée. Ils ont un point commun : lorsque vous demandez au Lecteur Windows Media de lire un album ou un morceau, il le place dans la liste Lecture en cours, c'est-à-dire une liste d'éléments mis en attente, lus les uns après les autres.

Pour lire un morceau présent dans la Bibliothèque du Lecteur Windows Media – ou un fichier audio dans n'importe quel dossier du PC –, cliquez dessus et choisissez Lire. Il est aussitôt joué et son titre ajouté à la liste Lecture en cours.

- Pour écouter la totalité d'un album de la Bibliothèque du Lecteur Windows Media, cliquez du bouton droit dans la catégorie Artiste de l'album et choisissez Lire.
- Vous désirez écouter plusieurs fichiers et albums les uns après les autres ? Cliquez du bouton droit dans le premier d'entre eux et choisissez Lire. Cliquez du bouton droit sur le suivant et choisissez Ajouter à la sélection. Répétez autant de fois que vous le désirez. Tous les albums et les morceaux figurent désormais dans liste Lecture en cours.

- Aucune musique intéressante dans la bibliothèque ? Pour l'agrémenter, copiez vos CD préférés dans le PC, en extrayant les pistes audio. Nous y reviendrons plus tard, à la section «Copier des CD dans le PC».

Écouter des stations de radio Internet

Le Lecteur Windows Media n'offre plus de bouton permettant d'accéder aux stations radio par Internet, bien qu'il soit possible d'acheter des droits d'écoute dans certains magasins en ligne comme URGE, aux Etats-Unis. Vous trouverez toutefois des stations radio gratuites à ces emplacements, sur le Web :

- Allez sur Google (`www.google.fr`), faites une recherche sur les mots «radio Internet» et voyez ce que vous trouvez. Si vous en trouvez qui émettent en MP3 ou en WMA (*Windows Media Audio*), allez sur le site et cliquez sur bouton Écouter (ou tout bouton apparenté).
- Vous trouverez un vaste répertoire des radios, mais aussi des télévisions, vidéos, musiques et podcasts sur le site comfm (`www.comfm.com/`).
- Téléchargez et installez un exemplaire de Winamp (`www.winamp.com`), un lecteur MP3 permettant d'écouter des milliers de radios gratuites au travers du site Shoutcast (`www.shoutcast.com`).

Créer, enregistrer et modifier des sélections

Une «sélection» est tout simplement une liste de lecture, dans un ordre défini, de morceaux ou de vidéos. Ah oui ? Et encore ? Eh bien, c'est surtout par ce qu'elles permettent de faire que les sélections sont intéressantes. Vous pourrez par exemple faire votre programmation de morceaux préférés et l'enregistrer. Elle sera toujours disponible d'un seul clic.

Vous pouvez créer des sélections thématiques pour un romantique dîner aux chandelles – non, vous n'y mettrez pas *La danse des canards* –, ou pour un trajet en voiture particulièrement long.

Procédez comme suit pour créer une sélection :

1. **Déroulez le menu du bouton Bibliothèque.**

   Double-cliquer sur le bouton révèle aussi le menu déroulant, de même que cliquer sur la flèche qui se trouve juste dessous.

2. **Dans le menu déroulant, choisissez Créer une sélection.**

   Un volet de sélection apparaît à droite du Lecteur Windows Media, comme le montre la Figure 22.7

Figure 22.7 : Choisissez des morceaux et faites-les glisser jusque sur le volet de droite, à l'emplacement désiré.

3. **Cliquez du bouton droit sur l'album ou le morceau à ajouter à la Sélection sans titre (ou faites glisser les morceaux et déposez-les sur le volet de la sélection, à droite).**

   Malheureusement, le Lecteur Windows Media n'est pas suffisamment intuitif pour vous présenter une liste d'albums ou de morceaux à sélectionner. Pour voir ceux de votre collection, cliquez sur le bouton Bibliothèque. Si vous ne les trouvez toujours pas, cliquez sur le bouton et, dans le menu déroulant, choisissez Musique.

Enfin, demandez au Lecteur Windows Media d'afficher tous les morceaux en choisissant Chansons, dans le volet de gauche, ainsi que le montre la Figure 22.7.

Faites des glisser-déposer des albums ou des morceaux dans le volet de droite. Parfois, il est plus rapide de cliquer du bouton droit et choisir Ajouter à la sélection. Le Lecteur Windows Media commence à jouer dès l'ajout du premier morceau.

Les morceaux de la sélection, dans la liste de droite, sont lus dans l'ordre, c'est-à-dire de haut en bas.

4. **Peaufinez la sélection en modifiant l'ordre ou en supprimant des morceaux.**

   Vous avez ajouté un morceau par erreur ? Cliquez dessus du bouton droit et choisissez Supprimer de la liste. Réordonnez la liste à votre convenance en faisant glisser des éléments vers le haut ou vers le bas.

5. **Si vous êtes content de votre sélection, cliquez sur le bouton Enregistrer la sélection, en bas à droite. Nommez-la dans Nom de la sélection et appuyez sur Entrée.**

   Le Lecteur Windows Media liste la nouvelle sélection dans la catégorie Sélection, prête à être réécoutée d'un seul double-clic.

Après avoir enregistré une sélection, vous pouvez la graver sur CD, également d'un seul clic, comme l'explique l'astuce suivante.

TRUC

Réalisez vos propres compilations thématiques («Musique latino, yapaplusbô», ou «2 heures 43 de bonheur») puis gravez-les sur un CD que vous écouterez dans votre île déserte aux Seychelles ou bloqué sur le périph' à la Porte de Bagnolet. Pour ce faire, après avoir inséré un CD vierge dans le lecteur, cliquez sur le bouton Graver. Choisissez ensuite la sélection que vous venez de concocter et cliquez sur le bouton Démarrer la gravure.

TRUC

Pour modifier une sélection créée précédemment, cliquez du bouton dessus, dans la catégorie Sélections, et choisissez Modifier dans le volet Liste.

Copier des CD dans le PC

Contrairement aux versions antérieures du Lecteur Windows Media, celle-ci peut créer des fichiers MP3, un standard dans le domaine de la musique numérisée. Mais, à moins de lui indiquer expressément qu'il doit enregistrer au format MP3, le Lecteur Windows Media produit des fichiers au format WMA inutilisables par l'iPod et beaucoup d'autres appareils similaires.

Afin que le Lecteur Windows Media puisse créer des fichiers MP3, beaucoup plus largement reconnus que le WMA, appuyez sur la touche Alt pour accéder à la barre de menus, choisissez Outils, puis Options et cliquez sur l'onglet Extraire de la musique. Déroulez le menu Format et remplacez WMA par MP3. Tirez ensuite la glissière Qualité du son jusqu'à 128, 192 ou 256 pour avoir une meilleure qualité audio.

Procédez comme suit pour copier des CD sur le disque dur du PC :

1. **Ouvrez le Lecteur Windows Media, insérez un CD audio puis cliquez sur le bouton Extraire.**

   Vous devrez appuyer sur le bouton en façade du lecteur pour que le tiroir s'éjecte.

   Le Lecteur Windows Media se connecte à l'Internet, identifie votre CD et inscrit le nom de l'album, le nom de l'artiste et les titres des morceaux. Le programme commence ensuite à copier les morceaux dans le PC et lister leur titre dans la Bibliothèque. C'est fait.

   Si le Lecteur Windows Media ne trouve pas les morceaux automatiquement, passez à l'Étape 2.

2. **Au besoin, cliquez sur Rechercher les informations sur l'album.**

   Si le Lecteur Windows Media revient bredouille – ce qui est fréquent s'il n'est pas connecté à l'Internet –, remplissez les champs vous-même : cliquez du bouton droit sur la première piste et choisissez Rechercher les informations sur l'album. Choisissez ensuite Entrer les informations pour le CD que vous avez gravé.

Enfin, remplissez le formulaire du Lecteur Windows Media demandant des informations sur le morceau et l'artiste.

Voici quelques recommandations pour l'extraction des CD vers l'ordinateur :

- Normalement, le Lecteur Windows Media copie chaque morceau sur le CD. Pour que *La danse des canards* ne vienne pas troubler votre compilation «soirée romantique», décochez sa case. Si le Lecteur Windows Media est déjà en train de copier le morceau dans le PC, vous le supprimerez ultérieurement : dans la Bibliothèque, cliquez du bouton droit sur la chanson inopportune et, dans le menu, choisissez Supprimer.
- Certaines maisons d'édition ajoutent une protection contre la copie à leurs CD afin d'empêcher leur copie dans le PC. Si vous avez acheté un de ces CD, maintenez la touche Majuscule enfoncée quelques secondes avant d'insérer le CD, et aussi quelques secondes après l'avoir introduit. Cette manipulation empêche parfois la protection de fonctionner.
- N'utilisez pas l'ordinateur pendant l'extraction. N'y touchez plus et laisser mouliner. D'autres programmes risqueraient en effet de le distraire de sa tâche et d'interférer avec la musique.
- Le Lecteur Windows Media place automatiquement les CD extraits dans le dossier Musique. Vous y accédez en choisissant Musique, dans le menu Démarrer.

Les paramètres de qualité de l'extraction

Un Cd audio contient une colossale quantité de données, à tel point que l'intégrale des Rolling Stones ne tiendrait sans doute pas dans votre disque dur. Afin que la taille des fichiers des morceaux soit raisonnablement gérable, les programmes d'extraction comme le Lecteur Windows Media compressent les données à environ un dixième de leur encombrement normal. Cette compression s'effectuant au détriment de la qualité, la grande question est de savoir quelle perte de qualité vous êtes prêt à admettre.

La réponse est : quand cette perte devient perceptible. C'est une notion subjective qui fait débat parmi les mélomanes. Beaucoup de gens sont incapables de faire la différence entre un CD d'origine et un son extrait à 128 kilobits par seconde. C'est pourquoi 128 Kbps est la valeur par défaut, dans le Lecteur Windows Media. De plus, les morceaux extraits sont généralement écoutés sur l'ordinateur ou avec des lecteurs mobiles, qui sont loin d'être de la haute-fidélité. Un son à 96 Kbps est alors suffisant.

Si vous êtes prêt à sacrifier un peu d'espace disque pour une meilleure qualité, augmentez-la un petit peu : appuyez sur Alt pour révéler la barre de menus, choisissez Outils, Options puis cliquez sur l'onglet Extraire de la musique. Tirez le curseur de la glissière Qualité du son vers la droite (Qualité optimale). Pour obtenir des fichiers de musique sans aucune perte de qualité, déroulez le menu Format, choisissez WAV (sans perte) et préparez-vous à des fichiers extrêmement volumineux.

Graver des CD de musique

Pour créer un CD de musique avec vos morceaux préférés, créez une sélection en mettant les morceaux dans l'ordre où ils doivent être lus. Gravez-la ensuite sur un CD comme l'explique la section «Créer, enregistrer et modifier des sélections», précédemment dans ce chapitre.

Mais comment ferez-vous pour dupliquer un CD afin de l'écouter dans la voiture sans craindre de rayer accidentellement l'original, ou pour laisser vos enfants l'écouter bien qu'ils ne soient pas très soigneux ?

Malheureusement, ni le Lecteur Windows Media, ni Windows Vista ne proposent de commande de duplication. Vous devez user d'un petit subterfuge pour contourner le problème et créer un CD dont le contenu est la copie conforme de l'original :

1. **Extrayez le CD audio vers le disque dur.**

2. **Insérez un CD vierge dans le graveur.**

3. **Cliquez sur le bouton Bibliothèque et choisissez l'option Album afin de voir le CD enregistré sur le disque dur.**

4. **Cliquez du bouton droit dans l'album de la bibliothèque et choisissez Ajouter à la sélection à graver.**

   Ou alors, cliquez du bouton droit dans la sélection contenant les morceaux à graver sur le CD et choisissez Ajouter à la sélection à graver.

5. **Cliquez sur le bouton Démarrer la gravure.**

Le Lecteur Windows Media a compressé tous les morceaux lors de leur enregistrement sur le disque dur, d'où une perte de qualité audio. Les retransférer sur un autre CD ne rendra pas la qualité perdue. Pour obtenir des copies rigoureusement à l'identique d'un CD audio, vous devrez acheter un logiciel de gravure.

Copier des morceaux dans un lecteur mobile

Le Lecteur Windows Media ne fonctionne pas avec la plupart des lecteurs de musique mobiles, dont le très répandu iPod. Il est clairement optimisé pour transférer des fichiers WMA et non les fichiers MP3 utilisés par la plupart des lecteurs mobiles. Beaucoup de gens n'utilisent pas le Lecteur Windows Media, s'en tenant au logiciel de transfert livré avec leur appareil. Mais si vous tenez à utiliser le Lecteur Windows Media, voici comment faire :

1. **Connectez le lecteur MP3 à l'ordinateur.**

   Cette connexion s'effectue généralement à l'aide du câble USB fourni avec l'appareil.

2. **Démarrez le Lecteur Windows Media.**

   Il peut à présent se passer plusieurs choses, selon le modèle de lecteur MP3 et sa fabrication.

   Si le Lecteur Windows Media reconnaît votre lecteur MP3, un volet Liste à synchroniser apparaît à droite.

   Si le lecteur MP3 a été configuré pour une synchronisation automatique, le Lecteur Windows Media copie consciencieusement tous les morceaux – et les vidéos, si le lecteur les accepte – de la bibliothèque vers le lecteur MP3. L'opération est assez rapide pour quelques centaines de fichiers, mais si votre lecteur peut en héberger des milliers, vous devrez patienter pendant quelques minutes.

Si le lecteur MP3 est configuré pour la synchronisation manuelle, cliquez sur Terminer. Vous devrez indiquer au Lecteur Windows Media quels morceaux il doit copier, comme l'explique l'Étape suivante.

3. **Choisissez les morceaux à copier dans le lecteur MP3.**

   Vous avez le choix entre deux moyens :

   - **Lire de la musique aléatoirement :** Située dans le volet de synchronisation, cette option rapide et facile demande au Lecteur Windows Media de copier des morceaux choisis au hasard dans la liste de synchronisation. C'est génial pour remplir le lecteur MP3 en vitesse, mais vous ne savez pas ce qui se trouvera dedans.
   - **Sélection :** Créez une sélection – une liste de morceaux – à placer dans le lecteur MP3. Vous en avez déjà concocté une ? Cliquez du bouton droit dessus et choisissez Ajouter à 'synchroniser'. Le Lecteur Windows Media ajoute les morceaux de la sélection à la liste de ceux destinés au lecteur MP3.

4. **Cliquez sur le bouton Démarrer la synchronisation.**

   Le Lecteur Windows Media copie les morceaux vers le lecteur de musique mobile. L'opération peut durer de quelques secondes à quelques minutes.

- Si le Lecteur Windows Media ne parvient pas à trouver le lecteur MP3, cliquez sur le bouton Synchroniser, dans la barre supérieure, et choisissez Actualiser la liste des appareils. Le Lecteur Windows Media fera ainsi une autre tentative.
- Pour modifier la manière dont le Lecteur Windows Media envoie les fichiers à un appareil, appuyez sur Alt pour accéder aux menus. Ensuite, choisissez Outils, puis Options et cliquez sur l'onglet Appareils mobiles. Double-cliquez sur le nom du lecteur MP3 afin d'accéder à ses propriétés. Certains offrent d'innombrables options ; d'autres quelques-unes seulement.

NOTE TECHNIQUE

- Certains lecteurs mobiles exigent une mise à jour de leur microprogramme pour pouvoir communiquer avec le Lecteur Windows Media. Téléchargez-le depuis le site Web du fabricant. Il est démarré comme n'importe quel programme, sauf qu'au lieu d'installer un logiciel dans l'ordinateur, il l'installe directement dans l'appareil mobile.

Acheter de la musique et des films en ligne

La version 11 du Lecteur Windows Media a été conçue pour établir des partenariats commerciaux avec des vendeurs de médias sur l'Internet, comme URGE et MTV Networks aux États-Unis.

Procédez comme suit pour atteindre les boutiques en ligne (la connexion à l'Internet doit bien sûr être établie) :

1. **Cliquez sur le bouton Media Guide, à droite dans la barre supérieure.**

   Le Lecteur Windows Media ouvre la page du site Windowsmedia.com.

2. **Cliquez sur le lien Online Music Stores («magasins de musique en ligne»).**

   La page qui apparaît contient des publicités vers plusieurs magasins, mais aucun lien.

3. **Pour accéder à des liens vers des magasins en ligne, cliquez sur Magasins de musique, dans la colonne de gauche du site.**

   La page contient une longue liste de magasins, classés par pays.

4. **Cliquez sur le lien d'un pays ou faites défiler la page jusqu'au pays qui vous intéresse.**

   À la rubrique France, plus d'une dizaine de magasins de musique en ligne sont proposés.

5. **Cliquez sur le lien pointant vers le magasin de votre choix.**

   Le site choisi s'ouvre dans le Lecteur Windows Media, comme le montre la Figure 22.8.

Figure 22.8 : Les magasins de musique en ligne proposent des milliers de titres, même les plus récents.

Chaque magasin ayant ses propres techniques de vente, il est impossible d'indiquer une procédure précise. En règle générale, tous les sites permettent d'écouter un extrait de quelques dizaines de secondes d'un morceau, ce qui est un excellent moyen de juger de sa qualité. En moyenne, une chanson est vendue entre un et deux euros.

Si le morceau vous plaît, vous le placez dans le panier ; si par la suite, vous changez d'avis, vous pouvez à tout moment le supprimer (comme si, dans un magasin réel, vous le rapportiez au rayon). Enfin, au moment de passer en caisse, le décompte de vos achats est affiché. Préparez votre carte bancaire, payez et téléchargez. Parfois, un bouton «achat express» permet de télécharger immédiatement un morceau.

Pensez à sauvegarder sur des CD ou des DVD (ou en faire une copie – pas un simple déplacement – sur un disque dur externe) la musique que vous achetez en ligne.

Ce n'est pas le Lecteur Windows Media qui ouvre mes fichiers !

Ce n'est pas Microsoft qui vous l'apprendra : le Lecteur Windows Media n'est pas le seul lecteur de musiques et de vidéos. En fait, vous devrez aussi télécharger QuickTime (`www.apple.com/fr/quicktime/`) pour pouvoir visionner les vidéos enregistrées au format MOV, nombreuses sur l'Internet. De plus, beaucoup de sons et de vidéo sont enregistrés aux formats RealAudio ou RealVideo (`www.real.com`).

Et ce n'est pas fini : des gens utilisent aussi Winamp (`www.winamp.com`) pour écouter la musique ainsi qu'une grande variété de radios en ligne, et regarder des vidéos. En raison de tous ces formats concurrents, il est souvent indispensable d'installer plusieurs lecteurs multimédia. Malheureusement, ces lecteurs ne se font pas de cadeau au niveau des formats par défaut, chacun essayant d'en accaparer un maximum.

Vista tente de mettre de l'ordre dans cette foire d'empoigne avec sa nouvelle fonction Programmes par défaut. Pour indiquer à chaque lecteur le format de fichier qu'il doit ouvrir, cliquez sur le bouton Démarrer puis sur Programmes par défaut. Une fenêtre apparaît, vous laissant choisir quels programmes doivent lire vos CD, DVD, photos, vidéo, sons, etc.

Chapitre 23

Photos et films

Dans ce chapitre :

- Transférer les photos de l'appareil numérique vers l'ordinateur.
- Regarder les photos dans le dossier Images.
- Sauvegarder les photos numériques sur un CD.
- Envoyer des photos par courrier électronique.
- Imprimer des photos.
- Créer un diaporama et le graver sur un DVD.
- Transférer des séquences du caméscope vers l'ordinateur.
- Monter les clips pour en faire un film.
- Insérer des transitions entre les clips.
- Enregistrer votre film sur un DVD.

Ce chapitre expose la relation de plus en plus étroite entre Windows, les appareils photos numériques et les caméscopes, aussi bien numériques qu'analogiques. Vous découvrirez comment transférer des photos numériques et des films dans l'ordinateur, éliminer ce qui est raté, montrer le reste à la famille, l'envoyer par courrier électronique à vos correspondants lointains, et enregistrer le tout à un emplacement où photos et films seront faciles à retrouver.

Un mot encore : après avoir commencé à créer un album de famille dans l'ordinateur, ne manquez pas de tout sauvegarder dans les règles. Ce chapitre explique comment le graver sur un CD ou un DVD. Vos souvenirs de famille sont en effet irremplaçables.

La boîte à chaussures numérique

Cette section explique comment connecter l'appareil photo numérique à l'ordinateur et y transférer les photos pour les visionner.

Windows ne trouve pas mon appareil photo !

Bien que Windows Vista détecte l'appareil photo dès qu'il est connecté à l'ordinateur, il arrive que le contact ne s'établisse pas spontanément : Vista n'affiche pas le menu d'importation des photos ou encore, un autre programme tente de le supplanter. Dans ce cas, débrancher l'appareil et attendez quelques secondes avant de le reconnecter.

Si cela ne donne toujours rien, suivez ces étapes :

1. **Cliquez sur Démarrer, choisissez Programmes par défaut et cliquez sur Modifier les paramètres de la lecture automatique.**

2. **Faites défiler jusqu'à la rubrique Périphériques.**

   Elle se trouve tout en bas de la fenêtre.

3. **Choisissez votre appareil photo et, dans le menu déroulant, sélectionnez Importer les images en utilisant Windows. Cliquez ensuite sur Enregistrer.**

Si Windows Vista persiste à ne pas reconnaître l'appareil photo, cela signifie que Vista a besoin d'un logiciel pour le mettre en communication avec lui. S'il n'a pas été livré avec l'appareil, visitez le site Web du fabricant afin de le télécharger.

Transférer les photos dans l'ordinateur

La plupart des appareils photos numériques sont livrés avec un logiciel de transfert – ou plus exactement, de copie – qui achemine les fichiers d'image vers l'ordinateur. Mais vous pouvez vous en passer car un programme intégré à Windows est capable de trouver les photos dans quasiment n'importe quelle marque et modèle d'appareil, et les récupérer. Voici comment :

1. **Branchez le câble de liaison à l'ordinateur.**

   Le câble se branche généralement au port USB de l'ordinateur (il est à l'arrière de l'ordinateur, mais d'autres ont un ou deux ports USB en façade). À l'autre extrémité, la forme du minuscule connecteur varie selon les marques d'appareil.

2. **Mettez l'appareil photo en marche, si ce n'est déjà fait, et attendez que Windows Vista le détecte.**

   Quand vous branchez l'appareil pour la première fois, Vista signale sa présence par une petite info-bulle dans la zone de notification en bas à droite de l'écran, près de l'horloge.

Si Vista ne reconnaît pas votre appareil photo, assurez-vous qu'il est en mode Affichage, qui permet de visionner les photos sur l'écran de contrôle, plutôt qu'en mode Prise de vue. Là encore, réessayez en débranchant le câble pendant quelques secondes de l'ordinateur, puis en le rebranchant.

3. **Dans la fenêtre Exécution automatique que montre la Figure 23.1, choisissez Importer les images en utilisant Windows.**

   En principe, la fenêtre de la Figure 23.1 n'apparaît qu'à la première connexion de l'appareil photo. Veillez à ce que soit cochée la case Toujours faire ceci pour le périphérique suivant. Ainsi Vista saura qu'il doit toujours transférer les images lorsque vous connectez un appareil photo.

Figure 23.1 : Choisissez l'unique option présentée afin que Vista transfère automatiquement les photos de l'appareil vers le PC.

La fenêtre Exécution automatique n'apparaît pas ? Cliquez sur le bouton Démarrer, sur Ordinateur et double-cliquez sur l'icône de votre appareil photo.

4. **Dans le champ Balisage des images, tapez un nom générique pour les photos puis cliquez sur Importer.**

   Tapez un ou deux mots qui décrivent la photo, comme à la Figure 23.2. Si vous tapez **Chien**, par exemple, toutes les photos transférées seront nommées Chien 001, Chien 002, Chien 003 et ainsi de suite. Par la suite, vous les retrouverez par une recherche sur le mot **Chien**.

Cliquez sur Importer afin de transférer toutes les photos dans le PC.

TRUC

Cliquer sur Options, à la Figure 23.2, permet de modifier le transfert des photos par Vista. Faites-le car vous pourrez éventuellement activer ou désactiver des options d'importation.

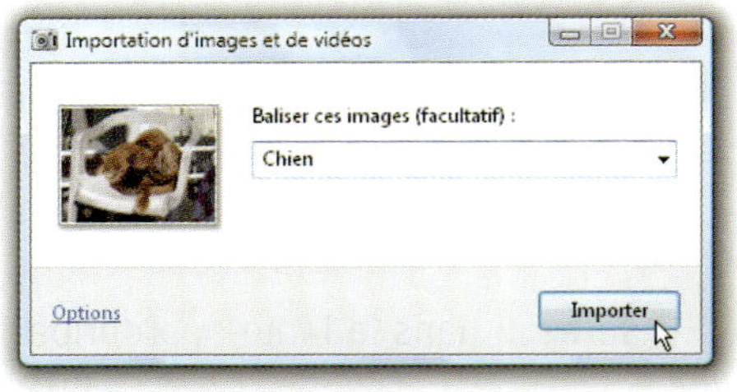

Figure 23.2 : Tapez une balise, ou non, décrivant la série de photos.

5. **Cochez la case Effacer après l'importation.**

Si vous ne supprimez pas les photos dans l'appareil après leur importation dans l'ordinateur, la mémoire ou la carte mémoire finira par être pleine. Cocher la case Effacer après l'importation (Figure 23.3) vous évite d'avoir à parcourir les menus de l'appareil photo.

Figure 23.3 : Cochez cette case afin de libérer de la place pour de nouvelles photos.

6. **Si Vista le demande, laissez-le corriger l'orientation de vos photos.**

Quand Vista remarque qu'une photo a été prise en hauteur, il propose de la pivoter. Ceci évite qu'elle soit couchée à 90° à l'écran.

Les appareils un peu anciens ne peuvent pas signaler à Windows les photos prises en hauteur (ou encore, cette option peut avoir été désactivée). Dans ce cas, Vista ne propose pas le pivotement.

Après avoir importé les photos, Vista affiche le dossier où elles se trouvent.

Récupérer les photos depuis un lecteur de cartes mémoire

Vista importe assez facilement les photos de votre appareil. Un lecteur de cartes mémoire accélère non seulement la tâche, mais c'est en plus la seule option si vous avez perdu le câble de transfert. Cet appareil est un petit boîtier qui se branche au port USB de l'ordinateur.

Pour transférer les images dans l'ordinateur, ôtez la carte mémoire de l'appareil photo et insérez-la dans la fente appropriée du lecteur. Windows détecte l'insertion et traite le lecteur de cartes comme si c'était un appareil photo, proposant les mêmes menus.

Ou alors, dans le menu Démarrer, choisissez Ordinateur et double-cliquez sur l'icône du lecteur de cartes mémoire pour voir toutes les photos. Vous pouvez dès lors les couper et les coller dans le dossier Images ou dans un de ses sous-dossiers.

Les lecteurs de cartes mémoire sont bon marché (moins de 30 euros), faciles à mettre en œuvre, rapides et très pratiques. De plus, l'appareil photo n'étant pas utilisé, sa batterie n'est pas sollicitée, ce qui préserve son autonomie. Quand vous achetez un lecteur de cartes mémoire, assurez-vous qu'il est capable de lire le type de carte utilisé par votre appareil. Un lecteur multiformats est un bon choix car il est plus polyvalent.

Visionner les photos dans la Galerie de photos Windows

Le dossier Images, à un clic du menu Démarrer, est incontestablement le meilleur endroit où stocker les photos numériques. Quand Vista en importe, c'est toujours là qu'il les met afin de tirer avantage des outils de visualisation de ce dossier.

Pour regarder dans un dossier, double-cliquez sur son icône. Dedans, chaque sous-dossier offre les outils de visualisation de fichiers qui se trouvent dans chaque dossier, mais ils comportent en plus une commode rangée de boutons pour afficher, envoyer par courrier électronique et imprimer les photos. Cliquez sur le bouton Affichages pour trouver la glissière qui permet notamment d'afficher les miniatures en trois tailles.

Si le dossier Images est trop encombré pour visionner facilement les photos, démarrez le nouveau programme d'archivage de Windows : cliquez sur le bouton Démarrer, choisissez Tous les programmes puis Galerie de photos Windows.

La Galerie de photos Windows (Figure 23.4) propose diverses manières de trier rapidement des milliers de photos en cliquant sur les mots, des dates ou des notations, dans le Volet de navigation, à gauche. Double-cliquez sur la miniature d'une photo pour la voir en grand, puis revenez à la Galerie de photos Windows en cliquant sur la flèche Précédent.

Cliquer sur les termes suivants, dans le Volet de navigation, permet de trier les photos de plusieurs manières :

- **Toutes les images et vidéos :** Cliquez sur cette option pour voir toutes les photos et les vidéos, triées chronologiquement par années de prises de vue ou de transfert dans le PC. Deux sous-catégories ne montrent que les images, ou que les vidéos. Si vous repérez l'image ou la vidéo que vous recherchiez, double-cliquez sur leur miniature pour les visionner.

- **Récemment importé :** Cette option permet d'accéder commodément aux images que vous venez juste d'importer dans l'ordinateur.

- **Balises** : Vous souvenez-vous de la balise que vous aviez tapée lors de l'importation des photos, à la Figure 23.2 ? Ces balises sont répertoriées dans cette rubrique du Volet de navigation. Cliquez sur l'une d'elles, et seules sont affichées les photos qui la contiennent. Vous pouvez ajouter des tags à la volée : sélectionnez les photos de Tatie Danièle (vous pouvez en sélectionner plusieurs à la fois en cliquant dessus, touche Ctrl enfoncée) puis, dans le Volet d'informations à gauche, cliquez sur Ajouter des balises. Tapez ensuite **Tatie Danièle** pour baliser les photos avec ce nom.

- **Date de la prise :** Cette option permet de ne voir que les photos prises un certain jour, mois ou année. Par exemple, cliquez sur 2004 puis, la touche Ctrl enfoncée, cliquez sur la balise Chien pour voir toutes les photos de chiens prises en 2004.

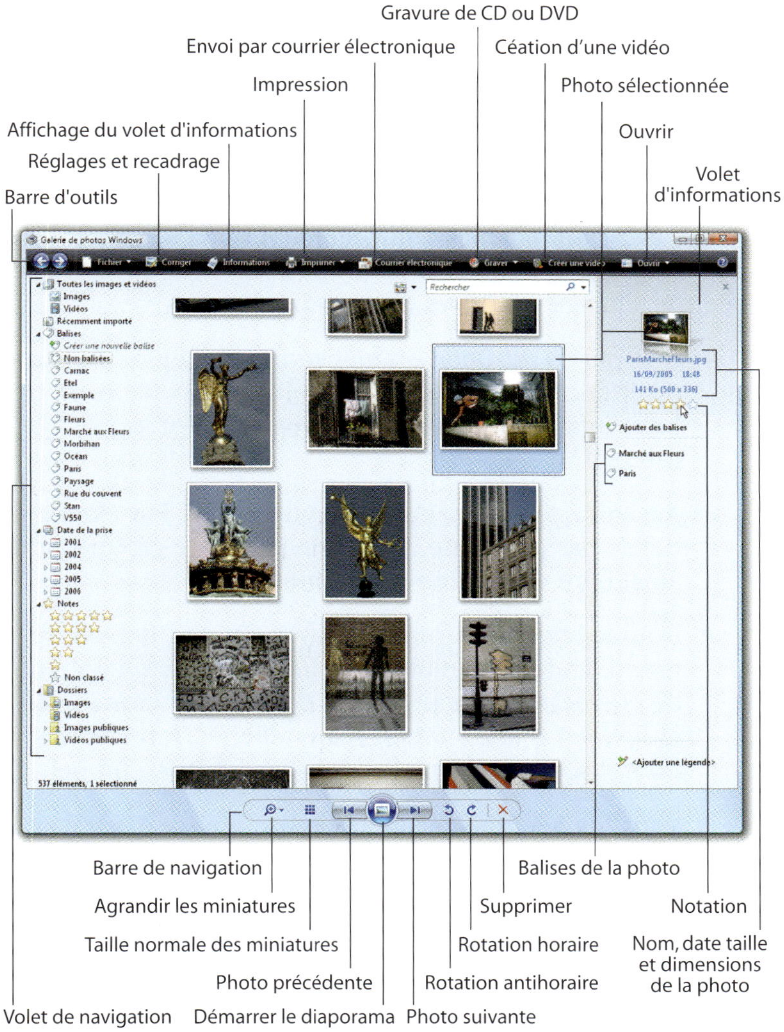

Figure 23.4 : La nouvelle Galerie de photos Windows permet de trier les photos chronologiquement, par sujet ou par une notation personnelle.

- **Notes :** Vous êtes vraiment fier d'une photo ? Ou pas tant que ça ? La touche Ctrl enfoncée, appuyez sur la touche **1**, **2**, **3**, **4** ou, si elle est géniale, **5** pour noter vos photos. Vous pourrez ainsi n'afficher que celles correspondant à la note sélectionnée dans le volet de gauche. Une photo peut aussi être notée en cliquant sur l'une des étoiles dans le volet d'information, comme à la Figure 23.4.

- **Dossiers :** Cliquez dans l'un des dossiers figurant dans cette rubrique pour voir les photos et/ou les vidéos qu'ils contiennent. Pour ajouter un dossier à cette liste, cliquez du bouton droit sur le mot Dossiers, choisissez Ajouter un dossier à la Galerie, puis parcourez le disque dur à sa recherche.

En choisissant les critères de dates, de balises et de note, vous dénicherez rapidement et efficacement la ou les photos que vous cherchiez. Ces quelques conseils augmenteront vos chances de localiser l'image que vous cherchez :

- Une photo est floue ou mal cadrée ? Cliquez dessus du bouton droit et choisissez Supprimer. Il est plus facile de trouver une belle image dans une photothèque débarrassée des photos ratées.
- Assignez plusieurs balises à une photo. Par exemple, créez une balise par personne, pour une photo de groupe. Vous pourrez ainsi faire des recherches nominatives.
- Double-cliquez sur une miniature pour afficher la photo en grand. La fenêtre dans laquelle elle s'ouvre contient des outils de correction, d'impression, d'envoi par courrier électronique, et le Volet d'information reste affiché. Nous reviendrons sur ces boutons à la section «Corriger les photos», un peu plus loin.

TRUC

- Vous voulez utiliser une photo comme arrière-plan du Bureau ? Cliquez du bouton dessus et choisissez Définir en tant que papier peint du bureau. La photo est aussitôt placée sur le Bureau.
- Immobilisez le pointeur de la souris sur une miniature pour voir en une version agrandie, de même que son nom de fichier, sa note, les balises, la date de prise de vue, taille du fichier et les dimensions de l'image.

Une photothèque bien classée

Il est tentant de créer, dans le dossier Images, un sous-dossier nommé Nouvelles photos et d'y stocker toutes les images à venir. Mais ce système montrera vite ses limites. L'outil d'importation de Vista fait heureusement du bon travail en nommant chaque série de photos après la date et la balise. Les conseils suivants vous permettront de classer plus efficacement vos photos, et donc de les retrouver plus vite :

- Affectez quelques balises généralistes comme Maison, Voyage ou Vacances. Il vous sera ainsi possible de commencer une recherche par toutes les photos faites chez vous, ou toutes celles prises en voyage, ou toutes les photos de vacances.
- Windows assigne la balise créée lors de l'importation à tout le lot de photos importées. Accordez-vous immédiatement un peu de temps pour ajouter des balises plus spécifiques à chacune des photos.
- Si vous êtes passionné de photo, envisagez l'achat d'un gestionnaire de photos plus sophistiqué, comme ACDSee (`http://fr.acdsee.com/`).

Visionner un diaporama

Le mode Pellicule des dossiers d'image de Windows XP offrait un semblant de diaporama qui affichait une photo après une autre. Dans Vista, ce diaporama est autrement mieux fait, avec en prime une quinzaine de types de présentations.

Faites preuve d'originalité, pour visionner vos photos, en recourant à l'une de ces deux techniques :

- Dans le dossier Images, cliquez sur le bouton Diaporama, dans la barre d'outils.

- Dans la Galerie de photos Windows, cliquez sur le gros bouton Lire le diaporama, en bas au milieu (ou appuyez sur F11).

L'écran s'assombrit aussitôt et la première image apparaît en plein cadre. Elle s'estompe tandis que la suivante apparaît par un effet de fondu-enchaîné.

Vous n’avez pas droit à ce diaporama sophistiqué ? C’est sans doute parce que Vista ou votre PC ne fait pas l’affaire : soit vous utilisez la version Édition Familiale Basique où ce diaporama n’existe pas, soit le PC n’est pas suffisamment puissant.

Cliquez sur le bouton Thème, à gauche des commandes de diaporama, pour choisir une autre présentation différente. Par exemple, le thème Classique fait simplement se succéder les images tandis que le thème Album donne l’apparence d’un traditionnel album en carton. Le terme Tourner retourne la photo pour présenter la suivante, et le thème Voyage empile les photos inclinées dans un sens, puis dans un autre, sur un papier orné de flammes d’oblitération postales.

Le bouton Diaporama crée rapidement un diaporama. Mais si vous envisagez d’en graver sur un CD ou un DVD pour épater vos proches, reportez-vous au deux dernières sections de ce chapitre. Vous y apprendrez comment créer et enregistrer des diaporamas avec Movie Maker et DVD Maker, deux programmes livrés avec Vista.

Voici quelques conseils pour améliorer vos diaporamas :

- Avant de commencer le diaporama, pivotez toutes les photos qui sont couchées sur le côté.
- Le diaporama comportera toutes les photos du dossier courant et aussi de ses sous-dossiers.
- Pour ne limiter le diaporama qu’au dossier courant, sélectionnez une partie des photos qui s’y trouvent – en maintenant la touche Ctrl enfoncée – puis cliquez sur le bouton Diaporama.
- TRUC — Un diaporama peut être transformé en écran de veille : cliquez du bouton droit sur le Bureau, choisissez Personnaliser, cliquez sur Écran de veille et, dans le menu déroulant du même nom, choisissez Photos. Cliquez sur le bouton Paramètres, si vous le désirez, pour choisir un type de diaporama, ou filtrer les photos affichées par balise, note et dossier.
- TRUC — N’hésitez pas à sonoriser un diaporama en faisant jouer un morceau par le Lecteur Windows Media juste avant le spectacle. Ou, si vous avez rapporté un CD de musique de vos vacances à Tahiti, insérez-le dans le lecteur et laissez la musique pendant tout le diaporama.

Corriger les photos

Windows Vista contient quelques outils de correction des photos : suppression de l'effet de yeux rouges des portraits faits au flash, amélioration des photos surexposées, recadrage des images... Bizarrement, Vista cache ces outils dans la Galerie de photos Windows. Pour corriger vos photos, vous devrez donc cliquer sur le bouton Démarrer, choisir Tous les programmes et sélectionner Galerie de photos Windows.

Sélectionnez la photo à problèmes en cliquant dessus puis cliquez sur le bouton Corriger, dans la barre d'outils de la Galerie de photos Windows. Les prochaines sections expliquent comment utiliser les outils de correction, visibles à la Figure 23.5.

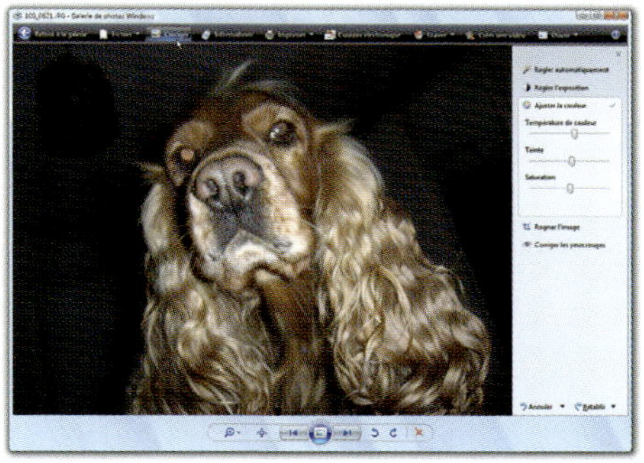

Figure 23.5 : Cliquez sur le bouton Corriger, dans la barre d'outils de la Galerie de photos Windows, pour accéder aux outils de correction visibles dans le volet de droite.

Les corrections ne sont pas irréversibles. Si vous avez fait une erreur, cliquez sur le bouton Annuler, en bas de la Galerie de photos Windows. Si vous ne remarquez la bévue que quelques jours plus tard, cliquez sur la photo en question, cliquez sur le bouton Corriger, et vous verrez qu'en bas à droite, le bouton Rétablir est accessible. Cliquez dessus et Vista pourra rétablir la photo originale.

Veillez à corriger les photos avant de les imprimer ou les envoyer à un service d'impression. Un petit recadrage et quelques réglages amélioreront l'image avant de la coucher sur papier.

Régler l'exposition et la couleur

L'image que capte votre appareil photo n'est pas toujours aussi bien restituée à l'écran que vous l'auriez désiré. Pour lui redonner un peu plus de «pêche», la Galerie de photos Windows offre de quoi régler la couleur et rattraper une image surexposée ou sous-exposée, un problème classique dû à un éclairement trop fort, ou au contraire trop faible.

Voici comment rattraper l'exposition d'une photo :

1. **Ouvrez la Galerie de photos Windows, cliquez sur la photo ratée puis, dans la barre d'outils, sur le bouton Corriger.**

   Les outils de correction apparaissent dans un volet à droite de l'image (voir Figure 23.5).

2. **Cliquez sur Régler automatiquement.**

   Vista analyse l'image et applique les réglages qui, selon lui, s'imposent : aussi étonnant que cela puisse paraître, le résultat est souvent satisfaisant. Mais parfois, il est pire ou alors, la correction est insuffisante. Vous devrez alors passer à l'Étape 3.

3. **Cliquez sur Régler l'exposition puis ajustez les curseurs Luminosité et Contraste.**

   Le réglage automatique fausse toujours quelque peu les paramètres d'exposition. Les curseurs des glissières Luminosité et Contraste sont normalement centrés, mais après l'application de la commande Régler automatiquement, l'un ou l'autre peut être décentré. Réglez la luminosité et le contraste. Si la photo n'est pas encore satisfaisante, passez à l'Étape 4.

4. **Cliquez sur Ajuster la couleur. Réglez les paramètres Température de couleur, Teinte et Saturation.**

   NdT : Réglez le curseur Température de couleur si la photo semble globalement trop orangée, verdâtre ou bleutée. Vous pouvez aussi, en l'utilisant délicatement, renforcer une impression de crépuscule ou une ambiance intimiste. La glissière Teinte décale la totalité du spectre chromatique. Vous aurez peu l'occasion de l'utiliser. La glissière Saturation règle l'intensité des couleurs : vers la droite, les couleurs plus vives ; calée à gauche, l'image est privée de couleur et apparaît en noir et blanc (réglez de nouveau le contraste et la luminosité pour obtenir un beau noir et blanc).

5. **Enregistrez ou annulez vos modifications.**

   Si vous estimez que la photo est corrigée, enregistrez vos interventions en cliquant sur le bouton Retour à la galerie, à gauche dans la barre d'outils, ou en fermant la Galerie de photos Windows.

Mais si la photo est encore pire qu'avant, renoncez aux modifications les unes après les autres en cliquant à chaque fois sur le bouton Annuler, ou rétablissez la photo originale en cliquant sur la petite flèche à droite de Annuler et, dans le menu, choisissez Annuler tout.

TRUC

NdT : Si la retouche et la correction des photos vous intéressent, reportez-vous au livre *Photoshop Elements 4 Pour les Nuls*. Il est entièrement consacré à Photoshop Elements, un logiciel puissant et d'un prix abordable.

Rogner les photos

Rogner les photos, c'est les recadrer. A vrai dire, le recadrage commence dès la prise de vue, lorsque vous recherchez le point de vue et orientez l'appareil afin d'obtenir une bonne image.

Mais, de retour chez vous, vous constatez que la composition de l'image n'est pas aussi bonne que vous le pensiez : un pied ou un bras dépasse dans l'image, un poteau ou un pylône gâche le paysage.

Un recadrage peut remédier à ces défauts. Vous ne retiendrez que la partie intéressante d'une image et éliminerez le reste. Ces trois étapes expliquent comment faire pour recadrer un sujet pris d'un peu trop loin et donner ainsi plus de force à l'image.

1. **Ouvrez la Galerie de photos Windows, cliquez sur la photo à recadrer puis, dans la barre d'outils, cliquez sur le bouton Corriger.**

2. **Cliquez sur l'outil Rogner l'image, déroulez le menu Proportions et choisissez un format de papier.**

   L'outil Rogner l'image place un cadre dans l'image, comme le montre la Figure 23.6. Tout ce qui se trouve à l'extérieur sera supprimé.

3. **Réglez le recadrage.**

   Vista centre le cadre, ce qui est rarement la meilleure solution. Repositionnez-le en cliquant dedans et en le tirant, bouton de la souris enfoncé. Réglez ensuite les dimensions du cadre : en tirant un coin, la proportion est maintenue. En tirant un côté, la proportion n'est plus respectée (le bouton Proportion affiche alors Personnalisé).

Figure 23.6 : Choisissez une proportion puis réglez les dimensions du cadre. Ici, la proportion 4 × 3 est appropriée au tirage sur un papier de 10 x 15 cm.

Pour recadrer en fonction de différents formats de papiers, déroulez le menu Proportion et choisissez-en un. Cliquez sur le bouton Faire pivoter l'image pour obtenir un cadrage, soit en hauteur, soit en largeur.

TRUC

Évitez de centrer le sujet. Pour qu'une photo soit plus forte, il est conseillé de respecter la règle des tiers : imaginez que la photo soit divisée par des lignes aux tiers de la hauteur et aux tiers de la largeur (voir Figure 23.7). Tout élément positionné à l'intersection de ces lignes attire plus le regard que placé ailleurs.

Figure 23.7 : La règle des tiers est une des bases de la composition graphique.

4. **Cliquez sur le bouton Appliquer pour recadrer l'image.**

Tout ce qui est à l'extérieur du cadre est éliminé, comme l'illustre la Figure 23.8. Remarquez le positionnement de deux colombes respectant la règle des tiers. De plus un peu «d'air» a été ménagé à gauche, dans la direction du vol, afin que les colombes ne donnent pas l'impression de se heurter au bord de l'image.

Figure 23.8 : Après avoir cliqué sur Appliquer, l'image est recadrée.

Si vous désirez faire des essais, sachez que cliquer sur Annuler rétablit l'image originale. En revanche, si le nouveau cadrage vous plaît, cliquez sur le bouton Aller à la Galerie pour l'enregistrer et revoir toutes vos photos.

TRUC

Rogner une image est commode pour réaliser les photos qui illustreront vos comptes d'utilisateurs. Choisissez la proportion Carrée, cadrez le portrait bien serré puis, après avoir enregistré l'image, intégrez-la à un compte d'utilisateur.

Corriger les yeux rouges

La lumière du flash est si soudaine et intense que les pupilles n'ont pas le temps de se contracter. Au lieu d'être noires, sur la photo, elles sont d'un rouge soutenu car la lumière se reflète sur le réseau sanguin de la rétine.

L'outil Corriger les yeux rouges de la Galerie de photos Windows remplace le rouge par des nuances de gris foncé et de noir plus esthétiques, apportant ainsi une solution élégante à un problème qui a hanté des générations de photographes de réceptions.

1. **Ouvrez la Galerie de photos Windows, double-cliquez sur la photo où il y a des yeux rouges puis cliquez sur le bouton Corriger.**

   TRUC

   Zoomez sur les yeux rouges en cliquant sur le bouton en forme de loupe, dans la barre de navigation en bas de la fenêtre.

2. **Cliquez sur Corriger les yeux rouges, tirez un rectangle autour de la pupille et relâchez le bouton.**

   Dès que le bouton est relâché, le rouge des pupilles est remplacé par des nuances de gris presque noir (NdT : cette commande corrige les yeux rouges, mais moins bien, voire pas du tout, les yeux verts ou or des animaux de compagnie).

Graver des photos numériques sur un CD ou un DVD

Ne perdez pas tous vos souvenirs numériques faute de les avoir sauvegardés. Achetez sans tarder un lot de CD ou de DVD vierges compatibles avec votre lecteur.

Procédez ensuite comme suit pour copier tout le contenu de votre dossier Images sur un CD ou un DVD vierge :

1. **Ouvrez le dossier Images depuis le menu Démarrer puis cliquez sur le bouton Graver.**

   Vista vous invite à insérer un disque vierge dans le lecteur de CD.

2. **Insérez un CD ou un DVD vierge dans le graveur de CD.**

   Le graveur de CD est aussi un lecteur de CD (mais l'inverse n'est pas toujours vrai). Un DVD peut stocker jusqu'à cinq fois plus de données qu'un CD. C'est pourquoi vous privilégierez ce support. Si vous n'avez pas de DVD sous la main, quelques CD devraient faire l'affaire.

3. **Nommez le disque sur le point d'être gravé puis cliquez sur Suivant.**

   Tapez la date d'aujourd'hui suivie des mots «Sauvegarde photos». La gravure commence aussitôt.

La place manque sur le CD ou le DVD pour sauvegarder toutes les photos ? Windows Vista n'est hélas pas assez intelligent pour demander l'insertion d'un deuxième disque. Il se contente d'annoncer benoîtement qu'il n'y a plus assez le place et cesse de graver. Dans ce cas, optez pour le programme Centre de sauvegarde, qui saura répartir vos sauvegardes sur plusieurs disques.

Pivoter une photo

Quand une photo est tirée sur papier, peu importe son sens : il suffit de pivoter le tirage pour regarder une photo en hauteur. Sur l'écran d'un ordinateur, une photo cadrée en hauteur est généralement couchée. Vista pourra cependant la remettre d'aplomb.

Il suffit pour cela de cliquer dessus du bouton droit. Dans le menu contextuel, choisissez Faire pivoter vers la droite ou Faire pivoter à gauche, et le tour est joué.

Pour pivoter une photo dans la Galerie de photos Windows, cliquez sur une icône de rotation dans le sens antihoraire ou horaire, dans la barre de navigation.

Envoyer des photos par courrier électronique

Les fichiers des photos numériques sont particulièrement volumineux alors que le courrier électronique ne peut acheminer que des fichiers de petite taille. Un fichier trop gros encombre inutilement la boîte de réception du destinataire et parfois, quand il dépasse le maximum autorisé par votre fournisseur d'accès Internet, le message est tout simplement refusé. Pour résoudre ce problème, Windows Vista propose fort opportunément de redimensionner les photos que vous envoyez. Voici comment exploiter cette fonctionnalité :

1. **Cliquez du bouton droit sur la ou les photos sélectionnées puis, dans le menu contextuel, choisissez Envoyer vers, puis Destinataire.**

   Ou, si vous regardez des photos dans le dossier Images ou dans la Galerie de photos Windows, cliquez sur le bouton Courrier électronique, dans la barre supérieure.

   Windows affiche la fenêtre de la Figure 23.9, qui propose de réduire la taille des images envoyées par courrier. Acceptez l'offre.

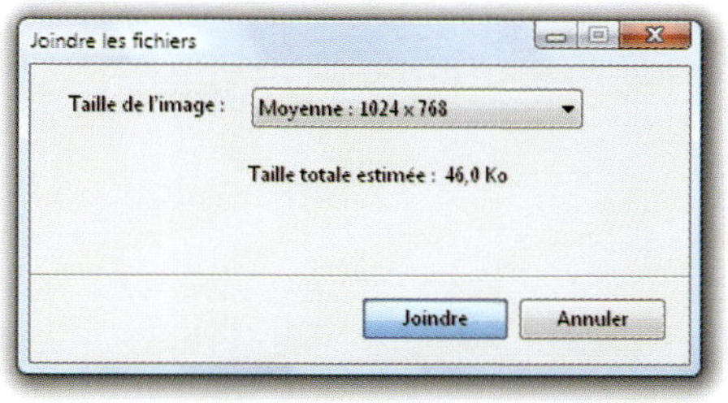

Figure 23.9 : Pour la plupart des destinataires, choisissez une taille Moyenne.

2. **Cliquez sur le bouton Joindre.**

   Windows redimensionne les photos à envoyer, ouvre la messagerie par défaut – Microsoft Mail, ou encore Microsoft Outlook – et les joint au message.

3. **Indiquez l'adresse électronique du destinataire puis cliquez sur Envoyer.**

4. **Cliquez sur le bouton Envoyer.**

   Windows Mail envoie le message au destinataire, avec les photos qui y sont jointes.

Imprimer les photos

L'assistant d'impression de photos de Windows Vista propose presque autant d'options de tirage qu'une boutique photo : format, brillant ou mat, avec ou sans bord, etc.

Pour obtenir de beaux tirages, vous devez utiliser une imprimante photo ainsi que du beau – et onéreux – papier photo. Demandez à voir des échantillons d'impression avant d'acheter une imprimante, puis achetez le papier photo recommandé pour cette marque.

Avant d'imprimer vos photos, corrigez les couleurs et recadrez-les.

Voici comment faire migrer vos images de l'écran vers le papier :

1. **Ouvrez le dossier Images à partir du menu Démarrer, puis sélectionnez les photos à imprimer.**

   Vous ne voulez en imprimer qu'une seule ? Cliquez dessus. Pour en sélectionner et donc en imprimer plusieurs à la fois, cliquez dessus touche Ctrl enfoncée.

2. **Demandez à Vista d'imprimer les photos.**

   L'impression peut être lancée de deux manières :

   - En cliquant sur le bouton Imprimer, dans la barre d'outils du dossier. Il y en a un dans le dossier Images et ses sous-dossiers, de même que dans la Galerie de photos Windows.

   - En cliquant du bouton droit sur les photos sélectionnées et en choisissant Imprimer, dans le menu contextuel.

Quelle que soit la technique adoptée, la fenêtre Imprimer les images apparaît (Figure 23.10).

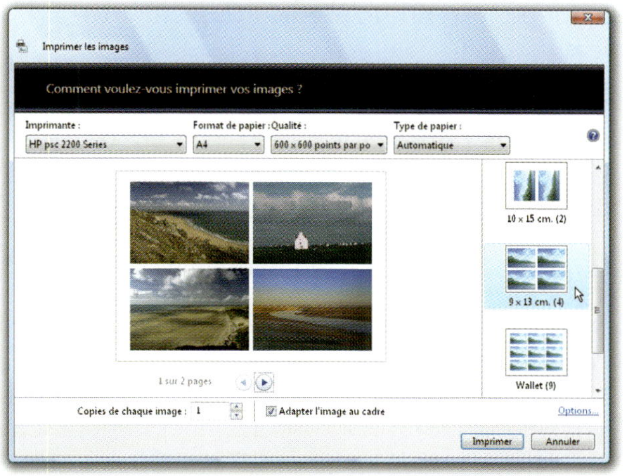

Figure 23.10 : Choisissez la disposition des photos sur le papier, puis cliquez sur le bouton Imprimer.

3. **Choisissez l'imprimante, le format de papier et la disposition ainsi que le nombre d'exemplaires à tirer.**

   La fenêtre Imprimer les images permet de régler plusieurs paramètres (si vous ne faites rien, Vista imprime chaque photo sur une seule feuille au format A4) :

   - **Imprimante :** Vista affiche l'imprimante par défaut. Si vous en avez plusieurs, dont une imprimante photo, sélectionnez-la dans la liste.
   - **Format de papier :** La liste déroulante contient plusieurs formats usuels, dont le format A4.
   - **Disposition :** Choisissez dans le volet de droite comment Vista doit disposer les photos sur le papier : sur des pages entières, deux ou quatre par page, voire neuf photos au format Wallet (celui des cartes bancaires). D'autres dispositions sont possibles. Chaque fois que vous en choisissez une, l'assistant montre un aperçu (voir Figure 23.10).
   - **Copies de chaque image :** Vous pouvez imprimer de 1 à 99 exemplaires de chaque image.

4. **Insérez du papier photo dans l'imprimante puis cliquez sur Imprimer.**

   Respectez scrupuleusement les instructions fournies sur l'emballage de la ramette de papier. Le côté traité doit être correctement orienté sous peine d'imprimer au dos du papier, ce qui serait un énorme gâchis.

   Cliquez sur Imprimer, et Vista envoie les photos à l'imprimante.

La plupart des labos tirent vos photos sur un meilleur papier et avec une encre de meilleure qualité que votre imprimante. Étant donné le coût de ces consommables, le labo est souvent moins cher qu'imprimer vous-même. Étudiez leurs tarifs et demandez sur quel support ils préfèrent recevoir les photos : sur CD, carte mémoire, voire par Internet.

Créer, monter et visionner des films numériques et des diaporamas

Les étagères des vidéastes amateurs croulent sous les cassettes de films de vacances, d'événements sportifs et de bains de bébé. Movie Maker, un logiciel de vidéo livré avec Vista, permet de transformer ces rangées de cassettes en films montés et présentables.

Le polyvalent Movie Maker considère les diaporamas comme des films, permettant d'arranger les photos dans l'ordre qui vous plaît, de ménager des transitions entre chacune d'elles, d'ajouter une bande sonore, et de graver le chef-d'œuvre sur un DVD.

La version pour Vista de Movie Maker fonctionne à peu près comme celle pour XP. Seules quelques appellations changent dans des menus. La grande amélioration est la possibilité – tant attendue – de pouvoir lire le film avec un lecteur de DVD de salon.

Le volet Tâches de Movie Maker (voir Figure 23.11) vous guide à travers les trois étapes de la création d'un film : l'importation de la vidéo et/ou des photos, leur montage, et l'enregistrement de votre création sur le disque dur, un CD ou un DVD. Vous pouvez aussi l'envoyer par courrier électronique ou la réintégrer dans le caméscope afin de l'enregistrer sur bande magnétique.

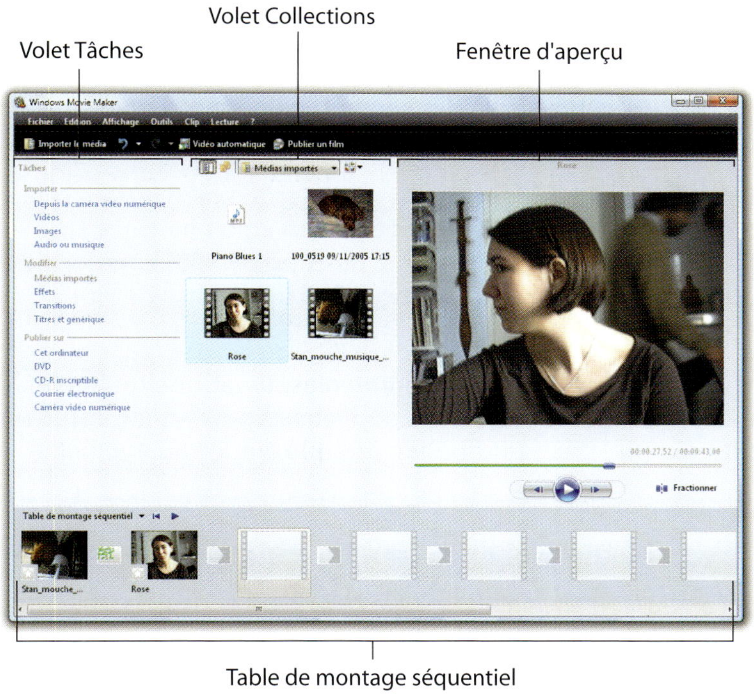

Figure 23.11 : Le volet Tâches vous guide lors de la collecte des éléments,

Voici les trois étapes de la création d'un film :

1. **L'importation.**

   Il s'agit de la collecte des matériaux bruts. Vous copierez sur le disque dur les scènes filmées avec le caméscope, qui apparaîtront dans Movie Maker sous forme de clips séparés. Ajoutez d'autres vidéos, des émissions de télévision enregistrées, des fichiers de musique, des photos numériques, bref tout ce dont vous avez besoin pour le film.

2. **Le montage.**

   Montez les clips vidéo, la musique et les images fixes pour en faire un film digne de ce nom. Faites glisser vos meilleurs clips sur la Table de montage séquentiel dans l'ordre où ils doivent apparaître, et placez des transitions entre certaines séquences. Ajouter aussi une bande sonore, et aussi un titrage de début et de fin.

3. La diffusion.

Le montage terminé, Movie Maker produit un film terminé, prêt à être enregistré dans votre ordinateur, gravé sur un CD ou un DVD ou réintroduit dans votre caméscope.

La création d'un film exige beaucoup de place libre sur le disque dur. Prévoyez 2,5 giga-octets pour un court-métrage de 15 minutes. Si la place manque, vous avez deux possibilités : créer des films plus courts ou ajouter un second disque dur de grande capacité à l'ordinateur.

TRUC

Vous êtes pressé ? Le mode Vidéo automatique de Movie Maker, décrit dans l'encadré, analyse vos séquences puis en fait rapidement un film tout simple. C'est un bon moyen de s'initier au logiciel.

Laisser Movie Maker créer automatiquement une vidéo

Si vous n'avez pas envie d'apprendre à utiliser Movie Maker et que vous désirez seulement créer rapidement un film, demandez à la fonction Vidéo automatique de s'en charger. Après avoir importé les scènes et/ou les photos, choisissez Vidéo automatique, dans le menu Outils. Sélectionnez un style de vidéo, qu'il s'agisse de simples coupures et fondus, d'une vidéo musicale tape-à-l'œil, d'un film «ancien» ou d'un montage nerveux, pour les scènes comportant des filés et des zooms.

Movie Maker effectue le montage des séquences et/ou des photos. Il les analyse à la recherche de panoramiques et de zooms intéressants, repère les plans bougés ou flous, et finit par en faire un film prêt à être visionné. Bien que cette fonction ne soit pas parfaite, c'est un moyen étonnamment rapide pour obtenir des films présentables à partir d'un ensemble de scènes vidéo.

Étape 1 : Importer la vidéo, les photos et la musique

Si vous avez déjà importé des séquences vidéo de votre caméscope numérique, passez directement à l'Étape 4 car vous avez pris de l'avance.

Mais si vous êtes sur le point de le faire, vous avez un peu de pain sur la planche. Pour que Movie Maker puisse monter vos vidéos, vous devez d'abord les copier dans l'ordinateur à l'aide d'un câble.

La plupart des caméscopes se connectent au port FireWire ou USB 2.0 (le premier, parfois appelé du nom de sa norme, IEEE-1394, fonctionne le mieux).

Si votre ordinateur n'est pas équipé d'un port FireWire, installez une carte d'extension FireWire, qui est de surcroît bon marché. J'explique comment faire dans mon livre *PC Mise à niveau et dépannage Pour les Nuls*.

Votre caméscope est un ancien modèle analogique ? Il est parfaitement possible de transférer les films dans Windows Vista en recourant à une carte d'acquisition vidéo installée dans l'ordinateur.

Quand vous importez de la vidéo par le port FireWire, ou IEEE-1394, il suffit d'utiliser le câble approprié. Au travers de ce seul câble, Vista récupère le son et la vidéo et contrôle aussi la caméra.

Procédez comme suit pour importer de la vidéo numérique dans l'ordinateur :

1. **Démarrez Movie Maker, connectez le caméscope numérique à l'ordinateur et, si cela vous est demandé, cliquez sur Importer la vidéo.**

   Si c'est la première fois que vous branchez le caméscope numérique, Windows Vista le reconnaît et propose aussitôt d'importer les vidéos qui s'y trouvent. Pour que Vista le détecte, vous devrez peut-être configurer le caméscope dans le mode où il visionne les vidéos, et non en mode d'enregistrement.

   Mais, si vous aviez déjà branché le caméscope précédemment, Vista affiche immédiatement une fenêtre Importation. Si elle n'apparaît pas, démarrez Movie Maker et choisissez Fichier, puis Importer à partir de la caméra vidéo numérique.

2. **Tapez un nom pour la scène, choisissez le format vidéo et cliquez sur Suivant.**

   Commencez par nommer la vidéo en fonction du sujet (vacances à Trifouillis-les-Oies, mariage, moto-cross ou moto-crottes...).

   Choisissez ensuite l'un des trois formats dans lequel vos films seront stockés dans le dossier Vidéos :

- **Format de périphérique vidéo (AVI) :** C'est la meilleure option si l'ordinateur est équipé d'un disque dur de grande capacité. La totalité de la vidéo est copiée en un seul fichier sans aucune perte de qualité. Comptez 13 giga-octets par heure de film.
- **Fichier vidéo Windows Media (un fichier par scène) :** Cette option est approprié pour les disques durs plus modestes. La totalité de la vidéo est copiée et compressée dans un fichier de seulement 2 Go par heure.
- **Vidéo Windows - Windows Media (fichier unique) :** Cette option enregistre chaque scène dans un fichier distinct, ce qui facilite leur gestion. Vous pouvez notamment supprimer les mauvaises scènes pour économiser de la place.

Bien que les deux premières options enregistrent les séquences importées dans un seul fichier, Vista sait cependant où commence et se termine chacune d'elles. Quand le fichier est ouvert dans Movie Maker, les séquences sont effectivement affichées séparément.

3. **Choisissez l'importation de la totalité de la bande ou seulement des parties. A la fin du processus, cliquez sur OK.**

Vista propose deux façons d'importer la vidéo :

- **Importer la bande vidéo complète sur mon ordinateur :** Cette option importe la totalité des vidéos. Ce choix est surtout approprié pour ceux qui enregistrent chaque série de prises de vue sur une bande différente.
- **Importer uniquement des parties de la bande vidéo sur mon ordinateur :** Choisissez cette option pour importer rapidement quelques parties de la bande. Vista affiche une fenêtre de lecture avec des boutons de commande. Effectuez une avance rapide jusqu'au début de la séquence désirée, cliquez sur le bouton Lancer Importation de vidéo, enregistrez un bout de scène, puis cliquez sur Arrêter l'importation de la vidéo. Répétez cette manipulation jusqu'à ce que vous ayez obtenu toutes les scènes voulues, puis cliquez sur Terminer.

L'ordinateur doit fonctionner en continu pendant la récupération des séquences, car il a besoin d'un maximum de puissance de calcul pour produire des séquences fluides. N'utilisez aucun autre programme pendant qu'il mouline et n'en profitez pas pour aller sur le Web.

Vista stocke les séquences dans le dossier Vidéos, que vous pouvez examiner à partir du menu Démarrer, en cliquant du bouton droit sur votre nom d'utilisateur et en ouvrant le dossier Vidéos.

4. **Ouvrez Movie Maker, s'il ne l'est pas encore.**

   Vous le trouverez bien évidemment dans Tous les programmes, après avoir cliqué sur le bouton Démarrer.

   Si Windows Vista recommande de mettre la résolution d'écran à 1024 × 768 ou plus, faites-le. Elle offre plus de place pour effectuer les montages vidéo.

   Une fois ouvert, Movie Maker montre tous les clips qui y étaient restés après votre dernier projet. Pour redémarrer de zéro, choisissez Nouveau projet, dans le menu Fichier. Supprimez ensuite tous les clips subsistant dans le volet Collections en cliquant n'importe où dans ce volet, en choisissant Sélectionner tout, dans le menu Édition et en appuyant ensuite sur la touche Suppr. Cette opération ne supprime pas les fichiers de ces clips, car les éléments du volet Collections ne sont que des copies.

5. **Collectez les vidéos, photos, musique et sons à incorporer dans votre vidéo.**

   La tâche Importer, la première du volet Tâches, permet de réunir tous les matériaux désirés pour la vidéo. Ne vous souciez pas d'en collecter plus qu'il n'en faut, car ces éléments ne sont que des copies. La tâche Importer sert à recueillir les matériaux suivants :

   - **Depuis la caméra vidéo numérique :** Cette option démarre le programme d'importation de vidéos évoqué précédemment dans cette section.
   - **Vidéos :** Choisissez cette tâche pour importer des vidéos déjà stockées dans le disque dur.

- **Images :** Cette tâche sert à ajouter des photos numériques dans la zone de travail, prêtes à être intégrées à un diaporama ou dans un film.
- **Audio ou musique :** Movie Maker accepte plusieurs sources audio, permettant ainsi de mixer les bruits d'ambiance captés par le caméscope avec votre voix qui commente et de la musique. En fait, beaucoup de films sont nettement meilleurs en remplaçant le souffle du vent, en bruit de fond, par de la musique.

Au terme de cette étape, Movie Maker héberge toutes les vidéos, photos et musiques dont vous avez besoin pour votre film. A la prochaine étape, nous monterons et mixerons tous ces éléments pour obtenir le produit fini.

Étape 2 : Monter le film

Après avoir importé les vidéos, sons et photos, vous êtes prêt à assembler tout cela pour en faire un film, en éliminant au passage les séquences ratées et en coupant les meilleures prises aux bons endroits. Si vous n'êtes pas trop méticuleux, il ne vous faudra que quelques minutes. Mais si vous êtes un admirateur de Federico Fellini ou de Wim Wenders, vous passerez des jours, voire des semaines, a peaufiner le découpage, ménager des transitions et synchroniser les éléments sonores.

Vos interventions n'abîment pas du tout les vidéos originales enregistrées sur le disque dur. Vous ne travaillez que sur des copies et de plus, vous avez toujours l'original sur la bande du caméscope.

Pendant que vous travaillez sur le film, visionnez-le au fur et à mesure en cliquant sur le bouton Lecture, sous la fenêtre d'aperçu.

Les étapes suivantes montrent comment monter un film :

1. **Familiarisez-vous avec les vidéos et les images, dans l'espace de travail.**

   Examinez le volet Collection de Movie Maker, où se trouvent les clips vidéo, photos et fichiers audio importés. Chaque scène est un clip distinct, affichée dans l'ordre où elle a été tournée.

Une fenêtre d'aperçu se trouve à droite. Double-cliquez sur un clip pour le visionner dans cette fenêtre.

Tout en bas s'étend la Table de montage séquentiel, un espace de travail où les clips se succèdent tels qu'ils ont été placés.

2. **Faites glisser les vidéos ou les photos du volet Collection jusque sur la Table de montage séquentiel, dans l'ordre où elles doivent être montrées.**

   Après avoir disposé les séquences de manière à obtenir une narration, la Table de montage séquentiel se présente comme à la Figure 23.12. Remarquez qu'un élément qui y est déposé ne disparaît pas du volet Collection. Il peut ainsi être réutilisé plusieurs fois, à volonté.

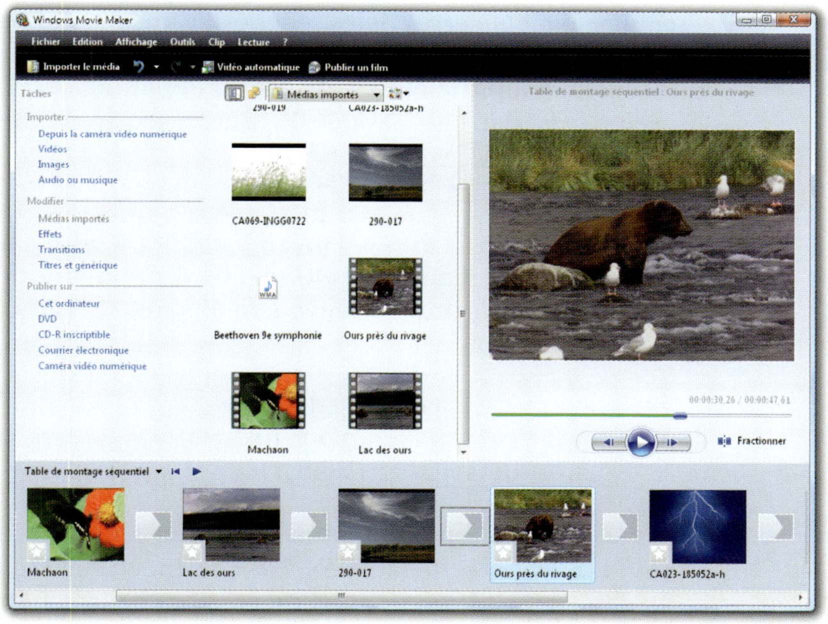

Figure 23.12 : Tirez les clips et déposez-les sur la Table de montage séquentiel dans l'ordre où ils doivent apparaître dans le film.

   Ajoutez éventuellement du son et des transitions.

3. **Enregistrez le projet.**

Dans le menu Fichier, choisissez Enregistrer le projet. Faites-le dès à présent afin de ne pas perdre votre travail ; ainsi, tous les éléments importés et placés dans la Table de montage séquentiel seront à l'abri. Vous pourrez les recharger en cas d'incident, en choisissant Fichier, Ouvrir un projet, et repartir de ce point.

Enregistrez votre projet chaque fois que vous venez de terminer une opération décisive, longue ou délicate.

4. **Affichez la Chronologie afin de monter les clips et le son, si vous le désirez.**

Pour monter les clips et la bande sonore, cliquez sur le bouton Table de montage séquentiel et, dans le menu, choisissez Chronologie. Le volet inférieur change complètement, comme le montre la Figure 23.13. Au lieu de montrer les clips dans des emplacements carrés, il les affiche sur une ligne de temps, en fonction de leur durée. Si une séquence est un peu trop longue, ou s'il faut supprimer des images au début ou à la fin d'une scène, c'est dans la Chronologie que vous le ferez.

Pour raccourcir la durée d'un clip, cliquez dessus puis cliquez sur la ligne verticale au début du clip. Le pointeur de la souris se transforme en flèche à deux pointes, visible dans la Figure 23.13. Tout en tirant cette ligne – qui s'apparente à une tête de lecture – vers l'intérieur, gardez un œil sur la fenêtre d'aperçu. Elle se met en effet à jour selon la position de la tête de lecture. Dès que vous avez atteint le point où le clip doit commencer, relâchez le bouton de la souris.

Movie Maker coupe promptement ce qui précède le nouveau début du clip. De même, tirer la tête de lecture vers l'intérieur du clip, depuis la fin, permet de couper ce qui est en trop. Répétez ces manipulations jusqu'à ce que vous n'ayez conservé que les bonnes parties.

Vous avez trop coupé ? Choisissez Annuler Découper un clip, dans la barre de menus.

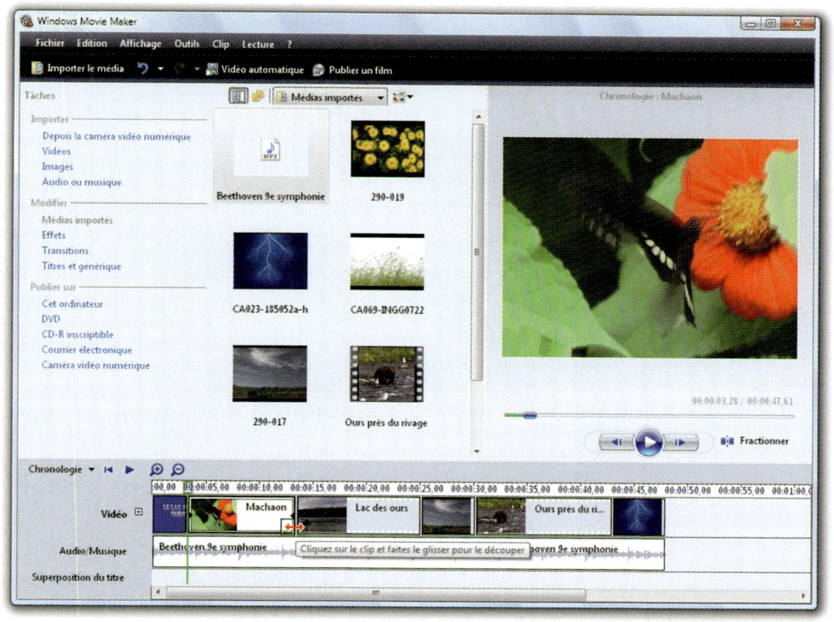

Figure 23.13 : La chronologie montre la durée des clips et permet de les couper et les monter.

TRUC

Cliquez sur les loupes avec le signe «plus» et «moins» pour zoomer en avant et en arrière, dans la Chronologie. Une représentation agrandie permet de travailler avec une plus grande précision, et sélectionner, par exemple, le moment précis où la batte de base-ball frappe la balle.

Pour intégrer de la musique, tirez un fichier audio jusque dans la piste Audio/musique du volet Chronologie. Movie Maker la mixe avec les images filmées par le caméscope. Cliquez du bouton droit dans la bande sonore pour modifier le volume. De même, tirez les photos qui doivent apparaître dans le film et déposez-les aux emplacements appropriés, dans la Chronologie. Réglez la durée des photos en les tirant par un de leurs bords, comme pour les clips.

5. **Cliquez sur le bouton Chronologie, rétablissez le mode Table de montage séquentiel et ajoutez des transitions.**

   Les transitions améliorent le passage d'un clip à un autre. L'un peu s'estomper tandis que l'autre apparaît, par un effet de fondu-enchaîné. Ou alors, le clip à venir pousse hors de l'écran le clip qui s'achève.

Pour produire cet effet, ainsi que beaucoup d'autres, cliquez sur Transitions, dans la rubrique Modifier du volet Tâches. Double-cliquez sur l'une des transitions proposées, et la fenêtre d'aperçu montre son effet. Si l'une vous convient, faites-la glisser jusque sur le bouton situé entre deux clips, dans la Chronologie. Cliquez sur le bouton Lire pour juger la transition dans la fenêtre d'aperçu. Sinon, remplacez-la par une autre ou supprimez-la (pour ce faire, cliquez dessus du bouton droit et choisissez Supprimer).

Quand vous serez satisfait de vos clips, transitions et bande sonore, demandez à Movie Maker d'assembler vos séquences. Nous verrons comment à la prochaine section, «Enregistrer le film ou le diaporama».

Movie Maker offre plein d'autres fonctionnalités intéressantes. La rubrique Titre et générique permet de placer un titre au début du film et de le terminer par un générique de fin où vous êtes à la fois le producteur, le metteur en scène, le cameraman et le chef machiniste.

TRUC

Les dizaines de transitions que propose Movie Maker sont plus adaptées aux diaporamas qu'aux films. Utilisées mal à propos – à l'instar d'un excès de zooms et de panoramiques – entre vos séquences, elles nuisent à la narration et donnent à vos films un aspect «amateur», dans le sens péjoratif de ce terme.

Étape 3 : Enregistrer le film ou le diaporama

Le montage terminé, cliquez sur le bouton Publier un film, dans la barre d'outils de Movie Maker. Divers emplacements de stockage sont proposés :

- **Cet ordinateur :** Cette option produit un fichier peu volumineux adapté à la lecture sur votre PC.
- **DVD :** Cliquez sur cette option pour démarrer le programme Windows DVD Maker et graver votre DVD. Cette option est mise en pratique plus loin dans ce chapitre.

- **CD-R inscriptible :** Cette option produit un fichier peu volumineux qui tiendra sur un CD.
- **Courrier électronique :** Le film est réduit à un format «timbre-poste», mais il pourra ainsi être envoyé à vos amis.
- **Caméra vidéo numérique :** Cette option envoie le film sur la bande vierge de la caméra numérique. C'est la meilleure solution de sauvegarde pour des films très longs, qui ne tiendraient pas même sur un DVD.

Après avoir choisi une option et cliqué sur Suivant, Windows confectionne votre film, choisissant la taille de fichier et la qualité appropriées à la destination sélectionnée. Rappelez-vous de ces recommandations lors de l'enregistrement final :

- La publication de films et de diaporamas peut être très longue. Windows doit en effet arranger tous vos clips, créer les transitions et la bande sonore, et tout compresser dans un seul fichier.
- Les dimensions d'image et la meilleure qualité sont réservées aux films destinés au caméscope numérique, car il est capable d'enregistrer énormément d'informations sur sa bande.
- Les films enregistrés pour le courrier électronique et la publication sur le Web ont la qualité la plus faible. Autrement, ils seraient trop longs à télécharger par la plupart des gens.
- Si votre film est court, Windows pourra enregistrer une version de haute qualité sur un CD. La plupart des films ne tiennent toutefois pas sur un CD.

Graver un film ou un diaporama avec DVD Maker

Windows DVD Maker fait ce qu'aucune version antérieure de Windows ne permettait de faire : la gravure de DVD lisibles par un lecteur de salon. Auparavant, les utilisateurs de Windows devaient acheter un logiciel de gravure de DVD, ou espérer qu'il était déjà installé sur leur nouveau PC.

Remarque : N'utilisez pas DVD Maker si vous voulez copier ou sauvegarder des fichiers sur un DVD vierge. Copiez plutôt les dossiers ou les fichiers directement sur le DVD.

Procédez comme suit pour graver un film ou un diaporama sur un DVD qui pourra être lu avec un lecteur de salon et regardé sur le téléviseur :

1. **Si nécessaire, démarrez Windows DVD Maker.**

   Movie Maker démarre automatiquement Windows DVD Maker, ce qui vous amène d'office à l'Étape 3. Mais si vous créez un diaporama ou si vous gravez une vidéo terminée, démarrez vous-même DVD Maker en le choisissant dans la zone Tous les programmes du menu Démarrer.

2. **Cliquez sur Choisissez des photos et des vidéos, puis sur Ajouter des éléments. Sélectionnez vos films et images, puis cliquez sur Suivant.**

   La page d'accueil contenant le bouton Choisissez des photos et des vidéos n'apparaît plus si vous avez désactivé la case Ne plus afficher cette page. Dans ce cas, cliquez sur Ajouter des éléments.

   Si vous avez sélectionné un diaporama, c'est là votre dernière chance de pouvoir redéfinir l'ordre des vues, en les faisant glisser et en les déposant aux emplacements désirés.

3. **Personnalisez le menu d'ouverture, si vous le désirez.**

   Consacrez quelques minutes à fignoler le menu d'ouverture. Il apparaît avant d'avoir démarré la lecture d'un film ou d'un diaporama. DVD Maker propose ces trois options :

   - **Texte de menu :** Cliquez sur ce bouton pour choisir le titre du film ou diaporama, de même que les options qui doivent figurer dans le menu. Ou alors, tenez-vous-en aux deux options par défaut de tous les DVD : Lecture et Scènes.

   - **Menu Personnaliser :** Conçu spécifiquement pour les diaporamas, cette option permet de choisir la musique d'accompagnement, la durée d'affichage des photos et les transitions.

- **Styles de menus :** Ce menu déroulant contient des arrière-plans empruntés à Movie Maker, destinés à agrémenter le graphisme (j'aime beaucoup le Mur vidéo et Photographies, pour les diaporamas).

4. **Cliquez sur Graver.**

   Vous pouvez abandonner l'ordinateur pendant quelques heures, car DVD Maker prend son temps, et pas qu'un peu !

   Quand il a terminé, DVD Maker éjecte le DVD prêt à être étiqueté avec un feutre indélébile – NdT : ou, si vous êtes soigneux, avec une étiquette imprimée et collée avec une machine spéciale – puis inséré dans le lecteur de DVD de salon afin de regarder votre impérissable chef-d'œuvre sur le téléviseur.

Créer et graver un diaporama sur un DVD

Vista propose deux façons de graver des diaporamas sur des DVD, chacune avec ses avantages et ses inconvénients :

- **Avec Movie Maker :** Un diaporama est fondamentalement un film. C'est pourquoi Movie Maker les gère si bien. La maîtrise de toutes les commandes du programme exige toutefois du temps et de la pratique. Mais si vous aimez contrôler étroitement la création d'un projet, créez le diaporama comme l'explique la section «Créer, monter et visionner des films numériques et des diaporamas «.
- **Avec DVD Maker :** C'est le meilleur choix si vous voulez créer facilement et rapidement un diaporama.Ajoutez des transitions, choisissez la musique d'accompagnement et gravez le tout sur un DVD comme l'explique la section « Graver un film ou un diaporama avec DVD Maker ».

C'est surtout au niveau des transitions que ces deux programmes diffèrent. Celles de Movie Maker sont diversifiées et élaborées tandis que DVD Maker applique partout une seule et même transition (seule la transition Aléatoire apporte un peu de variété).

Huitième partie

Les dix commandements

"J'ai enfin trouvé un lasso magnétique en carbonne tressé et en plus il fait lecteur MP3."

Dans cette partie...

Les gens adorent faire des listes du genre «dix CD que vous emporteriez sur une île déserte» ou, s'il n'y a pas l'électricité, dix livres, en espérant que celui-ci fera partie de la sélection. L'exercice est souvent futile, mais ici il s'impose. Car, en plus d'une liste de cadeaux à faire à votre PC, vous découvrirez de précieux conseils.

Chapitre 24

Dix erreurs de débutant

Dans ce chapitre :

- Ne pas quitter Windows correctement.
- Acheter trop de logiciels.
- Acheter des accessoires incompatibles.
- Ne pas acheter suffisamment de fournitures.
- Ne pas enregistrer votre travail.
- Ne pas sauvegarder les fichiers.
- Ouvrir ou supprimer des fichiers inconnus.
- Démarrer depuis une disquette suspecte.
- Répondre à du courrier électronique non sollicité (spam).
- Ouvrir un programme joint à un courrier électronique.

On peut faire quantité d'erreurs avec un ordinateur, de la suppression inopinée d'un fichier jusqu'au moniteur qui tombe sur vos pieds. Rassurez-vous, seulement dix d'entre elles ont été sélectionnées pour ce chapitre. Ce sont des erreurs de tous les jours, celles que les gens font régulièrement jusqu'à ce qu'ils aient compris ce qui ne va pas.

Ne pas quitter Windows correctement

Quand vous avez terminé votre travail sous Windows, éteignez l'ordinateur. Choisissez Arrêter depuis le menu Démarrer. Sélectionnez l'option Arrêter dans la boîte de dialogue Arrêt de Windows. C'est le seul moyen pour quitter Windows en toute sécurité.

- Ne vous contentez pas d'éteindre sauvagement le PC en appuyant sur son interrupteur.
- Evitez d'utiliser le bouton de réinitialisation, sauf si vous ne pouvez absolument pas faire autrement.

Acheter trop de logiciels

Votre PC est probablement livré avec des dizaines de logiciels préinstallés. Vous n'êtes pas obligé de les utiliser.

L'erreur à ne pas faire ici n'est pas tant d'acheter trop de logiciels, mais d'en acheter trop à la fois, et de tenter d'apprendre à les utiliser tous en même temps.

L'apprentissage d'un logiciel peut exiger plusieurs mois. Un an après avoir acheté un logiciel, vous découvrirez encore de nouvelles fonctions. Même si vous avez lu toute la documentation, vous connaîtrez rarement votre logiciel à fond.

Epargnez-vous les maux de tête et les insomnies, achetez les logiciels avec modération. Achetez un programme et apprenez à vous en servir. Puis achetez-en un autre. Vous apprendrez plus vite de cette façon.

Acheter des accessoires incompatibles

Vous n'aviez pas remarqué que le clavier que vous venez d'acheter est un clavier pour Macintosh. Vous avez cru faire une affaire en prenant ce scanneur FireWire, mais votre PC n'a pas de port FireWire. Vous déballez votre carte graphique PCI-Express, et votre PC n'a qu'un connecteur AGP.

Vérifiez toujours que le matériel que vous voulez acheter est compatible avec le vôtre, surtout si vous faites vos achats par l'Internet. En cas de doute, n'hésitez pas à appeler le service de vente.

Ne pas acheter suffisamment de fournitures

Achetez du papier pour imprimante par rame de 500 feuilles. De toute façon, vous en viendrez à bout plus vite que vous le pensez. Ne soyez jamais à court de disquettes, de CD-R/RW ou de n'importe quel type de disque ou de cartouche utilisé par votre PC.

Ne pas enregistrer votre travail

Chaque fois que vous créez un document, utilisez la commande d'enregistrement – un Ctrl+S toutes les quelques minutes est rapide et sûr – afin de sauvegarder votre œuvre sur disque dur. Utiliser cette commande chaque fois que vous y pensez, et pensez-y le plus souvent possible. La bonne mesure se situe toutes les trois ou quatre minutes environ.

Vous ne pouvez pas prévoir le moment où votre ordinateur décidera de vous lâcher, mais c'est généralement au moment le plus inopportun que la mémoire lui fait soudain défaut. Sauvegardez votre travail fréquemment quand vous travaillez et systématiquement quand vous quittez votre siège, même si c'est pour une petite minute.

Ne pas sauvegarder les fichiers

Le monde informatique se divise en deux grande catégories : ceux qui n'ont jamais sauvegardé parce qu'ils n'ont jamais eu d'ennuis, et ceux qui sauvegardent systématiquement parce qu'un jour un problème informatique leur a coûté cher en données et temps perdus. La première catégorie est appelée à migrer tôt ou tard dans la seconde.

Enregistrez toujours en cours de travail. En fin de journée, sauvegardez les fichiers sur un disque dur externe, une carte mémoire, une clé USB ou sur un CD-R. Faites toujours une copie de la sauvegarde, au cas où.

A la fin de la semaine ou du mois, démarrez un logiciel de sauvegarde. Je sais que c'est fastidieux, mais grâce à l'automatisation des tâches, c'est beaucoup plus facile qu'il y a quelques années. Je recommande le logiciel Dantz Retrospect Backup (`www.dantz.com`).

Ouvrir ou supprimer des fichiers inconnus

Pour le logiciel et le matériel, il existe des règles d'ouverture et de suppression de certains fichiers ou composants. Pour le logiciel, il y a même une règle d'or :

Ne supprimez que les dossiers et les fichiers que vous avez vous-même créés.

Windows regorge de fichiers bizarres. N'y touchez pas. Ne les supprimez pas. Ne les déplacez pas. Ne les renommez pas. Et surtout ne les ouvrez pas pour voir à quoi ils servent, car vous risquez d'aller au-devant de sérieux problèmes.

Quant au matériel, n'ouvrez l'unité centrale que si vous savez exactement ce que vous voulez faire (NdT : attention aux clauses de garantie ; certains capots sont scellés). N'oubliez pas de débrancher l'ordinateur. Vous pouvez ouvrir l'imprimante pour déloger une feuille qui a bourré ou pour changer les cartouches d'encre, mais n'ouvrez pas les cartouches d'encre ou de toner. En revanche, vous pouvez ôter la trappe d'une souris à boule pour nettoyer les rouleaux.

Certains composants matériels ne doivent jamais être ouverts : le moniteur, le modem et le clavier.

Démarrer avec une disquette inconnue

La meilleure façon d'introduire un virus dans l'ordinateur est de glisser dans le lecteur une disquette ou un CD non vérifié. Je ne parle pas de la disquette de démarrage que vous avez créée, ou du CD qui sort tout droit de son emballage. Je fais allusion à ces disquettes ou à ces CD bourrés de jeux ou de logiciels généralement piratés qui sont de véritables nids à virus. L'expression «disque vérolé» signifie bien ce que cela veut dire.

Répondre aux e-mails indésirables ou spams

Ne répondez jamais aux courriers électroniques de toutes sortes qui vous sont envoyés, messages publicitaires et sollicitations diverses, même si vous êtes tenté de leur dire ce que vous pensez. Les expéditeurs utilisent souvent le truc suivant : ils joignent à leur envoi un message «faites-nous savoir si vous ne voulez plus recevoir ce type de message ultérieurement». N'y répondez pas, ce serait signaler que votre adresse électronique est active, ce qui en fait une cible de choix. La quantité de spams ne ferait qu'augmenter.

Ouvrir un programme joint à un e-mail

Par courrier électronique, vous pouvez recevoir des photographies, des sons, des archives au format compressé ZIP. Jusqu'ici, tout va bien. Mais si vous recevez un fichier programme exécutable (.EXE) de provenance inconnue, ne l'ouvrez surtout pas. S'il provient de quelqu'un de votre entourage, vérifiez néanmoins qu'il vous a bien adressé ce programme, car une adresse d'expéditeur peut être usurpée.

La seule façon pour votre ordinateur de contracter un virus par l'Internet est de démarrer un programme infecté. Vous pouvez recevoir le programme et ne rien faire : pas de problème. Mais si vous l'ouvrez, vous êtes contaminé.

- Vous pouvez ouvrir un fichier d'archive compressé au format ZIP. Regardez ce qu'il contient. S'il recèle un ou plusieurs programmes dont vous n'êtes pas sûr, supprimez cette pièce jointe.
- Si vous devez envoyer un programme par e-mail, prévenez le destinataire en expliquant dans le message que vous lui envoyez tel ou tel fichier. Les messages à virus sont souvent très succincts et péremptoire, du genre : «Voilà le fichier demandé, ouvrez-le et dites-moi ce que vous en pensez.»
- Au moindre doute, lancez votre logiciel antivirus.
- Certains types de virus sont véhiculés par les documents de type Microsoft Word ou Excel. Pas de panique, ces virus sont détectés par les logiciels antivirus.

Chapitre 25

Dix idées de cadeau pour votre PC

Dans ce chapitre :

- Un tapis de souris et un repose-poignets.
- Un filtre antireflet pour l'écran.
- Un protège-clavier.
- Plus de mémoire.
- Un disque dur plus rapide et plus grand.
- Un clavier ergonomique.
- Un onduleur.
- Une carte d'extension USB.
- Un scanneur ou un appareil photo numérique.
- Un lecteur de musique.

Nous n'avons aucune intention mercantile en vous suggérant de vous équiper d'un certain nombre de gadgets, mais ils amélioreront votre confort et étendront les possibilités de votre ordinateur.

Un tapis de souris et un repose-poignets

Si votre souris est mécanique, et non optique, un tapis de souris est indispensable pour l'utiliser avec précision. Il existe une quantité de modèles de tapis, de toutes formes et illustrés de toutes sortes de motifs, dessins et photos.

Le repose-poignets se place sous le clavier et permet d'avoir la position parfaite pour taper, en maintenant les poignets au-dessus du clavier pour éviter une fatigue préjudiciable et réduire le risque de contracter un douloureux syndrome métacarpien.

Un filtre antireflet pour l'écran

Il s'agit d'un cadre sur lequel est tendu un tissage en nylon, monté sur un cadre adhésif adapté à la taille de l'écran. Certains fabricants de moniteurs ont la bonne idée d'intégrer un filtre antireflet à leur matériel.

Les reflets sont la cause principale de la fatigue oculaire. Ils proviennent de différentes sources : les éclairages, les fenêtres, etc. Les filtres réduisent ces réflexions parasites, améliorent la lisibilité de l'écran et diminuent la fatigue oculaire.

Des filtres antireflets plus sophistiqués possèdent une protection contre les champs électromagnétiques. Ne vous laissez pas influencer par le ton alarmiste de certaines publicités, car aucune étude scientifique n'a prouvé la nocivité d'un écran cathodique.

Un protège-clavier

L'utilisation d'un protège-clavier est recommandée lorsque vous travaillez dans un milieu où liquides, miettes et cendres de cigarettes peuvent s'infiltrer dans le délicat mécanisme du clavier. Vous avez certainement déjà vu, aux caisses des grands magasins, ces protège-claviers qui enveloppent les touches. Ils permettent d'utiliser le clavier tout en le protégeant.

Ne pas confondre *protège-clavier* et *housse*. Avec une housse, on ne peut plus utiliser le clavier. Dans le même ordre d'idées, ne couvrez pas l'ordinateur d'une, cela n'a d'intérêt que pour protéger son aspect extérieur. Ne placez jamais de housse sur un ordinateur allumé, il pourrait rapidement surchauffer et tomber en panne.

Davantage de mémoire

N'importe quel ordinateur se portera mieux avec plus de mémoire. Les cartes mères récentes acceptent jusqu'à 4 Go de RAM. Aujourd'hui, une telle quantité n'intéresse que les professionnels de la création 3D et de l'audiovisuel, mais ce qui semblait gigantesque il y a peu de temps est aujourd'hui la norme, d'autant que les nouvelles versions de Windows sont de plus en plus exigeantes à ce niveau. Vous verrez immédiatement une nette différence dans la vitesse d'exécution de programmes graphiques comme Windows.

Un disque dur plus rapide et plus grand

Les disques durs ont une fâcheuse tendance à se remplir trop vite. N'hésitez pas à faire du ménage et à effacer tout ce qui peut l'être. Gravez les dossiers à archiver sur CD-R puis supprimez-les. Il arrivera toutefois un jour où il n'y aura plus rien à effacer. Le disque dur sera au bord de la saturation. Dans ce cas, que faire ?

Vous avez le choix entre deux solutions : installer un second disque dur ou remplacer le disque actuel par un autre plus rapide et d'une capacité plus élevée. Un disque plus rapide améliorera sensiblement les performances de votre vieux PC et repoussera son obsolescence.

Un clavier ergonomique

Le clavier traditionnel est basé sur une configuration de touches très ancienne, qui avait été choisie pour ralentir la frappe, et éviter ainsi que les tiges portant chacune un caractère se mélangent. Sur un clavier électronique, ce risque est désormais inexistant. En revanche, le syndrome métacarpien causé par une mauvaise attitude des mains face au clavier est toujours d'actualité.

Pour travailler de façon plus confortable et plus saine, utilisez un clavier ergonomique comme le Natural Keyboard de Microsoft. Ses touches sont disposées de telle sorte que les bras de l'utilisateur adoptent une position plus correcte, donc plus reposante.

Un onduleur

Cet appareil est indispensable partout où le courant électrique est instable ou sujet à des coupures. Branchez-y l'unité centrale, le moniteur et le modem.

- Un onduleur n'affecte en rien les performances du PC.

Une carte d'extension USB

La présence de ports USB est vraiment indispensable à un PC moderne. Si votre ordinateur n'a pas de port USB ou pas assez, achetez une carte d'extension à cette norme.

Mon conseil : Achetez une carte PCI dotée de quatre ports USB. Cela est suffisant pour commencer. Ensuite, si vous manquez de ports USB, achetez un répartiteur USB équipé d'au moins quatre autres ports et connectez-le à l'un des ports de la carte. Ainsi, de quatre ports disponibles, vous passez au moins à sept. J'apprécie beaucoup les produits fabriqués par Belkin. Reportez-vous au Chapitre 7 pour en savoir plus sur le standard USB.

NdT : Certaines cartes d'extension dites «combo» sont équipées de ports USB et de ports FireWire.

Un scanneur ou un appareil photo numérique

Un scanneur est indispensable si vous aimez le graphisme et la photographie. Ils permettent même de reproduire des objets plats, une montre par exemple. Les appareils photo numériques connaissent actuellement un succès grandissant. Leur prix baisse tandis que les performances s'accroissent.

Si vous possédez un équipement photo traditionnel, le scanneur est un excellent moyen de passer en douceur de la photo argentique – celle utilisant des films et des papiers recouverts d'une émulsion d'halogénure d'argent – à la photo numérique. Vous numériserez vos tirages et vos diapositives, que vous pourrez ensuite retoucher avec un logiciel spécialisé et envoyer par courrier électronique.

De plus, comme un appareil photo numérique reste un investissement onéreux, beaucoup plus élevé que celui d'un scanneur, acheter d'abord le scanneur permettra d'attendre que l'offre soit plus attractive dans le domaine de la photo numérique.

Un lecteur de musique

Autant le savoir : le lecteur de CD portable vit ses derniers moments. D'après des spécialistes, même le CD audio finira par disparaître, comme le disque vinyle autrefois. Désormais, la musique réside dans des fichiers informatiques de divers formats, le plus connu étant le format MP3.

L'iPod d'Apple est sans doute le lecteur de musique qui a connu le plus grand succès. Bien qu'originellement destiné au Macintosh, il est utilisable avec un PC en téléchargeant la version Windows d'iTunes (`www.apple.com/fr/itunes`). Il existe d'autres lecteurs équipés soit d'une mémoire Flash, soit, comme l'iPod, d'un minuscule disque dur. Les modèles les plus commodes sont alimentés par une batterie rechargeable par le port USB de l'ordinateur.

Index

A

Accessoires
    stylet 137
ActiveX 332
Administrateur 44
Adresse de messagerie 300
    jetable 303, 318
    par défaut 303
Ajout de matériel 369
Alimentation 89
Annuler 230
    impression 259
Antivirus. *Voir* Virus
AOL 302, 304
Aperçu 69
    avant impression 255
Appareil photo numérique 368, 420, 464
Apparence 351
Application 9
Arborescence 184
Arrière-plan 57, 352, 426
Association de fichiers 218
Athlon 81
Attribut 200
Audio 30, 360
    optique 31
Auteur 243

B

Balise 243, 246, 424
Barre
    d'adresse 157, 187
    d'insertion 125
    d'outils 70, 160
    des tâches 55, 65
        personnaliser 68
    de défilement 165
    de menus 159
    de titre 156
Barrette de mémoire 104
BIOS 88
    vidéo 88
Boîte de dialogue 166
Bordure 166
Boule de pointage 135
Bouton 160, 166
    d'option 168
    radio 168
Bureau 53
    arrière-plan 57, 352

C

Câble 30
Calendrier 232
Carnet d'adresses
    imprimer 262
Carte
    d'extension
        USB 464
    graphique 114, 117
    mémoire 207

mère 78
Case 171
CD 393
audio 396
copier 410
dupliquer 207
graver 201, 412
lecture automatique 403
lire 401
protection 411
R 201
RW 179, 201
vierge 201
Celeron 81
Centre de sécurité 323
Centronics 33
Chemin 186
Clavier 13, 31, 92, 369
ergonomique 463
repose-poignets 462
touches 124
visuel 376
Clic 155
droit 155
Coller 224, 229
COM 22, 34
Compte 302
de messagerie 300
d'utilisateur 45, 350, 379
configurer 382
contrôle 322, 386
image 386
modifier 383
permutation 385
photo 433
types 381
enregistrer 303
Connecteurs d'extension 84
Connexion 274, 359
Contact 182, 315
imprimer 262
iPod 317
Contrôleur de jeu 369
Contrôle parental 339
Cookie 404
Copier 224
Corbeille 55, 58, 193
Correctif 328
Couleurs 24
Couper 224
Courrier électronique. *Voir* Mail
CPU 80
CRT 117
Curseur 125

D

Date 359
Defender 325. *Voir* Windows Defender
Démarrage
page 282
Démarrer 46, 60
personnaliser 64
programme 63
Désinstaller 371
Détourneurs 332
Diaporama 427, 438
enregistrer 448
Disque 178
dur
nouveau 463
Disquette 207
Document 211
enregistrer 216
ouvrir 214
Dossier 180, 184
copier 194
créer 188
déplacer 194
informations 196
sélection multiple 192
supprimer 193
Double-clic 155
Double-cliquer 136
Downloads 182
Driver. *Voir* Pilote

DRM 402
Duron 81
DVD 393
dupliquer 207
graver 201
lecture automatique 403
lire 403
RW 179, 201
vierge 201
DVD Maker 449

E

E-mails
importuns 459
ouvrir une pièce jointe 459
spam 459
Ecran 113, 356
CRT 117
deuxième 359
de veille 353, 428
Enceintes 363
Enregistrer 216
image (Web) 291
Internet 289
page Web 289
son 293
sous 217
texte (Web) 291
vidéo 293
Entrées 4
Enveloppes 257
Ergonomie 351, 375
Erreurs
acheter
des accessoires incompatibles 456
peu de fournitures 457
trop de logiciels 456
démarrer avec une disquette inconnue 458
ne pas
enregistrer votre travail 457
quitter Windows correctement 456
sauvegarder les fichiers 457
ouvrir
des fichiers inconnus 458
une pièce jointe 459
répondre
aux e-mails importuns 459
aux spams 459
supprimer des fichiers inconnus 458
Espiogiciel 325, 338
Exception 326
Extension de fichier 218
Extraire 401

F

Favoris 284
fax. *Voir* Télécopieur
Fenêtre 154
active 172
agrandir 173
côte à côte 174
déplacer 172, 173
fermer 173
popup 279
premier plan 172
publicitaires 279
redimensionner 174
Fibre optique 31
Fichier 9, 184
association 218
attributs 200
copier 194
déplacer 194
empiler 244
extension 218
filtrage 244
format 216
informations 196
nom 191, 217
propriétés 197
regrouper 244

- sélection multiple 192
- supprimer 193
- trier 199, 242, 244

File d'attente 260
Filtrage 242, 244
FireWire 32, 99, 441
Format 216
- de date 86

Foudre 38

G

Gadget 72
Galerie de photos Windows 423
Gestion du temps 232
Gigaoctet 105
Glisser-déposer 157
Glissière 172
Gmail 302, 304
Google 159, 283
- actualités 282
- recherches 286

GPU 118
Grandes icônes 307
Graver 201, 412
- DVD Maker 449

H

Hameçonnage 311, 335
Handicapés 375
Heure 359
Historique 285
Horloge 67
- régler 86

hub 98

I

Icône
- grande 307

Imprimante 32, 140
- ajouter 364
- catégories 140
- Installer 148
- par défaut 366
- port 93
- spouleur 260
- supprimer 366

Imprimer 253
- annuler 259
- aperçu avant impression 255
- carnet d'adresses 262
- contacts 262
- enveloppes 257
- file d'attente 260
- page Web 261
- papier 266
- photos 436
- problèmes 265
- Web 261

Index 239, 250
- étendre 250
- reconstruire 252

Internet 248, 270
- connexion 274, 359
- enregistrer 289
- origine 273
- radio 407

Internet Explorer 273
- historique 285
- navigation 279
- sécurité 331

Intranet 331
Invité 44
iPod 317, 393, 402
Itanium 81

K

KVM 92

L

Lancement rapide 69, 70
Langue 359

Lasso 192
LDIF 316
Lecteur 178, 184
de carte mémoire 423
DVD-ROM 118
MP3 413
Lecteur Windows Media 393
balise 397
bibliothèque 394, 398
commandes 399, 401
confidentialité 404
extraire 401
iPod 413
liste Lecture en cours 406
options supplémentaires 397
Quicktime 405
RealVideo 405
sélection 407
télévision 405
vidéo 405
Lecture automatique 403
Lien 280
Liste déroulantes 170
Live Search 285
Logiciels 6
acheter trop de 456
Logiciel espion. *Voir* Espiogiciel
Loupe 376

M

Mail 298, 299
AOL 302, 304
boîte de réception 299
boîte d'envoi 299
Cci 306
comptes 302
de messagerie 300
enregistrer 303
contacts 315
iPod 317
courriers indésirables 317
CSV 316
éléments
envoyés 299
supprimés 299
envoyer du courrier électronique 305
gmail 302, 304
IMAP 302
lire le courrier électronique 308
pièces jointes 311, 435
POP3 302
relève du courrier 299
SMTP 302
vCard 316
WAB 316
Maintenance 350
Matériel 6, 360
Mélangeur de volume 362
Mémoire 6, 102, 463
acheter 463
adresse 105
ajouter 109
barrette 104
flash 106
mesurer la 105
quantité 107
RAM 106
ROM 106
vidéo 109, 117
Menu contextuel 155
Microprocesseur 5, 80
Athlon 81
cadence 82
Céléron 81
Duron 81
indentifier 82
Itanium 81
Pentium 81
Xeon 81
Mise à jour 325, 328
Mise en page 255
Modem 33, 369
Module complémentaire 287, 332
Moniteur 13, 33, 113. *Voir* Ecran
affichage 120

dimension du tube 119
filtre antireflet 462
Montage 28
Moteur de recherche 285
Google 159
Windows Live 285
Mot de passe 48
créer 388
disque de réinitialisation 389
modifier 388
Movie Maker 438
transitions 447
vidéo automatique 440
MP3 402, 406
lecteur 413
Mulot 132

N

Narrateur 376
Nombre de mots 198
Nom de fichier 191, 217

O

Onduleur 39, 464
Options régionales 359

P

Page
d'accueil 283
de démarrage 282
Panneau de configuration 347
Papier 266
Papier peint. *Voir* Arrière-plan
Parallèle 33
Parasite 338
Pare-feu 325, 326
exceptions 326
Pas de masque 119
Pavé numérique 125
PC 9
Pentium 81
Permission 322
désactiver 322
Permissions 197
Personnalisation 351
Personnaliser
barre des tâches 68
menu Démarrer 64
Phishing. *Voir* Hameçonnage
Photo
balises 424
corriger 429
couleur 429
courrier électronique 435
diaporama 427
égarée 246
exposition 429
graver 434
imprimer 436
pivoter 434
règle des tiers 432
rogner l'image 431
saturation 430
teinte 430
température de couleur 430
transfert 420
yeux rouges 433
Pièce jointe 311
Pile 87
Pilote 370
Pitch 120
Plugin 287
Pointer 136
Pointeur 125
Police
installer 263
table des caractères 233
Popup 279
Port 30, 91
d'ancienne génération 92
imprimante 93
série 94
USB 94

Presse-papiers 228
Processeur 5
Progiciel 9
Programme 9, 211
  ajouter 372
  démarrer 63, 212
  ouvrant un fichier 218
  par défaut 375, 417
  supprimer 370
  télécharger 293
Propriétés 197
Protection contre la copie 402
Protèges-clavier 462

Q

QuickTime 221, 288, 405

R

Raccourci 193, 223
Rack de lecteurs 77
Radio sur Internet 407
RAM 6, 101, 463
RealVideo 405
Rechercher 158, 237
  champ 62
  commande 62, 249
  courrier 313
  enregistrer 249
  Web 285
Réduire 66
Réinitialisation 19
Renommer 190
Réparer 371
Répertoire 184
Réplicateur 98
Repose-poignets 462
Réseau 34, 247, 359
Résolution 356
ROM 106

S

S-Vidéo 23, 34
Scanneur 368, 464
Sécurité 351, 379, 388
  contrôle parental 339
  correctif 328
  détourneurs 332
  espiogiciel 338, 325
  hameçonnage 335
  Internet Explorer 331
  logiciel malveillant 325
  mise à jour 325
  modules complémentaires 332
  parasites 338
  pare-feu 325, 326
  virus 330
  Windows Update 328
Sélection 226
  multiple 170
Série 22, 34
Session 45
  fermer 50
Son 293
  enceintes 363
  mélangeur de volume 362
  MP3 402
  volume 361
Sorties 4
Souris 31, 92, 131, 367
  mécanique 133
  optique 133
  pointeur de 136
  sans fil 134
    fréquence radio 134
    infrarouge 134
  tapis 461
Spam 317
SPDIF 23, 31
Spouleur 260
Stockage 6
Stylet 137
Supprimer 193

Surbrillance 155
Surtension 38
Symboles 24, 233
Synchronisation 413
Système 350
  d'exploitation 7

T

Table des caractères 233
Taille du point 119
Tapis de souris 461
Téléchargement 293
Téléphonie 369
Télévision 405
Thème 355
Touches
  de fonction 124
  de machine à écrire 124
  fléchées 124
  modificatrice 126
  spéciales 130
Trackball 135
Traitement 5
Trier 56, 199, 242, 244
Types d'ordinateurs 11

U

Unité
  binaire 106
  centrale 13, 18
    installation 28
    intérieur 76
USB 34, 94
  carte d'extension 464
  réplicateur 98
  versions 95
Utilitaire 9

V

vCard 316
Veille 20, 50, 51
  prolongée 51
Verr Maj 127
Verr Num 128
Vidéo 405, 438
  enregistrer 293
  montage 444
Virus 312, 319, 322
  éviter 330
Volet
  d'informations 161
  de détails 163
  de navigation 162, 179
  de visualisation 300
  Windows 72
VRAM 117

W

WAV 412
Web 273
Windows Defender 338
Windows Update 328
WMA 406
WordPad 231

X

Xeon 81
XPS Document Writer 365

Z

Zone
  de liste 169
  de notification 67, 71
  de texte 168